Kurt Flasch · Historische Philosophie

Michelangelo, Brutus, Florenz, Bargello
zum Essay Seite 41 bis 61

Kurt Flasch

# Historische Philosophie
## Beschreibung einer Denkart

KlostermannRoteReihe

Dieses Buch erschien zunächst als Band 1 einer Sammlung von Texten Kurt Flaschs unter dem Obertitel „Philosophie hat Geschichte". Er wird hier unter seinem ursprünglichen Bandtitel – text- und seitenidentisch – in zweiter Auflage neu vorgelegt.

Bibliographische Information der Deutschen Nationalbibliothek

Die Deutsche Nationalbibliothek verzeichnet diese Publikation in der Deutschen Nationalbibliographie; detaillierte bibliographische Daten sind im Internet über *http://dnb.dnb.de* abrufbar.

2. Auflage 2021

© Vittorio Klostermann GmbH · Frankfurt am Main 2003
© für das Frontispiz: 1990 Bargello, Photo SCALA, Florenz
Alle Rechte vorbehalten, insbesondere die des Nachdrucks und der Übersetzung. Ohne Genehmigung des Verlages ist es nicht gestattet, dieses Werk oder Teile in einem photomechanischen oder sonstigen Reproduktionsverfahren oder unter Verwendung elektronischer Systeme zu verarbeiten, zu vervielfältigen und zu verbreiten.
Gedruckt auf Eos Werkdruck der Firma Salzer,
alterungsbeständig nach DIN ISO 9706.
Druck und Bindung: docupoint GmbH, Barleben
Printed in Germany
ISSN 1865-7095
ISBN 978-3-465-04566-3

# INHALT

Vorwort . . . . . . . . . . . . . . . . . . . . . . . . . . . . . 7

## ERSTER TEIL
## PERSON UND PROJEKT

Selbstvorstellung . . . . . . . . . . . . . . . . . . . . . . . . 13
Annas Graben . . . . . . . . . . . . . . . . . . . . . . . . . . 17
Stillstand der Sterne . . . . . . . . . . . . . . . . . . . . . . 22
Wissen und Kunst in Lebenswelt . . . . . . . . . . . . . . . 41
Wozu intellectual history? . . . . . . . . . . . . . . . . . . . 62
Über Cusanus schreiben . . . . . . . . . . . . . . . . . . . . 81

## ZWEITER TEIL
## KRITIK HISTORISCHER KATEGORIEN

„Epoche" . . . . . . . . . . . . . . . . . . . . . . . . . . . . . 129
Philosophie und Epochenbewußtsein . . . . . . . . . . . . . 154
Kontinuität und Tradition . . . . . . . . . . . . . . . . . . . 169
Entwicklung . . . . . . . . . . . . . . . . . . . . . . . . . . . 189
Historismus, Zeitbezug, Aneignung . . . . . . . . . . . . . . 197

## DRITTER TEIL
## MITTELALTER UND MODERNE

„Mittelalter", „Renaissance", „Reformation" . . . . . . . . . 231
Mittelalter und Moderne bei Niklas Luhmann . . . . . . . . 255
Wahrheit und philosophiehistorische Methode . . . . . . . . 275
In memoriam Hans-Georg Gadamer . . . . . . . . . . . . . 286
Von Meister Eckhart zu Richard Rorty . . . . . . . . . . . . 291

## VIERTER TEIL
## INTERVENTIONEN

Geistige Mobilmachung 1914 und heute . . . . . . . . . . . . . . . 299
Vernunft und Glaube. Karol Wojtyla über fides et ratio . . . . . . 319
Wahrheit, Geschichte, Individualität. Vorlage für J. Ratzinger . . . 329
Hände weg von Hildegard! . . . . . . . . . . . . . . . . . . . . . . 339
Plauderei über Euthanasie . . . . . . . . . . . . . . . . . . . . . . 351
Was hieß bei Kant „Euthanasie des Judentums"? . . . . . . . . . . 354
Von Marx zum Engel. Laudatio auf einen Anti-Historisten . . . . 361

Personenregister . . . . . . . . . . . . . . . . . . . . . . . . . . . 367
Sachregister . . . . . . . . . . . . . . . . . . . . . . . . . . . . . . 372

# VORWORT

Dieses Buch beschreibt eine Denkart – man könnte sie „historische Philosophie" nennen –, indem es zurückblickt auf meine Beiträge zur europäischen Geschichte der Ideen vom vierten bis zum zwanzigsten Jahrhundert. Es umreißt Voraussetzungen und Konsequenzen dieser Arbeiten; es führt zu ihnen hin, indem es ihre Arbeitsweise vorstellt und gegen Mißverständnisse klarstellt. Es bezieht sich weniger auf meine Spezialstudien als auf meine größeren Arbeiten, also auf

*Das philosophische Denken im Mittelalter*, Ditzingen [4]2020,
*Einführung in die Philosophie des Mittelalters*, Darmstadt [3]1994,
*Was ist Zeit? Augustinus von Hippo, Das XI. Buch der Confessiones. Historisch-philosophische Studie*, Frankfurt a. M. [3]2016,
*Die geistige Mobilmachung. Die deutschen Intellektuellen und der Erste Weltkrieg*, Berlin 2000,
*Nikolaus von Kues. Geschichte einer Entwicklung*, Frankfurt a. M. [3]2008,
*Nicolaus Cusanus*, München [3]2007.

Da diese Bücher teils historisch-erzählenden, teils philosophisch-analysierenden Charakter tragen, deuten sie die zugrundeliegende Konzeption geschichtlich-philosophischen Wissens zwar an, entwickeln sie aber nicht. Sie stellen geschichtliche Formen philosophischen Denkens in den Vordergrund, nicht Denkart und Darstellungsweise. Daher entstand bei manchen Lesern der Wunsch, ich sollte eine Art Schlüssel zu ihnen liefern, indem ich meine Auffassung von Ideengeschichte abgrenzend charakterisiere und begründe. Damit macht der vorliegende Band einleitend-locker den Anfang; ihm sollen weitere, strenger gehaltene Bände mit Studien und Kritiken folgen.

Kant hat gegen die Unart protestiert, Philosophen mit einem Richtungsetikett zu bekleben und zum Beispiel zu sagen: „N. ist ein Idealist." Solche Einordnungen, mahnte Kant, „haben zu aller Zeit viel Rechtsverdrehung bei sich geführt". Aber die Deutschen hören weder auf Goethe noch auf Kant, und so hat sich selbst in angesehenen Tageszeitungen der

Brauch eingebürgert, von mir zu behaupten, Flasch sei ein „Historist". Ich habe mich an diesem Spiel weder zustimmend noch ablehnend beteiligt. Denn die Sache liegt etwas verwickelter und ist mit einem einfachen Ja oder Nein nicht zu entscheiden. Der vorliegende Band präzisiert, in welchem Sinne, wenn überhaupt, von „Historismus" die Rede sein kann. Wie es sich für einen neuen Anfang gehört, stelle ich zu Beginn mich und meine Arbeitsweise vor. Daher setzt dieses Buch ein mit zwei Reden, mit denen ich mich nach vorgegebenem Ritual bei der *Deutschen Akademie für Sprache und Dichtung* einzuführen und zu bedanken hatte. Es fängt privat-plaudernd an und geht dann über zur Theorie der Geschichte und des geschichtlichen Wissens (Teil I). Ich versuche, eine Art Summe meiner Erfahrungen als Historiker des Denkens zu ziehen. Ich gebe keine Kurzfassung stofflicher Resultate zu Mittelalter und Neuzeit, sondern eine Charakteristik meiner Arbeitsweise und den Grundriß ihrer Begründung. Es sind Hintergedanken eines Handwerkers in der Werkstatt der Intellectual History, Auseinandersetzungen mit anders konzipierten Theorien, Ausblicke auf Nachbarfächer, Hinweise für Kulturwissenschaftler verschiedener Richtungen und Proben der Anwendung. Teil II skizziert mein Konzept der Geschichte des Wissens, indem er einige historische Grundbegriffe mit meiner historiographischen Erfahrung konfrontiert. Ich untersuche dort im Rückblick auf eigene Forschungen Begriffe wie „Epoche", „Kontinuität und Tradition", „Zeitbezug" und „Aneignung". Teil III führt diese Untersuchung fort, indem er sich auseinandersetzt mit aktuellen Analysen des Verhältnisses von Mittelalter und Neuzeit. Vielleicht wird dabei klarer, was es mit meinem „Historismus" auf sich hat. Dieser Name könnte irreführen; gemeint ist wohl mein Versuch, den Faktor „Zeit" im Element reiner Theorien zu bedenken.

Er distanziert sich von der Mißachtung der Chronologie in Grundfragen des Lebens und Denkens; er kritisiert Aneignungsweisen des Gewesenen, welche die Zeitdifferenz ignorieren oder zum bloß äußeren Umstand herabsetzen. Heute mehren sich Versuche, den Koeffizienten Zeit zu minimalisieren, Zeitgrenzen zu überspielen und insbesondere das Mittelalter zu aktualisieren. Teil IV analysiert und kritisiert einige Versuche dieser Art und erprobt ex negativo die zuvor entwickelte Konzeption von Zeit und Wissen. Die gewählten Beispiele sollten stofflich weit auseinanderliegen, um zu zeigen, wie die Enthistorisierung, die ihnen gemeinsam ist, Konsequenzen für die Alltagswelt hat, z. B. wenn Intellektuelle versuchen, sich ohne historische Umsicht „in die Tradition der Lehre vom gerechten Krieg" zu stellen. Historische Philosophie ist die Verbindung reiner Theorie mit historischer Empirie, aber da sie weiß, daß die Vergangenheit nur in der Gegenwart existiert, interessiert sie sich für die teils zerstörerischen Spiele, welche die Gegenwart mit der Vergangenheit treibt. Daher untersuche ich die Rolle älterer Denkmotive, zum Beispiel das des „gerechten Krieges" oder der „Scholastik" in der Gegenwart. Sie zeigt, was geschieht, wenn der Umgang mit der Vergangenheit nicht nach geschichtsgemäßen Kriterien, sondern nur nach institutionellen oder privaten Bedürfnissen erfolgt. Ich will an divergierenden Themen zeigen, daß die Diskussion über konkrete Fragen wie Krieg, Kulturpolitik und Euthanasie durch Wiedergewinnung ihrer Zeitdimension gefördert würden.

Meine Auseinandersetzung mit der vatikanischen Philosophiepolitik und dem von ihr vorausgesetzten Bild vom Mittelalter (IV 2) sowie der Protest gegen die Aktualisierung Hildegards von Bingen (IV 4) sind gekürzt erschienen in der *FAZ*, die Abschnitte I 1 und I 2 im *Jahrbuch der Deutschen Akademie für Sprache und Dichtung*. Den Nachruf auf Gadamer (III 4) und den ersten Entwurf zu dem polemischen Traktat über die „Euthanasie des Judentums" (IV 6) hat die *Berliner Zeitung* veröffentlicht. Alle übrigen Texte blieben bisher ungedruckt.

Mainz, den 1. Januar 2003　　　　　　　　　　　　　　Kurt Flasch

# ERSTER TEIL

## PERSON UND PROJEKT

# SELBSTVORSTELLUNG[1]

Meine Studenten in Bochum gaben mir den Spitznamen „Habicht", nicht wegen der Nase, nicht, weil ich wie ein Raubvogel auf arme Examensküken herabgestürzt wäre, nicht, weil das Wort „Habicht" etymologisch verwandt ist mit capio, capere, fassen, wovon „kapieren" kommt, nein, sie nannten mich nur deshalb so, weil ich dieses Wort nicht richtig aussprechen konnte; ich betonte die Stammsilbe und sprach ein „sch". Das klang etwa wie „Habbischt". Denn wir Mainzer konnten zwar – eine Weile her –, die Kunst des Buchdrucks erfinden, aber ein ch hervorbringen, das sich von einem sch unterscheidet, das können wir nicht.

Damit wissen Sie, wo ich 1930 geboren wurde. Meine älteste Erinnerung betrifft 1933, nicht, wie Sie denken, sondern es war das heilige Jahr, und mein Vater „kam zurück vom Land der Wunder"; er hatte mit einem Freund, einem katholischen Pfarrer, eine Pilgerreise per Auto nach Rom gemacht, meine Mutter durfte dafür den heiligen Rock in Trier verehren. Diese Freundschaft meines Vaters hatte Folgen: Als 1935 der gotische Turmreiter der Pfarrkirche, 200 Meter vom Rhein, abgerissen wurde, bastelte mein Vater einen Riesenkäfig – er nahm ein Viertel des Wohnzimmers ein – , und wir bekamen, bis der neue Kirchturm fertig war und sie wieder eine Heimstatt hatten, alle oder jedenfalls viele Fledermäuse ins Wohnzimmer, ein Heimzoo für ein paar Wochen, ein unbeschreibliches, schwarz-unheimliches Vergnügen für uns Kinder. Mich konnte Pfarrer Schwalbach – Schwalbach, Fledermäuse, Habicht, Sie sehen schon, ich gebe keinen soliden Bericht, ich treibe ornithologische Mythologie – mich also konnte er nicht so gut leiden, oder vielmehr, ich konnte ihn nicht so gut leiden, denn er war von düsterem Ernst. Das war begreiflich, denn er war vor 1933, Zentrumsmann wie mein Vater, politisch aktiv und konnte sich auch jetzt nicht zurückhalten. Wenn er predigte, warteten wir Buben darauf, bis das Wort „Hilfe" vorkam. Altmodisch, wie er

---

[1] Die Deutsche Akademie für Sprache und Dichtung hat die Gewohnheit, daß neue Mitglieder bei ihrer Aufnahme sich selbst vorstellen. Sie sollen dabei nicht länger als etwa fünf Minuten sprechen. Der folgende Text stellt mich, meine Arbeits- und Schreibweise vor, wie ich es bei meiner Aufnahme am 16.4.1996 getan habe.

sich gab, sprach er dieses Wort mit betontem, langgezogenem ü. Wir lachten, aber Gestapoleute protokollierten seine Predigten, eines Tages – ich denke, es war 1943 – holten sie ihn ab. Als er nach Monaten, noch düsterer geworden, zurückkam, machte ihn der Bischof von Mainz sofort zum Domkapitular, denn Stohr, ebenfalls Zentrumsmann vor '33, war der dritte Mann der politisch-katholischen Skatrunde: Stohr, Schwalbach, Flasch.

Pfarrer Schwalbach bekam als Freund des Bischofs hochqualifizierte Kapläne, von denen ich mehr profitiert habe als von ihm. 1942 kam aus Münster ein Kaplan, dort frisch promoviert mit einer Arbeit über die Rechtsphilosophie des Thomas von Aquino. Sie trug, wie man nachlesen kann, den Titel *Der Mensch, Herr seiner Rechte*. Diese Tonart gefiel mir; so etwas hörte man 1942 nicht mehr im Gymnasium. Ich begann, mich für die Philosophie des Mittelalters zu interessieren. Der Kaplan, Ludwig Berg, hatte promoviert bei Peter Tischleder, den ich durch ihn näher kennenlernte. Tischleder hatte in den zwanziger Jahren, als Katholiken noch darüber stritten, ob sie Monarchisten sein müßten oder ob sie in der Republik mitarbeiten dürften, mit Hilfe mittelalterlicher Texte die Demokratie verteidigt. Jetzt war er zwangspensioniert und unterschrieb seitdem Postkarten an Freunde mit *Petrus in vinculis*.

Sein Schüler verstand sich als Philosoph; er las Nicolai Hartmann und Max Scheler. Als ich vierzehn war, schenkte er, der katholische Geistliche, mir einen Reclam-Band und sagte: „Du bist jetzt ein Mann, du kannst das lesen." Es war der *Zarathustra*. Vorher schon hatte er mich in Konzerte und Ausstellungen mitgenommen, in Dichterlesungen mit Johannes Kirschweng und Juliana von Stockhausen; ich sah mit ihm *Maria Stuart* und *Faust I*. Er wurde mein eigentlicher Lehrer; das Gymnasium langweilte mich.

Nur hatte er eine Schwäche: Er wußte wenig Historisches. Eines Tages sagte er zu mir: „Du fragst mich zu viel Geschichtliches. Das Philosophische ist mein Fach, Astronomie interessiert mich auch. Aber für Geschichte brauchst du jemand anderes. Ich habe einen Freund, der Historiker ist. Ich bringe dich hin."

An einem Herbstnachmittag '43 brachte er mich ins Priesterseminar, ins alte Augustinerkloster. Wir trafen einen Mann im grauen Arbeitskittel, der zwischen hohen Bücherbergen saß; er nagelte gerade eine Holzkiste zu. Er arbeitete allein; er verpackte eine Bibliothek, sie sollte in den Luftschutzkeller. Er war freundlich zu mir, und als der Kaplan nach

Hause drängte, sagte ich zum Bibliothekar: „Herr Doktor, wenn ich Ihnen helfen könnte, käme ich morgen gerne wieder." Abgemacht. Wir haben ein Jahr lang zusammengearbeitet, jeden Wochentag nachmittags. So haben wir beide die Bibliothek des Sohnes des Schwagers Goethes gerettet, denn diese Bücherberge waren die Bibliothek von Fritz Schlosser. Ich habe den *Werther* und die *Luzinde* in der Erstausgabe gelesen; ich habe eine Sammlung von zwölf Streitschriften des Angelus Silesius entdeckt, die Clemens Brentano zusammengestellt hatte. Wir hatten die Erstausgaben der deutschen Literatur kaum verstaut, da zerfetzte eine Sprengbombe die leeren Regale. Der Bibliothekar war ein gelernter Paläograph, ein Historiker, der in Frankfurt promoviert hatte. Übers Wochenende lieh er mir alte Bücher aus, die im 16. Jahrhundert in mittelalterliche Handschriften eingebunden worden waren. Ich hatte die Hausaufgabe, diese Fragmente zu transkribieren; am Montag korrigierte er meine Transkriptionen. So lernte ich lateinische Paläographie. Der Gelehrte, der nie von Glaubenssachen sprach, auch nicht in Situationen auf Leben und Tod, stammte aus Bingen-Büdesheim. Gelegentlich sprach er von seinem Cousin, den seine Verwandten für einen Spinner hielten; dieser Spinner war Stefan George.

Ich erzähle diese Bilder einer Mainzer Kindheit knapp, wie aus der Vogelperspektive, als wäre sie glatt zugelaufen auf die Verbindung von Philosophie, Bibliotheksstaub, Politik und Poesie. Aber alles war härter, politischer, dem Tode näher und doch auch idyllischer und barocker. Diese Kindheit brach 1944 innerhalb von 20 Minuten grausam ab. Seitdem lag Mainz hinter mir. Ich habe in Frankfurt studiert – bei Philosophen, die heute jeder kennt, bei Althistorikern wie Matthias Gelzer und Hermann Strasburger, besonders bei dem ebenso witzigen wie gelehrten Mittelalter-Historiker Paul Kirn. Der Konflikt von Philosophie und harter Historie stellte sich auf neuer Ebene ein.

Ein Leben lang rühre ich nun in diesem Gemenge aus Politik, Philosophie und Sätzen aus alten, fast verschollenen Büchern. Meine frühe Entschlossenheit, ein philosophisches System zu bauen, brach sich an Geschichte, nicht an dem Kartenhaus, das Philosophen unter diesem Namen kennen, sondern an methodisch streng ermittelten Fakten: Historie als Handwerk und als Irritation.

Ich kann Ihnen die Übersicht nicht dadurch erleichtern, daß ich schlicht sage: Ich bin Historiker der Philosophie mit besonderem Interesse an ihrer älteren Geschichte. Das wäre zu glatt; ich studiere zum Beispiel seit vielen Jahren den Ersten Weltkrieg. Weil ich den Zweiten nie begreifen werde, versuche ich es mit dem Ersten. Bei diesem Wühlen verblieb mir die philosophische Intention, noch im strengsten, im „reinsten" Begriff von „Vernunft" deren geschichtlich-kontingente Prägung nachzuweisen. Ich will Vicos Verbindung von Philologie und Philosophie, nicht einfach Philosophiehistorie.

Als Autor suche ich das scharf Umrissene, Nebelfreie. Wenn mir so etwas gelungen ist, indem ich über Augustin, Anselm und Boccaccio schrieb, verdanke ich das zunächst faktischen Funden.

Stolz bin ich auf die Wiederentdeckung Dietrichs von Freiberg. Dietrich gab um 1300 als erster die heute als richtig geltende Theorie des Regenbogens, gestützt auf arabische Optik. Er trug eine philosophische Theorie vor, wonach der menschliche Verstand die Wesenheiten der Dinge konstituiert – er sagt ausdrücklich „konstituiert" – , ohne daß die Wesenheiten bloße Abstraktionen wären. Dietrich war Lehrer und Freund von Meister Eckhart. Durch die Edition seiner Werke, vier Bände scholastischer Texte, habe ich versucht, Meister Eckhart aus dem mystischen Strom zu retten und ihn in dem geschichtlichen Zusammenhang zu zeigen, in den er gehört.

Diese Arbeiten hätte ich nicht machen können ohne die Förderung durch Raymond Klibansky und ohne eine neue Lernzeit in Florenz bei Eugenio Garin und Cesare Vasoli. Davon wäre lange zu reden, mit der gebührenden Verachtung für die Bürschlein von der Toskana-Fraktion. Aber ich schließe, indem ich mich Ihnen vorstelle als Archivar mit Grübelneigung, Machiavelli-Leser mit kantisch-unglücklicher Liebe zur Metaphysik.

Balancierend auf dem nicht-existierenden Bindestrich zwischen Pascal und Voltaire, bearbeite ich einen langen, uneinheitlichen Zeitraum mit vielen Unbekannten, von Augustin zu Giordano Bruno und Campanella, dessen *Philosophische Gedichte*, in fast dreißigjähriger Kerkerhaft entstanden, ich zu studieren empfehle.

Dies ist mein Arbeitsfeld.

Dicht nebenan steht Georges totgesagter Park.

Ich danke Ihnen.

# ANNAS GRABEN[1]

Es war an einem Herbstabend vor vielleicht 20 Jahren. Ich kam, müde von der langen Reise, in Mailand an; mein Freund Luigi und seine Frau Anna hatten mich eingeladen und empfingen mich mit der gewohnten Herzlichkeit. Aber irgend eine Verlegenheit ließ sich nicht verkennen, und bald kamen sie mit der Sprache heraus: Luigi mußte noch am selben Abend, in irgendeiner Erbangelegenheit, nach Rom, und Anna hatte gerade die Profession gewechselt: sie war nicht mehr Schauspielerin, sondern sie war die Lokalreporterin des *Corriere della Sera* geworden, Abteilung Theater und Kultur, und sie hatte Dienst. Es sah alles danach aus, als sollte ich den Abend allein in der Wohnung verbringen. Dies schien mir die unitalienischste aller Lösungen, und ich fragte Anna, ob sie mich nicht zu ihren nächtlichen Streifzügen durch Mailand mitnehmen könnte. Das hatte sie sich selbst so gedacht und zeigte mir die zwei Freikarten für die *Scala:* Es gab Mussorgskijs *Boris Godunow.*

Ich kämpfte mit dem Schlaf und erinnere mich nur noch an ein blutrotes Bühnenbild, an rauschhaft-düstere Töne, an ein teils philorussisches, teils eurokommunistisches, aber allemal elegantes Premierenpublikum. Doch die Oper war nur der Anfang von Annas Nachtarbeit; es folgte ein später Empfang für Andrzej Wajda mit lebhaften italienisch-polnischen Debatten, die mich endlich wachrüttelten. Danach raste sie in ihrem Cinquecento zurück zum Redaktionsbüro, Via Solferino. Als dort ein Drucker stockte und eine Pause eintrat, fragte Anna: „Sag mir doch mal genau, womit du dich beschäftigst." Ich antwortete: „Mich interessiert, was die Leute früher gedacht haben. Besonders in der langen Zeit, so zwischen 400 und 1600. Ich mache Geschichte der Philosophie." Anna machte ein respektvoll-erstauntes Gesicht. „Ich weiß", sagte sie, „ihr Deutschen seid ja besonders gründlich und studiert natürlich auch in der Philosophie das Zwischenstück zwischen Altertum und Neuzeit". „Nein, erwiderte ich, „das ist bei uns seltener als bei euch in Italien. An den meisten Universitäten machen sie einen großen Sprung; sie hüpfen

---

[1] Am 28.10.2000 verlieh mir die Deutsche Akademie für Sprache und Dichtung in Darmstadt den Sigmund-Freud-Preis für wissenschaftliche Prosa. Ich bedankte mich mit der folgenden Rede.

von Aristoteles zu Descartes. Das sind fast 2000 Jahre, aber sie tun so, als sei nichts gewesen, außer vielleicht Theologie". Anna fiel aus allen Wolken: „Was, ihr Deutschen? Ihr fangt an mit Platon und Aristoteles, und es geht erst wieder weiter mit Descartes? Und dazwischen liegt so ein Graben!" Und bei „so ein Graben" machte sie eine ausholende Armbewegung, wie nur eine italienische Schauspielerin sie machen kann. Sie *benannte* den Graben nicht nur; sie *stellte* ihn *dar*. Ich selbst stand neuverdutzt vor dem Mittelalterloch der gründlichen Deutschen. Ich versuchte, ein paar Einschränkungen vorzubringen: Gelegentlich würden Plotin und Augustin studiert, katholische Professoren beschäftigten sich mit Thomas von Aquino; ich sei natürlich nicht der einzige usw. usw., aber Anna blieb enttäuscht: Die Deutschen haben da wohl einen Graben.

Hatte Anna unrecht? Die Reformation und zwei sprachliche Barrieren – die zum Lateinischen und die zum Mittelhochdeutschen – trennen *uns* stärker vom Mittelalter als unsere südlichen Nachbarn. Gewiß überleben bei uns einige mittelalterliche Figuren, Mythen und Institutionen: Die Universität, die Struktur älterer Städte. Uta von Naumburg und der Bamberger Reiter ließen sich präsent setzen; sie wurden national-pädagogisch instrumentalisiert, wie die mittelalterlichen Kaiser, die Staufer und sogar Karl der Große. Daneben läuft die religiös-ästhetisierende Mittelalterrezeption; Zisterzienserbücher überschwemmen den Buchmarkt. Ich rede nicht von der fachlichen Forschung. Sie ist zwar so modenunabhängig nicht, wie sie sich oft wähnt; sie anerkennt spät, aber schließlich doch neue historiographische Konzepte; die Städtearchäologie, die Alltagsforschung und die Frauengeschichte gewinnen Boden gegenüber der älteren, an Nation, Institution und Verfassung orientierten Geschichtsschreibung. Und doch: Was ist auch nur aus der älteren *deutschen* Literatur irgend lebendig? Wie abgeschlagen steht Walther von der Vogelweide neben Dante, Fischart neben Rabelais. Die Nibelungen, Isolde und Tristan existieren bei uns nur dank neo-romantischer Reprisen.

Vereinzelt gibt es Rückgriffe auf Meister Eckhart und geradezu schamlose Annäherungen an Hildegard von Bingen. Aber das Gesamtergebnis bleibt: Weder die ältere Dichtung noch gar die intellektuelle Gesamtbewegung von Augustin zu Erasmus mit ihrer großen Zahl oft ungedruckter lateinischer Texte haben bei uns öffentliche Stimme, trotz Ernst Robert Curtius. Alles was nicht neoromantisch, bismarck-national oder konfessionell verwertbar war, blieb im dunkeln.

Hegel, wenn er in seinen Vorlesungen auf die Philosophie im Mittelalter zu sprechen kam, begnügte sich mit trockenen Bemerkungen der folgenden Art: „Albert hat sehr viel geschrieben, und wir haben davon noch 21 Folianten übrig." In Annas „Graben" liegen ungeheure Textmassen; wer hinabsteigt, tritt auf unübersichtliches Gelände. Hegel entschuldigt noch den Ekel, sich dem auszusetzen, und sagt: „Es ist nun keinem Menschen zuzumuten, daß er diese Philosophie des Mittelalters aus Autopsie kenne, da sie ebenso umfassend als dürftig, schrecklich geschrieben und voluminös ist."

Nun, diese Autopsie habe ich mir zugemutet, nicht mit Restaurationsabsicht, sondern aus Neugierde und Entdeckerlust, manchmal auch aus wohlbegründetem Überdruß am 20. Jahrhundert. Vor allem aber, weil Leitideen, Wissenskonzepte, Wertungen und Alltagsgewißheiten geschichtlich von weit her kommen. Wer die Denkgeschichte mit Descartes beginnen läßt, kann ihre Genese nicht konkret beschreiben.

Grabenarbeit, Gegenwartserfahrung und Reflexion über diesen Kontrast prägten die Schreibart. Wer Unbetretenes betritt, findet keinen Trampelpfad; er hat für die Bücher, die ihm in die Hand fallen, keinen Lektürekanon. Er weiß nicht, ob er einen neuen philosophischen Klassiker liest oder ein Schulbuch. Strukturen sind erst *schreibend* zu erproben, forschend zu erfinden. Ich schreibe in dem Bewußtsein, in Annas Graben nicht zu leben und dorthin nicht zurück zu wollen, sondern von außen hineinzuschauen, Großes groß sein zu lassen, aber mit dem Akzent auf dessen Gewesensein und seinen zufälligen Bedingungen. Daraus entstand ein Stil der Distanz, des fast unschuldigen Positivismus und gelegentlich der Ironie, die manche Adepten von der Weihwasser-Fraktion reizt; sie hätten's gerne etwas andachtsvoller. Das ergab den Tonfall – nicht der Identifikation, nicht der Anpreisung, als hätten mittelalterliche Denker etwas gewußt, was heute das Abendland, das Solidaritätsprinzip oder sonst etwas Schönes retten könnte. Andererseits: Ohne die mittelalterliche Denkarbeit, ohne den jahrhundertelangen Schulkram auch wäre Europa nicht die Einheit, die es doch ist. Dies wollte ich *zeigen*, nicht bloß behaupten, mit Hunger nach sinnlicher Anschauung, erzählend. Terminologien konnte ich nicht gänzlich vermeiden, aber noch weniger voraussetzen, wollte ich doch in freier Diktion ihr *Entstehen* beschreiben.

Es ging nicht ohne das Salz der Polemik. Lessing wurde zum Patron in Sachen Erudition und des Stils; er sanktionierte die Bibliothekswut;

seine Prosa lehrte das Zugleich von präziser Präsentation und heiterem Tadeln.

Es wird gar viel gepfuscht. Das fängt schon damit an: Viele glauben zu wissen, was Mittelalter und was Moderne heißt. Ich schlage dagegen vor, einmal dreißig Jahre lang die Wörter „Mittelalter", „Moderne" und „Epoche" nicht zu gebrauchen. Es schadet nichts, wenn dabei „Postmoderne" und „Epochenschwelle" verlorengehen. Der Verlust der Ordnungsschemata würde aufgewogen durch neues Sehen. Aber die Deutschen haben nicht gehört, als Goethe ihnen empfahl, sie möchten dreißig Jahre lang das Wort „Gemüt" nicht gebrauchen, noch weniger werden sie auf Epochenbilder verzichten. Am Wort „Mittelalter" hängen tiefe Gefühle, Frustrationen durch die farblos-kalte Gegenwart, deutschnationale Mißverständnisse der alten Kaiserzeit bis hin zum Unternehmen Barbarossa, zuletzt die Ästhetisierung für Ausstellungszwecke: Mittelalterliches als ornamenta ecclesiae.

Gewiß hat sich das Feld gelockert; seit Umberto Eco gibt es einen nicht-ideologischen Mittelalter-Boom. Aber wenige wissen und niemand spricht es aus: Die Erforschung des mittelalterlichen philosophischen Denkens unterliegt heute bei uns einer strikten *administrativen* Konfessionalisierung. Alle oder fast alle Lehrstühle, die sich in der Bundesrepublik mit der Philosophie des Mittelalters befassen, sind Konkordatslehrstühle, d. h. ihre Inhaber bedürfen, dank des Hitler-Konkordats und seiner Nachfolgeverträge, des Placets des zuständigen Bischofs. Wer auch nur nominell protestantisch, geschweige denn sonstwas oder gar, wie sie sagen, *Nichts* ist, hat keine Chance, an der Universität die Philosophie des Mittelalters zu erklären; die traditionell protestantischen Universitäten wiederum sparen meist das ganze Arbeitsgebiet aus, oder sie suchen dort – seit Karl Ullmann 1841 – immer noch nach Reformatoren vor der Reformation. Daraus ergibt sich ein apartes Mittelalter zum Gebrauch der Überlieferungsfetischisten, der Goldgrundsucher und der bischöflichen Priesterseminare.

Gründe, die ältere Denkgeschichte zu studieren, habe ich anderswo entwickelt. Argumente und Materialien gegen die Re-Klerikalisierung des Mittelalters sind kontrollierbar ausgebreitet. Heute, schließlich haben wir eine Art Feiertag, argumentiere ich nicht streng, ich lade Sie nur ein zu einem kleinen Gedankenspiel:

Stellen Sie sich vor, Sie besuchten mich zu Hause und fänden im Zettelmeer meines Schreibtisches die Transkription eines mittelalterlichen

Traktates über den Regenbogen; so etwas lag dort schon herum. In dem Werk von 180 Schreibmaschinenseiten würden 20 Seiten fehlen, und Sie sollten vermuten, was dort gestanden haben könnte. Würden Sie nicht zu der Annahme neigen, der Verfasser, ein Mönch der Zeit um 1310, hätte dort, wenn schon nicht auf den erhaltenen Seiten, von der religiösen Symbolik des Regenbogens gesprochen? Wenn ja, dann haben Sie aus einer Epochenvorstellung Fakten herausgeklaubt. Wenn ja, dann sind Sie in die Mittelalterfalle gegangen. Der Traktat ist vollständig erhalten; er enthält kein Wort von der Symbolik des Regenbogens, sondern eine extrem nüchterne Analyse der Bewegung des Lichtstrahls im einzelnen Tropfen des Regenbogens: Eintritt, Fraktion und Reflexion werden untersucht im Anschluß an arabische Optiker. Dem Verfasser war es wichtig, daß wir in Gläsern und am taubenetzten Grashalm kleine Regenbogen studieren und selbst herstellen können. Er glaubte den Regenbogen erklären zu können, weil er ihn en miniature *machen* konnte. Geisteswissenschaftliche Bilder vom symbolischen, lichtmetaphysischen, ganzheitlichen, einheitlichen, religiösen, christlichen Mittelalter zerbrechen an einem solchen Faktum.

Wer über die Zeit von 400 bis 1500 etwas Triftiges sagen will, muß erst in den Graben, jahrelang, jahrzehntelang. Dann muß er aus der Erfahrung der Gegenwart, des wirklichen Lebens der Gegenwart, ihrer Literatur, ihrer Philosophie, ihrer Wissenschaft, in unserer Sprache und mit unseren Kategorien, ohne Adaption ans Heute, erzählen, was er gefunden hat. Das ist eine diffizile, eine prekäre Angelegenheit. Ob *mir* das gelungen ist? Ich neige zum Zweifeln, doch verbietet mir der Respekt vor der gebündelten Weisheit dieser Akademie, darin zu verharren. Ich entnehme der Verleihung des Sigmund-Freud-Preises und höre aus der Laudatio von Michael Stolleis, der auf einem ähnlich immensen Gebiet quellennah historisch geforscht hat und als Autor in unserer Gegenwart angekommen ist, daß es ein wenig danach aussieht. Die Deutsche Akademie ermuntert mich bei dem Versuch, aus Grubenfahrten etwas halbwegs Verständliches, etwas Lessingähnliches und der Sprache Sigmund Freuds nicht ganz Unwürdiges herauszubringen.

Ich danke dem Präsidium dieser Akademie für den Preis, den ich nach Hans Blumenberg und Odo Marquard gerne annehme; ich danke Ihnen, lieber Michael Stolleis, fürs Reden, Ihnen allen fürs Zuhören.

# STILLSTAND DER STERNE
# CHRISTLICHE ESCHATOLOGIE UND
# PHILOSOPHIE IM MITTELALTER[1]

*Der linke Fischer*

Den Namen Kuno Fischer hörte ich zum ersten Mal vor über fünfzig Jahren. Ein befreundeter älterer Herr, ein Historiker mit Vorliebe für schnurrige Geschichten, erzählte dem Schüler eine Anekdote: Gegen 1900 habe ein Heidelberger Professor den Niedergang der Philosophie in Deutschland beklagt und gestöhnt, es gebe ja wohl nur noch zwei Philosophen, der andere lehre in Leipzig. Der andere, das war Wilhelm Wundt, der eine war Kuno Fischer. Dann hörte ich zu Beginn meines Studiums den Namen wieder, diesmal aus dem Mund von Max Horkheimer. Gefragt, was man über Hegel lesen sollte, wand er sich, wie es seine Art war, sehr lange hin und her, nannte dann ohne Enthusiasmus Theodor Litt und schloß mit der Bemerkung, man dürfe es zwar nicht laut sagen, aber das Beste sei immer noch Kuno Fischer. Damit begann für mich das Studium der monumentalen Geschichte der neueren Philosophie. Als ich dann vor ein paar Jahren an meinem zweiten Cusanus-Buch saß, bemerkte ich lachend zu einem Bekannten, ich dürfe es zwar nicht laut sagen, aber mein Buch sei doch nur der Versuch, den Cusanus-Band zu schreiben, mit dem Kuno Fischer seine *Geschichte der neueren Philosophie* nicht habe beginnen können, weil damals das Material nicht so zugänglich gewesen sei, allerdings hätte ich inzwischen ein anderes Konzept von „Entwicklung". Gerne hätte ich heute über diese „Kleinigkeit", über die Verschiebung im Begriff der „Entwicklung" gesprochen, aber ich fand bei Fischer dazu wenig Explizites. Er erklärte zwar zuversichtlich, die chronologische Abfolge sei „zugleich die innere und sachliche" (Kant 1860, I 112); er wußte, die objektive Teleologie der gesamten neueren Philosophiege-

---

[1] Die Universität Heidelberg verlieh mir am 17. Januar 2001 den Kuno-Fischer-Preis für herausragende philosophiehistorische Arbeiten. Ich bedankte mich mit der folgenden Rede. Sie beginnt mit einer Plauderei über Kuno Fischer und gibt dann ein konkretes Beispiel, wie ich mir die Arbeit auf dem Feld der intellectual history denke: Wie wurden die Sterne gedacht?

schichte sei auf Kant zugelaufen (I 23), und im Hegelband beschrieb er die Geschichte des Entwicklungsbegriffs von Leibniz bis Darwin; er handhabte virtuos die Kategorie der Entwicklung, *aber* er analysierte sie nicht als *historiographisches* Konzept. Daher bin ich von diesem Thema wieder abgekommen, auch weil, wer dabei in der Art Kuno Fischers vorginge, nämlich empirisch-historisch, mit Interesse am Biographischen, Ihnen nicht verschweigen könnte: Im Juni 1853 entzog die Großherzoglich Badische Regierung dem Privatdozenten Fischer die venia legendi. Der Oberkirchenrat hatte interveniert, auf Betreiben des Universitätspredigers und Direktors des Predigerseminars Daniel Schenkel. Fischer fand diese Vertreibung eines Philosophen durch einen Prediger mit Hilfe des weltlichen Arms mittelalterlich und nannte sie „das Interdikt". Weit von mir sei es, diese Affäre, so gut sie dokumentiert ist, bei einer Festfeier in der Heidelberger Aula magna vor aller Augen auszubreiten. Schließlich verleiht Ihre Alma mater, die damals vor der liberalen Öffentlichkeit bloß dalag wie der betrunkene Vater Noah in seinem Zelt, nicht noch Preise dafür, daß ein Fremder sie im Nachhinein noch einmal vorführt, ruch- und schonungslos wie Noahs Sohn Ham, der seinen Vater aufgedeckt liegen ließ und dafür, nach Genesis 9, der gerechten Verfluchung verfiel. Nein, da kehre ich doch lieber zurück zu meinen mittelalterlichen Leisten. Nicht, als seien nicht auch damals Philosophen von Predigern verjagt worden. Nur waren damals die Verfolger kohärenter; sie erklärten nicht wie Herr Dr. Schenkel, sie seien für die Lehrfreiheit, bloß nicht für die des „Pantheisten" Fischer. Darüber hat Fischers Freund David Friedrich Strauß in seiner Streitschrift gegen Schenkel *Die Halben und die Ganzen* so trefflich gespottet, daß ich mich getrost meinem abgelegenen Thema widmen kann, dem Stillstand der Sterne.

## *Fallen die Sterne vom Himmel?*

Der Jesus des Matthäusevangeliums prophezeite, Himmel und Erde würden vergehen (Matthäus 24, 35); er griff aus Isaias (34, 4 und 13, 10) die Weissagung auf, „die Sterne werden vom Himmel fallen und die Kräfte des Himmels werden erschüttert werden".

Wie sollten christliche, jüdische und muslimische Philosophen so etwas denken? Die Rede vom Weltuntergang widersprach antiken Konzepten von Würde und Dauer des Kosmos. Auf diesen beruhte der Begriff des guten, des philosophischen Lebens und der Vorrang der Theoria; die Unerschütterlichkeit des Weisen zehrte vom Blick auf den unwandelbaren Kosmos. Auch die Konzeption des Wissens forderte dessen Unvergänglichkeit: Die Dauerwahrheit von Definitionen hing ab von der Ewigkeit der species. Stürzen die Sterne, fällt der „gestirnte Himmel über mir", dann verlieren wir das anschauliche ethisch-politische Orientierungsfeld, den sichtbaren Garanten der Ordnung. Was wird also mit den Sternen am Jüngsten Tag?

Das sagt schon der Name „Jüngster Tag": Sonne, Mond und Sterne müssen stillstehen, damit nicht noch weiterer Tag- und Nachtwechsel folgt. Es soll ewiger Tag sein, daher die Schwierigkeiten. Aber bevor ich auf mein Thema, Der Stillstand der Sterne und das Ende der Zeit im Mittelalter, komme, muß ich einen Schritt zurückgehen: Die Sterne sollen nicht nur stillstehen, sie sollen vom Himmel fallen. Wie kann dann ewiger Tag sein? Einige biblische Wendungen gehen in der Kosmos-Zerstörung weit, weiter als westliche Christen, die sie in abschwächenden Interpretationen kennenlernten, annahmen: Der zweite Petrusbrief sagt, der Weltbrand werde Himmel und Erde vernichten (3, 7); die Himmel werden zusammenkrachend vergehen, die Elemente brennend sich auflösen (3, 10); *Psalm* 101, 26 (der alten Zählung) behauptet bündig in der Sprache der Vulgata von den Himmeln: Sie werden vergehen, du allein bleibst (Ipsi peribunt, tu autem permanes).

Nach dem Weltzusammenbruch soll es zwar einen neuen Himmel und eine neue Erde geben, aber was das bedeutete, war schwer zu sagen, nachdem Augustin eingestanden hatte, er wisse nicht einmal, ob es auf der neuen Erde z. B. auch Meere geben werde. Augustin berichtet, Porphyrius habe die Christen des törichten Glaubens bezichtigt, die Welt werde untergehen (De civitate Dei XX 24, 8–12, hier und im folgenden zitiert nach Corpus Christianorum, Series Latina, Band 47, p. 744). Er gibt im 20. Buch von *De civitate Dei* einen Überblick über die biblischen Endzeitaussagen; er klagt, die *Apokalypse* sei ein dunkles Buch (XX 17 p. 728), hält aber fest, nicht nur der Erdkreis (orbis terrae), sondern auch die Himmel (caeli) werden vergehen (XX 19, 23–30 p. 729). Doch nahm Augustin, was die Himmel angeht, zwei einschneidende Korrekturen vor. Erstens erklärte er, unter den „Himmeln" könnten nur die untersten Luftschichten mit ihren Turbulenzen gemeint sein, nicht die äußeren Schalen mit Sonne, Mond und Sternen (XX 18, 30–35 p. 729s). Zweitens schwächte er die Vorhersage Jesu ab: Es könnten *einige* Sterne fallen, aber nicht *alle,* und wahrscheinlicher sei die Aussage „bildlich" (tropisch) gemeint (XX 24, 45–50 p. 745).

Philosophisch gebildete Christen hatten ein Interesse daran, den Weltbrand, den sie nicht bestreiten konnten, nicht ganz so verheerend sein zu lassen. Sie bedienten sich der Stelle 1 *Korinther* 7, 31, wonach die „Gestalt dieser Welt" (figura huius mundi) vergehen werde (XX 16, 13–15 p. 726): Hieß das nicht: Nur die äußere Gestalt verbrennt, das Wesentliche bleibt? Bei Augustin siegte, mit Hilfe einer Paulusstelle, auch für die Folgezeit, antike Kosmosfrömmigkeit über die Vorhersage Jesu. Er ließ die Sonne weiter leuchten und die Sterne nicht vom Himmel fallen.

Aber wenn sie auch nur ihre Bewegungen einstellten, schuf das Probleme, spätestens seit dem 13. Jahrhundert. Nahm man das Wort „Sterne" im Sinne der griechisch-arabischen Wissenschaft, war die Sternstillstandsthese ein Widerspruch. Dies naturphilosophisch herauszuarbeiten, verbot der Bischof von Paris 1277 den Philosophen; er verwarf die Thesen 91 bis 93, 100 und 186, die darauf hinausliefen, wer von Sternenstillstand spreche, rede dilettantisch, die Bewegung liege in ihrer Natur. 1277 machte einen Konflikt offenkundig, der lange geschwelt und den Averroes in seinem Kommentar zu der Schrift des Aristoteles über den Himmel (*De caelo*) als Widerspruch zwischen Naturphilosophie und allen drei Offenbarungsreligionen kenntlich gemacht hatte.

## *Ein Reigen apokalyptischer Bilder*

Petrus Lombardus hatte, mehr als ein Jahrhundert zuvor, noch einmal den bunten Reigen eschatologischer Bilder reproduziert. Da war davon die Rede, nach dem Jüngsten Tag würden Feuer und Wasser sich vertragen, Gott werde die Elemente zähmen, versöhnen und verschönern, die Reaktionen der Elemente aufeinander werde er – wie alle anderen Naturprozesse – beenden, Pflanzen und Tiere werde er vernichten.[2] Da kam Basilius zu Wort, der lehrte, alles Feuer werde hinabstürzen zu den Verdammten, alles Licht werde aufsteigen zu den Seligen. Ein Zitat aus *Isaias* 30, 26 sagte, die Strahlkraft der Sonne werde versiebenfacht, der Mond

---

[2] Petrus Lombardus, Sententine, Viertes Buch, distinctio 49, 2. Band, Grottaferrata 1981, bes. p. 546–547.

werde so hell scheinen wie jetzt die Sonne. Isidor und die Glossa ordinaria brachten zu dieser Lichtvermehrung aus Hieronymus die zusätzliche Information, Sonne und Mond erhielten am Jüngsten Tag eine Prämie für ihre Mühen; sie würden dafür belohnt, daß ihre Anstrengung zur Vollendung der Zahl der Auserwählten geführt habe: tunc recipiet sol mercedem sui laboris. Dieser poetische Anthropozentrismus, der Naturdinge für ihre Mühen belohnt sehen wollte, konnte Naturphilosophen zur Verzweiflung treiben: Wie sollte die Strahlkraft versiebenfacht werden, ohne die Natur der Sonne zu verändern? Petrus Lombardus hatte erklärt, er wisse nicht, wozu man Sonne und Mond noch brauche, wenn Gott selbst das Licht der Himmelsstadt sein werde; darüber habe er in der Bibel nichts gefunden. Er zitierte *Isaias* 60, 19, nach dem Jüngsten Tag werde es Sonne und Mond nicht mehr geben; aber, fügte er abschwächend hinzu, das bedeute nicht, daß Sonne und Mond dann nicht mehr sein und nicht mehr leuchten, sondern daß sie stillstehen werden und daß Gottes Licht sie überstrahlen werde.[3] Er zitierte kommentarlos die Lehre Isidors, Sonne und Mond würden ihre Bewegungen einstellen, um nicht den Verdammten auf der Rückseite der Erde die Wohltat ihres Lichtes zu verschaffen. Isidors Sorge, das Los der Höllenbewohner könnte durch Sonnenstrahlen ungebührlich erleichtert werden, hatte zu dessen Ansicht gepaßt, die Erde sei eine Scheibe, und die Verdammten seien auf der Unterseite der Erde untergebracht (sub terra positi). Aber Isidors Weltbild entsprach längst nicht mehr dem Stand der Kosmologie und der Höllenforschung: Im dreizehnten Jahrhundert steckten die Verdammten in ewiger Finsternis, im Innern der kugelförmig gewordenen Erde; sie sahen ohnehin keine Himmelskörper; ihre Hölle war abgeschlossen. Aber es gab immer noch das Zitat aus Hieronymus, Sonne und Mond würden ihren Dienst einstellen.

## Glättungen

Das Ende des vierten Buches des Petrus Lombardus zu kommentieren, das war Arbeit am Mythos, ohne ein Konzept des Mythos, dafür aber

---

[3] Hieronymus hatte das kommentiert und damit die Lehre zementiert: caeli terraeque, solis atque lunae nobis cessabit officium, et erit ipse Dominus lumen suis in perpetuum. Auch das steht bei Petrus Lombardus. Vgl. insgesamt die distinctio 49 seines vierten Buches, c. 5 (279), Band 2, Grottaferrata 1981, p. 546–547.

mit dem damals neuen Instrument des aristotelischen Wissensbegriffs, der *Physik* des Aristoteles und dessen Astro-Philosophie in der Schrift vom Himmel *(De caelo)*. Bonaventura erklärte: Der ganze Weltprozeß dient der Erfüllung der Zahl der Auserwählten. Seit Augustin sollen die Prädestinierten die Himmelsplätze besetzen, die durch den Engelssturz frei geworden sind;[4] der Weltlauf wird enden, wenn diese Zahl erreicht ist. Zwar *könnte*, argumentiert Bonaventura, eine Kreisbewegung, anders als die gradlinige, immer weiterlaufen, aber sie werde zum Stillstand kommen, weil ihr Ziel erreicht sei.[5]

Bonaventura beschreibt auch den inneren Zustand der Seligen: Sie erwarten nichts mehr; sie haben, was sie haben werden; sie sind der Zeit entrissen, von der Ewigkeit überformt. Bei den Verdammten gibt es noch so etwas wie unerwartetes Schicksal und folglich Zeit; sie sind Variationen des Gefoltertwerdens ausgesetzt. Bei ihnen gibt es Zeit als Strafe: erit successio et variatio in tormentis [...] damnati sunt subiecti tempori.[6]

Bonaventura hatte aus Gründen der Chronologie keine Gelegenheit, das schöne Buch von Karl Löwith über *Weltgeschichte und Heilsgeschehen* (Stuttgart 1953) zu lesen, sonst hätte er gewußt, daß christliche Denker die Zeit hochschätzen und dem zyklischen Denken der Griechen lineares Geschichtsdenken abtrotzen müssen; so aber verstand er Erlösung als Befreiung aus der Zeit; Zeit und Geschichte reservierte er dem Höllenpfuhl.

Bonaventura sprach klar die zugrundeliegende Bewertung aus: Alles Sukzessive geht auf Bleibendes zurück; Ruhe ist besser als Bewegung.[7] Die Elemente werden ihrer Substanz nach bleiben, aber ihre aktiven Qualitäten verlieren; jeder Grund, tätig zu sein und sich zu vermehren (ratio agendi et se multiplicandi), wird ihnen genommen. Schweres und Leichtes, Erde und Luft, wird es noch geben, aber Feuer und Eis werden verschwinden, sie werden zur Strafe der Verdammten in die Hölle abgeleitet. Gott hat Pflanzen und Tiere für den Menschen nur geschaffen, weil er wußte, daß der Mensch sündigen und sie brauchen werde. Die Interimsexistenz aller Lebewesen endet mit dem Ende der Zeiten. Denn

---

[4] Enchiridion 9, 29 PL 40, 246, ed. Scheel p. 19.
[5] In 4 Sent 48 a. 2 qu. 2 p. 991-992.
[6] In 4 Sent d. 50 p. 1 1.2 qu. 3 arg. 4.
[7] In 4 Sent 48 a 2 qu. 2 arg. 3, p. 991 a: Nobilior dispositio est quies quam motus, quod patet in Deo.

sie sind indirekt eine Folge der Sünde, wie die Zeit; an sich gehören sie nicht zur perfectio universi. Das sind um 1250 schon Standarddoktrinen. Die Stelle aus *Apoc.* 10, 6: *Es wird keine Zeit mehr sein, tempus amplius non erit*, losgelöst vom Kontext, dient bereits als Standardbeleg für das Verschwinden der Zeit.

Albert hörte derartige Botschaften, blieb aber eher skeptisch. Er kommentierte sie gegen Ende seines Pariser Aufenthaltes, also kurz vor 1248, unwillig; gereizt wies er darauf hin, wir wüßten davon zu wenig. Hieronymus behaupte zwar, es werde gleichzeitig eine Sonnen- und Mondfinsternis geben, „aber ich weiß nicht, ob das wahr ist, deshalb behaupte ich es nicht" (quae quia nescio si vera sunt, ideo non pono).[8] Ob die Sonne siebenmal stärker scheinen werde? Ob das stimmt, das weiß allein Gott (quid de hoc verum sit, nullus scit nisi Deus).

Die Wissensentwicklung hatte bis 1250 beides gleichzeitig erbracht: die spekulative Abrundung Bonaventuras und die kritischen Bedenken Alberts. Und damit war ihr Ideenvorrat keineswegs erschöpft, hatte doch Augustin, weil er die Sterne nicht vom Himmel fallen lassen wollte, eine „tropische", also allegorische Deutung der apokalyptischen Reden für wahrscheinlich gehalten. Diese Spur wurde auffallend wenig verfolgt. Nach der Verurteilung des Origenes mußte das Höllenfeuer physisch gedeutet werden. Eine Reihe theoretischer und kirchenpraktischer Motive verbot es, das Höllenfeuer als Metapher zu nehmen. Es kam zu halbherzigen Lösungen: Das ewige Höllenfeuer *mußte* physisch, der Wurm hingegen, der nicht stirbt, *durfte* metaphorisch gedeutet werden. Die physische Deutung galt als wahrer und orthodoxer als die bildliche.

## *Jüdische Aufklärung*

Den entschiedensten Vorschlag, den Sternensturz metaphorisch zu deuten, hatte Moses Maimonides gemacht. Er war überzeugt von der Stabilität des Universums; er leugnete, daß die Bibel den Weltuntergang lehre. Aber sprach das Alte Testament nicht von herabfallenden Sternen?

Die Antwort des Moses Maimonides: Nein. Das seien orientalischbunte Redeweisen, die der Philosoph vernunftgemäß auszulegen habe. Wenn Ezechias davon spreche, Sonne und Mond verlören ihr Licht,

---

[8] In 4 sent dist. 48 art 7, Borgnet 30, 661.

dann zeige der Zusammenhang, daß er von Sieg und Niederlage in einer Schlacht spricht. Dem Auge des Siegers strahlt die Sonne heller; dem Verlierer kommt die Sonne dunkler vor als sonst. Was in der Bibel stehe, betreffe nicht die Natur, die sei stabil, gemeint sei der Kontrast von großer Angst und Freude. Von Weltuntergang ist, Maimonides zufolge, weder in der Bibel noch bei Philosophen die Rede. Die Propheten reden in Metaphern und Aequivokationen, die aufzulösen sind; sie *meinen* Königreiche und Einzelpersonen, wenn sie von Weltuntergang reden: In Wirklichkeit ändert kein Ding sein Wesen (nulla res mutabitur a natura sua). Die Sterne werden sich weiter bewegen; das Universum behält für immer die Natur, die der Schöpfer ihm gegeben hat. Aristoteles irrte zwar, was den Beginn der Schöpfung angeht, nicht aber bezüglich ihres Endes.

Moses Maimonides beseitigte durch psychologische und literarwissenschaftliche Aufklärung den Konflikt von Kosmologie und Eschatologie. Er verwarf die Annahme, die Sterne bewegten sich nur unsretwegen, als Selbstüberschätzung des Menschen. Er erneuerte die aristotelische Wertung aus der *Nikomachischen Ethik* des Aristoteles und aus dessen *Physik*: Die Sterne sind die göttlichsten der sichtbaren Dinge und unvergleichlich mehr wert als so ein Mensch.

## Harmonisierung oder Konflikt

Die christlichen Autoren waren seit Hieronymus und Isidor festgelegt auf physische Weltverbrennung, Sternenstillstand, sinnliches Höllenfeuer und anthropozentrische Astronomie; sie konnten von Moses Maimonides kaum profitieren. Ein jüdisch-christlicher Dialog fand im 13. und 14. Jahrhundert auch bezüglich des Konfliktes Eschatologie und Philosophie nicht statt. Doch ging Thomas in seinem Sentenzenkommentar auf die Theorie des Maimonides ein, um sie zu bestreiten, und zwar aus zwei Gründen:

Erstens: Maimonides lehne es ab, die Welt um des Menschen willen geschaffen sein zu lassen. Aber die Sterne bewegten sich um des Menschen willen; die Geistseele des Menschen überrage die Himmelskörper an Wert, daher sei es angemessen zu sagen, die Himmelskörper seien um des Menschen willen geschaffen, wenn auch Gott das Hauptziel von allem (principalis finis omnium) sei.

Zweitens: Weil Maimonides den Anthropozentrismus energisch ablehne (omnino nititur improbare), deute er die eschatologischen Stellen der Bibel metaphorisch: Jemandem, der in tiefe Traurigkeit fällt, verfinstert sich die Sonne, und wenn er aus seiner Traurigkeit heraus in höchsten Jubel übergeht (ex statu tristitiae in maximam exultationem convertitur), erneuert sich ihm die ganze Welt. Diese Abwehr der Katastropheneschatologie klingt nach Bultmann, steht aber bei Maimonides, und Thomas gesteht ihm erstaunlicherweise zu, die Bibel rede tatsächlich in dieser metaphorischen Weise. Und dennoch verwirft Thomas die Metapher-Theorie. Sie entspreche zwar der Bibel, widerspreche aber den Autoritäten und den Auslegungen der Kirchenväter.

Den eleganten Ausweg des Maimonides hat die westliche Christenheit sich versperrt. Manche empfanden das Mißliche ihrer intellektuellen Lage zwischen Eschatologie und Naturphilosophie. Die einen, wie Bonaventura und Thomas von Aquino, suchten zu harmonisieren, andere, wie Duns Scotus, arbeiteten den Zwiespalt klar heraus.

Thomas von Aquino behandelt im letzten Kapitel seiner Summe gegen die Heiden (*Summa contra gentiles*, IV 97) den Zustand der Welt nach dem Weltgericht. Er stellte – wie schon im Sentenzenkommentar gegen Maimonides – die Natur ganz in den Dienst der Menschen. Ist die Zahl der Auserwählten vollständig, hat die Natur ihren Terminus erreicht. Die Bösen sind von den Guten endgültig getrennt; die Guten erhalten ewigen Lohn, die Bösen ewige Strafe. Die gesamte Körperwelt werde diesem Zustand kongruent sein.[9] Da die Menschen unzerstörbar sein werden, verschwinden Werden und Vergehen aus der gesamten Körperwelt. Dazu muß die Himmelsbewegung enden. Es wird dann keine Zeit mehr geben; dafür zitiert auch Thomas die *Apokalypse* 10, 6: „Die Zeit wird nicht mehr sein" (tempus amplius non erit).

Wie Bonaventura lehrt Thomas einen zwar limitierten, aber in unserer Frage ausschlaggebenden Anthropozentrismus: Die Tiere sind für den Menschen, die Pflanzen für die Tiere und die Menschen bestimmt. Mögen sie auch um der Herrlichkeit Gottes willen da sein, „gewissermaßen" ist doch der Mensch ihr Ziel. Er ernährt sich von ihnen, und er

---

[9] Thomas von Aquino, Summa contra gentiles IV 97: Omnia autem generabilia et corruptibilia quae causantur per motum caeli ad hominem ordinantur quodammodo sicut in finem.

kennt Gott aus der Natur. Nach dem Jüngsten Tag braucht er sie nicht mehr. Es wird keinen Sinn mehr haben, daß neue Menschen geboren werden, daher hört alles Werden und Vergehen auf. Und dazu muß der Himmel stillstehen.

Es wird keine Zeit mehr geben, außer für die Verdammten, zu ihrer Strafe. Das ist, wie bei Bonaventura, augustinisch gedacht: Die Erlösung besteht darin, daß aus zeithaften Wesen ewige werden. Augustin faßte einmal das Christentum dahin zusammen, Gott rufe zeitliche Wesen, um sie zu ewigen zu machen (vocans temporales, faciens aeternos). Das spirituelle Leben der Seligen, selbst in ihrem wiedergewonnenen Körper, wird keinen zeithaften Charakter haben. Auch Thomas dementiert die Ideenhistoriker, die uns versichern, das Christentum habe eine Aufwertung der Zeit gebracht.

Thomas fragte sich, wie es überhaupt *möglich* sei, daß Himmelskörper stillstehen. Liegt ihre Bewegung nicht in ihrer „Natur"? *Ist* sie nicht ihre Natur? Thomas mutet sich zu, zu beweisen, der erstarrte Vollendungszustand *zerstöre* nicht, sondern vollende die Natur der Dinge. Er argumentiert: Schwere Körper werden auch nach dem Jüngsten Tag fallen, leichte werden aufsteigen. Denn ihnen sind diese Bewegungen, das Aufsteigen und Fallen, „natürlich"; sie gehen aus einem ihnen innewohnenden aktiven Prinzip hervor. Solche Naturregeln würden nicht außer Kraft gesetzt, doch liege bei der Bewegung der Himmelskörper der Fall anders: Sie würden von Intellekten bewegt, ihre Bewegung sei nur in dem Sinne „natürlich", als sie *geeignet* seien, von Geistern bewegt zu werden. Die Himmelsbewegung als willensgesteuerte Bewegung bewege im Hinblick auf ein Ziel (finis). Das Ziel kann nicht die bloße Bewegung um der Bewegung willen sein. Dazu ist Bewegung zu sehr von Nichtsein durchsetzt. Das Ziel muß in einem bleibenden Ergebnis liegen, in der Geburt von Menschen. Die Zahl der Seelen ins Unendliche zu vermehren, widerspreche aber dem Charakter eines sinnvoll gewollten Zieles.[10] Also hört die Himmelsbewegung auf, sobald die Zahl der Auserwählten erreicht ist.

Thomas bildet aus der aristotelischen Intelligenzenlehre eine anti-aristotelische Doktrin: Weil die sternbewegenden Intelligenzen erkennen, daß das Ziel der Sternbewegung erreicht ist, stellen sie ihren Dienst vernünftigerweise ein. Es gibt, anders als beim Fall schwerer Körper, keine

---

[10] Non autem potest esse finis multiplicatio animarum in infinitum, quia infinitum contrariatur rationi finis.

fortdauernde Mechanik der Himmelsbewegung. Diese wird von einer präzisen Sinnbestimmung (finis) dominiert und erlischt daher, sobald der Sinn realisiert ist. Finis ist werthafte Prägung, gestalthafte Begrenzung des Naturvorgangs, seine vernünftige Norm; das Unendliche erscheint als unvollkommen. Soll der Weltprozeß sinnvoll sein, muß er begrenzt sein. Kein Unendlichkeitspathos, wie es bei Cusanus beginnt und bei Bruno dominiert.

Was bleibt von der Natur, wenn die Himmelsbewegungen aufhören und alles Werden und Vergehen verschwindet? Es bleibt, was seiner Natur nach zur perpetuitas geeignet ist. Und das sind einzig die Sterne, die Elemente und die menschliche Seele. Die Sterne werden ihr Licht behalten, ja vermehren, aber die Bewegung verlieren; Bewegung ist immer unvollkommen. Die Natur wird ihrem Wesen nach bleiben, aber im Status der Unzerstörbarkeit. Dies hat für Tiere und Pflanzen traurige Folgen: Sie müssen verschwinden. Sie werden den Weltbrand, der auch alle Menschenleiber in Asche verwandelt, schmerzhaft für die Bösen, schmerzfrei für die Guten, nicht überleben. Die Elemente werden bleiben, Wasser, Feuer, Luft und Erde, aber nur ihrer Substanz nach. Das aktivste Element, das Feuer, wird zuletzt noch gebraucht, um alle Mischkörper, Pflanzen und Tiere, zu vernichten; es wird die Erde reinigen von der Beschmutzung, die sie sich zugezogen hat, weil Sünder auf ihr lebten.[11] Danach wird das Feuer teils verklärt aufsteigen, teils in die Hölle abgeleitet. Das hat unangenehme Folgen für die Temperaturverhältnisse im Inferno; in der Hölle wird es nach dem Jüngsten Tag heißer sein als jetzt.[12]

Die Argumentation der Summe gegen die Heiden (*Summa contra gentiles*), geschrieben wohl 1265, entspricht schwerlich dem Bild, das in allgemeinen Darstellungen des Thomismus vorherrscht. Gewiß überläßt Thomas den Weltlauf nicht willkürlichen Entscheidungen Gottes. Schwere Körper werden weiterhin fallen, leichte aufsteigen. Thomas argumentiert nicht wie Augustin, „natürlich" sei für die Geschöpfe alles, was dem Willen des Schöpfers der Naturen entspreche.[13] So nicht Thomas von Aqui-

---

[11] IV 97 vol. 4 p. 298: Mundus per ignem purgabitur […] etiam ab infectione quam locus iste incurrit ex habitatione peccatorum.

[12] Thomas Aquinas, In 4. librum Sent. 47, 2, 3 Ed. Parm. vol. 11, p. 434: Non est inconveniens si alter ignis addatur.

[13] De civ Dei XXI 8, 32–34 p. 771: Quo modo est enim contra naturam, quod Dei fit voluntate, cum voluntas tanti utique conditoris conditae rei cuiusque natura sit?

no. Aber hat bei Thomas die Natur bleibende Konsistenz gewonnen? Wenn die Gnade dadurch die Natur „vollendet", daß sie diese zum Stillstand zwingt und alles Leben vernichtet, was heißt dann „Vollendung"? Hat Thomas gegen den Platonismus die Eigenwürde des faktischen, bewegten, zeitlichen Seins entdeckt? Alle diese modernisierenden Zurechtlegungen widerlegt Thomas. Er steigert gegen Maimonides den Anthropozentrismus; er gibt, weil Menschen sie weder zur Ernährung noch zur Gotteserkenntnis mehr brauchen, alle zusammengesetzten Körper, Pflanzen und Tiere dem Weltbrand preis. Er lehrte, man möchte sagen: ohne mit der Wimper zu zucken, die „Natur" sei definitiv vollendet, wenn alles Leben vernichtet ist. Die von Gott eigentlich intendierte Natur ist ohne Werden und Vergehen, ohne Pflanzen und Tiere. Gott vollendet menschliches Leben, körperliches wie geistiges, indem er es befreit von der Zeit. Man könnte fragen, wie die Zeit verschwinden könne, wenn auch nur einer der Seligen, der seinen Leib wiedererhalten hat, zwei Herzschläge hintereinander vollbringt. Philosophiehistorisch noch bemerkenswerter: In seiner Scheu vor dem Infiniten macht Thomas die Existenz aller Wesen abhängig von ihrer naturhaften Eignung zu ewiger Fortdauer. Nicht faktisches Existieren, nicht die Ordnung des Universums, nicht eine Gottes Ideenreichtum repräsentierende Artenvielfalt, sondern allein die Eignung zur Permanenz entscheidet über Sein oder Nichtsein im Stadium der Weltvollendung.

Im § 18 des *Antichrist* behauptet Nietzsche, in der christlichen Metaphysik sei „Gott zum Widerspruch des Lebens abgeartet"; das christliche Denken habe „in Gott dem Leben, der Natur, dem Willen zum Leben die Feindschaft angesagt" (KSA 6, 185). Ich empfehle nicht die Unart, Kenntnisse über die Geschichte des christlichen Denkens aus Nietzsches *Antichrist* zu entnehmen. Seitdem sind viele Apologeten aufgestanden, um gegen Nietzsche das Christentum als lebensbejahend zu loben, aber ich habe keinen gehört, keinen einzigen, der die Wahrheitsliebe so weit getrieben hätte, auch nur zu *erwähnen*, daß über Jahrhunderte hinweg die namhaftesten christlichen Denker es nicht als ihre Privatmeinung, sondern als unaufgebbare Kirchenwahrheit gelehrt haben, zur Vollendung der Welt gehöre nach göttlichem Willen und sinnvollerweise die Vernichtung aller Pflanzen und Tiere. Vielleicht erklärt mir einmal ein Apologet jener Apologeten dieses Versäumnis und vergißt auch nicht die These der altprotestantischen Orthodoxie von der endzeitlichen Vernichtung der Welt (annihilatio mundi). Wurde vielleicht nicht doch in Gott dem Leben Feindschaft angesagt?

Duns Scotus, dessen Kommentar zum vierten Buch der Sentenzen um 1304 geschrieben sein dürfte, sah in unserer Frage einen Konflikt, nicht nur zwischen Aristoteles und einigen Theologen, sondern prinzipiell zwischen Philosophie und Eschatologie. Er untersuchte ihn gründlich; er arbeitete zuerst die Logik der Philosophenargumente zugunsten einer Fortdauer der Himmelsbewegung heraus; er zeigte den Widerspruch der Sternenstillstandsthese zu dem grundlegenden Impuls der älteren Philosophie zur Kontingenzbeseitigung an zentralen Punkten des Weltsystems; dann analysierte er die Argumente der Theologen.[14] Sein Ergebnis: Weder die aristotelischen Beweise schließen mit Notwendigkeit, noch die theologischen Argumente. Die philosophischen Beweise seien aber wahrscheinlicher als die der Theologen. Die Position der Theologen werde durch keinen Schriftbeweis erzwungen, entspreche aber besser der Tradition.[15]

Duns führte originell einen Ansatz Bonaventuras zu einer kosmosunabhängigeren Zeittheorie fort: Gibt es eine Abfolge von Gedanken bei den Seligen, sind sie in der Zeit. Folgt man der herrschenden Ansicht, die Seligen seien zeitfrei, dann gibt es zeitliche Abfolge zumindest bei den Verdammten. Daraus folgt aber nicht, der Himmel müsse sich weiter drehen, damit Zeit sein könne. Ohne Himmelsbewegung fehle zwar das oberste Maß der Zeit; wir werden die Zeit dann nicht mehr als Folge der Himmelsbewegung (passio primi motus) definieren; aber Zeit könne *sein*, unabhängig von der Drehung der Sternenschalen. Das habe schon Augustin gezeigt, indem er bemerkte, daß, während die Sonne auf Befehl Josuas stillstand, eine Töpferscheibe sich weiterdrehen und ihr Zeitablauf gemessen werden konnte.

Die Sternenbewegung gehört zur Vollkommenheit des Universums nur unter den Bedingungen des jetzigen Lebens; nach dem Jüngsten Tag ist sie entbehrlich, ja schlechterdings sei Ruhe ein vornehmerer Zustand als Bewegung. An diesem Bewertungskanon änderte der scharfsinnige Scotus nichts. Augenblicksweise erscheint bei ihm die Sternenstill-

[14] In 4 sent dist. 48 qu. 2 p. 313: In ista quaestione primo videndum est quid senserit Philosophus, secundo quid Theologi.
[15] Licet non expresse habeatur in Scriptura, magis videtur concordare cum dictis Sanctorum et Scripturae.

standsthese als vermeidbares Menschenkonstrukt. Dann aber siegen die Willenstheologie und das Motiv der Differenz zwischen irdischem und jenseitigem Leben. Nur soll, wer den Sternenstillstand behauptet, sich vor lächerlichen Einwänden gegen Aristoteles hüten und sich lieber gleich auf den Willen Gottes berufen.

Indem Duns Scotus den Zwiespalt klar beschrieb und seine Prämissen benannte, machte er ihn kritisierbar. Durandus de S. Porciano, gestorben 1334, machte zwei gleichermaßen energische Aussagen. Erstens: Der Stillstand der Sterne läßt sich weder aus der Bibel noch aus der Philosophie der Natur beweisen. Zweitens: Die weder biblisch noch naturphilosophisch begründete Theorie vom Sternenstillstand muß unbedingt gehalten werden.[16] Durandus forderte also auf, an einer Position festzuhalten, die er selbst als schwach deklarierte. Warum?

Es gab die autoritativen Sätze des Hieronymus und des Isidor.[17] Und Durandus hatte Anlaß, Zensuren zu fürchten. Aber hatte der Sternenstillstand nicht auch etwas Einleuchtendes? Er gab ein anschauliches Konzept vom Sinn des Universums und des menschlichen Lebens. Schon Bonaventura hatte betont, nicht nur der Glaube, sondern die Vernunft selbst lehre, alle Dinge, auch die Sterne, seien um des Menschen willen da.[18] Durandus schlug aus der verfahrenen Situation das Lob des freien Willens heraus; er variierte die Argumentation, die Thomas gebracht hatte, dahin, die Intelligenzen hätten freien Willen und könnten die Sternenbewegung auch unterlassen. Konnte er damit das Unbehagen eines aufmerksamen Lesers beheben? Schwerlich. Der mußte sich sagen: Die Kirchenlehre (communis doctrina ecclesiae) ist nicht von der Bibel gedeckt und widerspricht der Philosophie; sie führt in eine vermeidbare Klemme. Die mühselig erstellte Harmonie von biblischer Eschatologie und Physik war zerstört, das kosmo-theologische Gebäude unterminiert. Reif zum Einsturz, stand es als Teilruine bis ins 20. Jahrhundert.

---

[16] In 4 sent. dist. 48 qu. 3 vol. 2, Venedig 1571, p. 411 v a: Tenendum est absolute quod motus caeli cessabit post resurectionem [...] quamvis praedictae autoritates possent sic [bildlich] exponi, communis tamen doctrina ecclesiae tenet quod motus caeli cessabit.
[17] Petrus Lombardus, Liber 4 dist. 48 c. 5 (279), Grottaferrata 1981, vol. 2, p. 547.
[18] Bonaventura, In 4 sent 48 art. 2 qu. 2 arg. 4, IV p. 991 a.

*Was leistet Philosophie? Was soll Philosophiehistorie?*

Ich eile zum Schluß. Ich muß aber noch etwas sagen, mein ergebnisloses Tun, wenn nicht zu rechtfertigen, so doch ein wenig zu erklären: Mögen andere Geschichte der mittelalterlichen Philosophie treiben, um ihre monochrome Onto-Theologie historistisch zu kolorieren. Ich bin auf anderer Spur. Ich glaube weder aristotelisch, die Sonne werde ewig scheinen, noch erwarte ich mit den zitierten Theologen, die Sterne würden stillstehen, sobald die Zahl der Auserwählten erfüllt ist. Wozu dann eine solche Untersuchung? Ich antworte in wenigen Strichen:

1. Zustand wird Gegenstand

Das philosophische Denken des 13. und 14. Jahrhunderts hat, um eine Formulierung Kuno Fischers zu gebrauchen, aus einem *Zustand* einen *Gegenstand* gemacht. Es hat die Motive damaliger Weltorientierung sortiert: Naturkonstanz, Teleologie, ethisch befriedigender Abschluß des Weltprozesses. Überzeugungen wurden objektiviert, Prämissen kenntlich gemacht, Distanz ermöglicht. Ein derartiger Geschichtsstoff zeigt, wie philosophisches Denken in anderen Zeiten unter fremd bleibenden Prämissen verfahren ist und doch nachvollziehbare argumentative Resultate erreicht hat. Dazu muß ich allerdings seinen Weg in der Zeit verfolgen, eine möglichst große Quellenvielfalt mit minuziösem Respekt vor der Chronologie arrangieren und die punktuelle Identifikation mit *einem* Theorem oder *einem* Philosophen konsequent vermeiden. Wenn da überhaupt etwas Wahres vorkommt, so ist es der Fortgang, den ich „Fortschritt" nicht nenne, ist er doch die zunehmende Aufhellung von Prämissen, eine Steigerung im Belastungsbewußtsein, die, schließlich motiviert, als kontingent erkannte Voraussetzungen zu opfern, nicht, um sie gegen die reine Wahrheit einzutauschen, sondern nur gegen andere, ebenfalls kontingente Prämissen, zum Beispiel gegen den Mythos der unendlichen Annäherung, die per definitionem nie ankommt. Der Weg geht zu Mythen, und er kommt aus Mythen. Die aristotelische Astro-Philosophie, mit der die eschatologische Mythologie kollidierte, war auch ein Mythos; er handelte von der Göttlichkeit und Unveränderlichkeit des Himmels. Aristoteles folgerte im ersten Buch von *De caelo* aus der Vollkommenheit des geometrischen Kreises die Lehre von der eigentümlichen Materie der Himmelskörper, der quinta essentia, die keinen

Grund der Veränderung in sich trage, also immer fortdauere. Daher der fundamentale Kontrast zwischen der Unwandelbarkeit der supralunarischen und der Vergänglichkeit der sublunarischen Welt. Die Kreisbewegung sei die vornehmste Art von Veränderung, kinesis; im Gegensatz zur Bewegung der Elemente gegensatzfrei, sei sie auf ewige Dauer angelegt, die Himmelsschalen ahmten mit ihrer unaufhörbaren Bewegung den ersten Beweger nach. Aristoteles divinisierte die Sternsphären; er leitete physikalische Tatsachen ab aus einer Mischung von Geometrie, Ästhetik und einer über die Entelechielehre weit hinausgehenden Teleologie. Dies alles wurde kritisierbar und damit die neue Physik des 14. Jahrhunderts ermöglicht.

## 2. Berührungsscheu vor dem Mittelalterlichen

Das Thema „Sternenstillstand" ist abundant dokumentiert, mindestens so reich wie die fünf Gottesbeweise des Aquinaten, es hat seinen historisch-ästhetischen Reiz, aber es wurde so gut wie noch nie historisch behandelt.[19] Wie kommt das? Philosophiehistoriker arbeiten selten die aristotelische Schrift *De caelo* durch – darin erwarten sie überholtes Naturwissen, während dort zu analysieren wäre, wie eine empirische Welt, die dann auch jahrhundertelang *gesehen* worden ist, *timaios*-artig, aus reinen Gedankenprämissen zu einem begrenzten, stabilen und schönen Kosmos *gemacht* wird –, und noch seltener lesen sie das vierte Buch der Sentenzenkommentare; sie glauben, darin stehe nur „Theologie"; sie setzen eine Trennung von Philosophie und Theologie voraus, die es so weder im Mittelalter noch in der Moderne gab. War Kant etwa Theo-

---

[19] Doch vgl. Tullio Gregory, Sull' eschatologia di Bonaventura e Tommaso d'Aquino, in: Studi medievali 6, 1965, S. 79–94, jetzt in: Mundana sapientia. Forme di conoscenza nella cultura medievale, Rom 1992, S. 275–290. Vgl. neuerdings Luciano Cova, Tempus non erit amplius: Moto e temporalità nei corpi gloriosi secondo Bonaventura, in: Guido Alliney – Luciano Cova (Ed.), Tempus, Aevum, Aeternitas. La concettualizzazione del tempo nel pensiero tardomedievale. Atti del Colloquio internazionale Trieste, 4–6 marzo 1999, Florenz 2000, S. 37–66; Griet Galle, Peter of Auvergn's Question as to Whether oder: Not the Heaven is Generated and Persihable, in: Jan A. Aertsen et al. (Hg.), Nach der Verurteilung von 1277. Philosophie und Theologie an der Universität von Paris im letzten Viertel des 13. Jahrhunderts. Studien und Texte = Miscellanea Mediaevalia, Band 28, Berlin – New York 2001, S. 534–576.
Zum Endschicksal der Tierwelt vergleiche Francesco Santi, Utrum plantae et bruta animalia et corpora mineralia remaneant post finem mundi. L'animale eterno, Micrologus IV, 1996, S. 231–264.

loge, weil er über *Das Ende aller Dinge* schrieb? Auch er brachte übrigens noch das längst verselbständigte Standardzitat aus *Apokalypse* 10, 6 über das Ende der Zeit. Ferner: Selbst Historiker der Philosophie haben zuweilen eine gewisse Berührungsscheu, eine Art Ekel vor dem charakteristisch-Mittelalterlichen, dem Plastischen, das zwischen derber Anschaulichkeit – wie dem verbesserten Einheizen der Hölle – und hoher Abstraktion schwankt. Das geringe Interesse am Sternenstillstand im Mittelalter erklärt sich aber, glaube ich, vor allem daraus: Hier ist Aktualisierung unmöglich. Niemand mehr schlägt sich auf eine der beiden streitenden Seiten. Und doch zeigt dieses Thema Leben, intellektuelles, und dann auch gesellschaftliches und politisches Leben. Denn nachdem einmal detailliert, für jeden Lateinlesenden nachprüfbar, gezeigt worden war, daß eine charakteristische Kirchenlehre weder biblisch fundiert noch naturphilosophisch erträglich ist, gab auch die sog. Realwelt nach. Zuweilen zerschellen Machtverhältnisse am harten Fels von Illusionen.

## 3. Entwicklungslinien

Das Thema zeigt Stadien der Entwicklung des philosophischen Denkens im Mittelalter:

Der Sentenzenkommentar Bonaventuras, 1248/49, und der des Thomas von Aquino, 1254/56, gaben ein harmonisches Bild des Zusammenstimmens von christlicher Eschatologie und Naturphilosophie. Beide rezipierten Aristoteles, um die Rationalität oder doch Plausibilität der Lehre vom Sternenstillstand zu begründen. Beide appellierten an den gesunden Menschenverstand, Bonaventura zum Beispiel, indem er die Himmelsbewegung mit einem Schleifstein verglich, der sich gewiß immer weiter drehen *könnte*, der aber aufhöre sich zu drehen, wenn das Messer geschliffen ist (dist. 48 art. 2 quaest. 2, p. 992 a). 80 Jahre später zeigt das Gebäude Risse: Die biblische Beweisgrundlage war bestritten; Scotus hatte inzwischen Aristoteles genauer studiert und die philosophischen Gründe der Perennität des Aristotelischen Universums klargestellt. Gab Albert schon zu verstehen, das Thema sei ihm unangenehm, so sagte Durandus, die Sternstillstandsthese beruhe nur auf Tradition, nicht auf der Bibel, *und* widerspreche der Naturphilosophie. Die Skepsis nahm zu, aber sie setzte auch Themen frei – wie die Rangabwägung zwischen Mensch und Himmelskörper, also die zukunftsreiche dignitas hominis, die Ablösung der Zeit von der Sternenbewegung, das Verhältnis von Schrift und Kirchenlehre. Insgesamt eine reißende Entwicklung, insbesondere von 1250 bis 1350. Indem ich diese beschreibe, ermögliche ich einen Blick in die Werkstatt des Philosophiehistorikers: Er macht das Strömen der Zeit sichtbar *in* der Theoriebildung. Er zeigt textuelle, institutionelle und realgeschichtliche Bedingtheiten des philosophischen Denkens und tritt gleichwohl ein in seine argumentative Substanz.

### 4. Der Begriff von Natur

Die zitierten Texte zeigen Unterschiede im Naturbegriff.

Selbst bei manchem christlichen Aristoteliker dominierten Augustinische Welt- und Zeitkonzepte, nicht die antik-arabische Naturphilosophie. Was hatten sie für einen Begriff von Natur, wenn sie den Stillstand der Sterne als deren Vollendung darstellten? Keiner der genannten Autoren teilte das neumodische Programm, wir Menschen sollten die Schöpfung „bewahren". Keiner engte die Eschatologie auf das Einzelschicksal der Seele ein, auf Tod und Himmelseinzug kosmosloser Unsterblicher. Niemand lud das Endgeschick der Welt auf die schwachen Schultern individueller Glaubensentscheidung, ohne naturphilosophische Anknüpfung. Keiner hielt die Bewegung als Bewegung für wertvoll; keiner anerkannte einen Fortgang ins final Indeterminierte, also Unabsehbare. Sie sahen die Schwierigkeiten, wollten aber argumentativ vorführen, ein guter und allmächtiger Gott könne nur eine moralistisch eindeutige, endgültig fixierte Natur gewollt haben, eine Welt, deren immanentes Ziel es ist, als inkorruptible dem inkorruptiblen Endzustand des Menschen zu entsprechen.

### 5. Jenseits und Schlaraffenland

Der Sternenstillstand verdient Analysen, denn er ist mit vielen anderen Themen verknüpft. Genannt seien nur:

Die Theorie des Wissens als des Habens von Zeitlosem, der Konflikt zwischen Kosmosfrömmigkeit und physisch gedachtem Anthropozentrismus, die Vernichtungsenergie im Gottesbegriff der christlichen Metaphysik, der theoretische Ort der Berufung auf den göttlichen Willen, der Rangstreit zwischen Stern und Mensch, die Zeitanalyse mit dem Verlangen nach dem Verschwinden der Zeit, der Übergang zu einer neuen Bewegungstheorie, zur Bestreitung der qualitativen Differenz der sublunarischen Welt zur Sternensphäre, mit dem Durchbruch zur Einsicht in die Homogeneität der Materie im Weltall noch im 14. Jahrhundert, der Abbau der forcierten Teleologie in der Naturbetrachtung, die Verlegenheit mit Metaphern, die zugrundeliegenden Wertkonzepte, zum Teil schon aristotelischer Herkunft: Bleibendes war wertvoller als Zeitliches, als Wachsen und Vermehren, Begrenztes war besser als Grenzenloses, Ruhe stand höher als Bewegung.

Zuweilen sprach sich ein schroffes Bewußtsein der Unreinheit der irdischen Welt aus, etwa in dem Verbot der „unreinen" Interaktion der Elemente und der Ausschließung aller corpora mixta. Zölibatäre verboten sogar den Elementen, miteinander zu agieren, um sich zu vermehren, sie bestritten ihnen jede ratio agendi et se multiplicandi.

Danach fehlt den Sternen *jetzt* zu ihrer Vollendung nichts als die Ruhe. Die werden sie am Jüngsten Tag hinzugewinnen. Was werden *wir* dann haben? Das Meer wird ohne Salz und – weil die Himmelskörper Ruhe halten – ohne Ebbe und Flut, ohne hohe Wellen sein (Thomas, In 4 Sent. 47, 2, 2 ad 2, p. 434 a); die Elemente werden ihr Wesen bewahren, aber ihre aktiven Qualitäten verlieren; der Weltbrand hat alles gereinigt, auch die Elemente; aller Schmutz dieser Erde ist in der Hölle entsorgt. Thomas weiß auch, wie die Erde aussehen wird:

Sie wird durchsichtig sein wie Glas, das Wasser wird Kristall sein, die Luft wird aussehen wie der Himmel, und das Feuer wird funkeln wie Sonne, Mond und Sterne (In 4 Sent. vgl. oben 48, 2, 4 p. 452 a).

Die Auserwählten erwartet am Jüngsten Tag kein Paradiesgärtlein wie beim Maler des Frankfurter Städel. Es empfängt sie, unbewegt, ein Glaspalast unvergänglicher Elemente, der als real existierend gesetzte Vulgärplatonismus. Alles Infizierte, aber auch alles Organische hat der Weltbrand vernichtet. Gegen diese Ordnungsvision, gegen ihre Lebensscheu und Reinlichkeit haben Menschen noch des Mittelalters – etwas weniger orthodox – Gartenbilder irdisch-himmlischen Vergnügens ersonnen, heitere Szenen des Tanzes und gelösten Erzählens. Einige gar, besonders in den Niederlanden, ließen den Glücklichen gebratene Tauben ins Maul fliegen. Damit trösteten sie nicht nur die, die in dieser vorläufigen Welt hungernd herumlungerten, sie eröffneten nicht nur den Satten ein weitertreibendes Spiel der Imagination, sondern sie retteten gegen ihre Schulhäupter, anti-parmenideisch, Vielfalt, Zeit und Bewegung – unter Sternen, die noch leuchten und sich bewegen, indem sie dabei sind, zu erlöschen.

# WISSEN UND KUNST IN LEBENSWELT

## I.

Nach Tagen harter Arbeit hätten Sie eher verdient, unterhalten als mit Reflexionen über Wissen und Kunst und Lebenswelt beschwert zu werden.[1] Aber zum Zweck der Unterhaltung lädt man sich keine Philosophen ein, wenigstens keine deutschen. Daher schlage ich einen Kompromiß vor: Einleitend stelle ich eine These vor zum Verhältnis von Wissen, Kunst und Lebenswelt. Danach betrachten wir ein Kunstwerk und machen dabei die Probe: Wie steht ein solches Werk in der Lebenswelt?

Meine einleitende These hat zwei Seiten, eine negative und eine positive. Der negative Aspekt könnte lauten:

Fragt jemand, wie sich Wissenschaft und Kunst, Philosophie und Religion zur sog. Realgeschichte (sagen wir dafür beispielsweise: Wirtschafts-, Sozial- und Militärgeschichte) verhalte, dann erweisen sich die Alternativen von *Grundlage* oder *Epiphänomen*, *Basis* oder *Überbau* als untauglich. Man sollte sie aus dem Verkehr ziehen, gleichgültig, wie man innerhalb dieser Disjunktionen die Prioritäten verteilt. Sie führen in die Irre, gleichgültig, ob man die spiritualistische oder die materialistische Alternative wählt. Dafür nenne ich drei Gründe:

Wo wir historisch menschliches Leben kennen, spielt es sich *auch* in Deutungen und Wertungen ab. Menschen gehen und stehen, schlafen und arbeiten auf dem Boden der Sprache. Sie handeln und sie interpretieren sich innerhalb der geschichtlich verfügbaren Auslegungen des Lebens. Auch was als *notwendig* gilt, ist Sache der Interpretation. Eine bloß biologische oder rein ökonomische „Schicht" zeigt sich nirgends; sie ist eine späte Abstraktion. Dies gilt auch, wenn man diese Abstraktion mit dem einladenden Namen „Lebenswelt" belegt. Man muß darüber nachdenken, wie man das Wort *Lebenswelt* gebrauchen will. Der Terminus tritt erstmals auf bei Avenarius und Mach. Damals enthielt er die Forderung einer metaphysikfreien Beschreibung des Gegebenen.

[1] Abendvortrag zum Abschluß des deutschen Historikertages in Leipzig, 1. Oktober 1994.

Husserl hat in der *Krisis*-Schrift den Ausdruck terminologisch fixiert. Das Wort hat heute viele, auch einige verquere Nuancen. Es gehört in den Zusammenhang der Kritik am cartesianischen Wissenschaftskonzept; es akzentuiert die Unselbständigkeit rein theoretischer Setzungen und artistischer Produkte. Ich benutze es nur zögernd und lieber im Plural. Denn entweder nimmt man es präzis; dann verbleibt man innerhalb der Systematik des späten Husserl, oder man löst es von dieser Diskussion ab, dann wird der Wortgebrauch leicht zu allgemein und unbestimmt. Vielleicht genügt für unseren Zweck folgende Sprachregelung: Ich bezeichne mit diesem Ausdruck die Wechselwirkung von Außen- und Innenfaktoren, das *Ensemble menschlicher Verhältnisse,* also die Interaktion von biologischen und sozialen, ökonomischen und ästhetischen, sprachlichen und mythologischen, institutionellen und privaten Fakten. Die *Lebenswelt* geht theoretischen Konzepten und künstlerischen Hervorbringungen voraus, und sie ist andererseits deren Produkt.

Zweiter Grund für die Untauglichkeit der Alternative von Basis und Überbau: Die deutsche Historiographie der letzten 70 Jahre geht auf keine einheitliche Formel, und ich will sie auch nicht auf eine solche bringen, aber es bestand in ihr die Tendenz, sich aufzuteilen in eine spiritualistische und eine schulmäßig materialistische Sicht. Unter „spiritualistischem Geschichtsdenken" verstehe ich nicht allein eine idealistische Religions-, Ketzer- und Ideengeschichte, sondern auch die Hypostasierung von „Staat", „Verfassung" und „Institutionen", ferner die Konzentration auf die großen Persönlichkeiten. Schulmäßig materialistisch nenne ich eine Geschichtsbetrachtung, die zu wissen glaubt, was primär ist, Ökonomie oder Denken, und die als ihr Ziel ansieht, eindeutige kausale Abhängigkeiten des Denkens von der Ökonomie oder irgendeinem Naturelement nachzuweisen.

Beide Tendenzen haben sich erschöpft; ein denkender Abschied von ihnen setzt eine Korrektur der Alternativen von Grundlage oder Epiphänomen voraus.

Dritter Grund: Historiker sollten einen Blick übrig haben für die geschichtliche Herkunft und die damit gegebenen Grenzen solcher Konzepte wie *Grundlage* und *Epiphänomen, Basis* und *Überbau.* Sie sind nicht erst marxistisch, sondern in der Anlage aristotelisch. Als Fortentwicklung eines Begriffspaars der aristotelischen Kategorienlehre bilden sie den Teil eines Systems, das Geschichte niemals als Wissenschaft anerkennen konnte. Sie sind eine gedankliche Operation, das Geschichtliche vom Denken fernzuhalten. Marx hat diese schularistotelische Distinktion gebraucht, obwohl sie einem streng gedachten Dialektik-Konzept widerspricht.

Ich gehe zum positiven Teil meiner These über:

Je eindringlicher man Wissensinhalte und Argumentationsweisen, Bildmotive und künstlerische Verfahren analysiert, um so mehr zeigt sich *in* ihnen, nicht: *an* ihnen, ihre Zeit. Je mehr man sich auf das Anschauliche des Kunstwerks und auf das Theoretische der Theorien konzentriert, um so mehr zeigen Kunstwerke und Wissensgehalte die Lebenswelt, deren Teil sie sind, freilich nie als deren bloße Abbildung. In abstracto wird fast jeder zugestehen, Denkinhalte, wissenschaftliche Verfahren und Kunstwerke seien *geschichtlich*. Dennoch bestehen Weichenstellungen des Zurechtlegens, die diesen Gedanken verfehlen oder abschwächen. Da gibt es Kunsthistoriker, die keine *Historiker* sein wollen, eine selten kritisierte contradictio in adiecto. Der Marxismus wie der Anti-Marxismus haben hier Barrieren errichtet. Dadurch kommen wir an das Problem, das jeden Historiker berührt, nur mit Mühe heran. Übrigens hat in der deutschen Geschichtsforschung der bewußte, der halb-bewußte und der unbewußte Anti-Marxismus nicht erst seit 1933 den ungleich stärkeren Einfluß ausgeübt.

Erlauben Sie mir, hier eine persönliche Erfahrung auszusprechen: Ich habe in meinen Büchern zur Philosophie der Spätantike, des Mittelalters und des 16. Jahrhunderts immer auch den Versuch gemacht, die geschichtliche Welt zu zeigen, in der diese Theorien entstanden sind und auf die sie sich bezogen. Ich habe gleichzeitig auf das bestimmteste erklärt, ich könne mit dem reduktiven Schema von Basis und Überbau nichts anfangen. Aber es half alles nichts: Wenn in einer Geschichte der Philosophie von Landwirtschaft und Fernhandel, von Kriegszügen, Bankwesen und Finanzpolitik die Rede ist, dann steigen überforderte Kritiker auf die Barrikaden; sie schreien: *Reduktion;* sie wittern Basis- und-Überbau-Theorien. Diese Kritiker haben mir in keinem einzigen Fall die Theorie genannt, deren Inhalt ich durch jene Hinweise reduktiv behandelt hätte. *So* genau wollten sie es gar nicht nehmen. Sie legten weder neues Material noch eine alternative Deutung vor. Ihnen paßte nur der nicht-vulgäridealistische Duktus nicht. Sie fühlten sich in ihrem hochstilisierten und verschrobenen Schulbegriff von Philosophie und von „Kultur" gestört. Sie wollten sie nicht in eine Lebenswelt zurückversetzt sehen.

Hierher gehört eine ideengeschichtliche Einzelheit, die auf den ersten Blick ihre Aktualität verloren zu haben scheint. Es gibt aus den Jahren 1890 bis 1895 eine Reihe von Briefen des alten Friedrich Engels, in denen er die Einseitigkeit und Eindeutigkeit der Ableitung von Wissen, Kunst und Religion aus der Ökonomie moderiert. Man könnte sogar sagen, daß er sie zurücknimmt und es bedauert, mit Marx zusammen unter dem Zwang zur antiidealistischen Polemik eine neue Einseitigkeit begründet zu haben. Ich kann hier nicht ins einzelne eintreten, ich verweise auf den Brief an Franz Mehring vom 14. Juli 1893 (MEGA 39, 96–100), wo Engels eingesteht:

*Diese Seite der Sache, die ich hier nur andeuten kann, haben wir, glaube ich, alle mehr vernachlässigt, als sie verdient* (MEGA 39, 98).

Noch instruktiver sind die Briefe an Conrad Schmidt vom 5. August (MEGA 37, 425) und 27. Oktober 1890 (MEGA 37, 488–493). Die theoretische Position von Engels ist auch hier nicht überwältigend klar, aber deutlich ist:

– Engels schreibt jetzt den intellektuellen Hervorbringungen eine gewisse Selbständigkeit und Rückwirkung zu. Kulturprodukte werden „selbständig" aus dem Denken früherer Generationen entwickelt: *„Die Ökonomie schafft hier nichts a novo"* (37, 493).
– Er kritisiert die Eindeutigkeit monokausaler Herleitungen; er fordert ein Denken in Wechselwirkungen (37, 494); er hält zwar am Begriff der Abspiegelung der ökonomischen Verhältnisse fest und nennt diese weiterhin *die Basis* (37, 492) – deswegen bleibt er unklar. Aber jetzt hebt er hervor, die *Treue* dieser Abspiegelung gehe *mehr und mehr in die Brüche* (37, 491) – kein Wunder, füge ich hinzu, wenn zwischen Denken und Basis immer das Denken der früheren Generationen tritt und wenn das gegenwärtige Denken *selbständig,* also auswählend, modifizierend arbeiten kann.
– Engels verwirft nun, 1895, Ableitungen aus abstrakten Namen wie „Feudalismus", denn, so fragt er:
*Ist denn die Feudalität jemals ihrem Begriff entsprechend gewesen* (39, 433)?
– Engels verhöhnt die phrasenhafte Berufung auf die materialistische Geschichtsauffassung, die sich das Studium der Quellen spart (37, 436 und 411).

Soviel zur Entsorgung einer gewissen marxistischen Rhetorik. Diese Entsorgung kann ja nicht darin bestehen, daß man in konvertitenhaftem Eifer bloß die Terminologie austauscht. Die anti-marxistische Rhetorik genießt bei deutschen Historikern älteres Heimatrecht; ihre Entsorgung würde etwas länger dauern. Ich breche daher den thetischen Teil meiner Überlegungen ab und wende mich der Anschauung, dem schönen Schein zu. Ich zeige ein Kunstwerk und versuche dann, es zu historisieren, oder, anders ausgedrückt, es zurückzuversetzen in die Lebenswelt und zuzusehen, was dabei mit ihm geschieht. Zerstört ein solches Vorgehen die spezifischen Qualitäten der Kulturprodukte, also etwa eines Kunstwerks? Reduziert die Historisierung die spezifischen Qualitäten der Kunstprodukte? Ich denke: nein. Befreit sich der historische Blick erst einmal von gewissen Dogmen, dann annulliert er nicht die innerkulturellen Qualitäten eines Rechtssystems, einer Religionslehre oder einer Philosophie. Die entgegenstehenden Gedankenschablonen führen tatsächlich entweder zur Reduktion oder zu defensiver Reduktions-Angst. Beides ist vermeidbar. Dies möchte ich nicht als These aufstellen, sondern anschaulich vorführen, auch weil ich vermute, daß ein heute arbeitender Historiker nicht eine neue Ideologie braucht, sondern eine neue Sprache. Und wer eine neue Sprache gewinnen will, darf die sinnliche Erfahrung nicht überspringen.

## II.

Ich bitte also darum, diesen Marmorkopf anzuschauen. Es mag Leute geben, die einen gewissen Widerstand empfinden, sich einen solchen Kopf genau anzusehen. Denn manche großen Museen staffieren ihre Wände mit Dutzenden solcher Köpfe aus und fordern geradezu auf, an ihnen vorbeizugehen. Doch schauen wir uns diesen einmal an:
    Es handelt sich um einen kräftigen Mann mittleren Alters. Mit ruhiger Energie hat er sich vom Betrachter abgewendet. Sein Kopf ist so weit nach links gedreht, daß er sich in der Schulterlinie hält. Unser Blick stößt auf den massiv-muskulösen Hals; er findet im Gesicht des Mannes kein Gegenüber, das ihn aufnähme. Wir sehen das Gesicht eines Mannes, der etwas anderes im Sinn hat, als mit uns in Verbindung zu treten. Andererseits stößt er uns auch nicht ab: Er ist schön, als Mann schön, in seiner Abwendung von uns. Stirn, Nase und Oberlippe bilden Linien, die in

harmonischen Winkeln zueinander stehen. Sie machen das Gesicht einheitlich; es ist, als bewege es sich als Ganzes in der Blickrichtung dieses Mannes. Die wenig ausgearbeitete Ohrenpartie gibt unserem Auge kaum Anhalt; unser Blick kehrt daher wieder zur Stirn-Nase-Mund-Linie zurück, deren vorstoßende Bewegung teilend. Die Augen des Mannes sind in die Ferne gerichtet, aber nicht nervös-suchend, schon gar nicht romantisch-sehnsüchtig. Kann man sagen, er *beobachtet*? Neugier zeigt sich da jedenfalls nicht, auch kein sinnendes Abwägen mehrerer Möglichkeiten. Es geht offenbar weniger um sein theoretisches Verhalten als um seine Entschlossenheit. Doch wirkt seine Willenskonzentration nicht finster, nicht fanatisch, nicht von blinder Leidenschaft getrieben. Sein Gesicht bleibt unverzerrt, auch wenn dieser Mann sich nicht mehr auf Verhandlungen einläßt. Um den Mund liegt Bitterkeit, keine Verzweiflung. Dieser Mann ist ungebrochen; er lebt nach seinem individuellen Gesetz, auch wenn er sich definitiv abgewendet hat von allem, was vor ihm steht, auch vom Betrachter. Insofern regt er nicht nur an, Hypothesen zu bilden über sein Inneres; er nimmt uns hinein in seine klare, gesammelte, entschiedene, nicht-resignierte Abwendung. Er sieht Möglichkeiten, aber keine, die von selbst eintreten. Er wartet nicht. Er verdämmert nicht in eine vage Zukunft. Nichts Träumerisches ist an ihm. Er ist da – allerdings ist er da als die Willens- und Körperanstrengung, den Kopf nicht in der „natürlichen" Winkelstellung zum Körper zu halten.

Was den Blick zunächst anzieht, ist dieses Gesicht, nicht das Gewand. Aber wer dann auch einmal auf seine Kleidung achtet, erblickt eine römische Toga. An der rechten Schulter hält sie eine Spange zusammen. Dort bilden sich die meisten Falten. Nach der anderen Schulter hin schwächen sie sich ab. Dadurch unterstützt das Gewand, das brav und ausdrucksarm bleibt, den Gesamteindruck einer soeben erstarrten Bewegung von rechts nach links.

Nehmen wir den Mann als einen Römer wahr? Könnte er unser Zeitgenosse sein? Gewiß empfinden wir Abstand zu ihm, aber nicht primär den von Zeitaltern, sondern von Intensitätsgraden. Der Betrachter empfindet eher den Abstand zwischen der Konzentration dieses Mannes und seiner eigenen Zerstreutheit und Unentschiedenheit. Ihn berührt ein Hauch von Größe. „Größe" auch im buchstäblichen Sinn: Die Büste ist ohne Sockel 74 cm hoch. Sie ist also deutlich überlebensgroß, ohne kolossal zu sein. Sie schafft Abstand, aber nicht durch übertriebene Dimensionen; sie verzichtet auch auf äußere Attribute des Standes, der Macht, des Einflusses. Wir sehen kein gekröntes Haupt. Und doch ist der Dargestellte herausgehoben aus den Durchschnittsmaßen. Insbesondere der Hals ist ungewöhnlich stark geraten – stiernackig. Wenn schon überhöht, so ist es dieser Mann nicht im Sinne der Glättung, die in einer verbrauchten Bildungssprache „Vergeistigung" heißt. Die Büste ist aus Marmor, aber dieser Marmor ist nicht glatt und weiß wie der aus Carrara, sondern er ist beige, gekörnt, gefurcht. Dies macht die Figur körperhaft, rauh, männlich; sie wirkt nicht idealisiert. Innerhalb dieser Stoffstruktur ergibt sich ein markanter Kontrast zwischen der rauheren Halspartie und der feiner bearbeiteten oberen Gesichtshälfte. Es ist, als vereine sich urtümliche Kraft mit der Helle bewußten Lebens. Bei einiger rhetorischer Begabung könnte man es so darstellen, als sei die Einsicht in die Vereinigung derartiger Gegensätze das Ziel unserer Erkenntnis des Kunstwerks. Tatsächlich vereint unsere Marmorbüste solche Gegensätze, und es ist gut, dies zu sehen. Aber es gibt an ihr mehr zu erkennen. Die Figur trägt einen Namen. Sie hat eine prägnante Entstehungssituation. Sie gehört in ihre Zeit.

Mein Ziel ist es nun, ad oculos zu demonstrieren, daß konkret-historische Einordnungen das intensive Anschauen weder ersetzen noch beenden, sondern neu anregen und daß die Kenntnis des genauen Zeitzusammenhangs des Kunstwerks nicht bloß eine nützliche Zusatzinformation darstellt, sondern daß sie seine Struktur besser erschließt, besser als z.B. die abstrakte Betrachtung nach Gegensatzpaaren. Dazu reicht freilich das bloße Datieren nicht aus. Auch nicht die biographische Einordnung in den Entwicklungsgang des Künstlers. Die Analyse der Zeitstelle des Kunstwerks – ich meine auch: des Denkwerks – muß einbezogen werden in die anschauende und nachdenkende Bewegung, die das Kunstwerk in uns anregt.

Diese Skulptur steht in Florenz, im alten Stadtpalast, im Bargello. Sie nennt den Namen des dargestellten Mannes: *Brutus*. Es handelt sich nicht um irgendeinen Römer, sondern um den Mörder Caesars. Sobald wir dies erfahren, bündeln sich eine Reihe von früher beschriebenen Erfahrungen zu neuen Bildern: Dieser Mann wendet sich ab von der Zerstörung der größten Sache, nämlich der *res publica*, aber nicht um zu resignieren, sondern um zu handeln. So sieht ein Mann aus, der zu einem wohldurchdachten Attentat fähig und entschlossen ist. Für diesen Mann ist die Machtergreifung Caesars nichts Endgültiges. Der Ernst dieses Gesichtes sagt: Es geht um die republikanische Freiheit, in einer Situation, in der sie, wenn überhaupt, dann nur durch Mord wiederherstellbar ist. Und jetzt verstehen wir auch, warum dieser Mann die römische Toga trägt.

Doch überschätzen wir auch nicht, was die Nennung des Namens *Brutus* uns an Erkenntnissen bringt. Dieser Name allein könnte uns nie sagen, ob Brutus noch abwartet, wie Caesars Politik sich entwickelt. Man könnte Brutus auch darstellen, wie er mit seinen Freunden über die Situation Roms diskutiert. Man könnte ihn *vor* oder *nach* dem Mordanschlag darstellen, in einem Augenblick der Verzagtheit oder des Übermuts. Das Wort *Brutus* gibt mehr Fragen auf als es Antworten erteilt: War Brutus nicht ein Mörder? Kann man ihn nicht auch darstellen als einen borniertenAristokraten, als den Zerstörer der politischen Hoffnungen vieler? Und war er nicht vor allem der Vernichter eines individuellen Menschen und zudem eines Genies?

Kehren wir mit diesen Fragen zu unserer Skulptur zurück: Wir sehen da keinen Verbrecher. Dies ist kein übermütiger Sieger. Wenn, wie man glauben mag, die Tat noch vor ihm liegt, wird er sie nicht aus bloß instinktivem Aufbäumen begehen. Er ist entschlossen. Er redet nicht. Und doch sehen wir diesem Mund fast an, daß der Mord an Caesar die letzte Möglichkeit ist, eine bestimmte, eben die altrömische Lebensart zu retten, von der er sein Leben nicht abgetrennt denken kann. Diese Plastik „rechtfertigt" den Mord nicht. Aber sie stellt anschaulich vor Augen, daß es ein Töten geben kann, das aus reinem Nachdenken und aus der durchdachten Energie der Bejahung der eigenen Lebensform entspringt. Wir sehen Brutus in einem Augenblick, in dem die Debatten mit seinen Freunden abgeschlossen sind. Die Analysen liegen hinter ihm.

Die mit der Namensnennung verbundene historische Information wirft, wie man sieht, neue Fragen auf, die zu neuen sinnlichen Anschauungen drängen; die Information *ersetzt* die Anschauung nicht. Jetzt *sehen* wir: In diesem männlichen Gesicht spiegelt sich die geschichtliche Situation. Was wir da sehen, ist aber nicht die Abspiegelung des äußeren Geschehens jener Jahre, sondern dessen Bewertung: Wenn denn die Dinge so liegen, daß Caesar uns die Wahl aufzwingt zwischen seinem Leben und der altrömischen Freiheit, dann wählt dieser Einzelne die Republik. In der Kälte eines Stücks Marmor erscheint diese Entschlossenheit als Fleisch von unserem Fleisch, nämlich als vernünftige und menschliche Wahl in einer Situation der Unterdrückung.

Jetzt *sehen* wir die maßvolle Überhöhung der Figur über das Durchschnittsmaß, ihre Stiernackigkeit und Wucht des Halses und das Lichte der Stirn als die Unbeugsamkeit des durchdachten Willens zur republikanischen Lebensform. Diesen Menschen da vor uns können wir optisch nicht als Speichellecker und Fürstenknecht realisieren.

Das Gefühl des Abstands zu ihm wächst; es verwickelt uns in Sorgen um uns selbst. Dieses Kunstwerk fragt uns etwas. Es will, sozusagen, von uns wissen, ob wir aus Kompromißbereitschaft und mangelnder Einsicht, aus Unklarheit und Schwäche die Tyrannen gewähren lassen. *Das schaut dich an. Du mußt dein Leben ändern.* Die ungewöhnliche Konzentration im Gesicht des Brutus spiegelt e contrario unsere eigene Zerstreutheit und beweist uns zugleich, wie auch das Konzept der Abspiegelung in die Brüche geht. Sie fragt uns, ob unsere Zerfahrenheit und Vielgeschäftigkeit nicht daher rührt, daß wir neben der republikanischen Lebensform auch noch die Sicherheit unserer Angehörigen, das eigene Überleben und tausend andere schöne Dinge wollen und uns dabei in Widersprüche verwickeln, weil niemand mehreres Unbedingte wollen kann. Brutus hingegen ist einheitlich, klar und schön, trotz des eklatanten Gegensatzes von Körperachse und Blickrichtung, weil er von solchen Kompromissen frei war.

Diese Plastik zeigt, was es heißen kann, nein zu sagen. Wenn wir verneinend den Kopf schütteln, verbinden wir den Sinn des Verneinens mit der sinnlichen Wegwendung des Kopfes aus der „natürlichen" Stellung zur Körperachse. Eben dies vollzieht dieser Mann, nur in einer Reinheit und Klarheit, die unser Neinsagen im Alltag nicht erreicht. Dieses Stück Marmor stellt uns sinnlich anschaubar den Inbegriff eines Neinsagens vor Augen, das von einer bestimmten Lebensart her unvermeidlich ist. Steht man vor dieser Büste, real, körperlich, dann hat man das Gefühl, von ihr hinweggefegt zu werden. Der Betrachter gehört selbst noch zu dem, was dieser Mensch in seiner sinnlich einlösbaren Dignität verneint. Was von vorne auf diesen Brutus zukommt, ist nicht wert, bejaht zu werden. Es ist ein Gemeinwesen, das den privaten Zwecken des Herrn Julius Caesar dient. Tritt man vor diese Skulptur – Photographien können das nicht ersetzen –, dann erfaßt der Betrachter, daß es auch in ihm selbst etwas gibt, das die Alleinherrschaft Caesars ermöglicht. Wir fühlen uns in dieser Hinsicht mitverneint, und dieses Gesicht belehrt uns: zu Recht mitverneint.

Seither habe ich so geredet, als habe es den historischen Brutus gegeben und als gebe es in unserer Gegenwart dieses Stück Stein, das den Caesarmörder darstellt. Es muß aber noch von Michelangelo die Rede sein, der die Büste geschaffen hat. Jetzt werden biographische Einzelheiten wichtig: Die Brutusbüste ist um 1537–1540 entstanden. Michelangelo lebte damals in Rom. Er war zwar nicht Florentiner von Geburt, aber er war dort großgeworden. Die Medici hatten 1530 die republikanische Verfassung der Stadt abgeschafft, die sie bis dahin zumindest pro forma respektiert hatten. Seit 1530 waren die Medici Fürsten. Besonders verhaßt war der Herzog Alessandro. Er genoß Unterstützung durch den Mediceerpapst Clemens VII. Doch als dieser 1534 starb, kam – besonders bei den in Rom lebenden florentinischen Emigranten – Hoffnung auf, die republikanischen Freiheiten wiederherzustellen. Die Exilopposition gewann die Unterstützung des Mediceer-Kardinals Ippolito. Dieser machte sich auf den Weg, um bei Karl V. gegen Alessandro zu intervenieren. Doch er starb auf dem Weg zum Kaiser, im August 1535. Der Kaiser traf sich mit Alessandro in Neapel. Er beschloß, ihn zu stützen. Er gab ihm 1536 seine uneheliche Tochter, Margarete von Österreich, zur Frau. Alessandros Herrschaft schien gesichert – da ermordete ihn sein entfernter Verwandter Lorenzino. Doch Lorenzino mußte bald aus Florenz fliehen. Er zog sich zurück, enttäuscht über das mangelnde Interesse an der alten Staatsform. Doch ließ er, als er in Norditalien auf der Flucht war, Münzen prägen, die ihn als den toskanischen Brutus zeigten. In diesen Jahren und im Kreis der florentinischen Exilpolitiker hat Michelangelo seinen Brutus geschaffen. Das Werk sollte ein Geschenk sein für den Kardinal Nicolò Ridolfi, einen Neffen des Lorenzo Magnifico und Leos X., der auf Seiten der Rebellen stand.

Auftraggeber war der emigrierte florentinische Schriftsteller Donato Giannotti, der von 1527 bis 1530 der letzte Staatssekretär der Republik Florenz gewesen war. Er ist 1573 einundachtzigjährig gestorben – nach einem ruhelosen Wanderleben, denn er hatte sich geweigert, nach Florenz zurückzukehren, solange dort, wie Michelangelo sagte, *der Schaden und die Schande* herrschten, *il danno e la vergogna*. Giannotti war schon 1533 mit einem Brutus-Drama beschäftigt. Außerdem hat Giannotti die Flüchtlingsgespräche der dreißiger und vierziger Jahre stilisiert aufgezeichnet. In ihnen tritt auch Michelangelo auf. Hier erfahren wir, was diese Emigranten an Brutus interessierte: Nicht die Tatsache, daß er einen besonders verhaßten Herrscher beseitigte, um einem milderen Alleinherrscher Platz zu schaffen, sondern es war die Leidenschaft für die Republik.

Doch gab es da für gebildete Florentiner eine Schwierigkeit: Dante hatte den Caesarmörder in die Hölle versetzt. Im zweiten der *Dialoghi* Giannottis kritisiert Michelangelo deswegen Dante. Aber während Giannotti, der in dem Text selbst als Gesprächspartner auftritt, schroff von einem Fehler Dantes spricht, will Michelangelo Dante „interpretieren": Dante habe sehr wohl gewußt, daß Brutus den Caesar zu recht umgebracht und sich dadurch Verdienste erworben habe. Wer einen Tyrannen umbringt, bringt keinen Menschen um, sondern eine Bestie in Menschengestalt. Originalton Michelangelo bei Giannotti:

*Chi ammazza un tiranno non commette homicidio, ammazzando non un huomo ma una bestia.*

Brutus hat also kein Verbrechen begangen, als er Caesar tötete. Sorgfältig präzisiert Michelangelo, er halte nicht jeden Fürsten für einen Tyrannen, sondern nur jene, die ohne Zustimmung ihres Volkes regierten. Also kein prinzipieller Republikanismus, aber doch eine klare Rechtfertigung des Tyrannenmordes und damit der Tat des Brutus. Nur kommt Michelangelo dann in Schwierigkeiten: Wenn Dante Brutus ehren wollte, wieso hat er ihn ins Inferno verdammt? Mit feiner Charakterzeichnung gibt Giannotti zu verstehen, der Künstler verwickle sich in Widersprüche, weil er nichts auf Dante kommen lassen wolle und gleichzeitig Brutus bewundere. Michelangelo argumentiert, Dante habe wohl angenommen, Caesar hätte später die Republik wiederhergestellt. Die Emigranten reden sich in Rage. Der temperamentvolle Künstler will nicht zugeben, Dante habe sich geirrt, wenn er den Tyrannenmord billige, aber Brutus verdamme. Man bricht die Unterhaltung freundschaftlich ab. Michelangelo liest eines seiner Sonette: Es handelt von Dante und von der Bitternis des Exils.

Nun haben nicht nur Bücher, sondern auch Büsten ihre *fata*. So kam unsere Skulptur ironischerweise zwischen 1574 und 1584 in die Sammlung der gefürsteten Medici. Dies erforderte freilich eine Erklärung, also brachte man eine Inschrift an, die sagte, Michelangelo habe während der Arbeit am *Brutus* die Größe von dessen Verbrechen begriffen, und daher habe er das Werk nicht vollendet:

*in mentem sceleris venit et abstinuit.*

Diese Erklärung löste zwei Schwierigkeiten auf einmal: Sie machte einleuchtend, daß das Werk in der Sammlung der *Fürsten* Medici stand. Die Inschrift machte diesen *Brutus* zum moralischen Exempel, das beweisen sollte, Michelangelo habe die Verwerflichkeit des Fürstenmordes allmählich begriffen. Damit erklärte der lateinische Text denn auch, warum Michelangelo die Büste nicht bis zu Ende ausgeführt habe. Es war bekannt, daß er sie seinem Schüler Tiberio Calcagni anvertraut hatte; vermutlich stammt von diesem die „locker schematische Draperie", die absticht „gegen die plastische Geschlossenheit – die psychologische Verschlossenheit der Römermaske" (Max Sauerlandt).

Wenn Michelangelo ein Werk unvollendet ließ, bedeutet dies keineswegs, daß er sich von dessen ursprünglicher Konzeption distanziert hätte; dies bezeugen die Torsi der Sklaven, des hl. Matthäus, vor allem aber die Pietà von Florenz und die Madonna Rondanini. Und weiter: Wenn Giannotti einigermaßen wiedergibt, was Michelangelo 1546 über Brutus sagte – und daran hat aus einer Reihe von Gründen bislang niemand gezweifelt –, dann kann die Inschrift an der Brutus-Büste nicht die Intention Michelangelos wiedergeben. Freilich gibt es auch heute noch Kunst-Gelehrte, die unser Werk im Sinne der fürstlich-mediceischen Kulturpolitik des endenden 16. Jahrhunderts auslegen.

Sollte Michelangelo wirklich einen politischen Mord verherrlicht haben? Dagegen sträuben sich manche Kunstspezialisten des 19. und 20. Jahrhunderts. Lieber treten sie auf die Seite der fürstlichen Museumsbeamten. Die Medici haben gesiegt, auch über das verlorene Häuflein der in Rom lebenden florentinischen Emigranten. Von Henry Thode und Carl Justi bis zu Herbert von Einem 1973 haben Gelehrte Schweiß und Tinte vergossen, um den Augenschein der Skulptur außer Kraft zu setzen und ihr eigenes Bild des Poeten, des Tragikers und des weltentfernten platonisierenden Christen Michelangelo gegen dessen politische Leidenschaft zu setzen. Sie trennten die Innerlichkeit Michelangelos und seinen „Platonismus" reinlich von politisch rebellischen Aufwallungen. „Verinnerlichung", „nicht Politiker, sondern Künstler" überschreiben Interpreten dieser Art den biographischen Abschnitt, der die vierziger Jahre im Leben Michelangelos behandelt. Der dauerhafte Sieg der Medici ist ihnen der Sieg der guten Sache. Englische Autoren entwickelten mehr Sinn für die politische Intention des *Brutus*. Schon im 18. Jahrhundert bereiste ein Lord mit dem poetischen Namen *Sandwich* Florenz. Ihn packte die republikanische Wut, als er die Sockelinschrift las, und er verfaßte eine lateinische Gegeninschrift. Darin erklärte er die Nicht-Vollendung des *Brutus* mit der überschwenglichen Bewunderung, die der Künstler für die Virtus des Caesarmörders gehegt habe. Auch Stendhal war über die Inschrift der mediceischen Kunstbeamten empört. Er notierte, *la basesse italienne* habe sie hervorgebracht, und stellte sich auf die Seite des Lords Sandwich. Bei all diesen Urteilen drängt sich die politisch-historische Zeitkonstellation in die vermeintlich unmittelbare Wahrnehmung ein. Wer dies einmal analysiert hat, wird schwerlich noch an die Unschuld der sinnlichen Anschauung glauben und sie gegen die historische Plazierung ausspielen. Wie sehr das, was man sieht, abhängt von dem, was man ethisch-politisch für wünschenswert hält, zeigt die Äußerung eines anderen englischen Reisenden aus dem Jahr 1806, der über den *Brutus* schrieb:

*In the Florence gallery there is a rude block of marble, by Michelangelo, intended to be a bust of Brutus, and its more remarkable for the distich by cardinal Bembo, than for any merit of its own.*

Hier ging die Furcht vor Königsmördern so weit, daß der Reisende nur noch rohen Marmor sah. Sein Blick kam erst bei der moralisierenden Inschrift zur Ruhe, die übrigens nicht von Kardinal Bembo stammt. Wahrnehmungen sind, wie sich zeigt, mitbestimmt durch Wahrnehmungskontexte und Wertkonzepte. Daher kann nur die historisch umsichtige Aufarbeitung dieser komplexen Zusammenhänge und die ausdrückliche Kritik an den in ihnen wirksamen Wertsetzungen das Kunstwerk *als* Kunstwerk vor unseren denkenden Blick bringen.

Die Rückschau zeigt:

Die staatstreue Gesinnung fälschte das optisch Zutageliegende um. Königsmörder widern die zum Fürstendienst bereite Seele an; diese Seele richtet ihre Wahrnehmungen nach dieser Bewertung ein. Jemand könnte einwenden, diese Reisenden seien Dilettanten gewesen, keine Fachleute. Nun gut, dann wenden wir uns an einen Spezialisten. Schlagen wir das *Handbuch der Kunstwissenschaft* auf, Berlin 1919. In dem Abschnitt über Barockskulptur kommt A. E. Brinckmann auf unseren *Brutus* zu sprechen. Damit kehren wir wieder zur Anschauung zurück, die Brinkkmann folgendermaßen beschreibt:

*Es gibt keine zweite Büste, die so leidenschaftliche Energien in sich sammelt, wie dieser Brutus. Die kurze Stirn, die gekniffenen Muskeln der*

*Mundpartien, die durch festes Zusammenbeißen geschwellten Muskeln der Kinnbacken, der gedrungene mächtige Hals verraten einen brutalen Willen, der feinere geistige Regungen erdrosselt [...] Und trotz alledem die Ruhe eines eisenharten Ansichhaltens [...] es ist der Mann, der Furchtbares durchleben kann, ohne die verbissenen Zähne auseinanderzutun [...] (S. 90–91).*

Der deutsche Kunstprofessor verwirft den Tyrannenmord und beschreibt dementsprechend unseren Brutus als brutalen Triebtäter. Geschickt inszeniert er seine verächtlichen Vokabeln: „gekniffene Muskeln", „erdrosselt", „festes Zusammenbeißen", „eisenhartes Ansichhalten". Er sieht einen „brutalen Willen, der feinere geistige Regungen erdrosselt", „verbissene Zähne". Er sinnt seinen anthropologischen Dualismus – „brutaler Wille" hier, „feinere geistige Regungen" dort – dem Werk Michelangelos an und leitet seine Wahrnehmungen entsprechend. Kein Wort von der Schönheit dieses Mannes, dessen Lippen eben nicht zusammengekniffen sind. Bei aller Energie sind sie breit und leidensfähig. Kein Hinweis auf Brutus, den großen Redner, dem die ungeheure politische Situation, die er nicht gewählt hat, den Mund verschließt. Die Revolutionsfurcht eines etablierten Kunstgelehrten des Jahres 1918 duldet kein Mittleres zwischen „feineren geistigen Regungen" und brutal-egoistischer Willensenergie, die er mit dem Weltkriegswort „eisenhart" beschreibt. Sie nimmt diesem Brutus, was er für das sehende Auge hat: Größe. Die Begeisterung Michelangelos für Brutus-Lorenzino kann Professor Brinckmann sich nur als augenblickliche Verblendung vorstellen. Deswegen braucht er die Legende, Michelangelo habe sich bald eines besseren besonnen, und schreibt: Die Tat des Lorenzino habe für Michelangelo „auf eine kurze Spanne Zeit die Ethik des antiken Tyrannenmordes besessen, bis die Jämmerlichkeit des ‚Lorenzaccio' auch die Jämmerlichkeit seiner eigensüchtigen Tat ins Licht rückte" (S. 90).

Gegen solche monarchistischen Abwertungen hilft nur das genaue Anschauen: Dieser Brutus ist nicht jämmerlich. Dies beweist der Augenschein, aber diesem sinnlichen Eindruck kommt die Erinnerung an historische Fakten zu Hilfe: Brutus-Kult schon gleich nach 1530, nicht erst nach 1537, Michelangelos Urteil über Brutus in den Dialogen des Giannotti, also noch 1546, Umfunktionierung der Brutus-Büste durch die fürstlich-mediceische Kunstverwaltung gegen 1600.

Ich schließe aus diesen Erfahrungen: Wir sehen eine solche Skulptur unter dem Einfluß von Vor-Auslegungen und Traditionen. Diese bestimmen unsere optische Wahrnehmung nicht ausschließlich, sind also korrigierbar, aber sie prägen sie vor. Das fängt schon damit an, daß wir anders hinschauen, wenn wir hören, wir seien in einem berühmten Museum, es gehe um ein Werk Michelangelos, und er habe es *Brutus* genannt. Die Anschauungs- und Auslegungsgeschichte dieser Plastik stellt einen Abriß der europäischen Geschichte vom 16. bis zum 20. Jahrhundert dar. Wir besitzen, wir sehen und wir interpretieren dieses Kunstwerk je innerhalb dieser Geschichte. Doch da wir es heute noch selbst anschauen und seine Entstehungsbedingungen klarstellen können, setzen wir die Auslegungsgeschichte nicht kriterienlos fort; wir verlängern sie nicht einfach; wir greifen auch in sie ein.

## III.

Damit komme ich auf meine Eingangsthese zurück und möchte sie notdürftig, nur ad hoc – die Sachen liegen komplizierter – durch folgende Gesichtspunkte präzisieren:

Wir sehen ein Kunstwerk in *unserer* Gegenwart, nicht in *seiner* Vergangenheit. Wir rekonstruieren die Himmelstheorie des Aristoteles in *unserer* Lebenszeit, nicht im vierten vorchristlichen Jahrhundert, aber *als* die des vierten Jahrhunderts. Seit einiger, übrigens wohlerforschbarer Zeit gehört das Bewußtsein historischer Distanzen zu unserer Gegenwart. Es ist sinnvoll und faktisch möglich, in der Gegenwart vermeiden zu wollen, das Kunstwerk des 16. Jahrhunderts mit romantischen, expressionistischen und modisch-„postmodernen" Konzepten anzugehen. De facto besteht das Nachdenken über Kunst des sechzehnten oder über Theorien des 14. Jahrhunderts im methodisch scharfen Gegeneinandersetzen von Selbstverständlichkeiten unserer Zeit mit denen der früheren Jahrhunderte. Aber diese Interaktion divergierender Kategorien veranstalten *wir*, die Historiker des ausgehenden Jahrhunderts. Alle Einwände gegen den sog. Historismus oder gegen das Historisieren, die darauf hinauslaufen, in ihm werde die persönliche Eigenerfahrung eliminiert oder ihm fehle das, was man im gestrigen Deutsch *das Existentielle* nennt, treffen eine öde Praxis, nicht das Konzept historischen Denkens. Ebenso verstößt die Attitude naiver Transposition heutiger Fragen und Bedürfnisse auf das Gewesene – ich meine damit den Eifer, das Gewesene zu aktualisieren oder ihm eine „Applikation" anzuhängen –, gegen das Prinzip der Interaktion vergangener und jetziger Lebenswelten, das die historische Arbeit charakterisiert. Dabei ist offensichtlich: Lebenswelten sind nicht hermetisch gegeneinander abgedichtet; sie sind in sich selbst vielfältig; mit Einzelelementen – z. B. mit der Aristotelischen Logik, der stoischen Ethik oder der kirchlichen Dogmatik des vierten Jahrhunderts – erhalten sie sich in veränderten Kontexten fort. Von einer *neuen* oder einer *anderen* Lebenswelt können wir dann sprechen, wenn derartige Kontinuitätselemente, zu denen auch Institutionen, Wertkonzepte, Theorienkomplexe gehören, nachweislich eine andere Funktion angenommen haben.

Ich bin bei der Betrachtung des *Brutus* ausgekommen ohne die Begriffe *Renaissance* oder *frühe Neuzeit*. Vielleicht hätte es jemandem nahegelegen, die unterschiedliche Bewertung des Caesarmordes bei Dante und bei Michelangelo als ein Zeichen epochaler Differenzen zu bewerten, also ihren lebensweltlichen Bezug als den auf die *Welt des Mittelalters* zu deuten. Versteht jemand unter *Lebenswelt* die *Welt des Mittelalters* oder die *Welt der Renaissance,* dann verwechselt er die konkreten Weltverflechtungen eines Kunstwerks oder einer Theorie mit einem abstrakten Verfahren der Subsumtion geschichtlicher Daten unter einen abstrakten Epochenbegriff. Dies ist oft vorgekommen und hat bei Feldarbeitern die Skepsis vermehrt. Faßt jemand ein älteres Kunstwerk oder eine ältere Theorie auf als *Beispiel* für epochale Differenzen, dann treibt er, finde ich, verkappte *Geschichtsphilosophie*. Wer Kunstwerke oder Theorien auf ihre Lebenswelt zurückbeziehen will, muß dies, meine ich, anders anfangen, nämlich indem er deren *immanente und nachweisbare* Beziehungen auf ihre Zeit aufsucht, so wie ich es beim *Brutus* anfänglich und vereinfacht vorgeführt habe. Engels hat das zwar mehr geahnt als gewußt, aber darin war er auf der rechten Spur: Die abstrakten Epochenkonzepte wie Feudalismus *gehen,* wie er sagte, *in die Brüche.* Dies zu wissen, ist, meine ich, eine weitere Bedingung für zukünftigen *besonnenen* Gebrauch des Konzeptes *Lebenswelt*. Ohne diese Korrektur führt der so wirklichkeitsnah und konkret klingende Verweis auf die *Lebenswelt* zu abstraktem Schematisieren, und dieser Anlauf endet in Wortgläubigkeit und in wachsendem Konflikt mit der historischen Forschung vor Ort.

Diese Kritik trifft auch ältere Konzepte wie das vom „Geist des späten Mittelalters" oder vom „Geist der Goethezeit"; sie wendet sich gegen alle intuitiv zu erfassende Globalbestimmungen, z. B. auch gegen die sog. *Mentalitäten,* von denen Georges Duby schließlich zu recht Abstand genommen hat. Der Historiker mag als Lehrer und Schriftsteller nicht auskommen, ohne anschauliche Totalitäten zu evozieren, aber als Forscher wird er klarstellen: Sie haben für ihn nur didaktischen und hypothetischen Charakter.

Ein Kunstwerk *als* Kunstwerk sehen, setzt die Freiheit des Sehens von alltäglichen Abzweckungen, vor allem von derjenigen des eindeutigen Identifizierens des Gegenstandes voraus. So fordert das Denken eines Gedankens *als* Gedanke die Freiheit von jedem vorgängigen Bescheidwissen, worauf er angeblich hinauslaufe. Man kann, denke ich, sehr wohl sagen: Das so aus seinen Entstehungsbedingungen herausgelöste Kunstschöne und die so isoliert genommene Theorie bildeten eine *Sphäre absoluter Inhalte.* Man darf nur deren Entstehung nicht vergessen. Daher setzt sich das nachdenkliche Anschauen des Kunstwerks um in eine Kritik der immer schon vorhandenen Vor-Auslegungen.

Für die Geschichte des Wissens heißt das: Ich widme mich dem fremden Gedankeninhalt – also etwa der aristotelischen Theorie der Himmelssphären oder der dionysischen Hierarchie der Engel – und halte ihn in seiner Fremdheit fest. Ich sage nicht: Die Engelshierarchie *bildet* die kirchliche Hierarchie *ab.* Ich vergesse bei diesem Theoriekomplex aber auch nicht den Rangstreit zwischen Bischöfen und Mönchen, in dem die Theorie der Himmelshierarchie ein vorzügliches Instrument war. Indem ich den reinen Gedanken nachdenke, verzichte ich auf jene Wiedererkennungsmethode, die alles schon anderswo glaubt gelesen zu haben, aber in einem zweiten Arbeitsgang suche ich seinen historischen Ort. Nichts ist so tiefsinnig und nichts ist so schön, daß es nicht datiert und historisch lokalisiert werden könnte. Ich entreiße das Angeschaute oder Nachgedachte den immer schon vorhandenen Interpretationen. Dies bedeutet den Bruch mit jeder Hermeneutik der reinen Unmittelbarkeit. Auch wenn wir einsam den *Brutus* betrachten, stehen wir immer schon unter Menschen. Immer sehen wir auch mit den Augen der anderen. Bei der Kunstanschauung wie beim rein theoretischen Verhalten bleibt *Kritik* eine unüberspringbare Stufe. Diese Kritik ist nicht Selbstzweck; sie dient der – immer nur partiell möglichen – Befreiung von vorgegebenen Mustern des Hinsehens, des

Übersehens und des Wegsehens. In der Theoriegeschichte dient sie der konkreten Zurückweisung von Sach- und Textauslegungen, die früheren Perspektiven gemäß sein mochten, die aber unsere nicht mehr sein können. So entsteht beim nachdenklichen, historisch belehrten Anschauen eines Kunstwerks ein Ineinander von Anschauung und Kritik; das historisch belehrte Nachdenken über früheres Wissen bildet ein Wechselspiel von Denkvollzug und Traditionsüberwindung; es bewegt sich zwischen Sacherfassung und Auslegungskritik.

Die konkrete Erfahrung mit dem Kunstwerk ist dann diese: Das Kunstwerk stellt sich zunächst dem Betrachter dar, als sei er der erste, der es staunend ansieht. Aber historisch belehrt, sieht er: Er steht immer schon in Gesprächs- und Gewöhnungs- und Handlungszusammenhängen, auch von Institutionen, die sein Sehen und Denken sowohl ermöglichen als auch einschränken. In dieser Erfahrung verschwindet der Gegensatz von unmittelbarer Erfassung des Kunstwerks und seiner Historisierung. Würde also der Betrachter des Kunstwerkes in einer bewußt ahistorischen Einstellung verharren, also die kritische Aufarbeitung des Gewordenseins seines Sehens und Nicht-Sehens, des Gewordenseins des Kunstwerks und der Auslegungen des Kunstwerkes verweigern, dann würde er gerade dadurch seinen zufälligen Ausgangspunkt festschreiben, also in einer vermeidbaren Weise der geschichtlichen Kontingenz zum Opfer fallen. Er wäre keineswegs, wie er wohl meint, bei der *Sache selbst*. Dies gilt für Historiker des Wissens ebenso wie für die Bewertung des kunsthistorischen Methodenstreits über Ikonographie, Ikonologie und Ikonik.

Dies ist denn auch die Antwort auf die Kampfrufe: *Reduktion* und *Biographismus*. Die Frage nach der *Bewertung der Biographie* kommt freilich nicht leicht zur Ruhe. Daher bleibe ich noch einen Augenblick dabei und frage: *Zersetzt* sich nicht die Erfahrung von Kunst und von philosophischem Denken, wenn wir diese abhängig machen von ihrer Zuordnung (das Wort *Einordnung* paßt schwerlich) zu zeitgeschichtlichen und zuletzt auch biographischen Details? Wäre das nicht die Zumutung, den *Brutus* zu nehmen als Dokument der individuellen Entwicklung des Menschen Michelangelo, als *Ausdruck* zunehmender Verdüsterung und Menschenverachtung, als „Bruchstück einer großen Konfession"? Wäre das nicht doch Biographismus, der Verzicht auf den selbständigen Aussagegehalt der Kunst und der Philosophie?

Ich denke, jede Einsicht kann zum sterilen Standpunkt, jede wahre Aussage zur Phrase verkommen. Dies gilt auch für die Erkenntnis der Selbständigkeit der Kunst und der Philosophie gegenüber den Zufällen der Biographie und den Zwängen der Lebenswelt. Wer den *Brutus* begreifen will, muß versuchen, die Erfahrungen zu rekonstruieren, die Michelangelo zwischen der Arbeit an den Mediceergräbern und 1540 gemacht hat. Schließlich ging es dabei um die Kleinigkeit seiner Reaktion auf den definitiven Verlust der Stadtfreiheit, also auf das Ende einer Kommune, die wie wenige andere das Bewußtsein bürgerhafter Selbständigkeit zu machen und auch zu artikulieren gestattet hatte. Den *Brutus* primär biographisch, also als *Ausdruck* der individuellen Entwicklung eines Menschen – und sei es die Michelangelos – zu lesen, hieße, die Lebensfrage, ob Selbstbestimmung gegenüber Potentaten sich durchsetzen könne, aus dem historischen Handwerksbetrieb zu verbannen zugunsten einer doch immer nur rekonstruierten Entwicklung des Menschen Michelangelo, der uns, abgesehen von seinen Werken, unbekannt bleibt und gleichgültig sein kann. Andererseits werden wir uns heute auch nicht mehr so ausdrücken wie die *Encyclopaedia Britannica*, die in ihrer Ausgabe von 1966 den *Brutus* zu einer Freiheitsstatue en miniature macht. Sie nennt ihn *a symbol of love of liberty and of hatred of tyranny* (Bd. 15, 364). Gegenüber einem so arglosen Umgang mit den Begriffen von *Freiheit* und *Tyrannei*, aber auch mit dem des *Symbols*, gegenüber dieser Rhetorik, die anno 1966 den Gegensatz von „freier Welt" und Ostblock wachhielt, werden wir den individuellen Lebensweg des Emigranten in Erinnerung bringen; wir werden also biographisch arbeiten, wohl wissend: Die sinnliche Anschauung dieses Stückes Marmor kommt uns näher und ist intellektuell unvergleichlich gewisser als die wechselnden Moden der Einfühlung in die Biographie. Diese führen leicht zu einer Überlastung des Individuums Michelangelo; sie verführen Biographen dazu, auch den Künstler selbst zu einem „Symbol der Freiheitsliebe und des Tyrannenhasses" zu stilisieren. Dies ist aber gar nicht nötig; dazu haben wir ja schon den *Brutus* im Bargello. Dem Menschen Michelangelo können wir seine Widersprüche, seine Schwächen und seine Kompromisse lassen. Wie *wir* empfinden, der überlebensgroße Caesarmörder gehöre einer anderen Menschenart an, auf die wir gleichwohl uns beziehen müssen, so mag es auch ihr Skulpteur getan haben – wir wissen das nicht, und wir brauchen es nicht zu wissen. Daß Michelangelo Angst hatte, von dem in Florenz herrschenden Cosimo I.

umgebracht zu werden, daß er vorsichtig, manche sagen: bis zur Charakterlosigkeit sich äußerte, dies scheint festzustehen. Der *Brutus* war *anders* als Michelangelo, und dieses Anderssein hat Michelangelo mit dargestellt. Über den Seelenzustand des Schöpfers der Brutus-Büste schrieb ein feinsinniger, kenntnisreicher Biograph mit einem Übermaß an Verständnis, wie es 1930 noch naheliegen mochte, folgende Sätze:

*Michelangelo gehörte jetzt, wie einst, als er San Miniato gegen die Medici und ihre Hilfstruppen verteidigte mit ganzer Seele den Republikanern an, aber er befand sich, wie so oft in seinem Leben, auch hier zwischen Hammer und Amboß. Seine noch lebenden Angehörigen – Bruder und Neffe – waren Untertanen Cosimos, seine mühsam erworbenen Landgüter lagen alle um Florenz. Er war also gehalten, sich mit den Tatsachen abzufinden, um so mehr als der Herzog sein Leben in Rom mit aufmerksamem Blick verfolgte und keineswegs die Hoffnung aufgegeben hatte, den Diener Leos X. und Clemens VII., den größten Künstler Italiens und berühmtesten Bürger von Florenz, in seine Dienste zurükkzugewinnen* (E. Steinmann).

Michelangelo „war also gehalten", urteilte dieser Gelehrte, nicht so zu handeln wie Brutus. Hatte Brutus nicht auch Verwandte? Besaß er etwa keine Landgüter? Hätte er Caesar nicht ermordet, wenn er diese Landgüter „mühsam erworben" hätte? Dürfen nur die ganz Armen, die keine Landgüter haben, und die ganz Reichen, die sie nicht „mühsam erworben" haben, einen Tyrannen erstechen? Aber selbst wenn wir dies alles zugeben, war es dann immer noch nötig, daß Michelangelo in einem nach Florenz gerichteten Brief vom 27. Oktober 1547 sich sophistisch verteidigte gegen den Vorwurf, er habe in einem Palazzo der Strozzi, also der Todfeinde der Medici, gewohnt? Damals sei er schwer krank gewesen, schrieb der Künstler, und er habe auch nicht im Palazzo der Strozzi, sondern im Zimmer seines Freundes Luigi del Ricio gelegen. – Aber dieses Zimmer befand sich in einem Palazzo der Strozzi, und Michelangelo hat sich dort auch eingefunden, wenn er nicht krank war, sondern wenn es darum ging, dort „einen mächtigen Schlei" aufzuessen. Und dieser Freund Luigi del Ricio ist einer der Teilnehmer bei der Unterhaltung über den Tyrannenmord, die uns Giannotti aufbewahrt hat. Was die Biographie zeigt, sind kleinliche Rücksichten, kluge Verdrehungen, ängstliche Sicherungen. Vielleicht hat Michelangelo seinen *Brutus* gebraucht, *weil* sein Leben so unheroisch war. Dies zeigt, daß wir das Kunstwerk nicht, wie man oft gedankenlos sagen hört, als „Ausdruck" des Lebens lesen dürfen, sondern ebenso als dessen Korrektur, als seine Abstreifung und als Kompensation. Oder wir nehmen dies alles zusammen: das alltägliche Verhalten von Menschen samt ihren Widersprüchen, Träumen und Ersatzhandlungen, und nennen dies „Leben". Dann verlöre auch der Begriff *Lebenswelt* seine ins Banale triftende Kompaktheit. Dann verwandelten wir ihn aus einer Redensart in ein heuristisches Prinzip. Aus einer romantisierenden Weltanschauung – was hat man in das Konzept *Leben* nicht alles hineingeheimnist – würde eine quellennahe Praxis des Ausschau-Haltens, nicht nach Totalitäten, sondern nach neuen Details.

*Lebenswelt* wäre dann kein Bild, sondern eine Betrachtungsweise. In dieser methodologisch *verflüssigten* Form würde das Konzept brauchbar, vielleicht gar unentbehrlich, gerade für den Historiker vor Ort.

# WOZU INTELLECTUAL HISTORY?

## *Was Philosophiehistoriker tun*

Ein Philosophiehistoriker, wenn er denn einer ist, wenn er also nicht nur im Gewesenen herumstochert, um etwas aufzuspießen, was er für wahr oder aktuell hält oder womit er seiner bedrängten Schule eine weltgeschichtliche Legitimation, also ein historisches Schutzmäntelchen verschaffen will, ein Philosophiehistoriker, der weiß, daß er Historiker ist – im Deutschen gibt bei zusammengesetzten Substantiven der *zweite* Bestandteil die Grundbestimmung –, ein solcher Philosophiehistoriker verhält sich wie ein orientalischer Teppichhändler. Er holt immer neue „Teppiche" aus Archiven und Bibliotheken hervor, beschreibt sie nach Art und Herkunft und freut sich ihrer Vielfalt. Je bunter, je ausgeprägter, je unverwechselbarer, um so besser. Wenn er sie beschreibt, kommt ihm alles darauf an, daß sie nichts dabei verlieren an Verschiedenheit und präziser Kontur.

Aber diesmal ist das Thema so gesetzt, daß keine Teppiche gezeigt werden; diesmal spricht der Teppichhändler über den Teppichhandel. Dies verlangt eine abstraktere Einstellung und verursacht eine gewisse Unanschaulichkeit. Doch eine Reihe von Teppichen habe ich an anderen Stellen ausgelegt, Porträts von Augustin bis Hugo Ball, von Eriugena bis Voltaire, und wer will, kann sie aufsuchen, und so bleibe ich dabei: Heute gibt es keine Teppiche zu sehen, sondern es geht um Lockerungsübungen in der Meta-Ebene. Was ich bringe, sind einige Fragmente der Reflexion über das Tun des Philosophiehistorikers, besonders der älteren Zeit. Es wird bald deutlich werden, warum ich den Ausdruck intellectual history dem Wort „Philosophiehistorie" gelegentlich vorziehe; er deutet über die Fachgrenzen hinaus. Er legt eher nahe, den Nebenwirkungen des philosophischen Denkens nachzugehen, also zuzusehen, wie es Lebensformen und Wissensarten begründet, verändert, sie bei ihrer Geburt und ihrem Tod begleitet.

Meine Themenformulierung lehnt sich an die Vorlesung an, die Friedrich Schiller im Revolutionsjahr 1789 gehalten hat und in der er unter

Historikern den bloßen Brotgelehrten vom philosophischen Kopf unterschied: *Was heißt und zu welchem Ende studiert man Universalgeschichte?* Etwas pedantischer als Schiller, unterscheide ich zwei Aspekte und frage: Wie und wozu studiert man Geschichte der älteren Wissensformen? Gefragt wird also erstens nach Verfahren oder Methode, zweitens nach dem Endzweck. Die Frage nach dem Endzweck untersucht, was wir an Nutzen und Erkenntnis erwarten dürfen, wenn wir uns befassen mit der intellectual history besonders der älteren Zeit. Darunter verstehe ich etwa den Abschnitt von 400 bis 1600.

Wer heute Schillers Rede nachliest, dem springt die Verschiedenheit unserer intellektuellen Situation in die Augen. Uns fehlt nicht nur sein Menschheitspathos und sein geschichtlicher Optimismus; unsere Krise zeigt sich schon an, wenn wir nach dem bescheidenen Wörtchen „man" fragen, das in seiner Themenstellung enthalten war. Wer ist dieses „man"? Schiller ging, auf Kant gestützt, von einem einheitlichen universalen Vernunftsubjekt aus, er dachte die menschliche Gattung. So konnte er Regeln entwerfen, die jedem vernünftigen Denken gestatten, die Vernunft in der Menschheitsgeschichte zu erkennen; daher war für ihn die Geschichte der philosophischen Köpfe „Universalgeschichte".

Dieses einheitliche Vernunftsubjekt hat der Historismus zersplittert. Hinter seine Auflösung, scheint mir, gibt es kein Zurück, es sei denn ein velleitäres oder totalitäres. Dadurch verformt sich die Schillersche Ausgangsfrage. Sie lautet bescheidener: Wie und wozu studiere *ich* die ältere Philosophie? Das klingt, als wolle ich rein private Erzählungen vortragen. Die Gefahr besteht nicht. Ein Historiker des Denkens denkt über seine intellektuelle und reale Situation nach; er gleicht sein Vorgehen und seine Erwartungen aus mit Bedingungen des Stoffs, mit Erfahrungen anderer Forscher und mit Reflexionen anderer Philosophen. Seine persönlichen Resultate werden daher wohl kaum nur private sein. Der status quo des Faches und allgemeine Diskussionen zur Theorie des geschichtlichen Wissens gehen in sie ein, freilich auch sie in seiner persönlichen Bewertung und Brechung.

Der Verlust des allgemeinen Geschichtssubjektes, könnte man meinen, sei weniger gravierend, wenn es nicht wie bei Schiller um die Vernunft in der gesamten Menschheitsgeschichte, sondern um das Studium des Wissens in dem oben genannten Zeitraum geht. Ich bin nicht so sicher. Denn allein in dem Wort „Mittelalter" liegt, wie in jeder Epochenvorstellung, eine fast unkenntlich gewordene geschichtliche Gesamtkonzeption, eine Art Geschichtsphilosophie. Vokabeln wie „Mittelalter" oder „Neuzeit" sind wohl aus didaktischen Gründen nicht völlig zu entbehren; sie schleppen Wertungen und generelle Assoziationen mit sich, auch wenn wir sie im Forschungsalltag durch blanke Chronologie ersetzen.

## Was war Philosophie?

Die Hauptschwierigkeit kommt von einer anderen Seite: Was zählen wir in der genannten Zeitspanne zur Philosophie? Gehört Hildegard von Bingen dazu oder nicht? Welchen Begriff von „Philosophie" legen wir zugrunde, um die Texte zusammenzustellen, denen mein Studium gilt? Kann es ein heutiger Begriff von „Philosophie" sein, vielleicht ein transzendentalphilosophischer, ein neo-hegelianischer, ein existenzphilosophischer, ein thomistischer, ein strukturalistischer? Welchen Sinn sollte es haben, im Mittelalter Texte zu suchen, die „auch schon" enthalten sollen, was jetzt als explizierte Theorie vorliegt? Ein solches Verfahren läuft auf Wiedererkennen hinaus bzw. auf das Entdecken von Vorläufern, von Vorläufern Galileis zum Beispiel oder der modernen Logik. Eine Reihe vor allem angelsächsischer Gelehrter hat in dieser Art die Geschichte des älteren Denkens durchforstet; sie haben Brauchbares von Unbrauchbarem unterschieden, so ähnlich wie in der Geschichte der Mathematik. Je näher das Auswahlkriterium bei der Richtigkeit einer Einzelwissenschaft liegt, um so gangbarer scheint dieser Weg. Aber in der Sicht der angelsächsischen Logikhistoriker fallen dann weite Felder, riesige Textgruppen, einfach weg; diese Leute konnten eine Geschichte der mittelalterlichen Philosophie schreiben, in der Meister Eckhart nicht vorkommt.

Thomisten beschrieben die Geschichte des 11. und 12. Jahrhunderts als Vorgeschichte, die des 14. und 15. Jahrhunderts als Verfall des Thomismus. Eckhart kam dann zwar vor, aber entweder als unklarer Thomist oder als einer, dessen „wahre" Intention eine thomistische gewesen sei, was dann in umständlichen Operationen zu beweisen war. Dies waren Eingriffe, Reduktionen, die geschichtliches Leben auf einen einzigen Punkt, auf Thomas, konzentrierten. Von einer solchen vielheitsfeindlichen Manier, meine ich, müsse man loskommen. Aber wie? Denn es ist auch nicht möglich, nur solche Texte der mittelalterlichen Philosophie zugrunde zu legen, die sich selbst als philosophisch deklarieren. Der heutige Forscher kann nicht den Philosophiebegriff der antiken oder mittelalterlichen Autoren zugrundelegen. Das hat de facto noch niemand getan. Wer es trotzdem versuchen wollte, müßte scheitern, wie jeder leicht einsieht, der sich der Nachweise von Ernst Robert Curtius erinnert, der gezeigt hat, wer früher alles *philosophus* heißen konnte: Unter Kaiser Diokletian wurden Bergbauingenieure als *philosophi* bezeichnet.[1] *Philosophie*, das bedeutete in der Spätantike unter anderem: Wehrwissenschaft, Grammatik, literarische Bildung, persische Theosophie, Gnosis. Diese semantische Unbestimmtheit hielt lange an. Selbst die Aristotelesrezeption hat sie nicht bei allen Autoren beseitigt. Selbst für die Aristoteliker deckte „Philosophie" ein für uns heute ungewohnt weites Feld, jedenfalls „Physik" und „Poetik", „Politik" und Biologie, Kosmologie und Logik. Schließlich hatte noch Kant einen weiteren Begriff von Philosophie als den des ausgehenden 19. Jahrhunderts in Deutschland. Etwas zu einfach ausgedrückt: Nicht überall, wo „Philosophie" draufsteht, ist auch Philosophie drin, und manche Autoren haben philosophiert, hielten sich aber für Theologen, Juristen oder Mediziner. In manchem Buch ist Philosophie drin, aber es steht nicht drauf.

Dies ist ein Dilemma, für dessen Lösung ich keine abstrakte Regel wüßte. Das ist gravierend; unser Arbeitsfeld ist nicht exakt abgesteckt. Untauglich dazu sind die Disziplineneinteilungen von Philosophie, Theologie, Naturwissen, Medizin. Sie führen zur Verengung; der einzige Ausweg ist Querlesen, Querlesen so viel man kann: Visionen, Chroniken, Sentenzenkommentare, einschließlich des vierten Buches, wo es um die Sakramente der Kirche geht, philosophische Traktate. Der gewiefte Philosophiehistoriker liest also quer; trifft er auf eine Theorie, die ihm „philosophisch" scheint, legt er deren Beschreibung den Mitforschern und Lesern zur Kontrolle vor und wartet ab, was kommt. Es geht ihm ein wenig wie dem schlechten Schriftsteller, von dem Jean Paul sagt: *Er hielt Feder und Papier unter die Exkremente des Zufalls und fing auf, was kam.*

Das ist peinlich, aber ein bißchen machen wir es alle so, mit mehr oder minder klarem Bewußtsein. Die Erprobung liegt in der Ausführung und in der Diskussion, die sie auslöst.

---

[1] E.R. Curtius, Europäische Literatur und lateinisches Mittelalter, 6. Aufl., Bern 1948, S. 216.

## Ratschläge für die Arbeit

Ich habe mich ins Gestrüpp einer Anfangsschwierigkeit begeben. Sie gehört zwar zum Thema, aber sie verwickelt uns in Tiefsinn, den *erfolgreiche* Philosophen vermeiden, solange es geht. Ich trete also einen Schritt zurück und fange noch einmal einfach an: Wie studiert man, meinem Rat folgend, Geschichte der mittelalterlichen Philosophie?

Die mittelalterliche Geschichte, einschließlich ihrer Wissenschaften, ist ein Schlaraffenland, in dem es noch viel zu entdecken gibt. Nur muß, wer eintreten will, sich durch einen Reisberg hindurchfressen; er muß Latein und Griechisch, Mittellatein und Paläographie lernen. Ohne dies geht es nicht. Es geht keinesfalls nur mit Übersetzungen. Was übersetzt worden ist und wie es übersetzt worden ist, hängt ab von bestimmten Konzepten, Interessen und Zurechtlegungen des Stoffs; wer sich an frühere Vorgaben hält, macht keine frische historische Erfahrung.

Auch was gedruckt wurde, ist eine Auswahl, oft eine parteiische. Man muß zurück zu den Handschriften. Das Feld ist noch viel zu wenig erforscht, als daß man sich auf die vorhandenen Ausgaben und Übersichten verlassen dürfte; das gilt insbesondere für das vierzehnte und fünfzehnte Jahrhundert. Wer Freude am Entdecken hat, findet hier reichlich, aber er muß ein paar Voraussetzungen schaffen.

Jeder Text ist zunächst einmal so zu lesen, als sei er direkt vom Himmel gefallen und als enthalte er die reine Wahrheit, auch die Wahrheit über jeden von uns heute. Man sollte ihn nicht gleich einordnen wollen. Die Arbeit besteht nicht im Aufkleben von Etiketten: Platonismus, Aristotelismus, Skotismus. Ich empfehle, sich erst einmal in dem Text zu verlieren, auch in seiner Schönheit. Philosophische Texte von Bedeutung haben fast immer ästhetische Valeurs; sie sind keine Gebrauchsanweisungen für Begriffe. Sie haben wenig gemein mit unserer gesichtslosen, grauen Wissenschaftsprosa. Augustins Schriften, Anselm und Abaelard, Bonaventura und Thomas sind in ihrer Latinität Musik; dafür ein Ohr zu entwickeln, ist ein angenehmer Weg, sich in diesen Texten zu verlieren. Aber dies Sichverlieren ist nur der erste Schritt. Der zweite Schritt geht in die entgegengesetzte Richtung; er folgt der Regel: Behandle den Text so, als sei jeder Satz darin abgeschrieben. Erforsche, welche Autoren der Autor gelesen hat, auf wen er sich bezieht, was er als selbstverständlich ansah, weil es damals niemand bezweifelt hat. Rekonstruiere minuziös, mißtrauisch, sein Umfeld. Mißtrauisch gegenüber seiner Quellenbenutzung, mißtrauisch gegenüber seinen Absichtserklärungen, mißtrauisch gegenüber vorhandenen Deutungen. Wie man die beiden gegensätzlichen Bewegungen zugleich vollziehen oder wenigstens koordinieren kann, dafür habe ich – wiederum – keine Regel. Wie man Schritt 1 und Schritt 2, Kopfüber-Hineinspringen und distanzierte Analyse, zusammenbringt, das ist mehr Kunst als Wissenschaft; aber unerlässlich ist beides, sonst bleibt man entweder bei naiver Identifikation stehen oder beim bloßen Registrieren, beim Beinchenzählen oder beim sog. Positivismus, von dem übrigens niemand gering sprechen sollte; er bleibt die notwendige Teil-Einstellung jedes Historikers.

Ich berühre hier einen Punkt, den ich bald wieder verlassen werde, weil er wiederum den Tiefsinn streift, den ich zu vermeiden vorhabe, ich meine das Mißverhältnis von Universität und Wahrheit. Um mittelalterliche Philosophie philosophisch zu studieren, muß man viel lernen, aber nicht in erster Linie *lernen*. Man muß, wie bei aller Philosophie, Fragen stellen. Man muß Probleme haben, man muß sich ihre Lösung zutrauen; man muß noch in Bewegung sein, man muß entdecken wollen, man muß von alten Büchern noch etwas Lebenswichtiges erwarten. Dem widersprechen viele einschüchternde Erfahrungen, gerade auch beim Studium. Man verliert dieses Zutrauen, wenn man nicht darin bestärkt wird. Diese Bestärkung kommt nur von anderen, von Vorbildern, von Freunden, von Lehrern, die man – sagen wir es offen – liebt. Philosophieren kann man nur unter Freunden. Wenn die Universitätskarriere aber nur trockene Denkbeamte produziert, dann existiert die Philosophie nicht mehr an der Universität. Und ohne diesen Funken kann man zwar Spezialist für mittelalterliche Logik werden, was gar nicht wenig ist, aber dann ist auch die Philosophie des Mittelalters nicht nur tot, sondern vergessen.

Die mittelalterliche Wissenschaft beruht in fast allen Sparten auf antiken und arabischen Mustern. Sie stellt nicht das durchgeführte System einer einheitlich christlichen Weltdeutung dar; sie war vielmehr der konfliktreiche Prozeß, in dem verschiedene Denkformen und Inhalte sich rieben. Dieser jahrhundertelange Vorgang kannte alle denkbaren Formen des Ausgleichs und der Unausgeglichenheit. Man verfehlt ihn, wenn man unterstellt, alles wäre von der Theologie gesteuert oder erleuchtet (je nach Geschmack) gewesen; man verfehlt ihn auch, wenn man die zähe

Fortdauer antiker Begriffe, Schemata und Werte verkennt. Um ein Beispiel zu bringen: Sogar für den frommen Eiferer Bonaventura, auch wenn er gegen die Philosophen wetterte und wenn er gegen sie nach der bischöflichen Polizei rief, blieb es selbstverständlich, daß die Philosophie drei Teile hat: Logik, Physik, Ethik. Das ist stoische Lehre, die man aber nur als solche in seiner Predigt auffindet, wenn man stoische Quellen kennt. Daraus folgt: Es gibt kein konkretes Studium der mittelalterlichen Denkwelt ohne Kenntnis Platons, Aristoteles', Ciceros und Senecas. Das ist nur das Minimum. Denn es gibt neuplatonische und arabische Präsenzen, immer wieder Augustin, Boethius und Dionysius Areopagita, aber auch die Enzyklopädien.

Zwischen den mittelalterlichen Texten und uns stehen immer schon andere, fördernd und verdeckend. Wir sind nie oder fast nie mit dem mittelalterlichen Text allein. Ob ein Text gedruckt wurde oder nicht, ob er für eine Bibliothek angeschafft wurde oder nicht, ob wir den Namen seines Verfassers schon einmal gehört haben oder nicht, ob mit einem Unterton der Schätzung oder nicht, dies alles sind historische Koeffizienten unserer Arbeit, über die wir nachdenken müssen. Die „mittelalterliche Philosophie", das ist kein reiner Naturbestand, das ist eine Inszenierung, oft eine Attrappe, ein Potemkinsches Dorf, jedenfalls ein Produkt, kein urtümlicher Bestand. Wer sie studieren will, muß sich mit diesen Vermittlungsmechanismen befassen. Wer einen Text abgeschrieben, gedruckt oder auch nur gekauft hat, hat meistens etwas gedacht und etwas gewollt. Der Forscher ist daher auf der Jagd nach Büchern. Keine noch so gute Bibliothek reicht ihm aus, denn jeder Bibliotheksbestand entspringt determinierten historischen Situationen, institutionellen oder privaten Vorlieben und Interessen; er spiegelt einen begrenzten Bewußtseinsstand, der sich erweitern und überlisten läßt.

Eine weitere Regel: Argumentiere nie mit dem Epochenbegriff „Mittelalter" oder „Renaissance". Ich sage nicht, man müsse diese Vokabeln vermeiden. Wovor ich warne, ist dies: Man kann aus Epochenbildern keine Fakten gewinnen. Dies geschieht selbst soliden Forschern, die 99 kleine Bausteine methodisch ermittelt haben, dann aber daraus ein Gesamtbild entwerfen, das dem entspricht, was sie für „mittelalterlich" halten. Sie ergänzen oder beleuchten ihr Material mit Hilfe eines Epochenwortes, das nicht mehr ist als ein Wort, das aber bestimmte Assoziationen enthält, bestimmte Wertkonzepte anregt, bestimmte Bedürfnisse erfüllt und bestimmte Träume erzeugt. Dabei sind diese Epochenkonzepte selbst historisch, wandelbar, relativ; sie sind bestimmten kulturpolitischen Programmen entsprungen, zum Beispiel bei Novalis, in der Neuscholastik, im Umkreis Max Schelers und Guardinis. Das gilt insbesondere für die Entgegensetzung „Mittelalter" – „Neuzeit", Mittelalter – Renaissance, religiöses Zeitalter und Säkularisierung. Es gilt auch für die Vorstellung, im Mittelalter sei die durchgeführte Dominanz der Theologie vorauszusetzen, die Philosophie sei immer nur ancilla gewesen. In diesen Formeln liegen Geschichtsphilosophien; diese sind nicht zu ignorieren, sondern zu historisieren. Aus ihnen lassen sich keine Fakten saugen, und genau dazu besteht eine fatale, fast unvermeidbare Neigung. Suche also Fakten, die Epochenbilder falsifizieren. Dazu bieten mittelalterliche Texte reichen Anlaß. Es gibt darin vieles von dem, was es, wie man sagt, „im Mittelalter nicht gibt".

Ich resümiere nun und gebe einige sentenzenhafte Ratschläge für die Arbeit:
I. Wähle dir einen Text und ein Thema. Grabe dich ein. Sei nicht erpicht auf Überblicke. Vermeide ausgetretene Trampelpfade. Lies medizin-, rechts- und kunstgeschichtliche, romanistische Bücher. Lies auch die älteren Quellen, die sie zitieren.
II. Sei überzeugt, es gibt noch viel zu entdecken. Suche zuversichtlich kreuz und quer, möglichst in mittelalterlichen Bibliotheken, wie in Kues, oder wo man sie sich zusammenstellen kann wie in Wolfenbüttel. Blättere in Katalogen von Handschriften und Frühdrucken. Versuche zu ermitteln, welche Bücher in dem bearbeiteten Zeitraum viel gelesen wurden. Es sind meist nicht die, die wir dafür halten.
III. Übersetze deinen Text; dies klärt dir Terminologie und Duktus. Resümiere darüber hinaus den Inhalt. Dies klärt die Aussageabsicht und den Gang der Argumentation.
IV. Prüfe die Argumentation. Achte auf Lücken, untersuche, warum sie dich überzeugt oder nicht überzeugt. Achte auf Prämissen, ausgesprochene und unausgesprochene.
V. Achte auf Anspielungen und Zitate, ohne einen Mechanismus von Einflüssen und Quellen zu unterstellen. Differenziere die Art der Quellenbenutzung. Was genau hat ein Autor mit seinen Autoritäten angefangen?

VI. Datiere und lokalisiere jeden Text. Erarbeite den geschichtlichen Kontext, ermittle Vorredner und Adressaten. Auf welche Debatte bezieht er sich? Welche Bücher hat der Autor gelesen? Wo und bei wem hat er studiert? Welche Textbücher galten damals dort?

## *Wozu der Aufwand?*

Ich komme zum zweiten Teil der Frage Schillers: Zu welchem Ende? Es könnte jemand antworten: Es macht mir einfach Spaß, zu forschen, zu entdecken, in fremden Welten spazieren zu gehen. Das mittelalterliche Denken ist in der Tat eine befremdlich bunte Welt, viel reicher, als man sich vorstellt, ein Schlaraffenland für Entdeckungsfreudige. Aber damit ist die Frage nicht beantwortet, welchen Nutzen man sich vom Studium der mittelalterlichen Philosophie versprechen kann. Ich sagte: Nutzen, meine damit aber auch: Wahrheitserwartung. Welche philosophische Einsicht kann diesem Studium entspringen? Ich antworte in kleinen Schritten:

1. Das Studium des mittelalterlichen philosophischen Denkens erweitert oder vertieft unser Wissen vom Mittelalter. Weder die Literatur der Zeit noch die Religiosität noch die Politik sind aus sich selbst verständlich. Selbst für die Kunst gilt es, zumindest partiell. Das heißt: Man kann weder Romanistik noch Anglistik noch Geschichte sinnvoll studieren, ohne sich in die Denkgeschichte zu vertiefen. Wer will Dante erklären, ohne Kenntnis der Philosophie der Zeit? Im Rosenroman heißt dichten *travailler en philosophie* (18742, zitiert bei E.R. Curtius, S. 215). Beim deutschen Dichter Frauenlob kommt der Ausdruck vor: *Form der Formen*. Ich möchte wissen, was ein Germanist sich dabei denkt. Oder nehmen wir die Religiosität: Die Einführung der Fronleichnamsfeier war auch eine kirchliche Reaktion auf bestimmte Diskussionen, die wiederum einem bestimmten theoretischen Fragestand entsprungen waren, der sich konkret historisch erforschen lässt. Das gehört in die Geschichte des Substanzbegriffes; dahin auch das Dogma von 1215 von der Transsubstantiation, das im Fronleichnamsfest Alltagswirkung bekam. Wenn das offizielle Wissen einer Zeit, also praktisch: die Universitätswissenschaften, eine im täglichen Leben empfindliche Lücke hinterläßt, z.B. wenn es die Pest nicht erklären oder nicht sagen kann, wer in den Him-

mel kommt, entstehen Ersatz- und Protestformen. Es entstehen dann negative Korrespondenzen zur Geschichte des Wissens, dunkle Kehrseiten, die auch zu ihm gehören. Oder nehmen wir die Politik. Vermutlich handelt ein Herrscher jeweils anders, ob er seine Herrscherkraft aus seinem üppigen Haupthaar ableitet oder aus dem Öl des hl. Remigius, wieder anders, wenn er sich, wie Karl der Große, aus Augustins *De civitate Dei* vorlesen läßt und sich vielleicht an Theodosius orientiert, ob er sich aufs ciceronianische Naturrecht oder auf die Konsens-Philosophie des Marsilius von Padua beruft. Nicht, als wäre die politische, die poetische und die künstlerische Praxis aus Theorien ableitbar. Abgeleitet wird bei uns Historikern gar nichts. Aber Theorie und Praxis durchdringen einander, und vielfach war die Praxis auf dem Weg über den Klerus theoriegeleitet oder auch negativ bestimmt, und zwar durch eine Theorie, die nie nur aus Bibelkenntnissen bestand.

Dazu kommt: Wir wissen von den Theorien des Mittelalters viel mehr als von der Praxis. Wir haben unvergleichlich mehr philosophisch-theologisch-naturkundliche Texte als Chroniken und Urkunden zusammen. Man muß ein Zeitalter dort aufsuchen, wo es sich am deutlichsten ausspricht. Jedenfalls kann man diese riesige Textmasse nicht ignorieren, wenn man von der Zeit vor 1500 ein Bild zeichnen will.

2. Das Studium der Geschichte des mittelalterlichen philosophischen Denkens beleuchtet Grundlagen der mittelalterlichen Zivilisation. Aber dieser erhellende Effekt tritt nur ein, wenn bestimmte Verfahren eingehalten werden: Die Theoreme müssen, soweit es gehen will, im Zusammenhang des mittelalterlichen Lebens gesehen werden. Eine abstrakte Problemgeschichte in der Art der neuscholastischen oder neukantianischen Tradition erbringt das nicht. Die Lebenszusammenhänge müssen *gesucht*, nicht konstruiert werden, aber weithin herrschende Begriffskonstruktionen blenden sie aus. Zu diesen Techniken gehört zum Beispiel die Konzentration auf Fragen der abstrakten Ontologie unter Absehung von Ökonomie, Rechtssphäre und Politik. Ich plädiere dafür, die üblichen Trennungen von Philosophie, Theologie, Rechtsgeschichte und Geschichte der Wissenschaften am einzelnen Objekt, also nicht postulatorisch, aufzuheben. Am einzelnen Objekt, das heißt konkret: die Geschichte der Liebe oder des Geldes erforschen, nach Kunstbegriffen oder nach der Bewertung der Homosexualität fragen: Wie wurden die Tugenden der Heiden bewertet? Waren sie überhaupt Tugenden oder glän-

zende Laster? Wie wirkten sich Theorien über die Ethik der Nichtchristen aus auf die Art, Sarazenen und Juden zu sehen? Wie wurden die Kreuzzüge gerechtfertigt? Gab es bei christlichen Denkern ein Konzept vom Heiligen Krieg? Wir müssen die Geschichte des Sehens, der Tiere und der Leichen studieren. Systembauer sehen das alles als Kuriositäten an; aber hier muß man beharren. Und man darf sich nicht an ihre approbierten Leselisten halten, die so tun, als habe es außer immer denselben Thomas von Aquino, Scotus und Ockham nichts gegeben. Albert studieren, Roger Bacon nicht vernachlässigen, Marsilius von Padua lesen, Dante als praktischen Philosophen auffassen, was er ausdrücklich gefordert hat. Ich habe das in meinem Buch *Das philosophische Denken im Mittelalter* (2Stuttgart 2000) versucht; wer will, kann dort weitere Anregung finden.

Ich versuche, noch etwas deutlicher zu werden. Ich empfehle, die mittelalterlichen philosophisch-theologisch-wissenschaftlichen Texte zu lesen mit dem Ziel, eine allgemeine Einführung in die mittelalterliche Welt zu erhalten. Also zum Beispiel die Wandlungen in der Rolle des Klosters zu erfassen oder die Begriffe von Gnade, von Zeit oder von Licht detailliert, in ihren Entwicklungen, aus den Texten zu ermitteln, sie sich also nicht länger von allgemeinen, in sich vagen Epochenbildern vorgeben zu lassen. Der große Essayist und Philologe Rudolf Borchardt hat das Projekt einer allgemeinen mittelalterlichen Altertumswissenschaft entworfen. Er erwartete von ihr die quellenorientierte Zusammenstellung einiger Grundbegriffe, nicht als ewige Wahrheiten des Mittelalters, sondern als Entwicklungen mitsamt ihrer sozialgeschichtlichen, kirchengeschichtlichen, bildungsgeschichtlichen Funktion. So daß man erführe, was ein Heide und was ein Jude war, was ein Kloster und was eine Kirche, eine Bibliothek und ein Garten, je verschieden für die westlichen Christen des 10., des 12. oder des 15. Jahrhunderts, daß man die mittelalterlichen Lexika benutzen lernte oder die reale Funktion der Bibel, der Logik oder der ethischen Traktate des Seneca abschätzen könnte. Wie wurde politische Herrschaft gedacht? Differenziert nach Jahrhunderten und regionalen bzw. institutionellen Kulturen, z. B. der Kathedralschulen oder der Orden. Mit welchen residualen oder expliziten Konzepten trat man alltäglichen Erfahrungen gegenüber – der Krankheit, dem Sterben, der Sexualität, der Geschlechterdifferenz, dem Geld, den Pflanzen, den Kindern, den Tieren?

Dieser utopische Plan, den das *Lexikon des Mittelalters* versäumt, den hingegen das *Dictionnaire raisonné de l'occident médiéval*, Paris 1999, von Jacques Le Goff und Jean-Claude Schmitt, anfangsweise verwirklicht hat, ergäbe ein Repertorium mittelalterlicher Denkformen, Deutungsmuster, historischer Universalien. Damit meine ich nicht starre Kategorien der mittelalterlichen Welt, sondern Stichwörter für textnahe genetische Analysen, also etwa: Armut, Stadt, Gesetz, Laie, Hexe, Steine, aber auch Zinsen, Arbeit und Abtreibung, Verhältnis zu Juden und Muslimen, Förderung oder Hemmung empirischer Erforschung der Natur und der Geschichte. Menschen erfahren auch den Alltag mit Hilfe von imaginären und intellektuellen Formen, die sie nicht selbst geschaffen haben; sie sehen mit den Augen der Toten; sie denken mit den Konzepten ihrer Lehrer und Lehrerslehrer; sie ordnen und bewerten ihre Erfahrungen innerhalb sprachlicher und konzeptioneller Einheiten, die nichts anderes sind als die erstarrten Denkbäche der Vergangenheiten. Diese Auffassungsweisen, geschichtliche Universalien, waren in der historischen Welt, auch im Mittelalter, immer schon mannigfaltig und widersprüchlich, daher in geschichtlicher Bewegung, und erlaubten somit ein gewisses Spiel der Umschichtung und Korrektur. Dieses Spiel, dieses Umräumen, Ausbessern und Neubilden, das ist die Geschichte des Denkens – wenn man es nicht schulmäßig verdünnt darstellt, indem man es rein als Theorie stilisiert, was es nie gewesen ist. Das Denken gründet geschichtliche Arten der Weltauffassung und lenkt insofern das konkrete Leben, indem es etwa zu Rechtskonzeptionen, Naturbildern oder dogmatischen Formeln führt, die ihrerseits eine gemeinschaftsbildende und gruppenabgrenzende Funktion haben, deren Aufkündigung in der mittelalterlichen Welt Krieg bedeuten konnte. Wie die Frage nach dem Kelch für Laien beim Abendmahl – ich denke an die Hussiten – zu einem militärisch-politischen Problem auswachsen konnte, das wäre eine Aufgabe für die mittelalterliche Altertumswissenschaft. Ich studiere die Geschichte der mittelalterlichen Philosophie-Theologie-Wissenschaft nicht, um sie auf abstrakte Konstrukte zu beziehen, wie die sog. Hauptthemen der abendländischen Metaphysik, sondern um mittelalterliche Lebenssituationen, Dichtungen und Kunstwerke in ihrer konkreten Konstellation zu begreifen. Sollte dies gelingen, nähern wir uns den Entstehungs- und Lebensbedingungen der neuzeitlichen und der gegenwärtigen Welt. Das Zeitalter der Entdeckungen, die Astronomie des Kopernikus, die Kunst des italienischen 15. Jahrhunderts, die humanistische Pädagogik und die Reformation – dies alles setzte Entwicklungen voraus, die zwischen 1100 und 1500 vonstatten gingen; sie wären ohne die Einwirkung philosophischer Konzepte von Leben und Wissen nicht möglich gewesen. Diese Entwicklungen verliefen im lateinischen Westen charakteristisch anders als im griechischen Osten oder in der islamischen Welt. Insofern ist das Studium mittelalterlicher Wissensformen ein Beitrag zur Erfassung der europäischen Identität.

Diese Einsicht wird aber nur gewonnen, wenn wir zunächst den theoretischen Anspruch und den argumentativen Aufwand, der, de facto, besonders im Mittelalter getrieben worden ist, korrekt nachvollziehen. Und bei dessen Kompliziertheit muß es immer Einzeluntersuchungen geben, die den Lebensbezug und den weiteren Fortgang der Geschichte methodisch abblenden. Insofern gibt es keine einheitliche Methode für alle Themen. Das Projekt einer „mittelalterlichen Altertumswissenschaft" kann ein einzelner zwar entwerfen, nicht aber ausführen. Ein einzelner kann nur Proben vorlegen, also die Fruchtbarkeit des Projekts an Beispielen vorführen.[2] Vorausgesetzt ist, daß er als Philosophiehistoriker Historiker ist. Übrigens zeigt die in Florenz, Lausanne und Fribourg konzentrierte Gruppe *Micrologus* im Detail, was auf diesem Wege gewonnen werden kann.

3. Und doch: Ein Historiker des Denkens beginnt, meine ich, mit philosophischen Fragen, und er endet mit philosophischen Fragen, jedenfalls, wenn er nicht nur Handwerker ist. Ich möchte daher noch einige Sätze sagen über den Wahrheitsgewinn, den er von seinen Studien erwartet. Gesucht ist der Ertrag von Einsichten, die über die Erweiterung unserer Kenntnisse vom Mittelalter und seiner Ermöglichung der Neuzeit hinausgehen.

Mit dieser Erwartung gerate ich in Konflikt, wenn nicht mit Gadamer, so doch mit Gadamerianern. Einer von ihnen, Kai Hammermeister, schreibt:

---

[2] Zu diesem Zweck habe ich oben S. 22 den Text über den Blick auf die Sterne aufgenommen. Durchgehend dazu: K. Flasch, Einführung in die Philosophie des Mittelalters, Darmstadt 1987, und öfter. Weitere Beispiele: Philosophie und Krieg, in: K. Flasch, Die geistige Mobilmachung. Die deutschen Intellektuellen und der Erste Weltkrieg, Berlin 2000; vgl. auch: Geistige Mobilmachung 1914 und heute, in diesem Band, S. 299–318. Philosophie im Kerker, in: Tommaso Campanella, Philosophische Gedichte, übersetzt und herausgegeben von Thomas Flasch, mit einem einleitenden Essay von K. Flasch, Poesie – Philosophie – Politik, S. 13–95; Genealogie als Denkform, in: K. Flasch, Vernunft und Vergnügen. Liebesgeschichten aus dem Decameron, München 2002, S. 236–237.

„Wo Kunst oder Geschichte der Strenge der methodischen Erforschung unterworfen werden sollen, da geht ihr wahrheitseröffnendes Potential verloren." Das kann doch nur heißen, daß Kunst oder Geschichte überhaupt nicht mit Methode angegangen werden dürfen, denn Methoden sind nun einmal ihrer Natur nach streng. Ein Kulturwissenschaftler arbeitet *entweder streng* methodisch, oder er arbeitet überhaupt nicht methodisch, was allerdings vorkommt. Welchen Grund hat ein Historiker denn noch, Geschichte zu studieren, das heißt mit Methode zu studieren, wenn dabei ihr „wahrheitseröffnendes Potential" verlorengeht? Diese kleine methodenfeindliche Verzeichnung deutet auf offene Fragen hin: Die Hermeneutik, die Tradition und Vorurteile rehabilitiert hat, wird wohl jedem Platon-Interpreten und jedem Wanderer auf den Gipfeln der „Klassiker" etwas sagen, aber was sagt sie dem Historiker, der die Punischen Kriege oder spätmittelalterliche Stadtverfassungen studiert? Hammermeister redet, als heiße Gadamers Buch: Wahrheit *oder* Methode. Die Frage ist, wie man sieht, noch einmal neu zu stellen: Zu welchem Ende studiere ich Geschichte der mittelalterlichen Philosophie?

Es gibt mehrere Konzeptionen vom Ziel der Arbeit des Historikers der mittelalterlichen Philosophie. Da gibt es erstens das Modell der Aktualisierung. Man greift aus der Fülle mittelalterlicher Theoreme ein bestimmtes heraus und beweist, daß es „aktuell" sei, also ein Gegenwartsproblem löse. Das kann die simple Form annehmen, daß die heilige Hildegard die Gesundheit fördert, die Rolle der Frau stärkt oder ökologische Probleme löst. Man kann Eckhart benutzen, um eine freiere Auffassung des Christentums den in Grundbesitz und Formelkram erstarrten Kirchen einzuhauchen. Etienne Gilson hatte seine eigene, eine höhere Auffassung von Aktualisierung durch Historie; er glaubt zeigen zu können, daß Thomas von Aquino bestimmte Fragen, die durch Heidegger und Sartre aufgeworfen waren, besser beantwortet habe als alle anderen Denker. Die historische Arbeit sollte eine wahre Lösung für Gegenwartsfragen bereitstellen und zugleich Thomas als Klassenprimus empfehlen. Ähnlich kann man mit Anselm, Duns Scotus oder Nikolaus von Kues verfahren. Man hat z. B. argumentiert, mit Hilfe des Cusanus lasse sich die Kirchenspaltung von heute überwinden oder der Dialog mit dem Islam inspirieren.

In einer solchen Zielsetzung der philosophiehistorischen Forschung liegt ein gewisser Reiz: Man zeigt aus Texten, daß im Mittelalter jemand ein Problem gelöst hat, das wir heute haben und an dem sich seitdem die anderen Philosophen aufreiben. Dies gibt der historischen Arbeit an mittelalterlichen Texten einen nicht nur kulturwissenschaftlichen, sondern den eigentlich philosophischen Impuls. Dennoch ist diese Konzeption unhaltbar, und zwar aus mehreren Gründen:

Wer zeigen will, ein mittelalterliches Theorem löse eine Frage, die heute Menschen wirklich haben – also eine, die man ihnen nicht erst aufreden muß –, formuliert in aller Regel das Gegenwartsproblem so allgemein, so abstrakt, daß es seine spezifische Dringlichkeit von heute verliert.

Ferner: Liest man die mittelalterliche Antwort, die als Lösung eines Gegenwartsproblems offeriert wird, z. B. die drei ersten Gottesbeweise des Thomas von Aquino, in ihrem Kontext, dann erweist sie sich regelmäßig als mit anderen Konnotationen verwachsen, die einer vergangenen Welt angehören, z. B. die Argumente des Thomas mit der Physik des Aristoteles. So inkohärent waren die mittelalterlichen Denker nämlich auch wieder nicht, daß sie sich einzelne Theoriestücke entreißen ließen, die dann einen ganz anderen, nämlich den heutigen Fragestand beleuchten könnten. Die Aktualisierung faßt das spezifisch Gegenwärtige nicht scharf auf, und sie nivelliert die geschichtliche Andersheit und Totalität eines gewesenen Denkens. Genau genommen, macht sie den historischen Rückgriff, den sie als Rettung aus Gegenwartsnot darstellt, überflüssig: Wer die Lösung weiß, soll sie entwickeln; dazu braucht er keinen historischen Rückblick, es sei denn als Bildungsstoff und rhetorische Einleitung. Philosophische, theologische, naturwissenschaftliche Theorien der Vergangenheit sind mit so vielen semantischen und axiologischen Prämissen verknüpft, daß ihre Herauslösung aus dem mittelalterlichen Kontext sie um ihre Eigenart bringt; der Historiker sucht Eigenart, nicht Verwendbarkeit. Die Aktualisierer stilisieren das Vergangene zum Retter in der Not; sie empfehlen zum Beispiel den Humanismus des hl. Thomas, erwähnen aber nicht, daß Thomas ausdrücklich die prinzipielle Rechtlosigkeit der Juden gelehrt und die Todesstrafe für Häretiker befürwortet hat, *Summa theologica* II–II, 13, 3. Ich sehe bei Thomas einige humanistische Elemente, aber sie stehen unter Bedingungen, die nicht humanistisch sind. Diese zu verschweigen, ist die Art von Interessenvertretern, nicht von Historikern.

Eine zweite Konzeption der historischen Arbeit am mittelalterlichen Denken kann sich ebenfalls rühmen, ihr Ziel sei die Gegenwart. Martin

Grabmann zum Beispiel, ein bedeutender Handschriftenforscher, sah die Aufgabe darin, die Wahrheit des Thomismus, die er für feststehend ansah, durch historische Belehrung zu stützen und zu klären. Ähnlich konnten Lutheraner das Mittelalter durchsuchen nach Vorläufern der Reformation, nach Zeugen der Wahrheit in einer dunklen Zeit. Pierre Duhem wollte zeigen, daß die Pariser Physiker des 14. Jahrhunderts die Lehren Galileis vorweggenommen und daß Cusanus die Ideen für Leonardo geliefert habe. Hermann Leyh suchte im Mittelalter die Materialisten und Atheisten, und von mir behauptet mancher Einfältige, ich suchte die Anfänge der Aufklärung im Mittelalter.[3] Niemand wird so ungerecht sein zu behaupten, bei dieser Konzeption der philosophiehistorischen Forschung komme nichts heraus. Aber ich teile sie nicht. Sie ist eine andere Art der Aktualisierung: Sie setzt ein als wahr gesetztes System voraus und stützt es, indem es ihm eine große Vergangenheit nachweist. Sie denkt *stofflich* historisch, historisiert aber *sich selbst* nicht. Sie glaubt sich im Besitz übergeschichtlicher Wahrheit und wendet sich von dieser Warte aus der Geschichte zu. Sie weiß, was sie im Meer der geschichtlichen Fakten sucht, und das ist ihr Vorzug, aber sie weiß nicht, warum sie sucht, es sei denn zur Apologie oder zur Ausschmückung einer besessenen zeitüberlegenen Wahrheit. Sie sucht Exempel, nicht Wahrheit in der Geschichte. Die Wahrheit glaubt sie schon zu haben, ohne Geschichte.

Ich suche Wahrheit in der Geschichte. Aber ich muß erklären, was das heißt. Welches philosophische Ziel hätte dann die historische Arbeit am Mittelalter?

Sie gälte dem Mittelalter als einer anderen Welt. Natürlich ist nichts Historische nur anders. Die Menschen haben gedacht, wie auch wir denken, aber sie haben auf ihre, ihre untereinander unterschiedliche, Art gedacht wie wir auf unsere, ebenso in sich unterschiedliche Art denken. Sie können keines unserer Probleme lösen, weder die theoretischen noch die praktischen, denn unsere Probleme sind verflochten mit dem gesamten gegenwärtigen Weltzustand, wie *ihre* Probleme mit *ihrer* Entwicklungsstufe zusammenhingen. Da ist nichts zu übernehmen, gar nichts. Wer übernimmt, entstellt. Es gibt produktive Entstellungen, bei Künstlern wie bei Philosophen. Wittgenstein und Heidegger haben beide Augustin

---

[3] Was ich darüber denke, steht in: K. Flasch – U. R. Jeck, (Hg.), Das Licht der Vernunft. Die Anfänge der Aufklärung im Mittelalter, München 1997.

entstellt, aber produktiv. Produktives Entstellen ist nicht verboten, aber es ist kein historisches Programm. Der Historiker, auch der Historiker des philosophischen Denkens, anerkennt fremdes Denken als Denken, aber er lässt es fremd vor sich stehen. Er charakterisiert, er analysiert Dependenzen, aber er übernimmt nichts. Ich glaube nicht, daß man Lutheraner sein muß, um Luther historisch zu charakterisieren; ich glaube, daß Nicht-Lutheraner das besser machen, wie auch die Geschichte Alt-Ägyptens in der Hand von Nicht-Ägyptern recht gut aufgehoben ist. Es war immerhin Dilthey, der, sogar im Blick auf Harnack, geurteilt hat, Theologen könnten keine Geschichte der Dogmen schreiben. Der Historiker des mittelalterlichen Denkens, der kein mittelalterliches Theorem übernimmt, rekonstruiert dessen argumentativen Gehalt und geschichtlichen Kontext. Er denkt also mit, aber er denkt unter den Bedingungen des historischen Bewußtseins; er weiß, daß er *seiner* Zeit angehört, nicht dem Mittelalter. Er bewertet, aber unter historischen Bedingungen, er wird also feststellen, *ein* Denker habe konsequenter als ein anderer die Traditionsmasse durchdacht, er habe ihr markantere Motive abgewonnen, vielleicht denkend abgetrotzt. Ein Historiker braucht Maßstäbe der Größe und der Bedeutung, denn er muß wissen, wem er warum ein eigenes Kapitel widmet und wen er nur eben erwähnt. Aber diese Maßstäbe muß er *ermitteln,* nicht aus einer überzeitlich geltenden Philosophie ableiten, nicht nach der Annäherung an einen einzelnen historischen Knotenpunkt, heiße er Thomas von Aquino oder Kant, ablesen.

Das mittelalterliche Denken war wesentlich mehr an der Antike orientiert als in der üblichen Historiographie, zum Beispiel bei Gilson, nachvollzogen wird, ein konkreter Maßstab ergibt sich aus der Art der Verwendung des antiken Erbes. Wer hat es schärfer aufgefaßt, wer hat es produktiver genutzt, wer hat es wesentlich erweitert oder einfallsreich korrigiert? Der Historiker, der mitdenkt, wird einzelne Argumente als mehr oder minder kohärent bewerten; er wird zu sagen versuchen, was ein Theorem an damaliger Welt zu denken gestattet hat. Er wird sich den Nutzen von Kompromissen und Inkohärenzen begreiflich machen; er wird nachsichtig sein, denn es war im Mittelalter schwerer als für uns, Traditionsströme zu unterscheiden, wenn man etwa den proklischen *Liber de causis* als Inbegriff der Metaphysik des Aristoteles oder Dionysius Areopagita als Vermittler der Geheimlehre des Apostels Paulus las.

Ich studiere die mittelalterliche Philosophie, um mir einen differenzierten Begriff zu verschaffen, was theoretisches Denken in einer geschichtlichen Welt vermag. Ich nehme an, alles Denken sei Denken in einer geschichtlichen Welt. Das Denken bildet sie nicht ab; es steht in ihr ihr gegenüber, und es kommt aus einer Vergangenheit, die es sowohl ermöglicht wie begrenzt. Das Denken kann diese vorgegebene Welt in Teilen, nie ganz, sowohl annehmen wie ablehnen, sowohl verengen wie erweitern. Das Denken zehrt von denkgeschichtlichen wie von anderen geschichtlichen Vorgaben. Aber es weiß dies. Es weiß es in verschiedener Deutlichkeit und Erfahrungsbreite. Nie kann es alle seine Prämissen und Implikationen vollständig in den Lichtkegel seiner historisch belehrten Reflexion bringen; das hat Gadamer einleuchtend gezeigt. Ich studiere die Geschichte der älteren Philosophie, um dieses Wissen vom Geschichtsbezug des Denkens zu sichern und zu konkretisieren, denn in dieser allgemeinen Form ist es nur die Negation der äternistischen Verblasenheit. Das Ziel der Befassung mit dem Denken des Mittelalters kann nicht die direkte Fortsetzung der Themen und Thesen oder der Argumentationsformen der mittelalterlichen Denker sein, sondern die Selbsterforschung des Denkens, das sich von sich selbst und von seiner Geschichtsgebundenheit eine geschichtliche Anschauung verschafft, auf sich selbst zurückkommt und seine Selbsterkenntnis, damit sie nicht leer bleibe, in die Erforschung des Gewesenen, aus dem es herkommt, transformiert. Insofern führt die mitdenkende Erforschung der Vergangenheit in die Gegenwart zurück. Daher muß sie auch begleitet sein von einer Analyse der Funktionen, die mittelalterliche Themen, Personen und Formen in unserer Gegenwart ausüben, warum überhaupt nach ihnen gefragt wird und wie sie für Gegenwartsbedürfnisse präpariert werden. Es gibt einige informative und anschauliche Beispiele für dieses Zurückkommen aus dem Mittelalter in die Gegenwart, ohne Aktualisierung. Genannt seien die Studien von Peter Wapnewski über das Nibelungenlied oder die schöne Studie von Wolfgang Ullrich, *Uta von Naumburg*, Berlin 1998. Ein lehrreiches Beispiel bietet auch der Bamberger Reiter: Wir mögen ihn so direkt wahrnehmen und so „unmittelbar" betroffen sein wie immer, es steht zwischen ihm und uns eine lange Rezeptionsgeschichte. Wir *beschaffen* uns Wahrnehmungen, und so lesen wir auch bestimmte mittelalterliche Bücher und lassen andere im Staub der Bibliotheken ruhen. Dabei leiten uns traditionelle Muster, die wir erst in einem weiteren Stadium kritisch untersuchen können.

Das Auf-sich-Zurückkommen, das ist das traditionell Philosophische. Das Hinausgehen in den Reichtum geschichtlicher Empirie ist das Historische. Der Historiker des Denkens, der über sich nachdenkt, unternimmt den Versuch, beide Bewegungen zugleich zu machen. Er bildet einen anderen Typus von Philosophie, aber keinen bloß imaginären; er hat in Lorenzo Valla und Erasmus, in Bayle, Muratori und Vico, in Passagen bei Hegel und Nietzsche, bei Dilthey und Foucault seine real, das heißt: in Andersheit existierenden Modelle. Dies konkret auszuführen, wäre nötig und ist möglich. Aber fürs erste mag das holzschnittartig Gesagte genügen.

## ÜBER CUSANUS SCHREIBEN

Wer über Cusanus schreibt, hat mehrere Aufgaben gleichzeitig zu lösen. Er muß das Vergangene vergangen sein lassen. Er selbst muß in seiner Gegenwart leben und ihre Sprache sprechen. Je genauer er das Vergangene sieht, um so mehr Unterschiede zeigen sich. Die Vergangenheit bewegt sich also noch. Die Gegenwart des Schreibenden steht auch nicht still, während das geschriebene, gar das gedruckte Wort unbeweglich dasteht. Daraus ergeben sich eine Reihe von Unbequemlichkeiten. Es ist nicht so, als stünde der heutige Cusanusspezialist dem Cusanus direkt gegenüber, sozusagen von Mann zu Mann. Die Sache liegt komplizierter und spannungsreicher. Es lohnt sich, diese verzwickte Lage einmal näher anzusehen, also nicht nur direkt über Cusanus zu reden, sondern über das *Schreiben über* Cusanus. Dies ergibt Hinweise für das Lesen von Cusanusbüchern. Was darin im „objektiven" Tonfall über Cusanus geschrieben steht, tritt in neue Beleuchtung. Die Reflexion auf die subjektive Seite verdeutlicht die Stelle, die ein einzelnes Cusanusbuch zwischen anderen Cusanusstudien und in der Reihe früherer Cusanusarbeiten einnimmt. Ich habe in immer neuen Anläufen daran gearbeitet, sein Denken klarzumachen – zunächst mir und dann auch meinen Lesern. Hier möchte ich einmal von der lebendigen Bewegung reden, aus der die tot dastehenden Buchstaben hervorgegangen sind. Ich stelle also in Kürze mein gesamtes Cusanus-Projekt genetisch vor, charakterisiere seine Eigenart und grenze es ab gegen Mißverständnisse und gegen andere Ansätze. Ich placiere es chronologisch und berichte aus der Forschungs- und Rezeptionsgeschichte. Die Art, wie es aufgenommen worden ist, offenbart die Verwertungsinteressen, die sich an Cusanus heften; sie zeigt die Denkbahnen, in denen er in den letzten Jahrzehnten präsentiert wurde. Es geht um den Ort, den er in der Gegenwart einnimmt und um Einsicht in Denkweisen und Interessen der Gegenwart, die sich um ihn bemüht.

## Auslegungssituation

Wer über Cusanus schreibt, ist niemals mit ihm allein. Er tritt ein in eine Auslegungssituation. Er muß sich um Textausgaben kümmern und die Diskussionen kennenlernen, die es um Cusanus bereits gibt. Ich habe meine Cusanusstudien in der ersten Hälfte der fünfziger Jahre begonnen, in Frankfurt bei Johannes Hirschberger, der Cusanus primär als Repräsentanten der platonischen Tradition las. Er hat mich früh auf Raymond Klibansky aufmerksam gemacht, der 1932 die kritische Ausgabe der Werke des Cusanus begonnen und 1939 mit Blick auf Cusanus die Kontinuität der platonischen Tradition herausgearbeitet hatte. 1964 habe ich Klibansky gut kennengelernt; wir haben uns seitdem immer wieder getroffen; ich durfte 1994 im Hamburger Rathaus die Laudatio auf ihn halten, als er den Lessingpreis der Hansestadt bekam. Die Rede, die im Druck vorliegt, erzählt etwas von der fachlichen Bedeutung und persönlichen Faszination von Raymond Klibansky, der mehr noch als Hirschberger mein erster Lehrer bezüglich des Cusanus wurde. Der Sache nach hieß das: Der Weg zu Cusanus führte über das Studium Platons und Proklos'. Cusanus war für Klibansky wie für Hirschberger nicht in erster Linie ein Kirchenmann, sondern der Repräsentant der platonisch-neuplatonischen Überlieferung. Schon gar nicht war ihnen Cusanus der urdeutsche Denker, den angepaßte Professoren hervorholten, als sie nach 1933 das Deutsche in der deutschen Philosophie suchten. Sie sahen ihn weder in einem theologisch-dogmatischen noch in einem deutsch-nationalen Kontext; sie lasen ihn als europäischen Denker. Hirschberger, gestützt auf Ernst Hoffmann, und Klibansky glaubten niemals an die Legende, Cusanus sei „vergessen" gewesen; sie sahen ihn als Station des europäischen Denkens auf dem Weg von Plato über Plotin und Proklos zu Lessing und Hegel.

Dies war der Ausgangspunkt. Unter diesen Voraussetzungen habe ich mir im Januar 1962 vorgenommen, über Cusanus zu schreiben. Aber die Situation komplizierte sich, aus mehreren Gründen. Zunächst war die Textbasis zu klären. Die große Ausgabe der Werke des Cusanus kam langsam voran. Die Emigration von Klibansky und der Krieg hatten sie ins Stocken gebracht; selbst ein so wichtiges Werk wie *De coniecturis* war noch nicht kritisch ediert. Wegen dieser Schrift trat ich in Verbindung zu Josef Koch, der mir seine noch ungedruckte Neufassung des Textes zugänglich machte; für das Gesamtwerk des Cusanus war man immer noch auf die Pariser Ausgabe von 1514 angewiesen. Nun begann um diese Zeit der Boom der photomechanischen Nachdrucke. Ich wurde 1962 der wissenschaftliche Leiter der Nachdrucke der Frankfurter Firma Minerva. Mit dieser Autorität habe ich sofort die drei Bände der alten Pariser Ausgabe zum Drucker getragen und damit für mich und viele andere die Grundlage weiterer Studien geschaffen, denn die kritische Ausgabe ist selbst heute noch nicht abgeschlossen. Gleichzeitig ließ ich eine Reihe von Proklos-Texten nachdrucken, seinen Kommentar zum platonischen *Parmenides* und die *Theologia Platonica* in der Ausgabe von Hamburg 1618.

Das Textproblem war damit wenigstens vorläufig gelöst; aber es gab andere Komplikationen. Zunächst war es diese: Beim Lesen der Werke des Cusanus bestätigte sich zwar die Ansicht, Cusanus komme von der platonisch-neuplatonischen Tradition her, aber Cusanus, ein eigenwilliger Kopf, war mehr als nur der Repräsentant einer Strömung. War es überhaupt richtig, beim Studium eines Denkers auf Wiedererkennungserlebnisse auszugehen? Welches Interesse hat es zu beweisen, Cusanus habe etwas gelehrt, was andere *auch schon* oder *auch noch* gesagt haben? Gerät dabei nicht die Originalität seines Denkens aus dem Blick?

## *Koinzidenz*

Zudem gab es manche Elemente im Werk des Cusanus, die in die platonisch-neuplatonische Tradition nicht so recht passen wollten. Da waren zum Beispiel die theologischen Motive der Trinität und der Inkarnation. Da war sein Programm einer rein quantitativ-messenden Naturforschung. Und dann war da vor allem seine regionale Einschränkung des Prinzips vom zu vermeidenden Widerspruch. Diesen Affront gegen fast die gesamte philosophische Tradition umgingen meine Lehrer. Nun hatte aber Cusanus selbst erklärt, die Koinzidenz der Gegensätze und der Widersprüche sei seit 1440 sein Hauptthema gewesen. Die traditionsbetonten Auslegungen rückten dieses Cusanus-Thema an den Rand. Theologen und neuscholastische Philosophen schwächten es ab – als sei die Koinzidenz ein Privileg Gottes, in dem widerstrebende Eigenschaften wie Gerechtigkeit und Barmherzigkeit unbegreiflicherweise zusammenfielen. Cusanus hingegen dachte die Koinzidenz als ein Verfahren zur Weltbetrachtung überhaupt. Er hat sie nicht nur auf entgegenstehende

Eigenschaften Gottes, sondern auf widersprechende Sätze bezogen. Er hat ausgesprochen, daß er dadurch in Konflikt geriet mit fast der gesamten bisherigen Philosophie. Nicht, als habe er durch Beseitigung der Philosophie Platz schaffen wollen für seinen Christenglauben. Er wollte einen philosophischen Ausweg entwickeln aus der Befangenheit fast aller bisherigen Philosophen. Dies sollte vor allem die Schrift *De coniecturis* leisten, die deshalb als drittes Hauptwerk – nach der Konzilsschrift *De concordantia catholica* und nach *De docta ignorantia* – anzusehen ist, aber in den Cusanusauslegungen – außer bei Josef Koch – nicht die entscheidende Rolle spielte, die ihr objektiv zukommt. Nun ist *De coniecturis* ein schwieriger Text, und es ist amüsant zu sehen, wie Cusanusdeuter, die kein genuin philosophisches Interesse entwickeln, mit ihm umgehen: Sie ignorieren das Buch, oder sie picken das eine oder andere Dictum heraus, das ihren Katechismen stofflich zu entsprechen scheint, das aber bei Cusanus in *dessen* argumentativem Zusammenhang steht und *dort* aufzusuchen wäre. Cusanus hat selbst gesehen, daß er mit *De coniecturis* (um 1442) seinen Lesern viel zumutete und hat eine Kurzfassung seiner Koinzidenzphilosophie vorgelegt mit der kleinen Schrift *De beryllo* (1458). Diese beiden Texte rückten immer mehr in den Mittelpunkt meiner Cusanusarbeit. Wer Cusanus primär oder ausschließlich von *De docta ignorantia* her auslegt, muß notwendigerweise ein anderes Cusanusbild entwerfen als ich.

Andere Komplikationen ergaben sich dadurch, daß ich schon früh, spätestens 1964, alle wichtigeren Cusanusinterpreten Deutschlands, Italiens und Frankreichs persönlich kennenlernte: Maurice de Gandillac, Giovanni Santinello, Hans-Georg Gadamer und Karl-Heinz Volkmann-Schluck. In enge Berührung kam ich mit Rudolf Haubst; gemeinsame Mainzer Bekannte hatten uns früh zusammengeführt; ich habe mit Haubst manche Flasche Wein getrunken. Mein Lehrer Hirschberger wiederum war damals noch befreundet mit Paul Wilpert; sie kannten sich von ihrem gemeinsamen Studium in München her. Wilpert hat die Schrift des Cusanus, *Die Jagd nach der Weisheit,* gelehrt kommentiert. Davon haben alle Cusanusspezialisten profitiert, aber ich durfte Wilperts Jagd in einem buchstäblicheren Sinn genießen: Wilpert war Hauslehrer gewesen im Hause der Wittelsbacher und ist noch um 1960 mit ihnen auf die Jagd gegangen oder hat von ihrer Jagdbeute seinen Teil bekommen. Dieser Anteil war so reichlich bemessen, daß er Hirschfilets an seinen Freund Hirschberger, aber auch an mich, weitergegeben hat.

Diese Kontakte hätten die reine Freude und eine wunderbare Anregung bedeuten können, aber die Herren waren untereinander nicht einig. Ich habe versucht, aus ihren Konflikten zu lernen. Ich nehme zwei Extrempositionen heraus, um das zu zeigen.

Da war der katholische Dogmatikprofessor Rudolf Haubst mit seinem Institut für Cusanusforschung in Mainz. Er hat zweifellos um die Cusanusforschung große Verdienste, vor allem als Organisator. Er hat eine Reihe von Themen in den Vordergrund gerückt, Trinität und Inkarnation, die zwar in der Cusanusdeutung des 19. Jahrhunderts (vor allem bei Francesco Fiorentino, aber auch bei Franz Anton Scharpff) bereits eine große Rolle gespielt hatten, die aber in der neukantianischen Linie zurückgetreten waren. Er hat einige Quellenbezüge entdeckt und die *Sermones* herausgegeben. Niemand wird von ihm geringsprechen. Aber sein Verfahren leuchtete mir nicht ein. Er hatte feste Bezugspunkte seiner kirchlichen Dogmatik im Hintergrund und suchte in Cusanus dazu passende Stellen. Er wollte beweisen, daß Cusanus nach den dogmatischen Konzepten der fünfziger Jahre ein korrekter Theologe gewesen sei. Er mußte die Verdächtigungen zurückweisen, denen bis dahin Cusanus von thomistisch geschulten Theologen regelmäßig ausgesetzt war. Die Cusanuskritik der Neuscholastiker ist heute fast vergessen, zu Unrecht. Sie hatten argumentiert, die Kritik des Cusanus am Widerspruchsprinzip zerstöre alle Wissenschaft. Außerdem sei er Pantheist und maße sich an, mit der Vernunft die Glaubensgeheimnisse zu erkennen. Er trenne nicht sauber genug Natur und Übernatur, Vernunft und Glauben. Haubst setzte diesen Einwänden entgegen, Cusanus habe über die Trinität und die Inkarnation so ähnlich gedacht wie das Konzil von Trient.

Auf der anderen Seite des Spektrums der Cusanusdeutung stand der Kölner Philosophieprofessor Volkmann-Schluck, ein Gadamer-Schüler. Auch ihn habe ich gut gekannt. Er war diskussionsbereit und umgänglich, aber mit ihm konnte ich noch weniger einig werden als mit dem derbgläubigen Haubst. Er fixierte seine Auslegung auf die Differenz der Epochen Mittelalter–Neuzeit. Volkmann-Schluck hat manche Einzelinterpretation vorgelegt, die philosophisch bedeutend ist. Aber seine Methodik schien mir insgesamt ungeeignet für einen geschichtlichen Gegenstand. Und das Denken des Cusanus ist schließlich ein historischer Gegenstand. Volkmann-Schluck fand bei Cusanus das, was er bei Heidegger gelesen hatte. Es sei Cusanus um das Sein des Seienden gegangen, hieß es bei ihm. Damit sicherte er Cusanus in den sechziger Jahren eine gewisse Aktualität. Aber nur bei Heideggerianern. Und am Problem, das die Koinzidenz der Widersprüche mit sich bringt, ist er ebenso vorbeigegangen wie Haubst.

## Entstehung eines Projekts

Ich zog aus dieser zerrissenen Situation der Cusanusdeutung folgenden Schluß: Gruppen, Schulen, Parteien, Konfessionsgemeinschaften suchen sich ihre Hausgötter. Sie brauchen Identifikationsfiguren. Standpunktgenossenschaften fixieren ihre Leitfiguren auf *einen* Standpunkt. Denken ist aber, Cusanus zufolge und in Wahrheit, nicht das Haben eines Standpunkts, sondern die Einheit von Ruhe und Bewegung. Wer, von dieser Bemerkung des Cusanus in der *Apologia* angeregt, Cusanus studiert, findet ihn als einen Denker, der sich denkend bewegt, also gerade nicht auf einem Standpunkt stehengeblieben ist. Cusanus ist denkend er selbst geblieben, indem er sich bewegt hat, bewegt im Raum (von Kues nach Todi) und in der Zeit. Daher kam es darauf an, den Zeitstrom sichtbar zu machen und zu zeigen, wie verschieden die Welt zu Beginn und zu Ende seines Jahrhunderts aussah. Wenn wir die Jahre ins Auge fassen, in denen das Denken des Cusanus dokumentiert ist, also von 1430 bis 1464, springt die geschichtliche Dynamik dieser Jahrzehnte ins Auge. In diesen Jahren erneuerte sich Europas wirtschaftliche, demographische und technisch-organisatorische Energie; der Konziliarismus trat in seine wirksamste Phase und unterlag kurz darauf; Gutenbergs Erfindung begann ihren Siegeszug durch Europa; die Türken eroberten Byzanz; die Nationalstaaten konsolidierten sich; die humanistische Bewegung setzte sich in Rom durch bis in die obersten Spitzen der Hierarchie. Mit all diesen Entwicklungen hatte Cusanus zu tun: Sollte sein Denken damit nichts zu tun haben? Diese geschichtliche Bewegtheit im reinen Element der philosophischen Theorie war sichtbar zu machen, statt Cusanus für eine bestimmte Rezipientengruppe auf einen Standpunkt zu fixieren. Nur so war Cusanus für ein neues, ein neugieriges Publikum von heute zum Sprechen zu bringen. Ich betonte seine Zugehörigkeit zu einer versunkenen Welt, wollte ihn aber in seiner geschichtlichen Eigenform in die allgemeine Diskussion einführen. Das ist bei Naturphilosophen und Historikern der Naturauffassung gelungen (Klaus Meyer-Abich; Alfred Gierer), auch Peter Sloterdijk bezieht sich in den *Sphären* auf meine Cusanusstudien.

Aber es gab weitere Komplikationen. Ich habe in Frankfurt Philosophie studiert bei Horkheimer, Adorno und Wolfgang Cramer; aber ich habe mit gleicher Leidenschaft Geschichte studiert bei bedeutenden Historikern wie Mathias Gelzer, Hermann Strasburger, Paul Kirn, Walter Kienast und Otto Vossler. Welche Rolle konnte beim Studium des Cusanus die erlernte historische Arbeitsweise spielen? Ließ sich ein Zusammenhang zeigen zwischen der geschichtlichen Aktion des Kardinals und seiner Philosophie? Kam man über den Gemeinplatz hinaus, Cusanus habe mit seiner kirchenpolitischen Tätigkeit wie in seinem Denken die *Einheit* gesucht? Das mochte wahr sein, war aber für jeden Historiker eine zu vage Auskunft. Sie schien fast so wertlos wie der populäre Spruch, Cusanus stehe zwischen Mittelalter und Neuzeit. Um weiterzukommen, benötigte man die bis heute beste Cusanus-Biographie, die von Edmond Vansteenberghe, *Le Cardinal Nicolas de Cues,* Paris 1920. Daher habe ich sie in Frankfurt nachdrucken lassen, aber mit ihr allein war meine Frage nicht zu beantworten. Vansteenberghe hatte liebevoll die Aktionen des Kardinals rekonstruiert, dessen Philosophie aber heftig angegriffen. Wie alle Neuscholastiker verabscheute er die Koinzidenzlehre als eine Bedrohung jeder Wissenschaft; er fürchtete Mystizismus und Pantheismus. Er fand keine Konkordanz zwischen Theorie und Praxis des Kardinals; er stellte sie unvermittelt nebeneinander. Die meisten anderen Cusanusarbeiten ignorierten das Problem oder begnügten sich mit ungenauen Assoziationen. Als ich 1962 die Arbeit an meinem ersten Cusanusbuch begann, das erst elf Jahre später erschienen ist (*Die Metaphysik des Einen*, Leiden 1973, abgekürzt: Flasch[1]) hatte ich die Absicht, Theorie und Praxis des Cusanus aufeinander zu beziehen, ohne das eine von dem anderen abzuleiten. Aber es gelang mir nicht. Das lag zunächst einmal daran, daß die Urkunden noch nicht veröffentlicht waren, die Cusanus betreffen. Diese wurden erst ab 1976 als *Acta Cusana* von Erich Meuthen herausgegeben. Vielleicht bildete auch die historische Methode, die ich erlernt hatte, nicht die optimale Voraussetzung für mein Thema; ich mußte später erst noch einmal bei den Italienern (Garin, Vasoli) und den Franzosen (Bloch, Febvre, Le Goff und Duby) in die Schule gehen, um die historische Sehweise für die Erforschung kulturhistorischer Phänomene zu erweitern. Bis dahin zog ich mich auf eine innerphilosophische Betrachtungsweise wieder zurück; ich schrieb ein problemgeschichtliches Buch über die *Metaphysik des Einen*. Es zeigt, daß diese Metaphysik eine wirkliche, eine wechselvolle Geschichte hatte; es verfolgt das Erbe der Einheitsphilosophie des Parmenides durch ihre Wechselfälle. Es stellt ihre Umwandlungen bei Platon und Aristoteles in den Mittelpunkt. Vor allem versucht es begreiflich zu machen, warum ihr Cusanus mit der Koinzidenzlehre eine neue, eine theoretisch überaus riskante Wendung geben mußte. Dazu war die Geschichte des Problems der Einheit durch das Mittelalter hindurch zu verfolgen. Dessen führende Denker, zum Beispiel Thomas von Aquino und Duns Scotus, hatten sich bei ihrer Metaphysik des Einen in Widersprüche verwickelt, die im Laufe des späten Mittelalters immer rücksichtsloser aufgedeckt wurden. Die großen Scholastiker waren z. B. nicht zurechtgekommen mit der Frage, ob bei der göttlichen Einheit sachbegründete Distinktionen angebracht seien oder nicht. Auch ihre Annahme eines realen Universale als der Einheit vieler hatte zu dem Ergebnis geführt, ein reales Allgemeines sei ein Widerspruch in sich. Cusanus anerkannte diesen status quaestionis als Ausgangspunkt und suchte zu einer Lösung zu kommen, indem er die neuplatonische Unterscheidung von Verstand (ratio) und Vernunft (intellectus) aktualisierte. Diese Analyse konnte er erst nach erneutem Proklosstudium in *De coniecturis* durchführen. Sie fehlt noch in *De docta ignorantia*. Dies hat Josef Koch als erster nachgewiesen; ich bin ihm zaghaft in meinem ersten, konsequenter in meinem zweiten Cusanusbuch (*Nikolaus von Kues. Geschichte einer Entwicklung,* Frankfurt a. M. 1998, abgekürzt: Flasch[2]) gefolgt. Dadurch wurde *De coniecturis* zum Schlüsseltext. Wenn ich nun behauptete, in *De docta ignorantia* komme das Wort „intellectualiter" nicht vor (Flasch[2], S. 152), dann bezog sich das, wie der Zusammenhang beweist, auf seine *terminologische* Verwendung, wie sie *De coniecturis* breit entfaltet und wie Cusanus sie für die Folgezeit beibehalten hat. Der interne Bezug dieser systematischen Unterscheidung von Verstand und Vernunft auf die spätscholastische Diskussion bildete, schien mir, der geschichtliche Ort des Cusanischen Koinzidenzkonzepts. Das Denken des Cusanus *geschichtlich* betrachten, das heißt doch zumindest: die Frage stellen, welche der damals wichtigen ungelösten Fragen er mit seiner Neuerung glaubte lösen zu können. Die Koinzidenzlehre auf der Stufe von *De coniecturis* sagt dazu: Der Verstand muß bei der Suche nach lebendiger Einheit (Universale, Geist, absolute Einheit) in Widersprüchen enden, aber dies ist für die Vernunft nicht nur plausibel und zu erwarten, sondern sie weiß, warum es *notwendig* so sein muß. Die Koinzidenzlehre erklärt philosophisch, warum die Scholastiker scheitern mußten, wenn sie vom realen Universale, von Geist, Gott und Universum sprachen. Die Philosophie des Cusanus *geschichtlich* begreifen, das heißt zunächst einmal, sie als Metatheorie zum *Scheitern der Scholastiker* zu sehen. Im Denken des Cusanus nimmt die Menschheit heiter Abschied vom Denken der Scholastik.

Gegenüber allen Versuchen, Cusanus wieder an die Scholastik anzugleichen, sind folgende Grundzüge herauszustellen, in denen er sich von der typischen Universitätswissenschaft nicht nur unterscheidet, sondern kritisch distanziert:

– Er bezog Position in den politisch-kirchenpolitischen Fragen des 15. Jahrhunderts, zunächst für den Konziliarismus, für den Abbau des Papalismus, für Reichsreform, später für die Papstmonarchie, aber mit Betonung der Reform als Aufgabe.

– Er kritisierte die Scholastik wegen ihrer Kompliziertheit und wegen ihres Verbalismus, der zu einem Übermaß von Distinktionen und logischen Finessen geführt habe. Sie habe den Ursprung unserer Begriffe im Verstand und das Hervorgehen des Verstandes aus der Vernunft nicht zum Thema gemacht. Sie habe sich ferngehalten vom Leben, von den Laien und ihren künstlerisch-technischen Neuerungen. Sie habe den Traditionshorizont verengt und sei zudem noch bei ihrer Wahl von Autoritäten einseitig verfahren und habe das Denken auf entwürdigende Weise ihren Autoritäten untergeordnet.

– Sie konnte dem Bedürfnis der Zeit nach präziserer Naturforschung und Naturbeherrschung kein Programm schreiben. Gegenüber ihrer abstrakten Naturphilosophie entwirft er ein Programm a) rein quantitativer Naturforschung mit praktischen Konsequenzen, vor allem für die Medizin; b) für eine Theorie der Natur, die Naturgegenstände analysiert als Knotenpunkte rhythmischer Wechseldurchdringung gegensätzlicher Bestimmungen.

– Ihr Objektivismus, schon aus theoretischen Gründen zu kritisieren, weil er Verstand und Vernunft nicht richtig analysiert, führt zu einem Wahrheitskonzept schematischer Verallgemeinerung mit seinen administrativen, kirchenpolitischen und didaktischen Folgen der antiindividuellen Einengung. Er steht im Konflikt mit der zunehmenden Individualisierung und Subjektivierung immer breiter werdender städtischer und höfischer Volksschichten, die sich durch gefühlvolle Identifikation mit dem Leiden Jesu, mit den Schmerzen Mariä oder mit dem Leben des heiligen Franz aus der Trockenheit und Unergiebigkeit der offiziellen Theologie und Philosophie heraushalten, wenn sie sich nicht gar durch quantitative Vermehrung religiöser Praktiken (Wallfahrten, Stiftungen, Reliquien usw.) vor dem Gottesschrecken zu retten suchen, den die spätmittelalterliche Theologie durch Reprisen der Gnadenlehre des späten Augustin verbreitet hat. Cusanus stellt dem sein Programm einer je individuellen Vergegenwärtigung des allgegenwärtigen Gottes entgegen: Sein Gott macht intellektuell-ethische Selbsttätigkeit zur Bedingung dafür, daß er bei den Menschen ist. Cusanus widerspricht dem streng-augustinischen Gnadenkonzept. Er greift auf dem theoretischen Niveau seiner Koinzidenzlehre Motive der devotio moderna und der sog. „Mystik" auf. Diese waren im 14. und 15. Jahrhundert einem realen Bedürfnis besonders der Laien entsprungen, und die typisch „scholastische" Theologie-Philosophie hatte das ignoriert. Es war an der Zeit, die Liebe Gottes nicht als äußeren unvordenklichen Gnadenakt und die christliche Religion nicht als Ritualismus oder Aberglauben zu begreifen, sondern als zunächst individuelle Umkehr zum wahren Guten, als gedankliche, sittliche, dann auch als soziale und kirchliche Erneuerung, Wiedergeburt, „Bekehrung". Die Zeit konnte ihre stärksten Tendenzen nur dann zugleich mit ihrer religiösen Substanz entfalten, wenn sie einen Gott denken durfte, der bewegt, indem er zur autonomen Selbstbewegung bewegt, der also intellektuelle und sittliche Autonomie zur Bedingung seiner Zuwendung machte.

- Die „Scholastik" bot keine theoretische Hilfe an, um das neu verstärkte Bewußtsein begrifflicher, technischer, handwerklicher und künstlerischer Produktivität gedanklich zu fassen, zu stabilisieren oder gar zu steigern.
- Ihre Konzepte – ich spreche nicht von einzelnen Personen und originellen Außenseitern, denen zuliebe ich besser auf den Begriff der „Scholastik" verzichte – ignorierten in ihrer fachlichen Verschlossenheit die reale Erfahrung anderer Religionen und Konfessionen, besonders des Islam und der Ostkirche. Sie liefen achtlos neben der umfassenden wirtschaftlichen, architektonischen, verwaltungstechnischen, politischen und rechtlichen Veränderung des Lebens des 15. Jahrhunderts her.
- Die nördliche Universitätswissenschaft des 14. und 15. Jahrhunderts war außerstande, die zunächst in Italien sich vollziehende Antikere-

zeption theoretisch zu begleiten. Dieser Prozeß war eher die Wirkung als die Ursache eines gesteigerten Bewußtseins menschlicher Würde und Gestaltungskraft, das neue Kriterien auch für die innere und die äußere Gestaltung der Gemeinwesen (Kirche, Königreiche, Städte) entwickelte. Hans Blumenberg sah die frühe Neuzeit legitimiert, weil sie gegenüber der Allmachtstheologie die menschliche Selbstbehauptung ausgesprochen und gegen theologischen Protest festgehalten habe. Selbst wenn Blumenberg die Präsenz des Tyrannengottes im späten Mittelalter übertrieben und die Lehre von der göttlichen Allmacht korrekturbedürftig zugespitzt hat, so forderten doch die Reprisen der spätaugustinischen Gnadenlehre in einer neugestalteten Menschenwelt dazu heraus, das Gottesbild zu verändern, der menschlichen Tätigkeit und damit auch den Tugenden der Heiden Wert vor Gott anzuerkennen, also den Kampf mit der Gnadenlehre des späten Augustin aufzunehmen, sei es durch Hervorheben der neuplatonisch-frühaugustinischen Motive, sei es – wie bei Erasmus – durch Aufwertung des Origenes gegenüber dem späten Augustin.

All diese Notwendigkeiten seiner Zeit hat Cusanus nicht erfunden, sondern vorgefunden. Was die sog. „Scholastik" um 1430 anbot, konnte all diese Bedürfnisse nicht befriedigen. Sie ging vorbei an dem, was wirklich gebraucht wurde: Lebensnähe, Befreiung vom Autoritarismus, Reform in Reich und Kirche, Weitung des kulturellen Horizonts, Anleitung zur Vergegenständlichung der Naturdinge und gleichzeitig zur Verinnerlichung und Entdeckung der individuellen Eigenheit und Perspektive, Antwort auf den Islam und die kulturelle, die theologisch-philosophische Eigenheit von Byzanz. Ich sage nicht, Cusanus habe all diese Fragen gelöst. Er hat nicht den einzig möglichen Lösungsvorschlag gemacht; Ficino und Erasmus haben andere Akzente gesetzt. Aber Cusanus hat ein Leben lang an den genannten Zeitproblemen gearbeitet. Er hat ein Recht darauf, im Blick auf diese Situationen historisch bewertet zu werden, nicht primär in Hinsicht auf abstrakte Positionen, auf konfessionelle Katechismen, auf Schulmeinungen oder *heutige* Wünsche.

Cusanus hat gegen die „Scholastik" philosophiert und polemisiert. Aber es sind immer wieder Versuche gemacht worden, das Denken der Scholastiker zu revitalisieren. Diese Versuche begannen schon im 15. Jahrhundert; sie fanden im Spanien des 16. Jahrhunderts Fortsetzer und haben auch die deutsche Schulphilosophie bis zur Zeit Kants mitbestimmt. Diese lange Dauer verstärkte den Eindruck, hier habe man so etwas wie eine immerdauernde, eine bleibende Philosophie. Die Päpste haben seit etwa 1850 mit energischer Ideen-, Zensur- und Hochschulpolitik durchgesetzt, daß der Klerus in dieser Denkweise ausgebildet und andere philosophische Ansätze unterdrückt wurden. Katholische Geistliche wurden zu der Vorstellung geleitet, die Scholastik habe es nahezu immer gegeben, Thomas von Aquino sei ihr „Fürst", wie man sagte, nur seien die Menschen dieser an sich fortbestehenden Weisheit davongelaufen. Danach wäre die Scholastik nicht gescheitert; sie habe sich nur in ihrer Verfallszeit zersetzt, ihre Kritiker verwechselten ihren Niedergang mit ihrer Blütezeit, ihr Grundbestand bleibe wahr, nur die moderne Welt habe sich von ihr entfernt. Man müsse zu ihrem wahren Kern zurückkehren, der sich bei Thomas von Aquino finde; damit allein entgehe man der geistigen Wirrnis der neueren Zeit. In diesem Sinne haben die Päpste sich seit Pius IX. geäußert, kategorisch-gebietend bis zu Pius XII., etwas nuancierter, aber in der Sache identisch sprechen Johannes Paul II. und Ratzinger. Nach diesem Maßstab haben sie Lehrbefugnisse erteilt und entzogen. Wenn es gar keinen Zusammenbruch des mittelalterlichen Wissens gegeben hat, wenn die perenne Philosophie seit Thomas von Aquino immer vorhanden war, was sollte man dann mit Cusanus anfangen? Es gab zwei Möglichkeiten, und beide wurden gewählt. Einmal konnte man Cusanus als den Anfang der unheilvollen Moderne verurteilen. Selbst wenn man dabei die Person des Kardinals schonte, seine Lehre wurde verworfen. Das war von 1870 bis etwa 1950 die korrekt-katholische Position. Sie wurde vertreten von Albert Stöckl und Michael Glossner; sie findet sich bei J. Neuner und B. Jansen, und, wie gesagt, bei dem großen Cusanusforscher Edmond Vansteenberghe. Sie trat nicht ohne Argumente auf. Cusanus, hieß es, untergrabe – „wissenszerstörend", „mystizistisch" den Satz vom zu vermeidenden Widerspruch. B. Jansen erklärte noch 1930, die Koinzidenzlehre sei „grotesk", Cusanus habe die logische Schulung gefehlt. Die Thomisten kritisierten, Cusanus unterscheide – „pantheistisch" – Gott nicht korrekt von der Welt, und er gestehe – „rationalistisch" – der Vernunft auf dem Feld der Glaubensinhalte ein zu großes Recht zu. Danach gehörte Cusanus zur Moderne und war abzulehnen. Die Zeit, dachte man, habe dem tradierten Wissen nichts angetan; es sei nur wieder aufzudecken.

Diese Position war anti-modern; sie richtete sich insbesondere gegen Versuche einiger deutschsprachiger katholischer Philosophen, übrigens allesamt Kleriker, die im Anschluß an Schelling, Baader und Hegel eine Erneuerung der christlichen Philosophie versucht hatten, Anton Günther, Johann Sebastian Drey, Johann Adam Möhler, Johannes von Kuhn. Für sie war es wesentlich, daß es von Gott eine philosophische Erkenntnis gebe, und zwar nicht nur ein Wissen von der Einzigkeit Gottes, sondern auch eine Philosophie der Trinität als seiner inneren Lebendigkeit. Einer von ihnen, Johannes von Kuhn, erklärte dieses Kernstück seiner *philosophischen* Theologie:

„Zu sagen, Gott offenbare sich in seinen Werken lediglich als den Einen, nicht als den Dreieinigen, diese schroffe Entgegensetzung der beiden Offenbarungen ist einseitig und unstatthaft." (*Katholische Dogmatik*, Zweiter Band, Tübingen 1857, mein Nachdruck: Frankfurt 1968, S. 501).

Das war in Deutschland bis 1860 die Lehre mehrerer großer Theologen. Sie stand im Widerspruch zu Thomas von Aquino, der eine philosophische Gotteserkenntnis aus Gottes Werken für möglich erklärt, aber mit dem Zusatz, sie führe nur zur Einheit, keineswegs aber zur Dreieinheit Gottes. Demgegenüber wollten deutsche spätidealistische philosophierende Theologen eine Erneuerung der philosophischen Theologie im Geist Anselms und des Cusanus gegen die thomistische Internationale.

In ihrem Kreis ist das Interesse an Nikolaus von Kues um 1830 erwacht; sie haben die erste Monographie über Cusanus (Franz Anton Scharpff, *Der Cardinal und Bischof Nicolaus von Cusa*, Mainz 1843) angeregt. Franz Anton Scharpff veröffentlichte 1862 einen Sechshundert-Seiten-Band mit deutschen Übersetzungen und rief jubelnd aus, beim Lesen des Cusanus werde der Kundige „oft meinen, nicht einen Scholastiker aus dem 15. Jahrhundert, sondern einen deutschen Philosophen der neueren Zeit zu lesen" (S. VI). Er beschäftigte sich mit Cusanus, weil er ihn für den Begründer der neueren Philosophie hielt. Ihm war Cusanus willkommen als Vermittler, der die Grundannahmen der neueren Philosophie vorweggenommen, aber deren Irrtümer, besonders den Pantheismus, vermieden habe.

Die kurial gesteuerte thomistische Reaktion auf diesen Öffnungsversuch herrschte von etwa 1860 bis etwa 1950. Sie marginalisierte Cusanus; die Cusanusforschung ging in die Hände deutscher Philosophen über (R. Falkenberg, Ernst Cassirer, Joachim Ritter). Diese Forscher interessierte an Cusanus primär das Erkenntnisproblem und die Methodenlehre der Naturforschung; Cassirer erforschte – übertreibend – seinen Anteil an der Entstehung der Philosophie der italienischen Renaissance. Ernst Hoffmann und Raymond Klibansky begannen die kritische Ausgabe und bewiesen seine Bedeutung für die Vermittlung des Neuplatonismus an die neuere Philosophie. Sie waren philologisch hervorragend ausgebildet; sie kannten die Texte und dachten nicht daran, den geschichtlichen Hintergrund des Cusanus dadurch zu beschneiden, daß sie seine christlichen Überzeugungen und kirchlichen Funktionen geleugnet hätten. Sie nahmen ihn aber als Philosophen, auch als Philosophen der Trinität. Er komme, schrieb Ernst Hoffmann, bei der Analyse unseres Denkens zu der notwendigen Einsicht, Gott als Relation zu denken.

Und dagegen setzte nach Vorarbeiten von J. Lenz, J. Ranft und vor allem Josef Koch mit Rudolf Haubst, *Das Bild des Einen und Dreieinen Gottes in der Welt nach Nikolaus von Kues,* Trier 1952, eine lebhafte und erfolgreiche Reaktion ein. Jetzt, nach dem „Zusammenbruch", waren Kontinuität und abendländische Tradition angesagt; jetzt wurde Cusanus in Harmonie gesetzt zu Thomas von Aquino, allenfalls noch zu einem als Vorläufer des Thomas interpretierten Albert. Haubst stellte sich vor, das Denken stehe vor der Alternative, das christliche Dogma entweder anzuerkennen, allenfalls „tiefer" zu interpretieren, oder es nach eigenen Ideen *umzuformen.* Er hatte die merkwürdige Befürchtung, „die Vernunft" wolle an die „Stelle des ausgehöhlten Dogmas" treten. Für ihn gab es nichts Wichtigeres als die „Wahrung des Mysteriums" – dessen Genesis jeder ausgebildete Ideenhistoriker ihm leicht hätte erklären können. Unter dieser anfechtbaren Voraussetzung wandte er sich gegen Joachim Ritter, der in der Koinzidenzlehre „das Auslegende" und in der Überlieferung das „Auszulegende" gesehen hatte. Haubst sah darin eine Herabwürdigung der „Tradition", die soeben in den fünfziger Jahren bei Denkern der traditionsarmen Bundesrepublik kompensatorischen Neuwert erhielt. Eindeutige kirchliche Lehrentscheidungen zwangen den Dogmatiker Haubst, die Trinitätsphilosophie zu *verurteilen.* Er fand sie aber bei Cusanus vor; er half sich damit, daß er das, was bei Cusanus notwendige Einsicht und menschheitlicher Wahrheitsbesitz war, zu einer bloßen Interpretation des *argumentativ* vorausgesetzten Glaubensgeheimnisses umdeutete. Sonst, fürchtete er, sänke – nicht etwa seine persönliche, geschichtlich-kontingente Theologie, sondern gleich: – der „geoffenbarte Glaube" zu einem Ausdruck philosophischer Dialektik „herab".

## Resultate

Die Verdienste dieser Forschungsrichtung sind nicht gering. Sie hat bestimmte Texte und bestimmte Themen in Erinnerung gebracht und einige Quellenbezüge neu gefunden; sie hat zur Edition der *Sermones* geführt. Aber diese Auslegung ist wie alle früheren und wie selbstverständlich auch mein eigenes Projekt historisch einzuordnen. Sie rühmte sich zuweilen, sie erst habe Cusanus „ganzheitlich" betrachtet; sie habe die frühere Einseitigkeit überwunden. Dieser Selbsteinschätzung fehlt die historische Kritik. Meine Cusanusarbeiten sind erst entstanden, nachdem ich mich aus nächster Nähe – räumlicher, personeller und textueller Nähe – von der Abstraktheit und Vernunftgegnerschaft dieser Richtung habe überzeugen müssen. Sie hat Cusanus viel einseitiger ausgelegt als Ernst Hoffmann und Raymond Klibansky, die schließlich auch *Sermones* gelesen, kommentiert, herausgegeben und übersetzt hatten. Die Cusanusforschung hat nicht auf Haubst gewartet, um die *Sermones* zu entdecken. Die von ihm initiierte Re-Scholastizierung kann ihren relativen Charakter nicht schon dadurch verdecken, daß sie behauptet, andere Forscher hätten die *Sermones* nicht beachtet oder vielleicht gerade den *Sermo* übersehen, an dem ein einzelner ihrer Adepten zufällig arbeitet.

Meine Cusanusarbeiten setzen voraus:

- Die historische Relativierung der drei genannten Richtungen der Cusanusauslegung. Relativierung bedeutet keineswegs Geringschätzung oder gar Verurteilung; sie ist nur das Gegenteil einer steril-konservierenden Verehrung;
- die Abweisung einer Alternative von Tradition oder Innovation, von Originalität oder Problemkontinuität,
- die Aufmerksamkeit auf das kulturhistorische Problem des 15. Jahrhunderts, das die Namen „Mittelalter" und „Renaissance" mehr schlecht als recht bezeichnen. Gedanken gehören in ihre geschichtliche Welt, ohne aus ihr „ableitbar" zu sein,
- die Aufmerksamkeit auf die Geschichte des Naturwissens und auf einige Fragen der neueren Philosophie der Naturwissenschaften,
- die Geltung allgemeiner historischer Forschungsmaximen, zu denen das Interesse an Textüberlieferung, an der Bibliothek des Cusanus, an seiner Quellenbenutzung und an Chromologie gehört,

– die Möglichkeit einer philosophischen und historischen Beschäftigung mit allen religiösen Überzeugungen, die diese historisch analysiert und philosophisch bedenkt, ohne sie damit, wie Haubst fürchtete, „auszuhöhlen". Darin sehe ich die Aufgabe einer historisch-konkreten Philosophie der Religionen.

Mein Bild des Cusanus nimmt die Forschungsergebnisse auf, die Cusanus in Verbindung zeigen mit Platon, mit dessen *Timaios, Apologia* und *Respublica,* mit Proklos, mit Johannes Eriugena, Thierry von Chartres, mit Lull und Eckhart; sie begnügt sich nicht einmal für die Jahre von 1430 bis 1440 mit dem eng-medievalistischen, keineswegs „ganzheitlichen", sondern einseitig-erbaulichen Bild, das Haubst folgendermaßen gezeichnet hat:

„Demnach hat er (Cusanus) also in seinen Anfängen besonders unter dem Einfluß Gersons und Bonaventuras, in den zehn Jahren vor der Docta Ignorantia unter dem Einfluß Bernhards und der Viktoriner gestanden und sich auch mit Thomas von Aquin beschäftigt." Das mag richtig sein, übergeht aber die Dauerbeschäftigung mit Platon, Aristoteles und Proklos, übergeht die wichtigsten historischen Zusammenhänge, nämlich die mit Dionysius, Thierry von Chartres, Eckhart und Lull. Diese Charakteristik setzte zudem einen groben Begriff von „Einfluß" voraus. Dies nicht einfach zu behaupten, sondern an Texten zu belegen, war die Intention von Flasch[1] und Flasch[2].

## *Schreiben und Übersetzen*

Bislang war die Rede davon, wie Cusanus erforscht werden sollte. Aber es stellte sich auch die Frage, wie man über ihn *schreibt.* Denn dabei geht es darum, einen Gedanken in seiner Andersheit zu belassen und ihn dennoch in einer heutigen Sprache wiederzugeben. Wie beschreibt man eine Theorie, die mit tausend Fäden an ihre Vorgeschichte und an *ihre* Gegenwart geknüpft ist? Soll man das Ziel haben, sie sich anzueignen? Kann über sie nur schreiben, wer sie sich zuvor angeeignet hat? Hinzu kommen die zunächst mehr technischen Probleme: Die Forschungsarbeit muß ausschließlich an den griechischen und lateinischen Quellen erfolgen, aber wieweit läßt sich die alte Terminologie übersetzen? In Flasch[1] habe ich mir darüber wenig Sorgen gemacht. Das Buch war für Spezialisten geschrieben, worunter ich Menschen verstand, die Platon kennen, Kant studiert haben und wenigstens eine Ahnung von der sprachanalytischen Metaphysikkritik der Gegenwart haben. Ihnen wollte ich zeigen, daß Cusanus einen Lösungsvorschlag gemacht hat für die Probleme, die sich aus dem ungeklärten Gegensatz Platon/Aristoteles und aus der scholastischen Verfallsgeschichte der Metaphysik gestellt hatten. Da konnte ich die griechischen und die Cusanisch-lateinischen Ausdrücke stehen lassen. In Flasch[2] war das anders. Hier habe ich mich nicht an einen bestehenden Leserkreis gewandt, sondern wollte mein Lesepublikum erst gewinnen, in einer Vorlesung für interessierte Studenten, die kaum Vorkenntnisse haben. Mehrfach, aber nicht allzu oft habe ich die Leser/Zuhörer gebeten, sich zunächst einmal einen Ausdruck zu merken, etwa *mens* oder *intellectus,* um dann durch Nachvollzug der Cusanischen Bestimmungen der *mens* oder des *intellectus* das Übersetzungsproblem selbst mitzuempfinden und zu der Einsicht zu kommen: Übersetzungen sind zu variieren, damit sie treffen, nur dürfen sie nicht zu sehr differieren, sonst stiften sie Verwirrung.

Wer dieses Problem aufwirft, kommt nicht leicht zur Ruhe. Denn es waren nicht nur einzelne Vokabeln zu übersetzen. Vokabeln haben einen Umhof; sie kommen in einem Kontext vor. Sie wurden verknüpft zu Metaphern und Argumenten; sie bezogen sich auf Fragen, die im 15. Jahrhundert bestimmte Personen hatten, die bestimmte Erfahrungen gemacht hatten, bestimmte Interessen hatten und bestimmte Bücher gelesen hatten. Wer über Cusanus schreibt, wird versuchen, diese Bücher zu lesen, die Institutionen und Regionen kennenzulernen, in denen sie für wichtig (wenn auch nicht immer für richtig) befunden worden sind. Er gerät damit auf das Meer der Kontexte seiner Texte. Wie weit muß er zurückgehen? Wo soll er enden? In welchem Vorbereitungsstadium darf er anfangen zu schreiben? Das wurden quälende Fragen, die sich bei dem zweiten Buch lebhafter stellten als beim ersten. Beim ersten Buch (Flasch[1]) war ich um das Schreiben selbst wenig besorgt; ganz auf die Sache konzentriert, schrieb ich fast in der üblichen Universitätsprosa der Zeit, nur warnte mich Hirschberger, der selbst jeden drögen und unnötig umständlichen Stil haßte, ich solle aufpassen, ich hätte das Zeug zum Schriftsteller, und das sei gefährlich. Das Kommunikationsproblem wurde akut bei den Cusanusvorlesungen, die ich zuerst in Florenz, dann in Paris in der Ecole des Hautes Etudes, später in Lecce und in größerem Umfang in Fribourg gehalten habe. Ich beobachtete, daß mir bei den grundsätzlichen Übersetzungsfragen nichts anderes übrig blieb, als zu experimentieren. Kein Schreibender kann vorher wissen, was seinen Lesern einleuchten wird, was sie anzieht, was sie abstößt. Er muß es drauf ankommen lassen. Er muß sich Vermutungen bilden und dann Versuche machen. Dazu gaben die Vorlesungen Gelegenheit, zumal sie teils in Italienisch, teils in Französisch und teils in Deutsch gehalten wurden. Aber beseitigen konnte das die Unsicherheit nicht. Es ist unvermeidlich, daß der Schreibende immer wieder zurückfällt in seine eigenen Interessen, Annahmen, Erwartungen. Er hat nur seine eigene Sprache, er mag sie dem Inhalt und den Zuhörern noch so eifrig anpassen. Er wirft eine Metapher hin, die niemand versteht, der Goethe nicht mehr liest. Er deutet ein Argument an, das einem Rezensenten, der Hegel nicht studiert hat, offenbar nichts mehr sagt, etwa wenn ich schreibe, Cusanus bewerte die scholastische philosophische Theologie als „Verstandesansicht von Vernunftgegenständen". Diese Kurzformel, in den Jargon heutiger Schulsprachen schwer übersetzbar, läßt sich erklären – aber auch wieder nur in Wendungen, die dem Sprechenden als ausreichend erscheinen. Der Autor, der so redet, hat sich verschätzt, wenn er sie für ein allgemeines Bildungsgut hielt, und ein Rezensent in der Münsteranischen *Theologischen Revue* beeilte sich, mir dafür den Beweis zu liefern, indem er das Wort „Verstandesphilosophie" hinschrieb, offenbar ohne einen Begriff damit zu verbinden, fährt er doch ungestört fort, seine Leser zu belehren, göttlicher Geist und menschlicher Geist bildeten je eine „Ebene", nur liege die „göttliche Ebene" „höher" (*Theologische Revue* 98, 2002, Spalte 152). Gerade diese Verräumlichung intellektueller Prozesse charakterisiert die „Verstandesansicht von Vernunftinhalten".

Wer über Cusanus schreibt und dabei jedes sprachliche Schul-Reglement mißachtet, hat nur seine eigene Sprache. Aber dann hat er auch immer nur seine eigenen Gedanken. Wer zuhörerbezogen spricht, wer leserbezogen schreibt, bemerkt eher, daß er auch als Forschender und Erkennender auf sich selbst zurückgeworfen arbeitet. Er weiß, daß er bei aller Bemühung um Objektivität *subjektiv* schreibt. Er darf nicht nur, er *muß* in einem wissenschaftlichen Text auch „ich" sagen. Er denkt deswegen nicht subjektiver als andere Cusanusdeuter. Der Unterschied liegt nur darin, daß er es weiß. Er drückt es aus, um den Leser einzuladen, selbst ein Ich zu sein und *den* Gebrauch von diesem Buch zu machen, der ihm auf der gegenwärtigen Stufe *seiner* Bildung wahr und nützlich scheint.

## Disput über die Schreibart: Einwände

Überlegungen dieser Art haben meine Schreibarbeit weiter getrieben, über das von mir Erwartete hinaus. Das kleine Buch *Nicolaus Cusanus* in der Beck'schen Reihe *Denker,* München 2001 (abgekürzt Flasch[3]), bringt keineswegs einen Ausschnitt aus dem größeren Vorlesungsbuch, sondern nimmt einen neuen Anlauf, die Ideen des Cusanus zu erklären. Es konzentriert sich auf einen einzigen Text, auf die Schrift *De beryllo,* die Cusanus als Hinführung zu seiner Spekulation verfassen wollte, die ihm freilich als didaktisches Werk nicht durchweg gelungen ist. Durch die Beschränkung auf eine einzige Schrift mußte ich zwar den Nachteil hinnehmen, den zeitlichen Fluß des Cusanischen Denkens zu sistieren, gewann aber erstens den Vorteil, ständig auf einen leicht erreichbaren Text verweisen zu können, den der Interessierte neben oder vor oder nach meinem Buch mitlesen könnte, zweitens aber fand ich dadurch mehr Raum, die philosophischen Konzepte gründlicher, langsamer und anschaulicher zu erläutern. Das Buch ist zum Mitdenken und Mitlesen konzipiert. Es weitet von der Denksituation des Jahres 1458 den Blick aus in die Zeit davor und die Zeit danach, aber es bleibt bewußt bei einer einzigen biographisch genau erfaßbaren Situation stehen, um den Denker Cusanus sich erklären zu lassen. Die Übersetzungsarbeit erschwerte sich noch. Vielleicht erreichte ich dabei eine objektive subjektive Grenze. Dies wurde für mich unübersehbar bei folgender Gelegenheit:

Ende Mai 2001 flog ich, wie es meine Gewohnheit ist, nach Rom, um dort Bibliotheken zu besuchen, Bücher zu kaufen und um in Gaeta ruhig an einem Buch zu schreiben. Ich saß in der Airport-Halle, die hinter der Gepäckkontrolle liegt, und wartete mit vielen anderen Reisenden, bis der Zugang zum Flugzeug geöffnet wurde. Ich überbrückte die Zeit, indem ich intensiv eine großformatige Tageszeitung las, die meinem Blick die Mitreisenden verdeckte. Nach einiger Zeit nannte der jüngere Herr, der rechts neben mir saß, meinen Namen, stellte sich vor, erzählte, er habe bei mir in Bochum Philosophie studiert, habe an einer anderen Universität in Philosophie promoviert, dann aber in der Computerbranche Arbeit gefunden und sei nun auf dem Weg zu einer Fachtagung in Rom. Wir hatten bis zum Abflug fast noch eine Stunde Zeit; wir füllten sie mit einer lebhaften Unterhaltung. Er fragte, womit ich mich gerade beschäftige, und ich erzählte, daß gerade in diesen Tagen mein drittes Buch über Cusanus (Flasch[3]) erschienen sei. Er selbst hatte über einen Philosophen des 16. Jahrhunderts geschrieben, der von Cusanus mitgeprägt war; er zeigte sich an meinem Cusanus-Projekt interessiert. Wir kamen ins Plaudern über die drei so verschiedenen Bücher, und dabei muß ich wohl die Bemerkung gemacht haben, in den beiden letzten Büchern habe ich mich zwar beim Schreiben um meine Leser bemüht, aber sie seien wohl nicht meine besten Bücher, denn sie seien nicht im Zorn geschrieben. Gute Bücher schreibe man im Zorn, nicht in Verehrung; ich habe über Cusanus zwar nicht gerade mit enthusiastischer Unterordnung, aber doch bei aller Distanz mit Respekt geschrieben; ich bewunderte immer noch seinen Einfallsreichtum und seine Kunst, stets neu einzusetzen, Bewunderung verderbe aber den Stil. Inzwischen war der Zeitpunkt des Abflugs gekommen; wir wurden getrennt, aber er versprach noch rasch, er werde mir nach der Lektüre meines dritten Cusanusbuchs einen Brief schreiben über seine Leseeindrücke. Der Brief ließ lange auf sich warten. Denn mein Bekannter hatte nach seiner Rückkehr nicht nur mein kleines Cusanusbuch, sondern auch die großen Bücher und andere Monographien gelesen; er hatte versucht, seine Rechnung mit Cusanus (und mit seinen Interpreten) zu machen. Es war Ende September, als mich sein Sieben-Seiten-Brief erreichte. Es war eine recht kritische Stimme; ich habe aus diesem Brief mehr über Cusanusinterpretation erfahren als aus sämtlichen fachlichen Rezensionen. Hier war das Problem formuliert, wie man über Cusanus schreiben soll. Dieser Brief hat in mir eine Reihe von Überlegungen ausgelöst:

Zunächst sprach er – lobenswert ungeniert – seinen Eindruck aus, mir sei die Übersetzung wichtiger Cusanischer Grundbegriffe nicht gelungen. Ich habe sie nicht wirklich verständlich machen können; ich hätte auch in Flasch[3] noch zu sehr cusanusintern geschrieben. Zwar sei es einleuchtend, die Schrift *De beryllo* zugrunde zu legen, also statt mit Sätzen *über* Cusanus mit Sätzen *von* Cusanus zu beginnen. Aber, ich zitiere ihn wörtlich:

„Als es mit dem genauen Blick auf De beryllo losging (S. 32 ff.), da ergoß sich ohne weitere Vorwarnung ein wahrer Sturzbach von Begriffen wie *Grund von allem, erster Grund, Weltgrund, Geist, Unteilbares, Maximum, Minimum, Berühren des Weltgrundes* – ein Sturzbach von Begriffen also, die von unserem heutigen Denken weit, sehr weit entfernt sind. Und statt einer reflektierenden Atempause folgte dann ab S. 39 jene symbolische Mathematik, für die Cusanus berüchtigt ist, die aber unserem heutigen Denken auch nicht eben nahesteht. Nur ungern berichte ich, daß ich, angelangt auf S. 42, das Buch schloß und es enttäuscht zur Seite legte. Das war nicht die Einführung in Cusanus, die ich erwartet hatte."

Das war für den Autor eine Ohrfeige, die ich einstecken mußte. Ich hätte zwar antworten können, das Buch sei so angelegt, daß es zunächst einmal die Grundsätze der Cusanischen Philosophie darlegt, ohne dazwischenzureden, um dann im zweiten Teil über das Berichtete und seine Zusammenhänge nachzudenken, also Reflexionspausen nachzuholen und Abstand zu gewinnen. Ich hatte mir beim Schreiben vorgestellt, das laufe ungefähr so ab, wie wenn ich Freunde zu einer meiner Domführungen einlade: Ich lasse sie erst einmal sich dem ästhetischen Eindruck aussetzen, komme dann auf die geschichtlichen und technischen Voraussetzungen des mittelalterlichen Baus zu sprechen. Danach bedarf es nur weniger Bemerkungen, aus denen klar wird, daß dieser Bau seine Bedeutung habe, aber daß wir heute unmöglich so bauen könnten und dürften wie im Mittelalter. Es wird am Ende der Domführung wie von selbst klar, daß die Zeit über dieses große Werk hinweggegangen ist. Schließlich hätte ich erwidern können, es gebe ein Sachregister, aus dem leicht zu ersehen sei, daß Begriffe wie *Gott, Geist, Maximum, Minimum* erst *nach* der S. 42 eingehend besprochen werden. Aber derartige Erklärungen könnten mich nicht über die Tatsache hinwegtrösten, daß mein Versuch, in das Denken des Cusanus einzuführen, jedenfalls bei *einem* Leser mißlungen ist. Zumal mein intelligenter und wohlwollender Musterleser dann die Lektüre noch einmal aufgenommen, auf die ersten beiden Cusanusbücher (Flasch[1] und Flasch[2]) ausgedehnt hat und dabei auf eine Reihe weiterer Einwendungen gekommen ist. Es waren vor allem folgende:

1. Meine Cusanusbücher machten nicht begreiflich, was Cusanus für Menschen von heute als Gesprächspartner qualifiziere. *Wir* hätten *andere* Probleme. Ich deutete kühlen Abstand von Hauptinhalten des Cusanischen Denkens an, stehe also offenbar selbst nicht auf dem Boden der Cusanischen Philosophie, führe dies aber nicht aus und lasse den Leser allein.

2. Meine Bücher machten zwar den löblichen Versuch, Cusanus aus den Banden einer neuscholastischen und modern-theologischen Interpretation zu befreien, sie nähmen aber noch zu viel Rücksicht auf diese über-

holte Richtung. Ginge es nicht ohne Trinität und Inkarnation? Ist die Polemik gegen die Reklerikalisierung des Cusanus nicht überflüssig? Hält sie nicht den Leser von heute von Cusanus fern?

3. Die Passagen meiner Cusanusbücher, die nicht der direkten Textarbeit, sondern dem Rückblick gelten, machten zwar klar, daß Cusanus einer vergangenen Zeit angehöre. Sie erklärten aus dieser geschichtlichen Herkunft das Schwerverständliche, geradezu Unverdauliche einiger Theoriestücke des Cusanus. Aber andere Autoren derselben Zeit, z. B. Valla oder Alberti, seien doch zugänglicher, in sich selbst moderner als Cusanus. Es liege nicht am 15. Jahrhundert, sondern an seiner persönlichen Weltkonzeption, daß er uns fern bleibe. Er habe vom Neuen nur so viel aufgenommen, wie er zur Verteidigung des Alten gebrauchen konnte. Dieses Alte mochte zwar für ihn wichtig sein, uns sage es nichts mehr.

4. Mein geradezu „positivistischer" Drang nach Textnähe und Belegbarkeit mache die Sache mir und dem Leser unnötig schwer. Was liege denn an dem genauen Nachweis, daß Cusanus der Ansicht war, Christus und Proklos lehrten dasselbe? Was nützt es, zu belegen, daß Cusanus den Dionysius Areopagita für den Übermittler der Geheimlehre des Apostels Paulus hielt?

Soweit in verkürzter Form die Haupteinwände meines ehemaligen Schülers. Bevor ich auf einzelnes eingehe: Dieser Brief war mir eine wahre Freude. Er gab und gibt mir noch zu denken. Zunächst über die Form, die eine Einführung haben könnte. Ich gebe dem Briefschreiber insofern recht, als das Verfahren, zuerst die vier Hauptsätze der Cusanischen Philosophie vorzustellen und sie erst danach einzuordnen und zu bewerten, didaktisch nicht sonderlich geschickt war. Philosophische Axiome lösen nicht den unmittelbaren Eindruck aus, den die Mauern eines romanischen Doms erzeugen. Sie sind zu abstrakt, zu vermittelt, zu voraussetzungsreich. Sie fordern umständliche Erklärungen zunächst der einzelnen Ausdrücke, dann ihres argumentativen Charakters, dann ihres Ortes in dem Gewebe von Theorien, das die Philosophie des Cusanus darstellt. Um Menschen von heute einzuführen, muß man wohl anders schreiben. Es ist menschenfreundlicher, mit Anschaubarem zu beginnen und mit Anschaubarem zu enden, also mit dem Geburtshaus anfangen und zum Cusanusstift in Kues zurückkehren. Lieber auf eine begriffliche Subtilität verzichten, als mit dem beginnen, was für Cusanus ein spät erreichtes Resultat ständiger Verdichtungsarbeit war und ihn in immer weiterführende Begründungsversuche verwickelt hat.

Es erschien mir wohlfeil, auf die Einwände meines Flugbegleiters mit dem raschen Versprechen zu antworten, ich wolle mich demnächst bessern. Doch reizte mich die schriftstellerische Herausforderung, die in seiner Kritik lag. Ging es nicht knapper, anschaulicher, konzentrierter und freier? So habe ich denn noch einen letzten Versuch gewagt, den Jargon der Spezialisten zu verlassen. Ich habe einen Essay geschrieben, der meine Cusanusstudien auf die einfachste Form bringt, die mir möglich ist. Er wird im Frühjahr 2004 bei Reclam in Stuttgart erscheinen mit dem Titel: *Nikolaus von Kues in seiner Zeit. Ein Essay.*

## *Disput über die Schreibart: Antwortversuche*

Das grundsätzliche Problem, wie ein Denker des 15. Jahrhunderts heute vermittelt werden kann, bleibt bestehen. Ich will die vier genannten Einzeleinwände keineswegs frontal „widerlegen"; ich füge nur einige Bemerkungen hinzu.

Zu 1. Auch ich habe andere Probleme. Aber nicht alle meine Zeitgenossen haben meine Probleme, und manche von ihnen haben Probleme, von denen ich meine, sie seien nicht wert, gewälzt zu werden. Wer aber, wie ich, die Frage aufwirft nach dem Zusammenhang von Denken und Welt, nach der Einheit der Realität und nach dem Grund des Prinzips vom zu vermeidenden Widerspruch, wird schwerlich verneinen, daß Cusanus zu seiner Frage etwas zu sagen hat, auch wenn er die Lösungen des Cusanus schließlich nicht annimmt.

Ferner: Alle meine Untersuchungen laufen darauf hinaus: Die Hauptfrage des Cusanus galt nach seinem eigenen Zeugnis und nach Ausweis seiner Schriften dem Zusammenfall der Gegensätze. Er hat unter den Gegensätzen ausdrücklich auch die Widersprüche verstanden. Er hat die Koinzidenz zunächst als Eigentümlichkeit des Maximum konzipiert, das zugleich das Minimum sei, deutete sie aber seit 1442 als die Vereinigungskraft der Vernunft, die zusieht, wie der Verstand, der sich an das Verbot des Widerspruchs halten muß, von ihr begründet wird. Damit machte er die Koinzidenz zu einem Verfahren, zu einer allgemeinen Untersuchungsart, die sich auch zu einer neuen Physik und einer neuen Politik ausweitet. Cusanus hat seine Theorie der Erdbewegung ausdrücklich als Folge seiner neuen Philosophie bezeichnet. Er hat schließlich die Koinzidenz als das notwendige Ineinanderübergehen unserer Stammbegriffe gedacht. Demnach gehen der Vernunftbetrachtung alle ihre Grundbegriffe ineinander über; nur der Verstand muß sie getrennt halten. Als Beispiele hat Cusanus gebracht: Identisch – Nicht-Identisch, Ähnlich – Unähnlich, Ruhe – Veränderung, Differenz – Indifferenz. Jeder, der heute nach persönlicher oder nationaler oder europäischer Identität sucht, muß sich fragen lassen, ob er seine Identität ohne Nicht-Identität überhaupt denken kann. Ich dachte, auch durch die Analyse des menschlichen Sprechens (Flasch[2], 163) den Erfahrungsgehalt der Koinzidenzlehre wenigstens anfangsweise verdeutlicht zu haben. Ich habe herausgearbeitet, daß man mit Cusanus nicht sagen kann, Gott sei von der Welt „verschieden", denn Cusanus zufolge stehe die absolute Einheit *vor* der Differenz von Differenz und Nichtdifferenz. Damit sind die gewöhnlichen Vorstellungen von „Gott", die sich auch heute noch mit Aplomb „theistisch" nennen, zurückgewiesen. Die Frage des Verhältnisses von Cusanus zu dem Ketzer Giordano Bruno stellt sich neu.

In den Untersuchungen des Cusanus zeigt sich ein Reflexionsniveau, das viele, auch philosophieprofessionelle Zeitgenossen der älteren Philosophie nicht zutrauen; sie bekommen Anlaß, über ihre eigene geschichtliche Stellung nachzudenken. Dennoch sah ich meine Aufgabe nicht darin, Cusanus als Lösung anzupreisen. Abgesehen davon, daß diese Aufgabe längst andere übernommen haben, hindert mich mein historisches Bewußtsein daran. Mein quasi-historistischer und quasi-monadologischer Wahrheitsbegriff schließen es aus, *frühere* Wahrheit eo ipso als *heutige* Wahrheit und die Wahrheit *anderer* eo ipso als *meine* Wahrheit anzusehen. Diese negativ-allgemeine Wahrheitskonzeption ist kein prinzipieller Skeptizismus, stellt aber das Verhältnis des heutigen Cusanusinterpreten zu Cusanus und zu seinen morgigen Lesern unter besondere Bedingungen. Ich weiß, daß ich nicht wissen kann, welchen Nutzen meine Leser aus meinem Buch ziehen. Ich weiß, daß ich nicht weiß, was Cusanus alles sonst noch gedacht und in seinem tiefsten Inneren intendiert hat; daher halte ich mich an seinen Wortlaut, und daher überlasse ich dem Leser meine Analysen zum freien Gebrauch. Der Leser soll fühlen, daß ich ihn wissen lassen will, daß er in Wahrheitsfragen allein ist. Das ist zunächst schmerzlich, aber nur aus einem solchen Schmerz entsteht die eigene Suche und die Weigerung, Gelesenes nachzukauen. Ich verlagere die Zuständigkeit bewußt auf den Leser, gebe ihm zwar deutliche Winke, in welcher Richtung ich auf der Suche bin, weiß aber, daß ich sein Ergebnis nicht vorwegnehmen kann. Habe ich nicht deutlich gesagt, daß ich die Theorien des Cusanus für vergangen halte? Habe ich nicht hinzugefügt, daß das Vergangensein von Gedanken etwas anderes ist als das Vergangensein eines Baums? Wenn jemand mir versichert, für ihn sei das Denken des Cusanus lebend – und nicht wie für mich: *gewesene* Lebendigkeit in der spezifischen Gewesenheit von Gedanken –, dann glaube ich ihm das, nur weiß ich das erst, wenn er mir argumentativ vorführt, mit welchen Überlegungen in ihm die Cusanische Philosophie lebendig wirkt; er müßte mir zeigen, wie sie ihm seine Probleme löst. Mit bloßen Bekenntnissen ist unter Philosophen nichts gewonnen. Wahrheit will in jedem auf *seine* Weise und unter *seinen* Bedingungen und in deutlicher Bezeichnung des argumentativen Weges neu gewonnen und anderen vorgeführt werden. Wer das nicht selbst tun will, wer sich beschwert, daß ich die Wahrheitsfrage aus meinem Buch auf ihn auslagere, lehnt sokratisches Philosophieren ab. Er verrät, daß er einen autoritären Wahrheitsbegriff vorzieht. Ich sage: Cusanus ist tot. Wer dagegen auftrumpft, für ihn sei er aber lebendig, den bitte ich nur noch um die „Kleinigkeit": Zeige mir in ruhiger Rede, daß es sich nicht um ein bloßes Identifikationserlebnis deinerseits handelt, sondern daß er in deinem *Denken*, nicht bloß im Vokabular, *als Denker, also in entwickelter Argumentation* gegenwärtig wirkt.

Zu 2. Ich wollte die Cusanische Innovation – Koinzidenz auch der Widersprüche, Koinzidenz als universales Verfahren, als Aufklärung des Verstandes über ihn selbst – nicht wie ein fertiges Ergebnis präsentieren. Sie war auch für Cusanus ein Denkweg, kein Standpunkt. Deswegen muß, wer konkret von Cusanus spricht, von der Cusanisch gedachten Trinität und von der Cusanisch gedachten Inkarnation sprechen. Darin ist Haubst zuzustimmen, nur sind Trinität und Inkarnation nicht auf den Katechismus des Konzils von Trient, erst recht nicht auf die Glaubensbeschlüsse des Ersten Vatikanischen Konzils hin auszulegen. Nur in dieser Angleichung stimme ich Haubst nicht zu, der Cusanus so lange ausgelegt hat, bis er mit dem Ersten Vaticanum übereinstimmte, was er tun mußte, wenn er die thomistische Cusanuskritik innertheologisch außer Kraft setzen wollte. Bei Cusanus war es die koinzidentale Philosophie der Einheit, die sich in diesen Glaubensvorstellungen wiedererkannte.

Wer nur die Glaubensvorstellungen aufklaubt und die Koinzidenzmetaphysik wegläßt, marginalisiert oder auf die Vollkommenheiten in Gott zurückbildet, zerstört das Cusanische Denken. Wenn diese abschwächende Auslegung in der Literatur zwar nicht durchgehend herrscht, aber doch immer noch Herrschaft beansprucht, dann klärt eine abweichende Cusanusdeutung wie die meine die Situation, indem sie ihren Gegensatz bewußt hält, bei gleichzeitiger Anerkennung der partiellen Verdienste der zurückgewiesenen Auslegung. Bücher stehen nicht im zeitlosen und konfliktfreien Raum. Sie ringen um Anerkennung. Und bei der physischen Dominanz der Reklerikalisierung des Cusanus müssen sowohl deren Anerkennung wie die Kritik an ihr *deutlich* ausfallen, was ich um so freimütiger tun kann, als ich persönlich mit Haubst keinerlei Konflikte hatte, auch wenn wir immer wußten, daß wir in verschiedenen Häusern wohnten.

Zu 3. Für den Hinweis auf Valla und Alberti bin ich besonders dankbar. Ich habe beiden bewundernde Seiten gewidmet, im *Philosophischen Denken im Mittelalter*,[2] Stuttgart 2000, S. 588–599 und 608–613, und in einer Studie über *Cusanus und Alberti*, die in den Publikationen des Centro der Alberti-Studien in Mantua erschienen ist. Ich habe mich bei großem Interesse für Alberti mehr mit Cusanus befaßt als mit Alberti, nicht weil er mir sympathischer wäre, sondern weil er die Herauslösung des neuen Denkens aus dem Scheitern der Scholastik konkreter vorführt, weil seine Nachwirkung bei Bruno-Herder-Hamann-Schelling-Hegel philosophisch gewichtig ist und weil ich eine deutsch-italienische Wechselwirkung im 15. Jahrhundert studieren wollte. Valla verdient auf mehreren anderen Feldern einen Primat. Alberti und Valla waren geniale Fachleute mit philosophischen Hintergedanken. Fachliche Entdeckungen haben einen anderen Modus der Zeitlichkeit als spekulative Ideen und Kunstwerke. Cusanus ist in philosophischer Hinsicht expliziter, zumal für jemanden, für den der Deutsche Idealismus nicht völlig vergessen ist; er ist in dem angedeuteten Modus auch anders zeitgebunden als z. B. Vallas strikt philologischer Nachweis, daß Dionysius kein Apostelschüler war.

Zu 4. Das „positivistische" Element, also die forcierte Genauigkeit und Textnähe ist demjenigen unentbehrlich, der sich des hypothetischen Charakters historischer Deutungen bewußt bleibt und nachprüfbar halten will, was nur irgend nachprüfbar ist. Gelegentlich hat mir ein Kritiker vorgeworfen, ich hätte nicht alle Stellen bis zum Ende des Kapitels zitiert, ich hätte Texte ausgewählt oder ich hätte diese oder jene Predigt nicht behandelt. Mit diesem Vorwurf kann ich leben, denn wenn es nach ihm ginge, hätte ich alle Cusanustexte nur brav reproduzieren müssen. Das wollte ich nicht, denn das habe ich schon einmal getan, indem ich die Pariser Ausgabe der Werke des Cusanus 1962 zum Drucker getragen habe. Ich wollte diesmal etwas anderes; ich wollte eine Gesamtdeutung vorschlagen. Eine solche bleibt immer teilhaft, immer „subjektiv"; sie bleibt es auch bei denen, die ihre Auslegung als „ganzheitlich" anpreisen. Um die eingestandene Subjektivität nicht zur Willkür werden zu lassen, mußte ich dicht an Texten bleiben, zumal es einen solchen geschichtlichen Durchgang durch das Gesamtwerk in der Cusanusliteratur noch nicht gegeben hat. Diese Texte enthalten freilich nicht schlicht „Fakten" wie (angeblich) Verkaufsurkunden oder Annalen; sie äußern Gedanken und Weltentwürfe, und deren Nachvollzug behält immer ein historisch-kontingentes, ein subjektives Moment.

Der positive Nachweis, Cusanus behaupte, Proklos und Jesus hätten dasselbe gelehrt, war mir in der Tat wichtig. Er belegt die spezifische Art der Christlichkeit des Cusanus, die jeder verkennt, der Christentum für eine zeitlose Wahrheit hält. Das Christentum des Cusanus war spezifisch anders als das thomistische, das tridentische oder lutheranische. Die charakteristisch Cusanische Deutung des Christentums, die gebietet, das Evangelium nach Proklos und Proklos mit Hilfe des Evangeliums christlich zu interpretieren, existiert heute nicht mehr. Gerade diese Seite der Cusanischen „Theologie" ist durch das historische Bewußtsein, genauer: durch die philologische Genialität Vallas, unwiederbringlich verloren. Dasselbe gilt für die Ansicht des Cusanus vom apostolischen Charakter des Dionysius Areopagita, den er vehement, aber argumentativ schwach verteidigt hat. Diese Nachweise sind notwendig; sie demonstrieren ad oculos das Gewesensein des Cusanischen Denkens.

### „Entwicklung"

Meine Cusanusarbeiten haben vielfach Aufmerksamkeit und Zustimmung gefunden. Ihre Rezensenten waren durchweg wohlwollende und gebildete Kenner. Selbst wenn sie Einzelheiten kritisierten oder ihnen die Richtung nicht recht paßte, haben sie meinem Unternehmen, besonders dem Vorlesungsbuch (Flasch[2]), zu dem die Reaktionen sich heute übersehen lassen, ihre Anerkennung nicht versagt. Die katholische

*Theologische Revue* aus Münster, die in ihrem 97. Jahrgang 2001 auf Spalte 252 mein Buch *Das philosophische Denken im Mittelalter* noch „genial in seiner Gattung" genannt hatte, bewies im 98. Jahrgang 2002 ihre Toleranz, indem sie die einzig durchgehend negative Kritik abdruckte. Aber selbst diese gesteht zu: „Diese umfangreiche Gesamtdarstellung der Philosophie des Nikolaus von Kues führt den Leser mit vorzüglichem didaktischem Geschick in das intellektuelle Leben des deutschen Kardinals ein und macht dabei die Denkgeschichte lehrreich und lebendig" (Spalte 149). Das reicht fast zum Klappentext, wenn auch das Lob aus dem berufeneren Mund von Klaus Kremer, meine Geschichte einer Entwicklung sei ein „höchst begrüßenswertes Unternehmen" etwas weniger verkniffen klingt, zumal er hinzufügt: „F. kommt das unbestreitbare Verdienst zu, diese Entwicklung vom ersten Sermo (1430) an bis zur letzten Schrift des NvK um Ostern 1464 (De apice theor.) aufgezeigt zu haben." (*Theologische Literaturzeitung* 124, 1999, Spalte 410). Der damalige Direktor des Trierer Cusanusinstituts erklärt: „In sehr vielen Dingen gehe ich mit F. konform [...] Die Koinzidenz, von F. besonders gut und breit herausgearbeitet, bezieht sich außer auf Gott (= der frühere NvK), auch auf den menschlichen Intellekt und sogar auf alle Dinge" (Spalte 411). Nun, das ist schon etwas mehr als die Anerkennung von „didaktischem Geschick"; schließlich geht es bei der Koinzidenz um keine Nebensache; der philosophische Ertrag der genetischen Analyse wird anerkannt. Andere Kritiker waren noch freigebiger mit ihrem Lob. Der *Philosophische Literaturanzeiger* (Josef Schreier) schrieb, meine Cusanusvorlesungen hätten „wohl alle Aussicht, zu einem Klassiker aufzusteigen, einerseits in ihrer Eigenschaft als inskünftig unverzichtbares Kompendium und als Leitfaden zur Gedankenwelt des spätmittelalterlichen Denkers, andererseits aber auch hinsichtlich dessen, was Flasch ‚genetische Analyse' nennt und wofür dieses Werk dann ein maßstabgebendes Beispiel wäre" (55, 2002, S. 3 f.). Damit ist außer der inhaltlichen Seite der Methodenaspekt wohlwollend gewürdigt. Die *Philosophische Rundschau* (Mischa von Perger 46, 1999, 310–319) beginnt ihre ausführliche Besprechung mit dem Kompliment, „die Darstellungsgabe und die Gelehrtheit des Autors" machten dieses Buch „nützlich und erfreulich"; es werde wohl der „Cusanuslektüre und -forschung unserer Zeit ein großer Antrieb sein" (S. 310). Nicht nur philosophische Fachorgane wie das *Philosophische Jahrbuch* 106, 1999, S. 499–500, Ulli Roth), auch theologische Zeitschriften fanden anerkennende Worte. So schrieb Martin Thurner in der *Münchener Theologischen Zeitschrift* (Bd. 1999, S. 89), mein Buch sei „nicht nur die bisher umfangreichste Monographie zu Cusanus [...], sondern zudem eine in profunder Quellenkenntnis fundierte und auf hohem philosophischem Reflexionsniveau geschriebene Studie". Die überregionalen Tageszeitungen standen nicht zurück. So nannte die *Süddeutsche Zeitung* mein Buch von 1998 anläßlich des Erscheinens der Sonderausgabe 2001 „einen hervorragenden Wegweiser" (15./16.9.2001). Die strengkatholische *Deutsche Tagespost*, die mich, wenn es nur christlich wäre, schon manchmal gern zum Teufel gewünscht hätte, überraschte durch positive Noten: Mein Buch habe eine Lücke „souverän und exemplarisch geschlossen". Thomas Meyer sprach dort von einer „großartigen Denkleistung", „Seite um Seite Reflexion auf hohem Niveau" (Nr. 19 vom 13. Februar 1999, S. 14). Die *FAZ* brachte eine ausführliche, ins Fachliche gehende Rezension aus der Feder von Martina Bretz, die zu dem Ergebnis kam, in meinem Buch finde sich „der lebendigste, philosophisch stärkste, gedanklich konstrastreichste [Cusanus], den es je zu lesen gab" (Nr. 255 vom 3.11.1998, Seite L 24). Die *Neue Zürcher Zeitung* folgt mir zunächst darin, daß Cusanus mindestens dreimal von seiner intellektuellen Entwicklung gesprochen habe (*De visione Dei, De aequalitate, De apice theoriae*), und geht sodann auf die Methodenfrage ein: „Dank eines methodischen Zugriffs, der konsequent aufspürt, wo der Autor selbst eigene Gedankengänge und Formulierungen in Frage stellt, bestätigt oder umgestaltet, verkümmert diese werkzentrierte Darstellung nie zur Paraphrase". Sie hebt meine Selbstkorrektur gegenüber dem Cusanusbuch von 1973 hervor: Aufgegeben habe ich, wie Thomas Ricklin richtig sieht, die problemgeschichtliche Methode und den Versuch, den Begriff der „transzendentalen Reflexion" so auszuweiten, daß er auf das Vorgehen vorkantischer Denker paßt. Die ausführliche Besprechung endet mit der Bemerkung:

„Im Gegensatz zu seinen Vorgängern erzählt Flasch nicht die ewiggleiche Geschichte vom großen Schritt eines Mannes, dem ein kleiner Schritt der Menschheit entspricht. Sein Nikolaus von Kues belegt nur, wie man Fremdem, sei es nun zeitlich oder räumlich, jenseits der Alternative von Aneignung und Zurückweisung mit Respekt begegnen kann" (*NZZ* 23.3.1999).

Wie die Belege zeigen, habe ich keinen Anlaß, meine Rezensenten zu kritisieren. Ich bin ihnen für ihre oft sehr eingehende Berichterstattung dankbar, nehme aber die Gelegenheit, auf einiges Mißverständliche oder auch nur Mißverstandene kurz einzugehen. Bei der Vielzahl fachkundiger Erörterungen konzentriere ich mich auf drei kritische Felder: Erstens den Begriff der Entwicklung und damit das Verfahren der genetischen Analyse. Zweitens die Etiketten „Theismus" und „Pantheismus", drittens das Verhältnis von Philosophie, Glaube und Theologie. Ich schließe mit einer Bemerkung zu dem Stil, in dem man nach Ansicht des einen oder anderen Kritikers und nach meiner eigenen über Cusanus schreiben sollte.

Der Begriff der *Entwicklung* ist durch geologische, durch darwinistische und auch durch bestimmte historistische Assoziationen so vorbelastet, daß man ihn für eine konkret-historische Analyse nur zögernd aufgreifen wird. Trotzdem habe ich ihn aufgenommen, und zwar, wie Klaus Kremer richtig gesehen hat, in Anspielung auf das Werk von Werner Jaeger über Aristoteles. Der große Philologe konnte sich unter den Spezialisten nicht durchsetzen, da seine Datierungen nicht gesichert waren und er Texteinheiten zerschneiden mußte, um sie verschiedenen Entwicklungsetappen zuzuweisen. Zudem setzte er bestimmte philosophische Vorannahmen über das Verhältnis von Metaphysik und Empirie (Physik) voraus. Aber bei Cusanus liegt die Sache prinzipiell anders. Die Chronologie seiner Schriften ist so gut wie gesichert, jedenfalls die relative. Die Entwicklungsanalyse kommt ohne Zerschneidungen von Schriften aus. Und nicht zuletzt: Cusanus hat, darin wie Augustin und anders als Aristoteles, ausdrücklich und mehrfach auf seine Denkentwicklung aufmerksam gemacht. Das lädt geradezu ein, einmal seine Selbsteinschätzungen und Selbstkorrekturen an den Texten zu überprüfen. Dies allein war mein Vorhaben; dies allein verstehe ich unter genetischer Analyse. Diesen Begriff habe ich mehrfach erklärt.

Ich habe versucht, vor allem zwei Vorannahmen von ihm fernzuhalten:

Einmal, als müsse sich *alles* immer entwickelt haben. Philosophische Entwicklungen sind kontinuierlicher Wandel; sie sind ohne Konstanten undenkbar. Dies kann man von vornherein annehmen; es handelt sich, Cusanisch gedacht, um die Koinzidenz von Ruhe und Bewegung in der Vernunft. Die historische Empirie bestätigt diese vernünftige Erwartung. Ob man die Übergänge nun als Bruch, Selbstkorrektur oder Akzentverschiebung bezeichnet, ist sekundär gegenüber der Beschreibung der theoretischen Gehalte, um die es dabei ging. Ich hatte guten Grund, die einzelnen Stadien scharf gegeneinander abzugrenzen, also den Wandel zu betonen, ohne zu dramatisieren und ohne die Bestätigungen des früher Gedachten zu übergehen. In der deutschsprachigen Geisteswissenschaft hallt immer noch der idealistische und/oder der historisch teleologische Entwicklungsbegriff nach; katholisch-theologisch motivierte Bearbeiter der mittelalterlichen Philosophie leiden zuweilen immer noch an einer restplatonischen oder substanzontologischen Scheu vor der Macht der Zeit. Beiden Tendenzen gestehen meine Arbeiten keinen Einfluß zu. „Entwicklung" verstehe ich als die Beziehung zweier chronologisch genau fixierbarer Theorien eines Denkers. Derartige faktische Konstellationen waren philologisch festzustellen. In einem zweiten Schritt war, da es sich um das Denken eines Philosophen handelt, die Frage versuchsweise zu beantworten, welche Gründe sich für seine Wendung oder erneute Bestätigung andeuten, erschließen oder vermuten lassen. Es war nach dem sachlichen Gewinn oder Verlust zu fragen.

Eine zweite Belastung des Entwicklungsbegriffs war zu vermeiden, die sich aus den genannten Traditionen ergibt: Die univoke Teleologie, das Abstrahieren von Rückzügen, Brüchen und äußeren Zufällen. Ausschließen wollte ich den Anschein, ich wisse das Ziel, auf das die Entwicklung hinauslaufen sollte. Die Vorstellung von Fortschritt war fernzuhalten. Um die Vorstellung eines einlinigen Verlaufs auszuschließen, war der Akzent stärker auf die Differenzen der einzelnen Stadien zu legen. Ich habe von Sackgassen und neuen Ansätzen gesprochen. Vor allem aber habe ich betont, Cusanus fange mit jeder Schrift immer wie von vorne an; er sei Gelegenheitsphilosoph, kein Systematiker, so schon in Flasch[1], S. 291 f. Ich habe vom „fast nur experimentellen Charakter" mancher seiner Untersuchungen gesprochen. Mir kam es auf Diversifikation an gegenüber Monumentalität, auf weiterlaufende Denkarbeit gegenüber atemporaler Zerstückelung in einzelne Thesen, die Cusanus *immer* gelehrt habe. Weil in der Cusanusliteratur das Ignorieren jeder Entwicklung vorherrschte, ja deren ausdrückliche *Bestreitung* vorkommt, kam es zunächst auf die Nachweise von Einschnitten an, um dann zu untersuchen, ob er recht habe, wenn er eine frühere Position aufgebe oder bestätige. Damit tritt die Kontinuität des *Reflexionsprozesses* in den Vordergrund, nicht die der *Positionen*. Partielle Fortschritte zwischen spezifischen Theoremen und zwischen präzis angegebenen Texten zeichnen sich ab, etwa die Überwindung des Vorrangs der negativen Theologie oder das Zurücktreten der mathematischen Symbole.

Wenn Cusanus in seiner letzten Phase ein Nebeneinander verschiedener Grundbestimmungen gekannt hat (in *De venatione sapientiae*), so nahm er damit seine Entwicklung nicht zurück; er ist weder zum Konziliarismus zurückgekehrt noch zu dem Denken der Zeit ohne Koinzidenzlehre; er hat auch im späten Rückblick nicht die Koinzidenzlehre von 1440 als *ein* Feld neben der Koinzidenzlehre von 1442 gelten lassen. Ich habe das Buch von 1998 in zwei große Abschnitte gegliedert und die Metapher eines Weges vom Dunkel zum Licht aufgenommen, mit der Cusanus selbst seinen Erkenntnisweg rückblickend beschrieben hat. Aber wer nicht nur die Überschrift liest, sondern sich den Analysen der einzelnen Werke zuwendet, wird finden, daß ich dabei dem Anschein eines linearen Ganges widersprochen, aber aus angegebenen Gründen die Verabschiedung vom Vorrang der negativen Theologie bestätigt habe. In dieser präzisen Hinsicht wollte ich die Vorstellung eines sinnvollen Fortgangs, wie sie Cusanus in *De apice theoriae* selbst konstruiert hat, nicht eliminieren. Hier bestätigt sich durch eingehende Untersuchung sein Selbstverständnis. Dem widerspricht nicht, wenn er in *De venatione sapientiae* in lullistischer Manier zehn (oder dreißig) „Felder" nebeneinander bestehen läßt; seine Untersuchung ergibt jeweils, daß Licht und Gleichheit, das Nicht-Andere und die Verbindung nichts anderes sind als die absolute Einheit. Diese „Felder" stehen nur vorläufig nebeneinander, sie sind nicht die Verteilung von temporalen Entwicklungsstufen auf einer Fläche der Präsenz. Ein sorgfältiger Rezensent, Mischa von Persching, hat in der *Philosophischen Rundschau* (46, 1999, S. 311) hervorgehoben, daß ich dem Selbstzeugnis des Cusanus nicht „ungeprüft" gefolgt bin. Er fügte hinzu, meine Zweiteilung der Entwicklung um die runde Zahl 1450 und damit die Fortschrittslinie vom Dunkel zum Licht sei „wohl mit einem Augenzwinkern (zu) nehmen" (S. 315). So kann man es zur Not ausdrücken, daß ich darauf vertraut habe, daß meine Leser *Metaphern* verstehen und erkennen, daß die Metapher „vom Dunkel zum Licht" die des Cusanus selbst war. Wenn ein ganz vereinzelt stehender Kritiker mir einwendet, es gebe bei Cusanus kein „linear sich entwickelndes Denken", dann hat er der Sache nach recht, spricht nur nicht über mein Buch, das von der ersten Seite an genau diese Vorstellung abweist. Die ersten Zeilen bereits wenden sich gegen jede „vereinheitlichende Präsentation". Auf Seite 12 hatte ich für eilige Rezensenten zusammengestellt, in welchem Sinn genetische Analyse *nicht* verstanden werden soll. Von ihr heißt es: „Sie nimmt nicht *ein* Entwicklungsstadium, sei es auch das letzte, als innere Norm. Sie interpretiert ‚Entwicklung' also nicht als einen *teleologisch gesteuerten* Prozeß." Auf S. 34 f. wehre ich mich dagegen, „Entwicklung" als starr und „einlinig" zu verstehen, und füge hinzu: „Ich verwahre mich hier ausdrücklich dagegen, fürchte aber, daß das wenig nutzt. Bilder und Mythen sind stärker als deren rationale Korrekturen." M. A. Aris hat in der *Zeitschrift für philosophische Forschung* 55, 2001, S. 300, sich alle Mühe gegeben, diese Vorhersage zu bestätigen und zu übersehen, daß ich mich gegen „einlinige" Entwicklungsideen wende und erkläre: „Er [Cusanus] hat nirgendwo eine systematisch zusammenfassende Position bezogen; er hat stets nach Gelegenheit, nach Adressat und letzten Lektüren den Akzent verschieden gesetzt" (S. 403), aber Aris polemisiert gegen die „Ordnung einer linearen Entwicklung". Er beruft sich auf die „moderne Literaturgeschichtsschreibung sowie die Rezeptionsforschung", die den Anteil des Rezipienten bei der Rezeption früherer Theoreme bewiesen habe; er wendet diesen Gedanken gegen mich, als hätte ich ihn nicht selbst vorgetragen und als gelte er nur für mich, nicht aber für andere Rezipienten, auch, wie das Beispiel beweist, für den Rezensenten. Ihn stört die genetische Analyse überhaupt. Er erklärt sie für prinzipiell unmöglich, weil er ein hinter den Texten verborgenes „Denken" für unerreichbar hält, was richtig ist. Aber ich denke mit Aristoteles und Cusanus (*De venatione sapientiae* 3, n. 5), was unmöglich sei, das geschehe auch nicht, und was wirklich ist, das müsse auch möglich gewesen sein. Gegenüber einer durchgeführten Entwicklungsgeschichte, die alles, was „hinter" den Texten liegt, als ihren eigenen Vorschlag weiß, die Linearität vermeidet und strikt philologisch-empirisch beginnt, ohne damit enden zu können, hilft es nichts zu sagen, sie sei nicht möglich. Sie beansprucht gar nicht, „vollständig" zu sein, was Aris ihr nachsagt, um daraus auf ihre Unmöglichkeit zu schließen. Sie weiß, daß sie nicht in einem objektivistischen Sinne „zuverlässig" sein kann. Ihr Ansatz schließt es aus, sie und jede andere historische Arbeit als 1-zu-1-Abbildung der Realität zu verstehen. Sie weiß, daß sie relativiert und in Einzelheiten korrigiert werden wird. Aber dies wird nur möglich sein, indem man ihr eine andere, eine wohlbelegte Gesamtdarstellung des Cusanischen Denkens an die Seite stellt, nicht indem man mit gedrechselten Apriori-Argumenten ihre Unmöglichkeit beweist.

## Theismus, Pantheismus

Das Denken des Cusanus war eine durch die Koinzidenzlehre reformierte Metaphysik des Einen. Ich wiederhole nicht die vielen Belege, die ich für diese Ansicht beigebracht habe. Wer sie von mir nicht entgegennehmen will, findet sie auch bei Werner Beierwaltes. Ich bin überrascht, in der *Theologischen Revue* 98, 2002, Sp. 149 bis 154, zu lesen, diese Ansicht sei ein Affront gegen die Theologie. Der theologische Rezensent erteilt mir die Belehrung, um Cusanus zu verstehen, müsse man „philosophisch tiefer vordringen als nur bis zur Einheit der Koinzidenz". Merkwürdige Nostalgie der „Tiefe". Als gebe es noch einen Gott über dem Cusanischen Gott oder als gebe es mehrere Stockwerke in der Gottheit. Der menschliche Geist ist nach Cusanus das Bild des absoluten Geistes. Dies habe ich mehrfach beschrieben, und jetzt kommt ein Theologe auf die Idee, er müsse gegen mich klarstellen, Cusanus lehre keinen „absoluten Subjektivismus". Mit diesem Schema habe ich nichts zu tun; ich bin auch weit davon entfernt, dieses Ismus-Denken und die dazugehörige Zensorengebärde *allen* Theologen zuzuschreiben. Ich halte nur fest, daß es das noch gibt. Ich selbst weiß nicht einmal, was „absoluter Subjektivismus" wäre; ich weiß aber, daß nicht einmal Fichte und schon gar nicht Cusanus so etwas vertreten hat. Der Rezensent wird es wissen. Er teilt überdies mit, er sei nun „gezwungen gründlich zu werden", weil ich bestritten hätte, Cusanus sei Theist gewesen. Sein Vorsatz, von jetzt an gründlicher zu werden, ist sehr zu loben; vielleicht ist er etwas zu spät gefaßt und er sollte eigentlich auch nicht mit *meinen* Mängeln in kausale Verbindung gebracht werden. Außer einem unkoordinierten Strauß von Zitaten ist dabei nichts herausgekommen als eine nervös-defensive Selbstanpreisung einer Theologie, die ihr Verteidiger nur im Singular denken kann. Diese einzige Theologie verwehrt sich dagegen, daß ich den „Theismus" des Cusanus bestritten hätte. Hinzu kommt der Vorwurf, ich sei über die Frage des Pantheismus leicht hinweggegangen.

Die Bücher Flasch[1,2,3] haben gut gearbeitete Sachregister. Wen die Sache interessiert, der möge unter dem Stichwort „Gott" nachsehen, wie unsinnig die Polemik des Münsteraner Gottesgelehrten ist. Denn der Zusammenhang ist, kurz gesagt, dieser: Der Gott des Cusanus ist das, dem nichts gegenübersteht. Er ist alles das, was sein kann. Er ist das Maximum, das zugleich das Minimum ist, da er *alles* ist. Im Zuge seiner Untersuchung kam Cusanus zu dem Resultat, er stehe *vor* der Differenz von Differenz und Indifferenz. Es kommt nun darauf an, wie man „Theismus" definiert. Der gewöhnliche Theismus erklärt, Gott und Welt seien *verschieden*; das unterscheide ihn vom Pantheismus, für den Gott und die Welt *identisch* seien. Cusanus allerdings macht beide Positionen darauf aufmerksam, daß sie die Kategorie „verschieden" unkritisch auf das übertragen, was vor aller Verschiedenheit steht. Damit nimmt Cusanus eine philosophische Korrektur sowohl des gewöhnlichen „Theismus" wie des gewöhnlichen „Pantheismus" vor. Diese Alternative löst sich vor seinem denkenden Auge auf. Und nur in diesem gewöhnlichen Sinn ist er kein „Theist", sondern ein spekulativer Denker der absoluten Einheit. Wer dies begriffen hat, zettelt keinen Streit mehr an wegen der Begriffe „Theismus" und „Pantheismus". Cusanus hatte leichtes Spiel, gegen Johannes Wenck den Vorwurf abzuwehren, er vermische Gott und Welt, Urbild und Abbild. In diesem Leichtnehmen bin ich ihm gefolgt. Wer insbesondere den Abschnitt in Flasch[2], S. 608–612, durchdenkt (und nicht nur zählt, wievielmal das Wort „Koinzidenz" darin vorkommt), ist über die Theismus-Pantheismusdebatte hinaus, die im Zusammenhang mit Spinoza und Lessing so viel Staub aufgewirbelt hat. Denn dort zeigt Cusanus, daß sie unsinnig ist. Nur wenn der gewöhnliche Theismus seine Gewöhnlichkeit, die Cusanus ihm nachweist, also sein Verharren in Verstandesalternativen bei Vernunftinhalten, nicht wahrhaben will, flammt der Streit wieder auf. Daß diese Weigerung sich als das tiefere und einzig wahre Verständnis des Cusanus gebärdet, das konstatiere ich als markantes Zeit-Symptom, ohne es weiter zu bewerten. Erfreulich rettet ein anderer Theologe in einer anderen theologischen Literaturzeitung die Ehre seiner Zunft: Klaus Kremer stimmt mir ausdrücklich zu, der Gott des Cusanus stehe vor der Differenz von Indifferenz und Differenz, er sei kein separates Subjekt und kein apartes Wesen (*Theologische Literaturzeitung* 124, 1999, Spalte 411).

## *Glaube, Theologie, Philosophie*

Der Glaube behält im Denken des Cusanus seinen Ort. Es wäre müßig, dies zu bestreiten. Auf ein solches argumentatives Abenteuer habe ich mich nie eingelassen. Ich habe nur gezeigt, daß Cusanus sich imstande sah, die im persönlichen Glaubensakt gefaßten Inhalte wenigstens in der Hauptsache – Trinität und Inkarnation – in ihrer gedanklichen Notwendigkeit zu erweisen. Dies war nicht persönliche Selbstüberschätzung oder mutwillige Grenzüberschreitung, sondern entsprach seinem Begriff der absoluten Einheit als wesentlichen Sichzeigens und seiner Philosophie des Geistes, der alles, was ihm zugetragen wird, in sein substantielles Selbstbewußtsein aufnimmt, also nichts „draußen" läßt und keine übernatürliche Zusatzausstattung braucht. Was gedanklich notwendig ist, was er als Ergebnis einer Reihe von notwendig verknüpften Sätzen erhält, das besitzt der menschliche Geist in qualitativ anderer Weise als das, was er nur als faktisch gegeben kennt. Hier kommt es darauf an, die Wichtigkeit des Schrittes vom Wirklichen zum Notwendigen zu erfassen. Die Notwendigkeit ist zunächst die der Verknüpfung von Sätzen. Aber was gedanklich notwendig ist, das ist nicht nur de facto so wie es ist. Es kann nicht anders sein. Jeder Denkende, nicht nur jeder Muslim oder Christ, kann es als seine Einsicht auf qualitativ einzigartige Weise neu besitzen. Er kann es *beweisen,* nicht nur aus der Hand himmlischer und irdischer Autoritäten hinnehmen. Es wird ein Teil seiner Selbstgewißheit. Wenigstens war dies die Lehre Anselms und Cusanus'. Cusanus lehrte ausdrücklich, die Menschen hätten längst vor der christlichen Offenbarung diese Einsicht gefaßt, große Philosophen hätten ohne das geschichtliche Christentum die göttliche Drei-Einheit und die Inkarnation erkannt. Diese These des Cusanus war weder historisch noch psychologisch, sondern philosophisch konzipiert. Die Einwände gegen meine Rede von Trinitätsphilosophie und Inkarnationsphilosophie bleiben bei historischen oder psychologischen Assoziationen stehen. Oft gehen sie aus Besorgnis um die Unentbehrlichkeit der Autorität und aus irrationaler Lust an der „Wahrung des Geheimnisses" hervor. Solche Ängste sind, wenn es um Anselm von Canterbury und Cusanus geht, bewußt fernzuhalten, freilich bei beiden in je verschiedener Weise. Die Theorie des Cusanus besagt nicht, das, was im 15. Jahrhundert „philosophia" hieß, habe diese Einsichten erreicht. Dann wären seine Neuerungen und seine Polemik unnötig gewesen. Innerhalb *dieser* Terminologie und innerhalb dieser institutionellen Situation wäre es absurd gewesen, von der Trinität zu sagen, sie sei Gegenstand der Philosophie. Ein banales Mißverständnis wäre es, ich würde mit diesen Ausdrücken den Anspruch oder die Aufforderung verbinden, *ein Philosoph von heute* oder gar ich selbst wollte oder sollte philosophisch von der Trinität oder der Inkarnation reden; wer unter dieser Voraussetzung polemisiert, trifft nicht mein distanziert-historisches Buch. Wer an der

Aufteilung in Philosophie (im Wortsinn des 15. Jahrhunderts) und damaliger „Theologie" festhalten will, findet „Trinitätsphilosophie" auch heute absurd; er stellt sich auf die Seite von Johannes Wenck gegen Cusanus oder legt Cusanus so lange aus, bis er auch dem Heidelberger Traditionswahrer gefällt. Die damalige Philosophie fand – sowohl in Paris wie in Padua, in Heidelberg wie in Krakau – auch die regionale Einschränkung des Gebots des zu vermeidenden Widerspruchs absurd. Sie beruhte, wie Cusanus diagnostizierte, auf der bloß rationalen Verweigerung der intellektualen Koinzidenz und konnte deswegen nicht daran denken, eine Philosophie der Trinität oder der Inkarnation zu entwickeln, so wie sie Cusanus schon in seiner ersten Predigt aus der uralten, aus der vorchristlichen Tradition glaubte entgegennehmen zu können. Auch die meisten heutigen Philosophen finden jede Ermäßigung vom Verbot des zu vermeidenden Widerspruchs absurd und treiben keine Trinitätsphilosophie, ja sie denken darüber überhaupt nicht nach. Mit dieser Aufteilung in rationale Fachphilosophie und Wahrheit hat Cusanus gebrochen. Und dieser Vorgang wird verdeckt, wenn man die Koinzidenzlehre abschwächt oder übergeht und die Ausweitung des durch notwendige Argumente erreichbaren Terrains auf die Reservate der Trinitätslehre wegläßt oder an das Vorgehen der traditionalistischen, autoritätsgestützten Theologie angleicht. Die Koinzidenzlehre, sagt Cusanus, liegt oberhalb des gewöhnlichen Weges der Philosophie. Aber Cusanus wollte die damalige Philosophie philosophisch renovieren und damit der Theologie dazu verhelfen, die wahre Theologie/Philosophie zu werden, also nicht bei der autoritätsgebundenen Verstandestheologie der damaligen Universitäten stehenzubleiben. Es kommt nicht auf die Vokabeln „Philosophie" und „Theologie" an, sondern auf die Einsicht, daß der Verstand aufteilt, was die Vernunft zusammenfaßt und daß die Theologie sich mißverstehen muß, wenn sie bei ihrer bloß rationalen Standardausführung bleibt und sich weigert, zur Vernunfttheologie zu werden. Die Vernunfttheologie ist Trinitätsphilosophie; sie verharrt nicht in der Position, die Johannes von Kuhn *einseitig und unstatthaft* genannt hat, daß nämlich die Philosophie nur die leere Einheit Gottes, nicht aber ihre intellektuelle Lebendigkeit, also die Trinität, denke. Es gibt heute wieder Theologen, die, wenn bei Meister Eckhart von Geistphilosophie die Rede ist, von Häresie sprechen und die, wenn das Denken des Cusanus Metaphysik der Einheit genannt wird, einen Angriff auf die Theologie wittern. Wir kennen diesen Konflikt aus der Auseinandersetzung des Cusanus mit Johannes Wenck. Es gibt heute aber auch Theologen, die folgendes schreiben:

„Cusanus muß also kein Glaubenslicht oder die Vorgabe der Offenbarung voraussetzen, die ihm das trinitarische Bekenntnis vorlegt, das er erst in einem zweiten Schritt unter dieser Gabe klar und rein zu denken versucht. Wer richtig denkt, kann schon die Einheit nie anders denn als Dreiheit verstehen" (Ulli Roth, Suchende Vernunft. Der Glaubensbegriff des Nicolaus Cusanus, Münster 2000, S. 35). Voilà, c'est tout.

„Die Unterscheidung von natürlichen Vernunftwahrheiten und christlichem Glauben ist für Cusanus nicht gegeben" (Roth, S. 132 A. 503, gegen Haubst).

Ulli Roth sagt es noch genauer. Er hat die Funktion von Bibelzitaten in *De docta ignorantia* I untersucht – nach Traditionsbeweisen hat er mit Recht gar nicht erst gesucht – und gefunden:

„Die Schriftzitate in De docta ignorantia I haben keine konstitutive Bedeutung für die darin aufgezeigten Erkenntnisse. Dies macht besonders deutlich, daß das Cusanische Denken nicht aus dem Offenbarungswort entspringt" (S. 36).

Theologie, die nicht aus dem Offenbarungswort entspringt, ist im Sinne des Aristoteles und des Proklos Metaphysik oder Theorie des Einen. Cusanus wollte beweisen, daß eine solche Philosophie zum *Einen* führen *muß*, das in sich differenziert ist. So etwas nenne ich Trinitätsphilosophie und halte fest, daß es sie außerhalb der neuscholastischen Richtung vom Mittelalter bis ins 19. Jahrhundert, bis zur kirchlichen Verurteilung von 1860, immer umstritten, aber immer auch mit Anerkennung, gegeben hat.

Dies gilt für die Trinitätsphilosophie. Gilt es auch für die Inkarnation, also für *De docta ignorantia* III, von dem ein ungenauer Leser behauptet hat, es werde in Flasch[2] übergangen, nur weil es in einem eigenen Kapitel zusammen mit *Dies sanctificatus* behandelt wird (besonders S. 137–142)?

Dazu schrieb eine 1991 in Münster erschienene theologische Monographie:

„Die menschliche Vernunft kann durch Reflexion auf sich selbst dazu gelangen, daß sie ein zugleich zusammengezogenes und absolutes Größtes als Bedingung der Möglichkeit ihrer eigenen Existenz eigenen Vollzugs postulieren muß." (Ulrich Offermann, Christus – Wahrheit des Denkens. Eine Untersuchung zur Schrift De docta ignorantia, Münster 1991, S. 157). In einer Sprache, die nicht meine ist, weil sie sich unscharf an Kant anlehnt, beschreibt Offermann das Denken des Cusanus als Inkarnationsphilosophie, und Ulli Roth findet diese Behauptung „wichtig" und „treffend". Er fügt hinzu, sie weise „endgültig" über Interpretationsansätze hinaus, „die Haubst folgen" (Roth, S. 72). Er ersetzt sie durch die These, nicht nur könne der Begriff der hypostatischen Union entwickelt, sondern auch „deren Existenz a priori eingefordert werden" (Roth, S. 124). Er folgert daraus, nicht nur der bisherige Begriff von Philosophie, sondern ebenso der der Theologie werde von Cusanus transformiert. Genau dies sagt der Ausdruck „Inkarnationsphilosophie"; er entzieht sich dem Gegensatz zwischen der damaligen Bedeutung des Terminus „Philosophie" und der sich gegen ihn kontradistinguierenden Theologie. Meine Cusanus-Deutung hat es nicht darauf angelegt, aber nachträglich kann ich gegenüber der *Theologischen Revue* darauf hinweisen, daß ich mich in guter theologischer Gesellschaft sehe, ja daß ich es nicht so toll getrieben habe wie ein junger Theologe, der im Blick auf Cusanus schreibt: „Der Glaube ist die Reflexion der Vernunft in deren Grund" (Roth S. 121). Das ist eine gelungene andere Wendung für die durch Reform der Philosophie gewonnene „wahre Theologie" = koinzidental reformierte Philosophie; sie macht begreiflich: Cusanus hat von den Heiden Platon und Proklos als von Theologen gesprochen, ohne auf den Unterschied von natürlicher Gotteserkenntnis und Glaubenswissenschaft zu rekurrieren.

Mein Kritiker gibt zu, daß ich dem Glauben bei Cusanus einen Platz belasse (Flasch[2] S. 496, Flasch[3] S. 139). Ich zitierte und kommentierte *De docta ignorantia* III 11 n. 244, wonach die Einsicht die Explikation, der Glaube die Komplikation ist. Aber was das heißt, das muß *historisch* ermittelt werden; das kann der Cusanusforscher nicht aus irgendeiner späteren Kirchenlehre oder irgendeiner heutigen Theologie unbesehen übernehmen. Ich verweise dazu auf die Sachregister zum Stichwort „Glauben". Aber der Autor der Besprechung in der angesehenen *Theologischen Revue* bringt das alles in sein Schema, ohne neuere Forschungen zu beachten, die zeigen, wie Cusanus „das hochscholastische Schema der beiden Erkenntnisquellen natürliche Vernunft und Offenbarung völlig transformiert" (Ulli Roth, Suchende Vernunft. Der Glaubensbegriff des Nicolaus Cusanus, Münster 2000). Mein Korrektor behauptet, in meiner Cusanusdarstellung sei der Ort des Glaubens „lediglich das Subjektiv-Faktische beim Individuum". So abschätzig sollte ein Theologe von gläubigen Seelen nicht sprechen. Soll der richtige Glauben etwa außerhalb der Personen existieren? Vermutlich in Handbüchern der thomistischen Dogmatik. Außerdem: Wenn das glaubende „Individuum" ein denkendes Wesen ist, dann hat sein subjektiv-faktisches Vertrauen und Dafürhalten einen *Inhalt,* und weil das denkende Wesen ein Vernunftwesen ist, tendiert seine Vernunft dazu, diesen Inhalt als *ihren* Inhalt *in Vernunftform* zu haben. In der Vernunft wird alles zur Vernunft, denn die Vernunft ist kein leeres Gefäß für fremd bleibende Brocken der Objektivität, die ihm von außen eingeworfen würden. Das alles steht bei Cusanus in *De coniecturis.* Sein Denken zeigt dem gläubigen „Individuum", wie es das Selbstmißverständnis vermeidet, bloßer Rezipient zu sein, muß es doch seine Rezipientenrolle in substantiale Aktivität umwandeln, die es als *mens* ist. Die argumentative Selbständigkeit der Trinitätsphilosophie setzt voraus, daß in historischer faktischer Hinsicht die Mehrheit der Menschen und der Individuen einmal in der Rezipientenrolle gewesen sind. Bei ihnen ist die faktische Genesis zu unterscheiden von der argumentativen Geltung. Alle Cusanus-Zitate über den Glauben als Ausgangspunkt, die man mir vorhält und die ich selbst zitiere, sind entweder auf diese Rezipientenphase bezogen oder auf die psychische Disposition, das Unsichtbare, also die Wahrheit zu lieben. Aber von beidem ist der *argumentative* Aufbau der Trinitätsphilosophie als der *wahren Theologie* sorgsam zu unterscheiden. Da diese Argumentation bei Cusanus, wie man jederzeit nachprüfen kann, *argumentativ* nicht aufgrund der Bibel oder der Kirchenlehre prozediert, sondern notwendige Beweisgründe zu haben beansprucht, gehört sie nach dem heutigen Sprachgebrauch zur Philosophie, zur Philosophie der Religion. Der heutige Interpret des Cusanus muß den Sprachgebrauch des 15. Jahrhunderts gut *kennen;* aber er kann nicht in ihm *sprechen.* Wem solche Unterscheidungen gleichgültig sind, verspielt das Recht, bei solchen Untersuchungen mitzusprechen. Man kann – wie ich – sich weigern, die Cusanische Trinitätsphilosophie überzeugend zu finden, aber für das Cusanische Denken war sie wesentlich, wie, was den Stoff angeht, Haubst gezeigt hat. Nur hat Haubst die argumentative Umwandlung des gewöhnlich (nicht bei Pythagoras und Platon) historisch-faktisch vorausgehenden Glaubensaktes und seiner das Denken anreizenden spekulativen Inhalte in Vernunftaktivität für deren „Aushöhlung" gehalten. Unter dieser Voraussetzung muß „Trinitätsphilosophie" als Gegensatz zur „Theologie" gesehen werden, während Cusanus sie für die „wahre Theologie" gehalten hat, ohne um dieser *Benennung* willen seine *Argu-*

*mentationsweise* zu ändern. Welchen Begriff von „Vernunft" setzt voraus, wer deren Aktivität, die ihr Sein ist, als „Aushöhlung" begreift? Unter dieser Voraussetzung, die, soviel ich weiß, nicht in der Bibel, wohl aber in antimodernistischen Dekreten der Kurie steht, muß man mir freilich vorhalten, ich hätte den Glauben als die „Tiefendimension" des Cusanischen Denkens ignoriert (Martin Thurner, S. 92); nur hätte ich gerne außerdem erfahren, wie nach Cusanischen Begriffen *im Intellekt selbst,* der einfacher intellektueller Akt ist, noch eine „tiefere" Dimension bestehen soll, die nicht das göttliche Prinzip selbst ist, sondern die Glaubensbotschaft, die vom Hören kommt und die allerdings einen Inhalt hat, der dem philosophischen Denken als vorausliegendes Ferment dienen kann. Meine Untersuchung galt nicht der Frage, „wie Cusanus zum Denker geworden ist", wofür Thurner (S. 91) den „Glaubensvollzug" heranzieht, sondern *was er gedacht* hat. Und was er gedacht hat, das hatten die vielen Tausende, die vor ihm den „Glaubensvollzug" geleistet hatten, keineswegs schon auch gedacht. Auch die zeitgenössischen Theologen haben es – bei gleichem „Glaubensvollzug" – nicht gedacht. Den Historiker des Denkens interessiert das spezifisch Cusanische, „abseits der großen Straßen der Schulphilosophie und -theologie" „sein ganz eigenständiges Werk" (Ulli Roth). Der Hinweis auf eine „Tiefendimension", die er mit Tausenden teilt und die damals noch als gesamtgesellschaftliche Realität präsent und insofern der Mutterboden jeder kulturellen Aktivität war, mag an einführender Stelle eine willkommene kulturhistorische Erinnerung sein. Hier ist sie nur der begrifflose *Anspruch* eines heute eher isolierten Theologen, nicht der Schlüssel zum spezifischen Weltentwurf eines Denkers des 15. Jahrhunderts.

Mein theologischer Richter kreidet mir den Satz an, die Vernunft sehe, Cusanus zufolge, „in sich ihr Prinzip, die absolute Einheit" (Flasch[2] S. 158). Er liest diesen Satz, als sage er: Die Vernunft sieht sich selbst an *als* ihr Prinzip, *als* absolute Einheit. Das sagt mein Satz aber nicht; er sagt, was er sagt. Man wünscht sich die scholastische Distinktionskunst zurück. Ohne sie wird die theologische Beckmesserei zu philosophieverachtender Ketzerschnüffelei. Denn mein Satz sagt: Die Vernunft sieht, wenn sie sich selbst denkt, intellektuell, gegensatzenthoben die absolute Einheit. Sie sieht sie nicht primär draußen in der Natur. Sie sieht sie in sich selbst. Sie befolgt, was Augustin ihr geraten hatte: Noli foras ire. Ist das ein Angriff auf die Theologie? Nein, außer es gehe gegen eine sich aufspreizende, eine objektivistische Verstandestheologie, die in denkenden Personen lediglich etwas „Subjektiv-Faktisches" sieht. Die *Theologische Revue* oder vielmehr ihr isoliert stehender Rezensent versteigt sich zu dem Urteil, mein Cusanusbuch sei „eine geschickte Polemik gegen die Theologie". Davon war ich weit entfernt, das bestätigt die Reaktion anderer Theologen, selbst wenn sie in Einzelfragen anderer Meinung sind als ich. Aber natürlich kommt das unabgeschwächte Denken des Cusanus gegen eine Sorte Theologie zu stehen, für welche die Differenz von Verstand und Vernunft nur Fremdwörter sind und welche philosophische Fragen nicht mehr versteht und dennoch über sie urteilt.

Ich muß dies an einem Beispiel erläutern, um zu zeigen, daß *diese* Münsteraner Theologie sich tatsächlich übernimmt und daß ich ihr mit meiner Kritik nicht Unrecht tue. Eine schwierige Frage, die sich im Anschluß an die Schrift des Cusanus *De mente* stellt, lautet: Wie sichert er die Wahrheit unserer Erkenntnis? (Vgl. Flasch[2] S. 282 und 617, Flasch[3] S. 90–93).

Ich argumentierte: Diese Frage berührt Cusanus, wenn er sagt, die Welt der Dinge gehe so aus Gott hervor, wie die Welt der Begriffe aus dem menschlichen Geist hervorgeht. Diese Antwort ist unzureichend, denn sie setzt die Lösung schon voraus. Ich muß schon wissen, daß ich die göttliche Weltbegründung wirklich erkenne, bevor ich mit diesem Argument die Wahrheit meiner Sätze sichern kann. In dem Argument liegt *in bezug auf die philosophische Untersuchung der Wahrheitssicherung* ein Zirkel. Cusanus stellt sich das Problem der Wahrheitssicherung nicht in der strikten Form Kants.

Mein theologischer Zensor hält mir dagegen vor, der Gedankengang des Cusanus sei eine „für einen christlichen Theologen selbstverständliche Aussage". Aber nichts ist „selbstverständlich", wenn gefragt wird, wie ich wissen kann, daß ich *wahr* über die *wirkliche* Welt urteile. Diese *philosophische* Frage läßt sich nicht damit beantworten, daß Gott die Welt geschaffen habe. Diese Frage greift zurück hinter das „selbstverständliche" Gottes- und Weltbewußtsein naiver Betrachter. Meine Bemerkung ging dahin, daß Cusanus diesen Zweifel nicht hatte, daß also die Erörterung dieser Frage eher im Zusammenhang mit Kant als bei ihm zu führen ist und daß ihm das nicht vorzuhalten sei. Ganz abgesehen davon, daß es keinen Bibelspruch und keine Kirchenentscheidung gibt, die behaupteten, unser Wissen sei die Produktion des menschlichen Geistes – wieviel begriffliche Ungenauigkeit und wieviel angemaßte Überlegenheit ist es doch, die philosophische Frage nach der Sicherung unserer

Weltgewißheit als einen Angriff auf eine „für einen christlichen Theologen selbstverständliche Aussage" zu werten?

## Stilfragen

Mein Thema ist: Über Cusanus schreiben. Ich schließe mit wenigen Worten über Stilfragen. Wie die empörte Reaktion des Münsteraner Zionswächters beweist, kann man so klar gar nicht schreiben, daß jedes Mißverständnis auszuschließen wäre. Ich habe mich um eine durchsichtige und, wenn möglich, anschauliche Diktion bemüht. Ich wollte für Leser schreiben, nicht nur für Fachkollegen. Ich wollte auch stilistisch zeigen, daß ein Cusanusbuch eine subjektive Äußerung auf möglichst sicherer faktischer Basis sei. Ich habe meine Heiterkeit, meine Verwunderung, auch gelegentlichen Ärger deutlich als meinen „subjektiv-faktischen Zustand beim Individuum" ausgedrückt. Dies entsprang meinem Konzept von Wahrheit und Methode. Ich wollte kein Lehrbuch schreiben und jeden Anflug von Erbaulichkeit vermeiden. Fast alle Rezensenten, selbst der zitierte Anti-Philosoph, loben meine Schreibart. Sie ist manchmal anschaulich, um dann wieder recht abstrakt zu werden. Sie vereinfacht, wo es möglich ist, und löst die Einfachheit dann wieder auf. Sie macht philosophische Gedanken als solche klar, geht aber in sinnliche Bilder über, wo es möglich ist. Zuletzt freilich siegt die Anleitung zum „Negativ-Sehen". Beim Schreiben über Cusanus, meine ich, vollzieht die Sprache gegenläufige Wege, versucht es einmal mehr sinnlich, mal mehr abstrakt. Zu meinem Amusement wollte der eine oder andere Schreiber meinen Stil verbessern. Hie und da schüttelte ein Juror den Kopf, weil ihm meine Diktion nicht feierlich genug klingt. In der *Zeitschrift für Philosophische Forschung* 55, 2001, 297 findet jemand, ich redete zu salopp; da gebe es Attacken, die „um einen raschen Erfolg bemüht" seien. Da hat er recht, mein Deutschlehrer. Wenn schon Attacken, dann rasche und erfolgreiche, keine ewigen Metzeleien und keine stundenlangen Disputationen. Soll, wer öffentlich redet, vielleicht ein lahm reagierendes Publikum voraussetzen? Redet der Laie des Cusanus so gedrechselt und schwerfällig wie die Fachphilosophen, oder hat nicht auch er in ihren Augen einen Zug ins Unehrerbietige? Hat man nicht Sokrates vorgeworfen, er rede immer nur banal von Handwerkern, nicht geziert und erlesen wie die gelernten Rhetoriker? Nun heiße ich nicht Sokrates, und so tadelt mancher Freund des feineren Tons meine gelegentlichen Übergriffe ins Alltäglich-Anschauliche. Wie hochsensibel das Sprachempfinden solcher Leser ist, zeigt die leicht angewiderte Reaktion eines Zeitungsschreibers, der mich tadelt, weil bei mir das Wort „herausklauben" vorkomme, und das auch noch direkt neben philosophischen Termini. Er empfindet einen Widerspruch zwischen hoher Philosophie und einem Alltagswort wie „herausklauben". Über seinen Geschmack möchte ich nicht streiten, aber vielleicht ist sein Beispiel nicht besonders glücklich gewählt. Kant hatte ein waches Bewußtsein für die „Würde der Philosophie". Er war sich der zentralen Bedeutung des Kategorienproblems bewußt. Und er, ein zuweilen verkannter großer Schriftsteller der deutschen Sprache, sagt zum Beispiel von Aristoteles, er habe seine Kategorien „aufgerafft", „wie sie ihm aufstießen" (*Kritik der reinen Vernunft* B 107). Durfte er das? Kant hat noch mehr getan, um den Sprach-Zuchtmeister der *Katholischen Kirchenzeitung* vom 21.2.1999 zu enttäuschen: Er sagte in einem wahrhaft erhabenen Zusammenhang, nämlich bei der Kritik des ontologischen Gottesbeweises, dieser Beweis wolle das Dasein aus einer willkürlich entworfenen Idee – „herausklauben". Hier ist sein Satz; er klingt ein wenig anders, aber beruht auf demselben Bild:

„Es war etwas ganz Unnatürliches und eine bloße Neuerung des Schulwitzes, aus einer ganz willkürlich entworfenen Idee das Dasein des ihr entsprechenden Gegenstandes selbst *ausklauben* zu wollen (*Kritik der reinen Vernunft* A 603). Kant sprach hier von einem hohen Thema, nämlich von der Beweisbarkeit Gottes, und doch erlaubte er sich das saloppe Bild, der ontologische Gottesbeweis wolle aus einem bloßen Begriff Realität „herausklauben". Das Wort klingt altmodisch, aber daß es in einen ernsten philosophischen Zusammenhang oder zu einem Fremdwort wie „stilisieren" nicht passe, das wird kaum jemand sagen, der sich der *Kritik der reinen Vernunft* erinnert.

Vielleicht steckt hinter dem Vorwurf der saloppen Sprache noch etwas anderes. Indem ich deftige Anschaulichkeit in schwierige Analysen metaphysisch-theologischer Themen mische, indem ich dabei eine subjektive Reaktion nicht unterdrücke, sondern mal lakonisch, mal ironisch meine Zuhörer anrede, mal eine rasche Polemik einlege, mal ein alltägliches Bild einstreue, verletze ich, so scheint es, irgendjemandes Bedürfnis nach Getragenheit und Förmlichkeit, um nicht zu sagen: nach dem Jargon universitärer Konventionen, dessen Einhaltung manchen Nachwuchswissenschaftlern bei akademischen Qualifikationsarbeiten als Ausweis der Wissenschaftlichkeit gilt. Adepten, die sich soeben der Qual unterworfen haben, diesen steifen Jargon zu erlernen, verargen es mir, wenn ich aus der Reihe tanze; sie schreiben dann in die *Katholische Kirchenzeitung*, es störe sie meine „zuweilen doch sehr einfach strukturierte Sprache", wobei das Wort „strukturiert" schon wieder dem vornehmeren Ton angehört und hier überflüssig ist. Ein solcher Leser will mir vermutlich sagen, daß er an meinem Buch den Stallgeruch vermisse. Und damit hat er wieder recht. Man muß über Cusanus nicht im Stil päpstlicher Verlautbarungen oder theologischer Handbücher schreiben. Es geht auch anders. Es läßt sich über Cusanus schreiben und doch sinnliche Anschauung geben, sofern diese zur Vernunfterkenntnis hinführen kann. Hatte nicht Dionysius Areopagita empfohlen, eher die derben und schlichten, die offensichtlich unangemessenen und *daher* weiterführenden Worte zu gebrauchen, wenn vom göttlichen Einen die Rede ist? Man darf bei Cusanus ruhig „Trinität" sagen; nicht jeder muß so gesalbt reden wie mein Rezensent im Münsterland, der es ohne „hl. Dreifaltigkeit" oder „Glaubensgeheimnis sensu stricto" nicht tut. Abgesehen davon, daß es, wenn es ganz kirchlich-korrekt zuginge, heißen müßte: „*allerheiligste* Dreifaltigkeit" – so ist das Seminaristenstil des 19. Jahrhunderts. Es geht auch anders. Über Cusanus schreiben, das kann auch heißen: Frei, für Uneingeweihte und Ungeweihte schreiben, ohne Absicherung bei oberen Instanzen, ohne Angst, die Grenzen ihrer beschränkten Wortwahl zu überschreiten, also: subjektiv schreiben. Es heißt auch: durch überraschende und scheinbar ganz unpassende Deftigkeit das Denken zur Umkehr zu drängen. Weder Cusanus noch Meister Eckhart gossen über ihre Texte das süßliche Öl glatter Korrektheit. Sie folgten, über Gott schreibend, dem Wink des Areopagiten, eher rauh und roh zu reden. Für deutschsprechende Autoren gibt es auch neuere Schreibmuster, und mit einem solchen möchte ich heiter schließen.

Im fünften Akt von *Faust II* steigen singende Engelchöre herab, die Teufelsscharen zu hindern, Fausts Seele wegzuschnappen:

„wie die schnellste Maus,
Schnapps! hielt ich sie in fest verschloßnen Klauen".

Die Helfershelfer des Teufels können Fausts Seele nicht schnappen, die Engel drängen sie weg, und die folgenden Verse berichten vom Geschick der Unterteufel an dieser erhabensten Stelle des Dramas:

Satane stehen auf den Köpfen,
Die Plumpen schlagen Rad auf Rad
Und stürzen ärschlings in die Hölle. (Vers 11 736–11 738)

Hätte Goethe das nicht etwas weniger unanständig sagen sollen? Redet er in Anwesenheit der Engelscharen nicht zu „salopp"? Klingt „ärschlings" gar zu „einfach strukturiert"?

Ich denke: Nein. Von Goethe lernen, heißt schreiben lernen. Auch wenn es um einen Kardinal und um die Trinitäts- und Inkarnationsphilosophie eines subtilen Denkers des 15. Jahrhunderts geht.

# ZWEITER TEIL

# KRITIK HISTORISCHER KATEGORIEN

# „EPOCHE"

In seiner Vorlesung von 1929/30, *Die Grundbegriffe der Metaphysik*, beschrieb Martin Heidegger den Unterschied zwischen Philosophen und Philosophiehistorikern als den zwischen Sehern und Pedanten. Der Philosoph aus Meßkirch, landwirtschaftlichen Metaphern nie abgeneigt, evozierte für die Philosophiehistorie das Bild des Hühnerstalls, indem er schrieb: „Wir mögen noch so fleißig zusammenscharren, was Frühere schon gesagt haben, es hilft uns nicht, wenn wir nicht die Kraft der Einfachheit des Wesensblickes aufbringen" (Gesamtausgabe Bd. 29/30, S. 213). Heideggers Bild lebt von dem Gegensatz zwischen Wesensschau und dem Sammeln von Meinungen. Zuweilen hat Heidegger dieses Bild präzisiert. Er fügte dann hinzu, Philosophiehistoriker begnügten sich mit dem Vergleichen von allem mit jedem. Gegen Dilthey-Schüler gerichtet, charakterisierte er ihr Tun als bloßes Typisieren. Er verschärfte dieses pejorative Bild des historischen Wissens von philosophischen Theorien noch und schrieb Philosophiehistorikern die Illusion zu, geschichtsüberlegen objektiv zu arbeiten, als wähnten sie, aus ihrer Zeitstelle heraustreten zu können. Ferner begehen Philosophiehistoriker, Heidegger zufolge, eine konstitutive Inkonsequenz; sie stellen ein Konzept von Wissenschaftlichkeit und Objektivität programmatisch voran, schreiben dann aber die Geschichte der Philosophie aus dem Umkreis einer herrschenden Schule, sei es die Kants, Hegels oder des Thomismus. Manchmal gar, was das Schlimmste sei, vermischen sie diese Gesichtskreise und täuschten damit „eine Weiträumigkeit und Allgemeingültigkeit vor, durch die alle Rätsel aus der Geschichte des Denkens verschwinden" (*Nietzsche*, Band 2, Pfullingen 1961, S. 110).

Die Philosophiehistorie besaß in den Anfangsjahrzehnten Heideggers noch großes Prestige: Kuno Fischer ist 1907, Eduard Zeller 1908, Dilthey ist 1911 gestorben. Aber Heidegger beurteilte sie als einen Basar von Meinungen; sie gebe historische Berichte, aber keine geschichtliche Besinnung, die auch seinsgeschichtliche Besinnung heißt; sie verliere sich in dem Gegensatz von Geschichte und Historie. 1919 warf Heidegger der Philosophiehistorie vor, sie bewerte falsch, nämlich nach Originalität und Neuwertigkeit, statt nach der „Ursprünglichkeit der Probleme selbst". Damals benutzte er noch den neukantianischen Leitfaden der philosophischen Historiographie, das „Problem".

Insgesamt sind das mindestens drei Arten, die Philosophiehistorie abzuwerten:

Sie ersetzt den Wesensblick durch das Sammeln von Meinungen, sie fingiert Geschichtsüberlegenheit und verfehlt die Geschichtlichkeit des faktischen Daseins im Rahmen der Seinsgeschichte, sie nimmt Originalität statt Problemursprünglichkeit als unangemessenen Maßstab.

Diese Kritik hat vielfach nachgewirkt; sie hat das Ansehen der Philosophiehistorie vermindert. Nun habe ich nicht die Absicht, diese Aufstellungen Heideggers zu kritisieren und für die Philosophiehistorie Punkte zu buchen. Ich will nur begreifen, was ich tue, wenn ich Philosophiegeschichte erforsche und schreibe. Die abfällige Kritik Heideggers an den Philosophiehistorikern ist überdies nicht alles, was Heidegger zur Philosophiehistorie zu sagen hatte. Ich nenne nur ein einziges gegenläufiges Motiv: Die „Sachen" und die Zeit – anders ausgedrückt: das Sein und die Zeit, das Denken und die Zeit – haben eine nicht nur occasionelle Beziehung. Ich verstehe das so: Die „Sachen", also: Wahrheit, Liebe, Natur usw., sind selbst zeitlich; sie werden in verschiedenen Zeiten verschieden gedacht, und je komplexer die Gedanken sind, um so mehr wächst, individuelle Produktivität und gesellschaftliche Anerkennung des Denkens vorausgesetzt, die zeitliche Verschiedenheit. Es gibt in der Philosophie keine identischen Blöcke von Bedeutungen. Insofern ist die wichtigste Kategorie der historiographischen Arbeit die Zeit. Zeit bedeutet dabei zunächst meßbaren Zeitraum und Datierbarkeit, sodann aber auch das Medium inhaltlicher Verflechtung des Gesagten mit dem vorher Gesagten, mit dem gleichzeitig Gesagten, mit dem folgeweise Gesagten. Die „Sachen", um die es in der Philosophie geht, „changieren", je nach individueller und zeitlicher Perspektive. Wir stehen nicht mit Platon oder Kant „in einer Sache zusammen", sondern wir sehen sie jeweils anders, bewerten sie verschieden, definieren sie verschieden und sehen so jeweils auch eine andere „Sache".

Es zeichnen sich hier schon zwei Paradigmen der philosophischen Historiographie ab: Betreibt sie das Zusammenstehen „in einer Sache", so daß Platon und sein Historiker in der „Sache" als in einem dritten zusammenkommen? Oder „changieren" die „Sachen", von denen der Historiker spricht? Ich plädiere fürs Changieren, weil die Sachen nicht statuenhaft herumstehen, sondern wie weicher Kleiderstoff vom Interpreten aufgehoben, oft zurechtgebürstet und gefaltet, bei verschiedener Faltung verschiedene Farben zeigen. Merkwürdig genug: Ausleger Platons, die mit ihm „in der Sache" zusammenzustehen behaupten, behaupten gleichwohl, alle früheren Ausleger hätten immer nur einen changierten Platon vor sich gehabt. Sie schreiben Perspektivengebundenheit anderen zu, nicht sich selbst. Sie bewegen sich in fingierter Zeit- und Situationsüberlegenheit; sie erwähnen gar nicht oder nur occasionell den status quaestionis, den sie vorgefunden, die geschichtliche Situation und die persönliche Motivation, in der sie begonnen haben.

Ich verstehe „status quaestionis" nicht primär und nicht nur innerfachlich. Wenn zum Beispiel das Verhältnis Luther–Erasmus bei uns in Deutschland mit auftrumpfendem Konfessionalismus ständig und immer wieder zugunsten Luthers und zuungunsten des „Aals" Erasmus beschrieben wird, dann bildet dies einen status quaestionis, auch wenn zur Zeit niemand danach fragt, weil das Verhältnis als geklärt gilt. Wenn Boccaccio als Denker in Deutschland praktisch unbekannt ist, wenn jeder sich geniert zuzugeben, daß er die *Divina Commedia* nicht gelesen hat, während niemand sich geniert, das *Decameron* nicht gelesen zu haben, ja, einige sogar sich genieren, es gelesen zu haben, dann bildet auch diese Lücke in der deutschen Kultur ein Problem, einen stillschweigend ertragenen status quaestionis, auf den sich eine künftige Boccaccio-Darstellung einstellen sollte.

Als Hans Blumenberg 1965 die *Legitimität der Neuzeit* schrieb, bezog er sich auf einen status quaestionis: Hatten bürgerliches Fortschrittsbewußtsein und Kulturprotestantismus die „Neuzeit" als Durchbruch des Lichtes nach finsteren Zeiten gedeutet, herrschte nach 1945 eine politisch enttäuschte, theologisch motivierte Neuzeitkritik vor: Sie lebe von etwas, was sie selbst nicht habe erbringen können, nämlich vom christlichen Erbe; sie sei ein Produkt der Säkularisierung, das sich selbst nicht durchschaue. Blumenberg sah, daß man sich selbst anders bewertet und anders versteht, daß man auch anders handelt, je nachdem, ob man seine Herkunft als legitim oder illegitim ansieht. Er bezog sich auf diesen Problemstand, der von den meisten nicht als solcher empfunden worden war; dies macht Größe und Grenze seines Entwurfs aus.

Die eigene Zeitstelle beleuchten, das heißt auch: Die eigene Grenze sichtbar machen. Sachen und Zeit, Sehen der Sachen und Zeit durchdringen einander, dies gelte als Grundbestimmung. Ich stehe nicht mit Platon oder Ockham in einer Sache zusammen, sondern ich verbessere den status quaestionis. Davon ausgehend, aber nicht ableitend, untersuche ich hier einige Grundbegriffe der historiographischen Arbeit, Stammbegriffe der Philosophiegeschichtsschreibung, die so allgemein sind, daß sie in jeder kulturwissenschaftlichen Arbeit vorkommen. In der Feldarbeit befangen, verwenden wir sie oft fast unbewußt. Ich behaupte nicht, *alle* zu thematisieren, noch weniger glaube ich, sie *als System* präsentieren zu können; ich weiß nicht einmal, ob sie ein „System" bilden; gewiß ist, daß sie korrelieren. Ich wähle einige Konzepte von mittlerer Allgemeinheit aus, Bestimmungen, die weniger generell sind als etwa „Zeit", „Sache", „Sagen", aber doch nicht so speziell wie etwa „Scholastik", „Kapitalismus" oder „Aufklärung". Konkret möchte ich untersuchen das Konzept der „Epoche", das Verhältnis von Philosophie und Epochenbewußtsein, die Relation von Kontinuität und Bruch und den Leitbegriff der „Tradition", das Konzept der „Entwicklung".

Ich beschließe den zweiten Teil, „Kritik historischer Kategorien", indem ich deren Ergebnisse konkretisiere im Rückblick auf meine Darstellungen der Geschichte des Denkens. Dabei treten Begriffe wie „Historismus", „Zeitbezug" und „Aneignung" in den Mittelpunkt der Untersuchung. [1]

Man könnte, man müßte noch andere historiographische Grundbegriffe diskutieren. Ich nenne nur: „Fortschritt", „Ausdruck", „Strömung" und „Typus", das Neue in der Geschichte, das Klassische, die Säkularisierung. Um Geschichte denken zu können, muß man, meine ich, Begriffe wie Grund und Folge, Ursache und Wirkung zugunsten der Kategorie der „Wechselwirkung" korrigieren. Das sind weite Felder, die ich hier nur andeuten kann. Ohne eine detaillierte Kritik solcher Grundbegriffe kommt es bei Historikern, auch bei Historikern von Ideen, zu dem merkwürdigen Phänomen der *Verspätung*: Historiker, auch Historiker von Ideen, arbeiten mit den Grundbegriffen von gestern, sie benutzen eine ältere Begrifflichkeit, sie denken in einer zu Bildungsstoff und terminologischem Gemeingut geronnenen früheren Philosophie, als ver-

---

[1] Im Winter 2000/2001 lud Jörn Rüsen, der Präsident des Kulturwissenschaftlichen Instituts in Essen, mich ein, dort als Senior Fellow Vorlesungen zu halten. Wir meinten, ich könnte einmal versuchen, eine Art Summe meiner Erfahrungen als Historiker des Denkens zu ziehen. Die Essener Vorlesungen bilden den vorliegenden Teil II.
Ich danke Jörn Rüsen für die freundliche Einladung nach Essen. Er gab mir Gelegenheit zu einer Art Selbstdarstellung und damit einem Discours de ma méthode historique.

stünde diese sich von selbst. Indem Historiker ihre Stammbegriffe explizieren, machen sie diese einer expliziten Kritik durch andere zugänglich; sie historisieren nicht nur alle Welt, sondern auch wichtige Elemente ihres eigenen Tuns und insofern sich selbst. Bevor ich zur „Sache" komme, also mit dem Begriff der „Epoche" beginne, noch vier Vorbemerkungen:

Erstens: Ich gehe nicht auf Methodenfragen en detail ein. Dies habe ich in Abschnitt I 4 wenigstens im Umriß getan. Ich bleibe jetzt auf einer Ebene mittlerer Allgemeinheit; ich gebe keine konkreten Anleitungen zu philosophiehistorischen Forschungen.

Zweitens: Ich rede nicht von Grundbegriffen der mittelalterlichen oder der frühneuzeitlichen Welt, sondern von Grundbegriffen *der historischen Arbeit* an diesen Welten. Denn Historiker vergangener Welten, auch von Denkwelten, beschreiben das Gewesene nicht in *dessen* Grundbegriffen, sondern in ihren *eigenen.* Sie haben allen Grund, sich um ihre *eigenen* Kategorien, deren Sachgehalt und ihre Erschließungskraft zu kümmern.

Drittens: Mein Ziel ist hier nicht die Rechtfertigung der Philosophiehistorie als einer philosophischen Tätigkeit. Zwar werden sich Präzisierungen ergeben, die das besonnene philosophiehistorische Vorgehen verteidigen gegen karikierende Charakteristiken als Zusammenscharren von Meinungen, als Vergleichen von allem mit jedem oder als bloßes Typisieren, aber das interessiert mich nur am Rande. Ich spreche hier unapologetisch, für den internen Gebrauch, aber in der Hoffnung, es könnten sich daraus für verwandte Disziplinen und für Reflexionen über Kulturwissenschaften weitere Unterhaltungen ergeben.

Viertens: Philosophiehistoriker forschen, und sie stellen dar. Sie forschen manchmal, um ein bislang unbekanntes Detail klarzustellen, zum Beispiel die Intention Meister Eckharts, oder sie forschen im Hinblick auf die Gesamtdarstellung eines größeren Zeitraums. Daraus ergeben sich recht verschiedene Regeln des Vorgehens, sowohl für die Forschung wie für die Darstellung. Diese Differenzen sind wichtig, und ihre Mißachtung hat Folgen für das Vorgehen, aber ich gehe hier nicht näher auf sie ein, da sie den Übergang zu spezielleren Methodenfragen bilden. Ich nenne nur einmal, um ihre Relevanz zu beleuchten, eine Tücke der Erzählform, die sich besonders bei Gesamtdarstellungen fast von selbst einstellt: Das Erzählen von Wandlungen des philosophischen Denkens erzeugt fast unwillkürlich die teleologische Illusion, als sei die spätere Denkart das innere Entwicklungsziel der früheren gewesen. Auch wenn die Recherchen dies nicht erbracht haben oder wenn sie dagegen sprechen, stellt sich bei kontinuierlicher Erzählung ein solcher Effekt ein. Es scheint, als begünstige die Erzählform von sich aus die Grundbegriffe von Kontinuität und Fortschritt. Der artifiziell erzeugte Eindruck der Überlegenheit der späteren Stufe wird noch bestärkt durch bewußte oder unbewußte Anlehnung der Historiker der Philosophie an die Historiker der Naturwissenschaften oder der Mathematik; sie hat dann fast unvermeidlich inhaltliche Folgen. Sie begünstigt die Illusion, der Ideenhistoriker könne im Blick auf die „Sache" bewertend beschreiben, wie weit einzelne Denker sich ihr genähert haben oder nicht.

## „Epoche"

Ich analysiere einige Stammbegriffe der Philosophiehistoriker nicht als ewige Wesenheiten oder überzeitliche Kategorien, sondern untersuche ihre Tauglichkeit für die konkrete historiographische Arbeit; mein Arbeitsfeld ist die Zeit von 400 bis 1630, hinzu kommen einige Jahrzehnte des 20. Jahrhunderts. Im Hinblick auf diese Zeiträume der intellektuellen Geschichte untersuche ich Grundbegriffe mittleren Umfangs; ich prüfe, ob und in welchem Sinn und Umfang sie Elemente einer heutigen Historiographie sein können, beginnend mit dem Leitbegriff „Epoche".

Goethe hat vergeblich vorgeschlagen, die Deutschen sollten die nächsten 30 Jahre das Wort „Gemüt" nicht gebrauchen. Was Goethe mißlungen ist, gelingt Flasch nimmermehr, sonst würde ich vorschlagen, die nächsten 30 Jahre die Ausdrücke „Epoche", „Mittelalter" und „Neuzeit" nicht mehr zu gebrauchen. Danach könnten wir weitersehen. Auch die Derivate wie „Epochenschwelle", „Moderne" oder „Postmoderne", auch „Übergangszeit" wären zu suspendieren. Gebraucht werden neue, konkretere Beschreibungen dessen, was Historiker, auch Historiker von Ideen, sehen. Der Begriff der Epoche hatte seine Zeit, seine Zeit ist um.[2]

Das klingt schroff, und soll es auch. Aber nun zur Argumentation:

[2] Das Problem der Epoche ist oft behandelt worden. Aus der immensen Literatur seien genannt: Alfred Vierkandt, Die Stetigkeit im Kulturwandel, Leipzig 1908; Hans Freyer, Die Schwelle der Zeiten, Stuttgart 1965; P. E. Hübinger (Hg.), Kulturbruch oder Kulturkontinuität im Übergang von der Antike zum Mittelalter, Darmstadt 1968; ders., Zur Frage der Periodengrenze zwischen Altertum und Mittelalter, Darmstadt 1969; A. Buck (Hg.), Zu Begriff und Problem der Renaissance, Darmstadt 1969; H. Diller – F. Schalk, Studien zur Periodisierung und zum Epochenbegriff, Wiesbaden 1972 = Abh. der Mainzer Akad.

Wir kennen die Entstehung dieser Begriffe. Epochenbezeichnungen sind Einteilungen, die den Situationen, Interessen, Gesichtspunkten der Einteilenden entsprechen. Augustinus erwartete nach der Inkarnation keine prinzipiell neuartigen Geschehnisse; er zählte von der Menschwerdung bis zum Jüngsten Tag nur ein einziges Weltalter. Auch die Konstantinische Wende hat ihn nicht motiviert, die Geschichte der Kirche danach zu gliedern.

Insbesondere die Unterscheidung von „Mittelalter" und „Moderne" entsprach einer bestimmten Zeitsituation, bei der es sich verlohnt, ein wenig zu verweilen:

„Modern" bezeichnete lange Zeit nicht unsere „Moderne", sondern alle nicht-antiken Autoren, im 14. und 15. Jahrhundert die Nominalisten. Erst als die Abgrenzung Mittelalter-Neuzeit erfunden war und sich durchsetzte, war die „Neuzeit" die „Moderne". Entscheidend für die Einteilung der Weltgeschichte nach Epochen wurde der Ursprung des Konzepts „Mittelalter" für die Zeit vom Ende des „Altertums" oder der „Antike" bis zum Anbruch der „Neuen Zeit". Es war vermutlich Giovanni Andrea de' Bussi, der um 1465 zum ersten Mal von der „mittleren Zeit" (media aetas) gesprochen hat; ein ähnliches Zäsurbewußtsein deutet sich drei Jahrzehnte früher bei Leonardo Bruni an, auch schon in dem Interesse Petrarcas an der Wiederaufnahme des antiken Brauchs der Dichterkrönung. Doch bleiben wir bei Giovanni Andrea de' Bussi, der den Terminus „Mittelalter" geschaffen hat. Das Zäsurbewußtsein, das sich in seiner Erfindung aussprach, war durch genau erforschbare geschichtliche Umstände begründet: Seit den zwanziger Jahren des Jahrhunderts hatte sich, von Florenz und Padua ausgehend – aber auch Bologna, Pavia und Verona spielten eine Rolle, bald auch Mailand – eine neue

---

Jg. 1972, 4; Manfred Riedel, Epoche, Epochenbewußtsein, in: Historisches Wörterbuch der Philosophie, hg. v. J. Ritter, Band 2 (1972), Sp. 596–599; H. Trümpy (Hg.), Kontinuität–Diskontinuität in den Geisteswissenschaften, Darmstadt 1973; Thomas S. Kuhn, Die Struktur wissenschaftlicher Revolutionen, Frankfurt a. M. 1973; A. Zimmermann (Hg.), Antiqui und Moderni. Traditionsbewußtsein und Fortschrittsbewußtsein im späten Mittelalter. Miscellanea Medievalia 9; Berlin 1974; Hans Blumenberg, Aspekte der Epochenschwelle: Cusaner und Nolaner, Frankfurt a. M. 1976; Reinhart Koselleck, Vergangene Zukunft – Zur Semantik geschichtlicher Zeiten, Frankfurt a. M. 1979; J. Schlobach, Zyklentheorie und Epochenmetaphorik. Studien zur bildlichen Sprache der Geschichtsreflexion in Frankreich von der Renaissance bis zur Frühaufklärung, München 1980; Stephan Skalweit, Der Beginn der Neuzeit. Epochengrenze und Epochenbegriff, Darmstadt 1982; H. Günter, Neuzeit, Mittelalter, Altertum, in: Historisches Wörterbuch der Philosophie Bd. 6 (1984), Sp. 782–798.

Auffassung des Wissens verbreitet. Das Wissen sollte nicht primär auf Bücher, sondern auf Praxis, auf Erziehung, Urbanistik und Politik bezogen werden. Es ging keineswegs nur um ein neues, humanistisches Latein; obwohl die neue, an Cicero orientierte Latinität als Propagandamittel der italienischen Mittelmächte immer unentbehrlicher wurde und den sog. Humanisten Arbeitsplätze verschaffte. Es ging um eine Revision des bisherigen Wissens und Gestaltens mit Hilfe der immer vollständiger bekannten und genauer erfaßten antiken Muster. Politik und Naturwissen, Städtebau, Medizin und Kindererziehung sollten erneuert werden. Es ging nicht primär um Nachahmung der Antike, sondern um deren Neugewinnung auf verändertem geschichtlichem Boden.

Diese Bewegung, die man „Reform", rinascita, später „Renaissance" und/oder „Humanismus" nannte, hatte ihre Wurzeln im florentinischen vierzehnten Jahrhundert, in Dante, Petrarca und Boccaccio; sie erreichte ab 1400 mehrere Zentren und hatte um 1420 zahlreiche Vermittler, Schriftsteller, Professoren, Pädagogen. Die Konzilien von Konstanz, Basel, zuletzt von Ferrara-Florenz dienten als Umschlagplatz für Ideen und Texte; um 1450 erreichten ihre bedeutendsten literarischen Figuren von Rom aus, das der neuen Bewegung fast seit dem Jahrhundertbeginn gewonnen war, ihren großen, freilich immer umstrittenen und in der Folgegeneration bereits wieder zurückgedrängten Einfluß. Es wimmelte damals in Italien an Genies, aber drei müssen erwähnt werden: Lorenzo Valla, Leon Battista Alberti und Nikolaus von Kues.

Lorenzo Valla, der geniale Philologe, der seine Kenntnisse des Griechischen und des klassischen Latein in den Dienst nicht einer bloß stilistischen Reform, sondern einer Revision des gesamten Wissens und seiner Anwendung in Politik und Kirche stellte. Er kritisierte die Dialectica, das bisherige methodische Instrument des Wissens. Er sah die Gegenwart mit den Augen des historisch gelesenen griechischen und römischen Altertums. Von der Sprache ausgehend, analysierte er die boethianisch-aristotelische Schultradition mit einschneidenden Folgen für Metaphysik, Physik und Theologie; er zeigte im Detail, daß alles Wissen neu zu machen war. Er entdeckte, daß die Machtgrundlage des Papsttums auf einer Fälschung, der Konstantinischen Schenkung, beruhte; er entdeckte das nicht nur, er bewies es definitiv. Daß man mit exaktem philologisch-historischem Wissen die Politik beeinflussen konnte, das war neu. Valla war es, dem es auffiel, daß Dionysius Areopagita, der im Mittelalter als Vermittler der Geheimlehre des Apostels Paulus, als dessen unmittelbarer Vertrauter und maximus theologus galt, von keinem kirchlichen Schriftsteller vor 500 erwähnt worden ist, also vorher unbekannt war. Valla inspirierte den Verdacht, den Erasmus verbreitete und um dessentwillen Michael Servet von seinem früheren Studiengenossen Calvin verbrannt worden ist, nämlich daß die traditionelle Trinitätslehre, nicht nur die der Scholastik, sondern schon der Konzilien des vierten Jahrhunderts, an der auch die Reformatoren festhielten, im *Neuen Testament* nicht vorkam. Der Papst, der Humanist Tommaso Parentucelli, Nikolaus V., veranlaßte Valla, Thukydides zu übersetzen; dies schuf neue Muster des historischen und politischen Denkens, mit unabsehbaren Folgen bis hin zu Machiavelli.

Leon Battista Alberti, gleichbedeutend als Architekt, Städteplaner, Skulpteur und Schriftsteller, knüpfte an Masaccio, Brunelleschi, Ghiberti und Donatello an. Er verstand seine Arbeit als empirische Forschung; er trieb Physik, insbesondere Mechanik. Er schuf bauliche und literarische Formen, die der Nachahmung der Antike alles Schulmäßige nahmen; als Autor schrieb er über Architektur und Malerei die für die Folgezeit prägenden Traktate; seine literarischen Skizzen und Novellen gingen über alles hinaus, was die bisherige Zeit an Freiheit des Ausdrucks, an Zweifelssucht und Untersuchungsgeist hervorgebracht hatte.

Der Kardinal Nikolaus von Kues schließlich, der Lorenzo Valla protegierte und aller Wahrscheinlichkeit nach in Kontakt zu Leon Battista Alberti stand,[3] hatte meist diplomatisch, zuweilen aber schroff ausgesprochen, sein Denken sei *neu*. Es sollte gegen den Widerstand der gesamten aristotelisch-orientierten Theologie, die er als „die moderne" bezeichnete, die Einsichten formulieren, die Dionysius Areopagita nur angedeutet hatte. Daß er Neues und Seltenes, bisher noch nicht Gehörtes zu lehren versprach, beweist noch keineswegs, daß er zur „Renaissance" gehört hätte, denn er griff damit Wendungen Eckharts und Ramon Lulls auf; er intensivierte deren Distanz zur „Normalscholastik" des Pariser Typs. Daß er übrigens unter den „moderni" nicht nur die Nominalisten verstand, zeigte er dadurch an, daß er die Mängel des bisherigen Denkens an Albertus Magnus demonstrierte. Er warf Albert vor, daß er, wenn er bei Dionysius an die Koinzidenz der Gegensätze und

---

[3] Vgl. Kurt Flasch, Nicolò Cusano e Leon Battista Alberti, in: L. Chiavoni – G. Ferlisi – M.V. Grassi (Hg.), Leon Battista Alberti e il Quattrocento. Studi in onove di C. Grayson e E. Gombrich, Florenz 2001, S. 371–380.

Widersprüche rühre, diesen disjunktiv auslege, um nicht mit der obersten Denkregel des Aristoteles, dem Verbot widersprechender Sätze, in Konflikt zu geraten.

Cusanus wollte mit seinem betont neuen Vorgehen nicht nur eine neue Theologie begründen, sondern ebenso eine neue Kosmologie; er lehrte die Erdbewegung aufgrund der Bezüglichkeit von Ruhe und Bewegung, er bestand – übrigens nicht als erster – gegen die hierarchisierte Physik des Aristoteles auf der Gleichartigkeit der irdischen und der himmlischen Materie; er bestritt die Zentralstellung der Erde und wertete gleichzeitig die Erde als Himmelskörper, als stella nobilis auf; er skizzierte eine neue Physik, eine koinzidentale Naturphilosophie und außerdem eine rein messende Naturforschung; die Kosmologie hat Kopernikus, die koinzidentale Naturphilosophie hat Giordano Bruno, die messende Naturforschung haben Galilei und viele andere entwickelt. Es war Paolo del Pozzo Toscanelli, der Arzt und Mathematiker, der durch einen Brief an einen portugiesischen Kanonikus die Fahrt des Kolumbus nach Westen anregte; Paolo war mehr als vierzig Jahre ein enger Freund des Cusanus, und der Adressat seines Briefes kommt in dem Dialog des Cusanus *De non aliud* als Mitunterredner vor.

Cusanus hat sich früh, vielleicht schon in den vierziger Jahren, für Gutenberg und seine Erfindung interessiert; er hat die Einführung der sacra ars der Druckkunst in Italien gewünscht und gefördert. Es war sein Sekretär, Giovanni Andrea de' Bussi, der die erste Druckerei in Italien geleitet hat, zuerst in Subiacao 1464, dann in Rom. Giovanni Andrea de' Bussi begründete in den Vorreden seiner Erstdrucke auf italienischem Boden seine Auswahl der Autoren. Die Werke des Kardinals druckte er nicht, aber er sprach von dessen Interessen und von dessen Studien zur platonischen Philosophie. Er erzählte in einer seiner Einleitungen, die Massimo Miglio neu ediert hat, von dem Interesse des Cusanus am Buchdruck, und es war genau in diesem Zusammenhang, daß er zum ersten Mal das Wort „Mittelalter" benutzte. Nach einer neuesten Untersuchung von Kai Uwe Sprenger war übrigens Cusanus wohl auch der erste, der das Wort „Ausdruck", expressio, für das Produkt des Druckens, das jeder Computerbenutzer heute noch „Ausdruck" nennt, verwendet hat, und zwar schon 1453.

Der Ausdruck „Mittelalter" fiel also zum ersten Mal in einer kulturellen und politischen Atmosphäre der Erneuerung und Ausweitung; er gehört in den Zusammenhang einer lebensbezogenen Wiederaufnahme der Antike, auch der christlichen Antike; er formuliert die Selbstcharakteristik der Kreise um Valla, Alberti, Cusanus. Diese hatten die Unterstützung zweier Humanistenpäpste. Doch regierten Nikolaus V. und Pius II. nur kurz; die Türkengefahr bestimmte die militärische und die politische Situation; die Kurie erwies sich als unreformierbar; die streitenden Kardinalsparteien rissen das Schiff Petri an sich; die Päpste sorgten sich um ihren Nachruhm und um die Versorgung ihrer Nepoten; sie förderten weiterhin die neue Kunst, besonders die Architektur, aber an eine intellektuelle Reform dachten sie nicht mehr; kirchenjuristische, papal-monarchistische Ideen gefielen; 1486 veröffentlichte Papst Innocenz VIII. eine Bulle als Vorrede zum *Hexenhammer*, in dem er erklärte, die Hexenjagd entspringe keineswegs der privaten Überzeugung der Verfasser, sondern der soliden Lehre der Kirche.

In dieser Situation begann das Wort „Mittelalter" sich durchzusetzen. Das Beispiel media aetas ist ein geeigneter Fall für das Konzept der Epoche, zumal sich mit ihm die Konzepte „Altertum" (in dem modernen Wortsinn, als Epochenname) und „Neuzeit" der Sache, nicht gleich der Zeit nach, einstellten. Das deutsche Wort „Neuzeit" ist ein spätes Produkt; es ist wohl nicht vor 1838 belegt.

Rechtfertigen nicht die Einzelheiten, die ich, wenn auch kurz zusammengerafft, erwähnt habe, den Gebrauch des Begriffs der „Epoche", sogar mit einer präzis angebbaren Zäsur? Begann nicht die Neuzeit in Florenz und dann in Rom gegen 1450? Brauchen wir nicht den Ausdruck „Neuzeit" oder „Renaissance", um zu betonen, daß die philosophischen Operationen des Lorenzo Valla und des Cusanus einem größeren gesamtkulturellen Anlauf angehörten? Sie waren nicht rein innerfachliche Tendenzen und schon gar nicht bloß inner-universitäre. Der Eindruck, hier sei der Anfang der „Neuzeit" zu fassen, verstärkt sich noch, wenn wir bedenken: Luthers Ablehnung der boethianischen Harmonisierung von göttlicher Vorauswirkung und freiem menschlichem Willen war durch Vallas Boethius-Kritik mit motiviert.

Es kommt viel zusammen, hier den Terminus „Epoche" für gerechtfertigt zu halten. Und doch empfehle ich, lieber darauf zu verzichten, und zwar aus folgenden Gründen:

Eine Prägung wie „Mittelalter" diente der Selbstvergewisserung einer Gruppe von Neuerern des italienischen 15. Jahrhunderts. Als Bussi den Ausdruck prägte, waren die großen Schritte getan; Valla und Cusanus waren bereits tot; das Neue zeichnete sich sichtbar ab; in Florenz und Rom begegnete es auf Schritt und Tritt. Bussi *brauchte* den Ausdruck; viele nach ihm brauchten ihn ebenfalls, um sich die Vergangenheit nach *ihren* Interessen einzuteilen; diese Interessen waren objektiv gegründet, der Name war keine bloße Fiktion, sonst wäre er nicht so breit rezipiert worden; er war in den Phänomenen wohlfundiert, und viele, fast alle Historiker hielten ihn lange für unentbehrlich.

Ich sage nicht, er sei sinnlos oder er sei widerlegt aus einzelnen Daten; ich sage: Er entsprach der Perspektive von 1465; er korrespondierte bestimmten Programmen, die schon 20 Jahre später ausgedünnt, aufs Formal-Humanistische und die Kunst eingeschränkt wurden und in dieser reduzierten Form dann allerdings recht lange die zeitliche Selbsteinordnung stabilisiert haben.

Für uns zeichnen sich andere Zäsuren ab. Sie machen die von 1450 nicht verschwinden, aber sie ordnen sie unter. Das heißt nicht, wir sollten die „Renaissance" des italienischen 15. Jahrhunderts jetzt als eine der vielen „Renaissancen" deuten, die es im Mittelalter gegeben haben soll: Karolingische, Ottonische Renaissance, Renaissance des 12. Jahrhunderts, Aristoteles-Rezeption als Renaissance. Diese Häufung von „Renaissancen", dem Aufstand der Mediävisten gegen Jacob Burckhardt entsprungen, hat den Begriff der „Renaissance" vollends verwässert; sie diente überdies der Re-medievalisierung der Renaissance. Die war auch nur eine Parteinahme; Valla, Alberti und Cusanus haben, wie angedeutet, qualitativ neue Ideen und Formen geschaffen; sie haben nicht mit allem „Mittelalterlichen", wohl aber mit der „Scholastik" und der „Gotik" gebrochen. Also nicht um Rückdatierung der „Renaissance" ist es zu tun, sondern um das Sichtbarmachen von Zäsuren und Sektoren, die unserem heutigen Selbstverständnis dienlicher wären. Ohne Einteilungen des Geschichtsstoffs kommen auch wir nicht aus; aber für uns liegen die Zäsuren anders, und wir haben das Recht, sie aus unserer Situation heraus anders zu interpretieren. Beispielsweise:

Der politische, wirtschaftliche und kulturelle Zusammenbruch von etwa 430 bis 650 bleibt ein tiefer Einschnitt. Der Zusammenbruch war härter, als unsere allgemeinen Darstellungen vermuten lassen; von einigen Städten blieb nicht einmal der Name erhalten; ein so „schwaches" Element wie die Namen erweist sich sonst als relativ resistent. Aber das Ende der antiken Welt, besiegelt durch die arabischen wie die germanischen Eroberungen, betraf nicht Byzanz und auch nicht alle Teile Italiens; vielleicht wurde die Tempelbibliothek von Verona einfach in die Dombibliothek umgewandelt, nicht zerstört; in Südgallien gab es immer noch Grundbesitzer, die sich gebildete Sklaven, Griechen, hielten als Hauslehrer. Fritz Kern schrieb einmal aus Istanbul eine Postkarte an einen Freund und definierte: „Ostrom = chronische Spätantike". Wenn es Epochen gibt, die „chronisch" fortdauern, dann taugen sie schlecht zur Einteilung der Zeiten; zumindest sind sie regional zu differenzieren, haben also nicht den umfassenden Charakter, den sie auf den ersten Blick beanspruchen.

Eine deutliche Zäsur sehe ich in dem Abschnitt von 1070 bis 1150; jetzt endet auch im lateinischen Westen die „chronische Spätantike". Die kirchliche Dogmatik und die Regeln der alltäglichen Rechtsverhältnisse werden jetzt europaweit einheitlich festgesetzt, durch Petrus Lombardus und durch Gratian; die westliche Welt beginnt städtisch zu werden; die Stadtbewohner suchen neue Formen des Rechts, des Wissens und der Frömmigkeit. Ich übertreibe nicht die Rolle der Stadtkultur im 12. Jahrhundert; wichtige Impulse gingen von den Höfen aus, vor allem von dem Barbarossas (Interesse an der *Physik* des Aristoteles); auch die in rascher Folge entstehenden neuen Orden prägten noch das Bild, besonders die Zisterzienser. Aber Höfe wie Orden entfalteten ihre neue Kultur mit den Mitteln des neuen, des städtischen Wirtschaftsaufschwungs und in Bezug auf die Städte.

Das 13. und das 14. Jahrhundert brachten Umwälzungen, die wir leicht unterbewerten, indem wir diese Zeit ins „Mittelalter" einordnen. Italien beginnt mit Cimabue und Giotto, mit Dante und Petrarca, mit dem Hof Roberts von Anjou in Neapel und der florentinischen Stadtkultur seine mächtige Sonderentwicklung. Dante nahm um 1300 vom Arsenal von Venedig, einer riesigen Schiffsbaustätte mit etwa 5000 Arbeitern, von dem Schwefelgestank, dem Baulärm und Schreien sein Bild von der Hölle, aber wenn wir „Mittelalter" sagen, haben wir andere Assoziationen, die selbst in die Dante-Deutung zurückwirken. Seit dem 12. Jahrhundert war der lateinische Westen ständig dabei, sich zu „modernisieren", mit markanten Rückschlägen nach 1350, aber seit 1300 beginnt die stattliche Reihe der Künstler, Dichter, Philosophen, Politiker, von denen uns die jeweiligen Spezialisten versichern, sie stünden „zwischen Mittelalter und Neuzeit". Dies hat man von Boccaccio und von Luther gesagt, von Petrarca und Ignatius von Loyola, von Nicolaus Cusanus und von Karl V. Andere haben dann Thomas von Aquino, gestorben 1274, als den „ersten modernen Menschen" bezeichnet; man sieht, wie grob die Raster sind, zu denen die Epocheneinteilung führt.

Das Italien des 15. Jahrhunderts brachte eine einschneidende Zäsur, aber ebenso wichtige Einschnitte brachten das frühneuzeitliche Territorialfürstentum, die neue Stilisierung der Monarchien, besonders in Frankreich und Spanien, das konfessionelle Zeitalter und die neue Art, die Natur zu denken (Galilei und Descartes). Die Einschnitte, die uns heute wichtig sind, liegen dann wieder im ausgehenden 18. Jahrhundert, mit der Aufklärung, der beginnenden Industrialisierung und der Französischen Revolution. Uns heute betreffen feinere Strukturen; etwa die Einteilungen: vor 1914, nach 1914; wir brauchen chronologisch wie regional exaktere Markierungen. Die Leibeigenschaft ist in der Toskana im 13. Jahrhundert der Geldwirtschaft gewichen; in Rußland erst im 19. Jahrhundert; was bedeuten dann noch „Mittelalter" und „Neuzeit"?

Meine These ist: Epocheneinteilungen sind Relikte einer früheren Weise regionaler und sektoraler Selbstvergewisserung; sie lenken den Blick auf Merkmale, die früher einmal der Abgrenzung dienlich waren; sie vereinheitlichen Zeiten, Regionen, Lebensfelder oder Sektoren; sie enthalten einen Überschuß an Ent-Historisierung und Ent-Regionalisierung.

Ich möchte noch einen Schritt weiter gehen: Sie enthalten Wertungen und Idealisierungen, Anschwärzung und Anpreisung; sie sind selbst ideologische Produkte oder jedenfalls extrem anfällig für Ideologisierung. Die besten Beispiele sind wieder „Mittelalter" und „Neuzeit". Beide „Zeitalter" sind als Inbegriff des Lichts wie der Dunkelheit abwechselnd stilisiert worden; im Alltagsgebrauch ist das Wort „mittelalterlich" noch immer eher mit Abscheu beladen. Aber auch die romantische Verklärung des Mittelalters findet noch ihr Echo. Diese Vorgänge sind mehrfach beschrieben und bekannt; ich gehe nicht näher auf sie ein, sondern hebe nur eine einzige methodologische Verirrung hervor. Obwohl auch die Anhänger der Epocheneinteilung oft bereit sind zuzugestehen, diese sei eine nachträgliche Zurechtlegung und ersetze natürlich nicht konkrete Recherchen, treffe ich, vor allem in romanistischer und kunsthistorischer Literatur folgende Mahnung an: Man müsse sich klar darüber bleiben, X oder Y sei ein „mittelalterliches" Phänomen und nicht mit neuzeitlichen Begriffen zu beschreiben, sondern es sei „symbolisch" oder „zahlenmystisch", in jedem Fall „christlich" zu deuten. Solche Autoren leiten aus dem Wort „Mittelalter" Regeln der Deutung ab und sieben entsprechend die Zitate, die Fakten, die Deutungen. Es klingt wie methodische Sorgfalt, zu sagen, man müsse sich vor Modernisierungen hüten, aber wenn man, in Erwartung von Zahlensymbolik, die Säulen eines Kirchenraums zählt und dann einen Deutungsschlüssel einsetzt, der „mittelalterlich" sein soll, indem man nämlich erklärt, die Zahl Sieben oder Zwölf bedeute „im Mittelalter" dies oder das, so bleibt das Resultat höchst zweifelhaft. Nicht immer ist das Vorgehen so naiv, es gibt subtilere Formen der Stilisierung. Bei Dante zum Beispiel. Da er von Hölle und Himmel spricht, bestreitet niemand seine Nähe zur Theologie, aber man vergißt leicht darüber die theologische Polemik gegen ihn, seine Indizierung, seine Inanspruchnahme durch den italienischen Staat des Risorgimento und die sehr nachträgliche gegenwärtige Reklamierung für die heutige Kirche. Man unterlasse nur das Studium des Averroes und der averroes-nahen Passagen Alberts, und man kann einen Dante-Kommentar voller Bibelstellen und Zitaten aus dem hl. Bernhard schreiben. Das Ergebnis ist ein „mittelalterlicher" oder vielmehr ein reklerikalisierter, ein medievalisierter Dante. Viele neuere Auslegungen machen mittelalterliche Dichtungen frömmer, um nicht zu sagen: bigotter als sie im Text selbst sind. Sie reduzieren den Weltgehalt, den Erfahrungsstoff, den die mittelalterliche Religiosität noch enthielt.

Ich schließe aus all dem:

Das Wort „Mittelalter" ist eine Konvention. Es bezeichnet ein Arbeitsfeld, mehr schlecht als recht. Zu seinen Nachteilen zählt, daß selbst manche Fachleute es als einen Begriff behandeln, aus dem sich mangels empirisch-historischer Daten Erkenntnisse gewinnen lassen. Jeder kann bei sich selbst die Probe machen, ob er zu diesem Fehler neigt. Ich möchte ein Beispiel bringen: Die Pestkatastrophe des Jahres 1348/49 bedeutete einen ungeheuren Einschnitt im mittelalterlichen Leben. Kann man sich vorstellen, daß ein mittelalterlicher Autor, ein Kleriker zumal, diese Schreckenszeit bis ins einzelne schildert, aber dabei vergißt, den christlichen Glauben als Trost im Leiden auch nur zu nennen? Kann man sich vorstellen, daß er vergißt zu erwähnen, daß dieses Leiden von Gott kommt? Viele Menschen, selbst brave Fachleute, verneinen die Frage. Aber auch sie sind in die Mittelalter-Falle gegangen. Denn Boccaccio schildert um 1350 die Pest bis in die Einzelheiten; er erwähnt auch religiöse Zeremonien und Gebete, aber er erwähnt sie als Leerlauf, der so wenig zu etwas führte wie die hilflosen Aktionen der Ärzte. Boccaccio versichert, er wisse nicht, ob die Pest dem Zorn Gottes oder der Ungunst der Sterne entsprungen sei; er erwähnt die astrologische Deutung gleichberechtigt neben der theologischen.

Boccaccios theologisch neutrale Schilderung der größten Katastrophe des 14. Jahrhunderts warnt davor, aus dem Wort „mittelalterlich" irgend etwas zu folgern. Die Sache wird auch nicht besser, wenn man sagt, die skeptische Bemerkung Boccaccios sei ein „moderner" Zug in einer mittelalterlichen Schrift. Denn das Wort „modern" – samt dem Substantiv „die Moderne" und „Post-" oder „Prämoderne" – hat denselben Behelfscharakter wie die Vokabel „mittelalterlich": Es dient zur vorläufigen Markierung, es erspart fürs erste umständliche Chronologien, aber es bietet keine sachhaltige Erkenntnis. Martin Luther, bekanntlich ein Schriftsteller des 16. Jahrhunderts, war, was Teufelsglauben und biblische Buchstäblichkeit angeht, „mittelalterlicher" als der Verfasser des *Decameron*, wenn er auch wirkungsmächtiger war, indem er den vorhandenen antirömischen und antiklerikalen Affekt bündelte und theologisch sanktionierte. Das heißt: Unsere Epochenbezeichnungen sprachen irgendwann reale Erfahrungen des Andersseins aus, haben aber nur den Charakter äußerlicher Einteilung oder didaktischer Hilfestellung, erwecken jedoch, besonders in ihrer adjektivischen Verwendung, den Anschein objektiv-inhaltlicher Bestimmtheit. Sie hemmen die konkrete Forschung, und sie ermöglichen Scheindiskussionen etwa über den religiösen Charakter der Renaissance.

Doch, um vorerst noch bei der Bestimmung „Mittelalter" zu bleiben, hängt viel davon ab, welche Vorstellungsbilder jemand damit verknüpft. Diese Verknüpfungen sind kulturgeschichtlich und regional vorgesteuert, und es ist schwer, sich von tradierten Assoziationen zu lösen. Ob man das Wort „Mittelalter" mit dem Barbarossamythos, mit der Kathedrale von Chartres, mit Tristan und Isolde, mit Uta von Naumburg zusammen mit dem Bamberger Reiter *oder* mit dem Arsenal von Venedig verknüpft, das ergibt verschiedene Steuerungen der Materialsuche, des Lektürekanons und schließlich der Bewertungen.

Seit dem ausgehenden 15. Jahrhundert haben mächtige Organisationen, Orden, Bischöfe und Päpste, ausgestattet mit Druckereien, Zensureinrichtungen und Bibliotheken, darüber befunden, welche mittelalterlichen Bücher wir lesen sollten und welche nicht. Zwei der charakteristischsten Autoren des frühen 14. Jahrhunderts sollten wir nach Ansicht höchster Autoritäten überhaupt nicht lesen, Meister Eckhart und Marsilius von Padua.

Als Papst Johannes XXII. den *Defensor pacis* des Marsilius in die Hand bekam, fand er, dies sei das ketzerischste Buch, das er je gelesen habe. Und er bekam viele ketzerische Bücher in die Hand. Es enthielt eine neue politische Philosophie und ein neues Konzept der Kirche. So präzis es sich auf Aristoteles bezog, so sehr es sich in den Texten und Argumentationsformen der Hochschulen bewegte, es blieb keine akademische Angelegenheit. Es formulierte das Elend Italiens; es diagnostizierte die Ursachen der Kriege. Es demaskierte die Privilegien des Klerus; es schuf einen neuen Begriff von „Gemeinde". Es sprach das Mißverhältnis aus zwischen den Machtmitteln der Kirche und ihren proklamierten Zwecken. Das bedrohte System schlug zurück; es zwang den ehemaligen Rektor der berühmtesten Universität zur Flucht.

Der Arzt und Philosoph aus Padua starb im Exil, in München. Sein Text wurde requiriert; gedruckt wurde er erst 1522 im protestantischen Basel, Dantes *Monarchie* übrigens drei Jahre später, ebenso in Basel. Diese Texte lagen im Interesse einer protestantischen Bürgerschaft und wurden deshalb zugänglich; andere fanden auch diese späte Gunst nicht und fehlen bis heute im Bild des Mittelalters, das durch die erwünschten Autoren geprägt wurde: St. Bernhard, St. Thomas. Das wirkt bis heute nach, bestimmt den Markt der Ausgaben und der Übersetzungen. Man stelle sich einmal vor, es habe im 15. Jahrhundert mächtige Institutionen gegeben, die Marsilius von Padua zum wichtigsten Lehrer des Mittelalters gemacht hätten, vielleicht zusammen mit Gaunilo und Berengar von Tours, mit Adelard von Bath und Abaelard, mit Wilhelm von Conches und Thierry von Chartres, mit Siger von Brabant und Dietrich von Freiberg, mit Roger Bacon und Nikolaus Oresmes. Die Geschichte lief anders: Die Dominikaner haben ihren Thomas, die Franziskaner haben Bonaventura und Duns Scotus als die Hauptautoren des Mittelalters aufgebaut. Diese im engeren Sinne „scholastischen" Autoren bestimmen bis heute das generelle Bild des Denkens des „Mittelalters". Der kulturpolitisch erzeugte Lektürekanon ist mit dem Epochennamen „Mittelalter" fast unlösbar verbunden.

Ich schließe mit einigen Bemerkungen, die teils resümieren, teils zum Methodisch-Praktischen der Forschungsarbeit überleiten:

1. Ich bin sicher, daß ich die Epochenvorstellungen nicht der verdienten Ächtung zuführen kann. Sie werden in Umlauf bleiben, ich selbst werde sie in dem angedeuteten restringierten Maße weiter benutzen. Aber viel-

leicht gebraucht sie jemand in Zukunft mit mehr sprachlicher Distanz und sachlicher Kritik. Das Philosophische besteht hier in der Aufmerksamkeit auf die eigene Sprache; das war ja einmal die Idee von Begriffsgeschichte als philosophischer Kritik. Was ich anregen möchte, ist ein Nachdenken der Kulturhistoriker aller Sparten: Wie gebrauche ich die Wörter „Mittelalter" und „mittelalterlich"? Mit welchen Vorstellungen assoziiere ich sie? Woher stammen diese Assoziationen? Entsprechendes gilt für „Moderne" und für „Epoche".

2. Meine Kritik an „Mittelalter" und „Epoche" macht nicht den ohnehin aussichtslosen Versuch, eine Vokabel aus dem Verkehr zu ziehen. Sie fordert die zugehörigen sektoralen und regionalen Einschränkungen; sie schlägt ihre nominalistische Interpretation vor. Es kann und muß weiter eingeteilt werden; ich sage nicht, jede Einteilung sei subjektiv oder willkürlich; ich sage nur, sie sei auf den Einteilenden, sein Wissen und seine Interessen bezogen. Daher ist es auch kein Einwand gegen eine nominalistische Theorie der „Epoche", daß Historiker untereinander über ihre Einteilungen diskutieren. Dies wäre nur ein Widerspruch, wenn die Geschichtseinteilungen völlig individuell wären, was im Ernst niemand behauptet.

Die Kritik am Zäsurbewußtsein soll keinesfalls die Vorstellung nahelegen, im 15. und im 16. Jahrhundert sei nichts wirklich Neues passiert. Es ist entschieden Neues passiert – wie eben im zwölften Jahrhundert auch. Um beim 15. Jahrhundert zu bleiben: Der Buchdruck und die Entdeckung Amerikas mit der daraus folgenden Verlagerung des Weltschwerpunktes vom Mittelmeer auf den Atlantik, die Weltstellung Spaniens, Portugals, dann Englands und der Niederlande, dies sind einschneidende Ereignisse. Um 1440 haben wir gleichzeitig: Die ersten Autoporträts, die neue Urbanistik, die in Florenz und Rom zu Abriß und Neuaufbau führt, die erste historisch-philologische Bearbeitung der Rechtslage des Kirchenstaates, aber auch des ganzen Neuen Testamentes, die Bestreitung der Zentralstellung und der Unbewegtheit der Erde, die prinzipielle Kritik am scholastischen Verfahren, und diese zugleich aus mehreren theoretischen Ansätzen heraus. Um 1500, also etwa bei Leonardo und Machiavelli, liegt eine Vergegenständlichung der geschichtlichen und der natürlichen Welt vor, die damals wohl zum ersten Mal zu dem wurde, was man später die „Außenwelt" nannte. Dies alles sind einige der ungeheuren Vorgänge des 15. Jahrhunderts, die wir beschreiben können müssen, auch wenn wir auf Etiketten wie „Neuzeit" verzichtet haben.

Aus meinen Überlegungen folgt nicht, daß wir bei einschneidenden Ereignissen nicht mehr sagen dürften, sie hätten „Epoche" gemacht. Nach der Kanonade von Valmy hat Goethe bekanntlich gesagt: „Von hier und heute geht eine neue Epoche der Weltgeschichte aus." Die vereinten europäischen Fürsten konnten das Revolutionsheer nicht besiegen. Ereignisse dieser Art lassen das Vorherige alt aussehen. Derartiges muß sagbar sein, aber es muß sektoral und regional eingeschränkt bleiben.

3. Meine Anregungen ließen sich charakterisieren als Antiglobalismus oder Anti-Geschichtsphilosophie mit partieller Rehabilitierung des alten „Positivismus". Sie laufen auf exakte Chronologisierung, vor allem aber Regionalisierung der Betrachtungen hinaus. Man stelle sich einmal nicht mehr Paris und London als Bezugspunkt geschichtlicher Charakteristiken vor, sondern Litauen oder das südliche Sardinien. Wann begann in Sassari die Neuzeit? Gab es dort Renaissance oder Reformation? Sardinien war punisches, dann römisches Kolonialgebiet; es wurde lange von Byzanz, das im 8. und 9. Jahrhundert sich nahe an Rom heranschob, beherrscht, bis die Pisaner und die Genuesen Sardinien an sich rissen. Um 1500 kamen die Spanier, zuletzt fiel es an die Herren von Savoyen. So sieht konkreter Geschichtsverlauf aus – unterhalb der Abstraktionen von „Epochen". Es geht darum, geschichtliches Leben, das im Schatten von Epochenbildern vorhanden war, sichtbar zu machen.

4. Ich schlage einen Verzicht auf Einordnungen vor, die sich als Scheinerklärungen erweisen und den bloßen Verbalismus begünstigen. Wenn ich dies abstrakt vortrage, stimmt fast jeder mir zu; wende ich es konkret-polemisch, sagt man mir, das sei nicht nötig, man sei sich ja schon einig. Dies ist aber in der Realität der Forschung und der Darstellungen keineswegs der Fall. Dafür möchte ich einige zufällig aufgelesene Beispiele bringen; sie entstammen allerneuesten Publikationen. Sie sollen belegen, wie Epochenvorstellungen, also Mittelalter- und Moderne-Legenden, selbst dann in die konkrete Arbeit störend eingreifen, wenn diese Wörter gar nicht fallen.

Erstes Beispiel: 1999 erschien in Rom ein Buch von Franco Suitner, *Iacopone da Todi. Poesie, mistica, rivolta nell' Italia del medioevo*. Iacopone war verheiratet, war ein akademisch ausgebildeter Jurist und amtierte als Rechtsanwalt in Todi. Als seine junge Frau plötzlich starb, veränderte er sein Leben radikal. Er lebte etwa zehn Jahre lang als „Büßer", trat dann in den Orden des Franz von Assisi ein. Der Orden war zerrissen zwischen der radikalen Armutsbewegung und großkirchlicher Anpassung. Iacopone gehörte zu den Anpassungsunwilligen. Er stellte seine große lyrische Begabung in den Dienst seiner Bekehrungspredigt und seiner antipäpstlichen Polemik; er steht in der Geschichte der italienischen Literatur als einer der bedeutendsten Dichter zeitlich vor und neben Dante. Warum ich auf ihn zu sprechen komme, ist eine Auseinandersetzung, die Suitner seitenweise führt und die der Frage gilt: War nicht Franz von Assisi mit seiner Naturverbundenheit und Schöpfungsbejahung „moderner" als der zwei Generationen jüngere Iacopone, bei dem die Natur draußen bleibt, ein hart-asketisches Mißtrauen gegenüber dem Leib vorherrscht und frauenfeindliche Töne im Stil des älteren Mönchtums nicht fehlen?

Suitner macht dann die richtige Bemerkung, der Eindruck, Iacopone sei „mittelalterlicher" als Francesco, rühre nur daher, daß moderne Kulturhistoriker, vom *Sonnengesang* ausgehend, den poverello zum Vorläufer der Moderne stilisiert hätten, gehe man den ältesten Quellen zu Francesco nach, zeige sich bald, wie streng-asketisch, wie monastisch, auch frauen-distanziert der Mann aus Assisi gelebt und gedacht habe.

Die Klarstellung ist richtig, aber sie wäre überflüssig, wenn es nicht die ordnungsbeflissene Zuordnung des Francesco zur Moderne, zur „Renaissance", gäbe, die gerade in Deutschland seit Henry Thode eine bis heute mächtige Tradition hat. Etiketten dieser Art halten Menschen von der Forschung, hier: von der Lektüre anderer franziskanischer Quellen als dem *Sonnengesang* ab. Wer sich ihrer enthält, weiß eher, was er nicht weiß und versetzt sich leichter in neue intellektuelle Bewegung.

Mein zweites Beispiel ist ein unscheinbarer Dante-Vers. Er steht gleich zu Beginn des *Inferno*, I 28 bis 30. Dante erwacht zu dem Bewußtsein, den Weg verloren zu haben. Die Angst, die ihn durchdringt, mildert sich ein wenig, als er einen Hügel sieht, den die Sonnenstrahlen zu beleuchten beginnen. Er macht sich erneut auf den Weg, langsam ansteigend,

sì, che l' piè fermo sempre era 'l più basso.

Es geht hier um eine einfache Beschreibung: Der Fuß, der beim Gehen stillstand – sozusagen: das Standbein –, befand sich immer weiter unten, stand tiefer als der ausschreitende Fuß. „Gehen", heißt immer: mit einem Fuß stehen. Und wenn der Standfuß tiefer steht als der ausschreitende Fuß, heißt das: Es geht bergan.

Die Sache ist kristallin-klar. Dante nimmt keinerlei allegorische Ausdeutung vor; er kommt im weiteren Fortgang auf den Vers nicht zurück; er beschreibt schlicht, wie es aussieht, wenn jemand einen Hügel hinaufgeht. Vorher hat er klargestellt: es handelt sich nicht um eine gewöhnliche, alltägliche Szene; er hat seinen Lebensweg verfehlt; er sucht einen Neuanfang; er will ins richtige Leben, ins ethisch-politisch richtige Handeln; der sonnenbestrahlte Gipfel des Hügels zieht ihn an. Wir sehen, wie Dante langsam ansteigt.

Solange wir mit Dante allein sind, bleibt alles einfach und klar. Aber dann treten die Kommentatoren auf. Gerade auch wenn sie es einmal nicht aussprechen, sind sie überzeugt, es handle sich um einen „mittelalterlichen" Text, und sie suchen Symbolik. Ein christlicher Denker wie Dante muß sich bei den beiden Füßen etwas anderes gedacht haben, etwas Allegorisches. Ich schlage den neuesten, den gelehrtesten, den großen Kommentar auf, drei Bände stark, der letzte Band ist 1999 erschienen. Die überaus gelehrte und methodisch bewußte Verfasserin spricht nicht von „Mittelalter" oder „Moderne"; sie geht korrekt vor und zitiert zunächst die Erklärung Boccaccios zu Vers 30, Dante zeige das gewöhnliche Verhalten von Menschen, die in ansteigender Bewegung sind; sie müssen sich auf den feststehenden Fuß stützen, der, wenn es bergauf geht, immer tiefer steht als der ausschreitende.[4]

Solange wir mit Dante und mit Boccaccio allein sind, bleibt alles einfach, anschaulich und klar. Aber die Kommentatorin will tiefer sehen und fährt fort: Die alten Kommentatoren interpretierten übereinstimmend, concordemente, der *Fuß* bedeute den Affekt der Seele. Sie zitiert mit den älteren Erklärern Augustinus: pes animae recte intelligitur amor (*Ennarationes in Palmos* 9, 15). Aber war nicht von *zwei* Füßen die Rede? Kam es nicht auf deren verschiedene Stellung an, der eine weiter oben und vorne, der andere tiefer? Doch, auch dafür gibt es Zitate: Der höhere Fuß bedeute den Intellekt, der nachfolgende den Affekt. Dafür wird, Freccero folgend, Albert zitiert, der die beiden Füße allegorisch deutet und hierarchisch anordnet. Die Kommentatorin hatte wohl selbst das Gefühl, dabei sei die falsche Hierarchie herausgekommen, denn

---

[4] Boccaccio, Esposizioni sopra la Comedia di Dante, ed. Giorgio Padoan, Mailand 1965, p. 23.

Dante spricht ja nur von dem feststehenden unteren Fuß. Auf ihm beruht die Bewegung. Die Erklärerin, soeben ein wenig ins Schwanken gekommen, erklärt abschließend, es sei vom Kontext her sehr wahrscheinlich, daß eine allegorische Deutung intendiert sei, ansonsten sei der Vers ziemlich *gratuito e poco chiaro*. Die Zeitgenossen hätten diese übertragenen Bedeutungen noch gekannt, wir heute hingegen nicht mehr.[5]

Soweit der Kommentar von Anna Maria Chiavacci Leonardi. Seine intellektuelle Slalomfahrt wäre unbegreiflich, stünde nicht ein Epochenbild vom frommen allegorisierenden Mittelalter auf dem Spiel. Zunächst wird ein „Zeitgenosse" zitiert, nämlich Boccaccio, der die Sache so einfach sieht wie wir. Übrigens hatte Boccaccio durchaus ein Interesse an allegorischer Deutung, denn er wollte zeigen, daß Dantes Dichtung Philosophie sei, nur meinte er, deswegen sei längst nicht alles allegorisch zu lesen. Dann bringt die Kommentatorin die spätmittelalterlichen Erklärer zu Wort, deren Neigung zu religiösem Moralismus längst bekannt sind. Dante war angegriffen; man mußte ihn als frommen Autor rechtfertigen. Boccaccio hat, wenigstens in unserem Fall, bei Vers 30, diese Taktik nicht mitgemacht. Es gab also *contemporanei*, die den Vers nicht allegorisch deuteten. Trotzdem behauptet die Verfasserin, die alten Erklärer stimmten in der allegorischen Deutung der beiden Füße überein. Sie wird dann aber unsicher, welche Allegorie genau gemeint sei, was also der rechte und was der linke Fuß bedeute, und zieht sich schließlich darauf zurück, das hätten die Zeitgenossen gewußt, *wir* hingegen nicht.

Wenn sie es nicht weiß, wozu dann der gelehrte Aufwand? Weil sonst der Vers platt und wenig klar sei. Er muß etwas Tieferes bedeuten, aber was genau, wissen wir nicht. Für Boccaccio hat der Vers etwas *gezeigt*, nichts Tieferes *bedeutet*. Das gab es also auch, anno 1373. Nur die moderne Literaturwissenschaftlerin will es etwas „mittelalterlicher" sehen. Sie rekonstruiert ein mittelalterliches Deutungssystem, von dem sie am Schluß behauptet, die Zeitgenossen hätten es gekannt, wir nicht. Wenn es die Zeitgenossen gekannt haben, können wir davon nur reden, wenn sie es aufgeschrieben haben; dies festzustellen, heißt die positivistische Phase einhalten, also ältere Deutungen zitieren, was geschieht, aber zuletzt in ein uns unbekanntes Wissen der Zeitgenossen zurückgelegt wird.

Ich schlage vor, der Kommentar zu Vers 30 könnte etwa so lauten:

---

[5] Dante Alighieri, Commedia con il commento di Anna Maria Chiavacci Leonardi, Band 1, Mailand 1991, p. 16 n. 30.

Dante zeigt: Der feststehende Fuß steht immer jeweils tiefer; der Wanderer steigt an. Boccaccio erklärte den Vers als einfache Beschreibung dieser Bewegung, andere spätmittelalterliche Erklärer sahen im „Fuß" die Liebe zum wahren Guten, die zum Anstieg antreibt.

Das Beispiel zeigt, welche Umwege es erspart, wenn wir sokratisch zugeben, daß wir nicht wissen, was das „Mittelalter" war und gedacht hat. Wir können in der älteren Zeit Widersprüche und Vielheit anerkennen: Die einen haben allegorisch gedeutet, Boccaccio nicht. Wir postulieren kein einheitliches Deutungssystem der Zeitgenossen, von dem wir am Ende zugeben müßten, daß wir es nicht kennen. Wir kennen nur die Deutungen, die faktisch belegbar sind, und die sind polymorph. Sie entsprachen je verschiedenen Zeitlagen und Interessen, zum Beispiel dem Willen, Dante gegen die tatsächlich ausgesprochene kirchliche Zensur zu verteidigen, indem man ihn besonders fromm auslegte. Diese faktische Vielfalt von Stimmen und Situationen, auch im vierzehnten und fünfzehnten Jahrhundert: das ist das geschichtliche Leben, nicht die zunächst postulierte „mittelalterliche" Einheitsansicht der Welt, von der wir zuletzt zugeben müßten, daß wir sie nicht kennen. Wir kennen sie nicht, weil es sie nicht gab. Beginnen wir mit dieser Einsicht, dann sammeln wir die divergierenden Stimmen, die eher widerwillig zur Sprache gebracht zu haben, das *eine* Verdienst des gelehrten Kommentars von Frau Chiavacci ist. Das andere Verdienst: Sie führt zurück zu Dantes anschaulichem Bild eines Menschen, der einen Abhang hinaufgeht. Danach sieht man wieder, nach so viel Epochenspekulation, Dante als den *Dichter der irdischen Welt*.

Wer zur Kritik am Epochenbegriff ansetzt, macht immer wieder die Erfahrung, daß ihm befreundete Historiker oder Literaturwissenschaftler beruhigend auf die Schulter klopfen und ihm versichern, sie hätten damit längst nichts mehr im Sinn; die Beanstandungen liefen ins Leere. Schlägt man aber ihre Bücher auf, zeigt sich ein anderes Bild. Deswegen bringe ich noch zwei Beispiele, immer aus neuesten Büchern, immer von hervorragenden Autoren, denen ich zudem persönlich nahestehe.

Zunächst muß ich vorausschicken, daß im „Mittelalter" der Unterschied zwischen Schöpfer und Geschöpf zuweilen (eher selten als immer) damit erklärt wurde, der Schöpfer sei die Einfaltung aller Dinge (complicatio), die geschaffene Welt die Ausfaltung, die explicatio. Nun hat aber Nikolaus von Kues den menschlichen Geist mit den Worten charakterisiert, er sei nicht explicatio, auch nicht einfach complicatio, sondern er sei Bild der Einfaltung der Einfaltungen, imago complicationis complicationum.[6] Während im Mittelalter es nicht selten vorkam, daß der Schöpfer als unendlich, die Geschöpfe als endlich charakterisiert wurden, war Cusanus um die Sonderstellung des menschlichen Geistes besorgt. Dieser sollte nicht mit anderen Geschöpfen verwechselt werden; deswegen nannte er ihn vollkommenes Bild der unendlichen Kunst, artis infinitae perfecta et viva imago.[7] Der Geist, schrieb er, sei ein „vollkommenes und lebendiges Bild" der unendlichen, der göttlichen Kunst. Cusanus wollte ihn als quasi-unendlich, als Bild der unendlichen Einfaltung, nicht schlicht als endlich gedacht wissen. Dadurch unterschied Cusanus sich von früheren Autoren. Die ausgezeichnete Monographie von Ulli Roth, *Suchende Vernunft, Der Glaubensbegriff des Nicolaus Cusanus*, im Jahr 2000 in Münster erschienen, erklärt uns, wie im „Mittelalter", zu dem sie wie selbstverständlich auch Cusanus zählt, gedacht worden sei. Zuvor war von menschlicher Einsicht die Rede, und der Autor fährt fort: „Nun ist im Mittelalter eine endliche Natur primär als geschaffene, das heißt als *creatura* und damit in ihrer Beziehung zum Schöpfer zu verstehen" (S. 189). Ohne diesen Satz im einzelnen zu kritisieren oder ihm im allgemeinen zu widersprechen: Er geht am Spezifischen der Position des Cusanus vorbei. Er ordnet einen originellen und auch sprachlich auffallenden Gedanken des Cusanus in ein allgemeines Schema ein; er depotenziert den menschlichen Geist, um dessen besondere Würde es dem zu erklärenden Autor, Cusanus, gerade gegangen ist. Er legt den menschlichen Geist auf dessen Endlichkeit fest. Er setzt die Epochenvorstellung als Interpretationshilfe ein; er generalisiert, statt zu charakterisieren; er führt zur Nivellierung.

Abschiede soll man heiter nehmen. Daher nehme ich von der starken Epochenauffassung Abschied durch ein Beispiel aus Boccaccios *Decameron*. Der weltbedeutendste Boccaccioforscher ist ohne Zweifel Vittore Branca. Aber auch ihm unterläuft schon einmal ein Mißgeschick. Und zwar insbesondere bei der Anwendung des Epochenbegriffs „Mittelalter". Boccaccio, insistiert er, sei ein „mittelalterlicher" Autor, und diese Einordnung, die in der Tat geeignet ist, unhistorische Modernisierungen abzuweisen, legt Branca auch seiner Kommentierung der Novellen zugrunde. Es ist von Griselda die Rede, der Heldin der Schlußno-

---

[6] Nikolaus von Kues, De mente c. 4 n. 74, 11 ed. R. Steiger, Ausgabe der Heidelberger Akademie, Band 5, Hamburg ²1983, p. 114.

[7] Nikolaus von Kues, De mente c. 13 n. 149, 11–12. Ed.cit. p. 204.

velle, die sich durch ungewöhnliche Charakterstärke auszeichnet. Sie verbirgt ihren Schmerz, obwohl ihr, wie der Erzähler Dioneo sich ausdrückt, die Worte ihres Gatten wie ein Messer ins Herz trafen (X 10, 51). Branca bemerkt zu der Stelle, man komme bei dem Bild vom Messer im Herz nicht umhin, an Maria die Schmerzensmutter zu denken, deren Herz ein Schwert durchbohre. Diese Bemerkung paßt zu Brancas These vom „mittelalterlichen" Boccaccio. Dessen Werk muß mit einer Art Mariengestalt wie eine Heiligenlegende enden. Aber man kann die Sache auch anders sehen. Man muß sogar. Denn Boccaccio braucht denselben Ausdruck, wenn er schildert, was ein ekelhaft-eifersüchtiger Mann empfindet, dem zu Ohren kommt, daß seine Ehefrau jeden Tag mit einem Priester schläft (VII 5, 25). Selbst wenn die Wendung einen entfernten biblischen Ursprung hätte – was erst zu beweisen wäre, aber es ist von einem coltello, nicht von einem *Schwert* die Rede –, dann wäre doch vorerst darauf zu achten, wie Boccaccio mit ihr spielt. Aber dies verhindert selbst in der besten und neuesten Boccaccioausgabe die Epochenvorstellung.[8]

---

[8] Dazu vgl. Kurt Flasch, Vernunft und Vergnügen. Liebesgeschichten aus dem Decameron, München 2002, S. 225.

# PHILOSOPHIE UND EPOCHENBEWUSSTSEIN

## I.

Philosophen des 20. Jahrhunderts haben dem Konzept der „Epoche" – über dessen allgemeineren Gebrauch in den übrigen Kulturwissenschaften hinausgehend – spezielle Konnotationen und eine eigene innerphilosophische Funktion gegeben. Deswegen stellt sich die Frage: Nutzt oder schadet es der Erforschung philosophischer Grundfragen, wenn sie mit Bezugnahme auf Epochen unternommen werden? Diese Frage möchte ich nach ihrem Für und Wider abwägen, ohne zu verschweigen, daß ich zu dem Vorschlag neige, auf die Positionierung eigenen oder fremden Denkens nach Epochen zu verzichten. Wie, wenn kein Mensch wüßte, in welcher „Epoche" er lebt? Dann wäre es besser, dieses Nichtwissen zu wissen und die Vermischung vermeintlichen Wissens mit der Erörterung fundamentaler philosophischer Fragen zu vermeiden.

Zunächst möchte ich meinen Gebrauch des Wortes „Epoche" präzisieren. Ich untersuche es hier, sofern Philosophen es im prägnanten, im terminologischen Sinne verwenden. Der lockere Gebrauch des Ausdrucks im Sinne von „Zeitabschnitt", gar die anfängliche Bedeutung als „Innehalten, Haltepunkt im Zeitfluß" stehe hier nicht zur Debatte. Ich sehe keine Einwände dagegen, daß jemand vom Zeitalter Alexanders des Großen oder von der „Epoche der Karolinger" spricht. Allerdings zeichnet sich hier, wenn ich nicht irre, eine signifikante sprachgeschichtliche Verschiebung ab: Während im Französischen und Italienischen das Wort époque oder epoca in loser Verwendung noch im häufigen Gebrauch ist, so daß man von belle époque reden und von biographischen Abschnitten als den époques de la vie sprechen kann, zog sich das deutsche Wort „Epoche" im Laufe des 20. Jahrhunderts mehr und mehr aus dem alltäglichen und fachwissenschaftlichen Sprechen der Historiker zurück. Wer heute von einem Werk Goethes oder Thomas Manns sagt, es sei in der „Epoche seiner Vollendung" geschrieben, erntet, denke ich, ironisches Schmunzeln. Das Wort wurde, scheint mir, im Deutschen durch die Philosophie des 20. Jahrhunderts terminologisch eingefroren.

Im Französischen kann man noch sagen: époque des semailles für: Zeit der Aussaat, auch noch époque critique de la femme für: ein kritisches Stadium im Leben einer Frau. So können wir das Wort „Epoche" nicht mehr verwenden; bei uns wurde es geschichtsphilosophisch aufgeladen. Auch Historiker verwenden es kaum noch so. Wer es altmodischerweise noch in diesem Sinne gebraucht, dem stelle ich mich nicht in den Weg; selbstverständlich bestreite ich nicht, daß wir ein Bewußtsein von Zeitzäsuren haben und brauchen. Es sei nur erinnert an Einschnitte wie: Christi Geburt, 1914 oder 1945. Individuen und Institutionen *setzen* Zeitabschnitte; wissenschaftliche Disziplinen, künstlerische Stile und ganze Zivilisationen tun dies und müssen dies tun. Es schiene mir müßig zu leugnen, daß es Umbrüche, einschneidende Ereignisse gibt, auf die Menschen in ihrem Selbstverständnis sich beziehen. Von „Epochenbewußtsein" in diesem *weiteren* Sinn ist hier nicht die Rede, auch nicht von der Frage, ob die Geschichte stärker durch Kontinuität oder Diskontinuität bestimmt sei. „Epochenbewußtsein" im prägnanten Sinne sehe ich durch folgende Merkmale bestimmt:

Erstens: Größere Abschnitte der Menschheitsgeschichte lassen sich als Einheit charakterisieren und von anderen, insbesondere der eigenen Epoche abgrenzen.

Zweitens: Die jeweilige epochale Grundbestimmung prägt *alle* Einzelerscheinungen dieser Zeit. Sie gilt durchgehend, allumfassend. Sie muß nicht deterministisch wirken. Aber ihr Grundzug gilt als durchgehend.

Ein drittes Merkmal verbindet sich oft, wenn auch nicht notwendigerweise mit den beiden genannten, nämlich die Vorstellung, eine solche Epoche sei geprägt worden von einem einzelnen Staatsmann, Religionsgründer oder Philosophen. Man könnte dies die personalistische Variante des Epochenbewußtseins nennen.

Um das Für und Wider des Gebrauchs des Epochenbewußtseins in philosophicis zu erörtern, beziehe ich mich ausschließlich auf seine prägnanteste Fassung, definiert nach mindestens zweien der genannten drei Kriterien.

Von einer Epochencharakteristik zu unterscheiden ist die Angabe einer geschichtlichen Tendenz. Tendenzen stoßen auf Gegenkräfte; sie sind in der geschichtlichen Welt nie völlig durchgedrungen, sie lassen Reste. Selbst die wissenschaftlich-technische Zivilisation, die am ehesten Chance hat, alles zu durchdringen und die in den letzten Jahrzehnten eine ungeheure Dynamik der einheitlichen Weltumgestaltung entfaltet hat, bricht sich noch immer an vielen lokalen, regionalen und nationalen Differenzen.

Wer wahrnimmt, daß diese Tendenz ihn unausweichlich erfaßt, wird nach Bildern suchen, die ihm das Unterschiedliche seiner Situation zu den Rest- und Randgebieten oder zu anderen Zeiten verdeutlichen können; er braucht wohl am ehesten ein Selbstverständnis nach Epochen.

Ich unterdrücke die Frage, wann und unter welchen „epochalen" Voraussetzungen dieses ambitionierte, dieses „harte" Konzept von „Epoche" hat entstehen können – es ist gewiß nicht älter als das 18. Jahrhundert. Man kann fragen, ob es mit der Überschwemmung durch historische Daten oder mit der Industrialisierung zusammenhängt, jedenfalls setzt es einen Grad von Vereinheitlichung und Durchorganisation voraus, den es in der älteren Welt nicht geben konnte. Wie dem auch sei, ich begnüge mich mit der Feststellung: Es existiert, es wird in Anspruch genommen, und zwar besonders von Philosophen und von philosophiegeneigten Historikern, übrigens auch dann, wenn das Wort „Epoche" nicht fällt. Autoren, die bis vor kurzem noch vom „Feudalzeitalter" redeten, erfüllten meist die Kriterien eins und zwei. Man kann auch von „Antike" sprechen, von „Mittelalter" oder „Neuzeit". Selbst ein feinsinniger Historiker hat unter die tausend Facetten seiner kulturgeschichtlichen Darstellungen generalisierend eine Epochencharakteristik wie die folgende gemischt:

„Im Mittelalter lagen die beiden Seiten des Bewußtseins – nach der Welt hin und nach dem Innern des Menschen selbst – wie unter einem gemeinsamen Schleier oder halbwach. Der Schleier war gewoben aus Glauben, Kindesbefangenheit und Wahn; durch ihn hindurch gesehen erschienen Welt und Geschichte wundersam gefärbt, der Mensch aber erkannte sich nur als Rasse, Volk, Partei, Korporation, Familie oder sonst in irgendeiner Form des Allgemeinen."[1] Erst in der Neuzeit, zuerst in Italien, habe der Mensch sich als Individuum entdeckt; erst dann kam es, Burckhardt zufolge, zur „Entdeckung der Welt und des Menschen".

Vielleicht sollte man hier besser von „Epochenbild" sprechen, wegen der Anschaulichkeit und Einheitlichkeit einer derartigen Charakteristik. „Epochenbewußtsein" wäre dann die Applikation von Epochenbildern

---

[1] Carl Jacob Burckhardt, Die Kultur der Renaissance in Italien, Gesammelte Werke, Band 2, Darmstadt 1962, S. 89.

auf das eigene Dasein, auf das eigene Wissen und Bewerten. Es kann nun kein Zweifel sein: Diese Selbstanwendung von Epochenbildern kommt in der deutschen Philosophie des 20. Jahrhunderts in einer Reihe von Formen vor. Nicht selten bildet es den Nucleus der historischen Orientierung; insbesondere in der hermeneutischen Tradition gilt es oft als Leitfaden zur konkreteren Erfassung der eigenen Geschichtlichkeit.

Um nur einen Beleg statt vieler möglicher zu geben: Gleich zu Beginn von Heideggers Aufsatz *Die Zeit des Weltbildes* von 1938 erfahren wir über den Zusammenhang von Metaphysik und Epochenbewußtsein folgendes:

„Die Metaphysik begründet ein Zeitalter, indem sie ihm durch eine bestimmte Auslegung des Seienden und durch eine bestimmte Auffassung der Wahrheit den Grund seiner Wesensgestalt gibt. Dieser Grund durchherrscht alle Erscheinungen, die das Zeitalter auszeichnen."[2]

Danach hätte also jedes Zeitalter oder jede Epoche eine einheitliche „Wesensgestalt". Heidegger spricht vom „Wesen der Neuzeit", gleichgültig dagegen, daß ein Terminus wie „Wesensgestalt" wesentlich der ahistorischen platonisch-aristotelischen Morphe-Metaphysik angehört.

Eine solche Wesensgestalt prägt, meint man, allumfassend, ausnahmslos. Sie „durchherrscht" alle Einzelheiten. Es wäre nicht roh, hier von einer Mon-archie der Epochengestalt zu sprechen, oder auch von ihrer Diktatur. Jedenfalls soll die Herrschaft der Zeitgestalt „durchgeführt" sein, lückenlos. Es fällt das barsche Wort: Sie „durchherrscht" alles.

Schließlich soll diese Wesensgestalt ihren Grund haben in einer bestimmten Auslegung des Seienden und einer bestimmten Auffassung der Wahrheit. Zeitalter werden grundgelegt durch Philosophen. Die geschichtliche Besinnung besteht dann darin, in den einzelnen geschichtlichen Erscheinungen ihren metaphysischen Grund sichtbar zu machen, ihren konkret-geschichtlichen, nicht einen abstrakt-platonistischen Grund, sondern das Begründetsein einer Epoche in einer bestimmten Auslegung des Seienden, die alles „durchherrscht".

Diese Passage Heideggers erfüllt alle drei Kriterien eines „harten" Konzepts von Epochenbewußtsein. Heidegger hat, in den Schriften der dreißiger Jahre, insbesondere in den *Beiträgen*, in der *Einführung in die Metaphysik* sowie in *Die Frage nach dem Ding* diese Zeitalterlehre diffe-

---

[2] Martin Heidegger, Die Zeit des Weltbildes, in: Holzwege. Gesamtausgabe Abt. I, Band 5, Frankfurt a. M. 1977, S. 75.

renziert und von einer je einheitlichen griechischen, christlichen und neuzeitlichen Auslegung des Seienden, einem je eigenen Begriff von Wahrheit und gutem Leben gesprochen.

Heute von Philosophie und Epochenbewußtsein zu reden, heißt die Frage aufwerfen: Empfiehlt sich eine Annahme diesen Typs für die philosophische Besinnung? Ich sage: diesen Typs, weil es nicht um Heidegger geht, sondern um eine bestimmte Art, sich denkend zur Geschichte zu verhalten und das Philosophieren selbst als geschichtlich zu verstehen, die auch in anderen, meist schwächeren Formen vorkommt. Daher lautet meine Frage: Was spricht für, was spricht gegen ein so definiertes Epochenbewußtsein als Grundbestimmung philosophischer Forschung?

## II.

Ich nenne – der Kürze wegen unverantwortlich schematisch – zunächst einige Überlegungen, die *für* ein solches Selbstverständnis sprechen:

1. Indem das Philosophieren sich selbst epochalisiert, entgeht es der Gefahr, von der Überfülle philologischer und philosophiehistorischer Einzelheiten erdrückt zu werden. Diese Konzeption gibt dem Rückblick aufs Gewesene Fragen vor, insbesondere die, wie in den verschiedensten Einzelheiten der tragende metaphysische Grund des jeweiligen Zeitalters sichtbar gemacht werden kann. Die Selbsteinordnung in Epochen soll vermeiden, was viele befürchten, wenn sie den sog. „Positivismus" verwerfen, daß nämlich das philosophische Denken im Meer der historischen Fakten ertrinkt. Sie schafft Rahmen für philologisch-historische Recherchen; sie bewahrt das historische Wissen von früherer Philosophie vor dem bloßen Sammeln, indem sie es zurückbezieht auf die eigene Philosophie; sie kann sagen, warum es *philosophisch* relevant ist, in die Geschichte der Philosophie zurückzublicken. Sie verwandelt die traditionelle Philosophiehistorie vom Typus Brucker bis Ueberweg in ein Moment der metaphysischen Reflexion. Die neue Art nicht mehr objektivistischer geschichtlicher Umsicht sollte daher vielleicht auch nicht mehr den alten Namen „Philosophiehistorie" tragen. Jedenfalls entgeht sie der Gefahr kriterienlosen Herumsuchens; keineswegs bildet sie einen Teil der allgemeinen Kulturgeschichte. Das Problem des Relativismus stellt sich ihr nicht mehr in der vielbefürchteten alten Weise.

2. Zugleich hält sie in qualifizierter Weise das Bewußtsein der Nicht-Kontinuität der Geschichte einschließlich der Denkgeschichte wach. Dies sehe ich als ihren zweiten Vorzug: sie erschwert das vermeintlich geschichtsüberlegene Rückdatieren von Einsichten, Konzepten, Wertungen. Sie verhindert den Leichtsinn trans-epochalen Übersetzens. Sie ist das, was gegen die Gewohnheit ist, philosophische Grundbegriffe schlicht dem Wörterbuch zu entnehmen, als hieße usia „Substanz", tode ti „Individuum" und episteme „Wissen"; sie hält an, solche Bestimmungen jeweils in ihrem zeitlichen Netz, als einen Aspekt der Wesensgestalt einer Epoche, zu lesen. Selbst in den Fällen, in denen Kontinuität des *Terminus* besteht, lehrt sie auf seinen geschichtlichen Charakter achten. Sie löst die hypostasierten Blöcke auf, welche die problemgeschichtliche Konzeption der Geschichte des Denkens vorausgesetzt hat, sei es in der Theorie Nicolai Hartmanns, der Neukantianer, einiger Neuscholastiker und wohl auch einiger Spezialisten für Begriffsgeschichte.

Ich bin zwar hier noch am Darstellen des Pro et Contra und werde das argumentative Steuer auch bald wieder herumwerfen, doch meine ich hier schon sagen zu sollen: Die Abkehr von der Problemgeschichte scheint mir ein definitiver Gewinn. Wie Gadamer formuliert: Ihre Identität des Problems war eine „leere Abstraktion"; die „Identität eines Problems im Wandel seiner geschichtlichen Lösungsversuche gibt es in Wahrheit nicht."[3] Dabei, meine ich, bleibt es, nur muß man sehen, daß die Problemgeschichte ein respektabler Versuch war, das bei Dilthey ungelöst zurückgebliebene Problem des Relativismus aufzufangen. Und es ist zu prüfen, ob sich nicht noch die Ersetzung des neukantianischen „Problems" durch die seinsgeschichtliche „Epoche" dem Überdruß am antiquarischen Historismus und damit derselben Relativismusangst verdankt. Damit bin ich nun schon in die Kritik an der Epochalisierung eingetreten. Sehen wir uns einige Gründe dieser Kritik näher an.

## III.

Die „harte" Version des Epochenbewußtseins vollzieht eine weitgehende Vereinheitlichung, die sie nicht rechtfertigt, sondern dem allgemeinen Bildungsstoff entnimmt, einer populär gewordenen Kulturge-

---

[3] H.-G. Gadamer, Wahrheit und Methode, Gesammelte Werke, Tübingen 1993, Band 1, S. 381.

schichte mit ihrer Dreiteilung von Antike, Mittelalter und Neuzeit. Sie erliegt folgendem Dilemma: Entweder sie bleibt in der Angabe des Epoche-Charakteristischen so vage, daß sie nicht widerlegbar ist, oder sie präzisiert sich und riskiert damit ihre faktisch-historische Zurückweisung. Der Aufstand der Mediävisten gegen Jacob Burckhardt wiederholt sich regelmäßig. Es lassen sich immer wieder Texte auffinden, die das Epochenschema, sobald es inhaltlich entfaltet wird, falsifizieren. Die Epochenbilder haben seit langem den Überlieferungsstoff mitgeformt; sie haben daraus als paradigmatisch ausgewählt, was ihnen konform war; sie haben die Suche nach entgegenstehenden Daten verhindert und die Edition widerspenstiger Texte verhindert. Sie haben dazu geführt, daß ungeheure Textmassen als irrelevant, als nicht-charakteristisch, als vernachlässigenswert galten; man konnte sie guten Gewissens auf sich beruhen lassen. Das gilt zum Beispiel für die Texte der Skeptiker im konventionellen Bild der antiken Philosophie und für die arabische Philosophie im konventionellen Bild des mittelalterlichen Denkens. Die strenge Epochalisierung vergißt ihre eigene Zutat im Zurechtmachen der Vergangenheit und zudem noch – bei gleichzeitigem eindrucksvollem Gestus der Radikalität – ihre Abhängigkeit von früheren Zurechtlegungen des Gewesenen, die den Charakter des Selbstverständlichen erschlichen haben und an die man nur mit Vokabeln wie „Neuzeit" glaubt erinnern zu brauchen. Sie reflektiert nicht, wenn von Weltgeschichte die Rede ist, ihren Eurozentrismus, oft nicht einmal ihre Herkunft aus nationalen Befangenheiten, wie sie insbesondere bei der Descarteskritik der dreißiger Jahre und damit bei der Charakteristik der „Neuzeit" mitsprachen; sie vergißt die Mitwirkung von Lektürekanones und kontingenten Textbeständen. Ihre „Epochen" sind wie die „Probleme" der Neukantianer – Projektionen.

Der zweite Vorzug der Epochalisierung – ihre Kritik an einlinigen Kontinuitäten – geht bei näherer Betrachtung verloren, denn sie kondensiert die Kontinuität innerhalb einer Epoche. Diese soll ja „durchherrscht" sein von ihrem metaphysischen Grund. So beseitigt man den Erdenrest geschichtlicher Mannigfaltigkeit und epocheninterner Brüche, Konflikte, Verdrängungen. Zwar ist festzuhalten: In einer gegebenen geschichtlichen Situation kann nicht „alles" gedacht und nicht alles gesagt werden. Kontroversen bewegen sich innerhalb gemeinsamer Vorgaben. Derartige „Vorgaben" existieren aber nicht als kompakte Faktenblöcke von epochaler Einheitlichkeit, sondern sie werden von Historikern unter kontingenten Bedingungen an kontingentem Material vorgebracht, als Erklärungsgrund vorgeschlagen und im günstigen Fall aus Texten rekonstruiert, von Jahr zu Jahr, von Ort zu Ort, von sozialer Gruppe zu Gruppe je verschieden. Sie wechseln nach kulturellen Räumen; sie entwickeln sich lokal in verschiedensten Tempi, auch innerhalb eines Jahrhunderts. Was 1530 noch möglich war – Erasmus regierte in Basel, Rabelais schrieb seinen *Gargantua* –, war schon 1550 unmöglich: Erasmus kam auf den Index, Rabelais wurde von Calvin verurteilt. Die Konfessionen hatten sich inzwischen abgeschlossen, ein rasanter Prozeß von wenigen Jahrzehnten, innerhalb derselben „Neuzeit". Das Beispiel soll zeigen: Wer es mit konkreten geschichtlichen Vorgängen zu tun hat, dem helfen Epochenbilder nichts, die ihm sagen: „Mittelalter" – das war damals, als das Seiende als göttliche Wirkursache und als göttlich Bewirktes gedacht wurde; „Neuzeit" war die Epoche der Selbstermächtigung der Subjektivität. Einzelne Vorgänge von eminenter Tragweite wie die Weiterwirkung Plotins, die Aristotelesrezeption des 13. Jahrhunderts oder die Polemik Luther–Erasmus erschließt nicht, wer sie unter geschichtsphilosophische Epochenmerkmale bringt. Das Epochenbewußtsein bleibt entweder zurückhaltend allgemein, gar bloß hypothetisch, dann stellt es sich außerhalb der konkreten historischen Arbeit, oder es dominiert diese und führt zu Subsumtionen unter geschichtsphilosophische Abstraktionen. Dafür gibt es reichlich Beispiele: Darstellungen, die als geschichtliche beginnen und als Fallbeispiel enden. Ein solches Vorgehen entspräche eher dem vulgärscholastischen Verhältnis von individuum–species–genus als einer nicht mehr objektivistischen geschichtlichen Selbstbesinnung. Der Vorzug des Epochenbewußtseins, die Schwierigkeit des Übersetzens thematisiert zu haben, höbe sich auf, wenn die Verständigungsschwierigkeiten aus dem Blick gerieten, die zwischen Zeitgenossen bestanden, zum Beispiel zwischen Augustin und Julian von Eclanum, zwischen Bernhard und Abaelard, zwischen Goethe und Kleist, zwischen Carnap und Heidegger.

Schwer nachzuvollziehen ist drittens die Rückführung einheitlicher Epochencharaktere auf einzelne Philosophen. Ohne die weltgeschichtliche Rolle Homers, Platons, Vergils und Descartes' gering zu veranschlagen – daß sie das gesamte Altertum oder die Neuzeit insgesamt konstituiert hätten, das erscheint eine gewagte Behauptung. Philosophen, seien sie noch so groß, mögen ihr Zeitalter formulieren, stabilisieren; ihnen aber zuzuschreiben, sie hätten es insgesamt *begründet*, das bedeutete doch wohl eine reduktive Individualisierung und personalisierende Heroisierung komplexer Prozesse von gesamtgesellschaftlichem Charakter. Philosophien, die *wirken*, müssen an der Zeit sein; sie haben geschichtliche Bedingungen. Beispiel Platon: Die Vorsokratiker, die Polis, ihre politische Erfahrung, ihre Sprache und ihre Bedrohtheit, die Sophistik – dies alles und vieles andere, zum Beispiel Ägypten und Syrakus, hat erst die platonische Philosophie ermöglicht. Beispiel Descartes: Ohne die frühneuzeitliche Skepsis, den Schularistotelismus, ohne die Erfahrung der neuen Physik Galileis, ohne den Streit um theologische Ansprüche im konfessionellen Zeitalter gäbe es nicht die Philosophie des Descartes. Zwar erscheint die stärkste Variante der Epochalisierung kohärent, indem sie behauptet, die Zeitalter seien von einzelnen Philosophien bestimmt, von ihnen bis in die Einzelheiten „durchherrscht", da sie ihre Epochen nach prädominanten Seinsauslegungen definieren. Aber ist diese Definitionsart nicht eine Verbegrifflichung, eine Akademisierung der real verlaufenden Geschichte? Damit werden die Epochen nicht mehr nach Christi Geburt oder einem anderen Offenbarungsereignis, sondern nach Platon oder Kant datiert. Aber die Zeiten sind für uns so durchsichtig nicht, daß wir durch die Lektüre philosophischer Bücher zu ihrem Grund vorstoßen könnten. Freilich wurden und werden immer wieder einheitliche Charakteristiken von Epochen versucht: ante legem – post legem, Zeit der Sünde – Zeit der Gnade, Sklavenhaltergesellschaft, Feudalgesellschaft, Epoche der Religion – der Aufklärung, Industriezeitalter, Atomzeitalter, digitales Zeitalter. Jeder mag sehen, wie weit er mit solchen Titeln seine Erfahrung erfaßt. Es ist nicht so, als seien solche Titel frei erfunden, sie dienen der privaten wie kollektiven Selbstabgrenzung und Selbstverständigung, aber ebenso sicher ist, daß sie die Blicke auf bestimmte Phänomene hinführen und von anderen ableiten. Sie stilisieren, indem sie zugleich aufdecken und verdecken. Nehmen wir die Charakteristik des Mittelalters als religiöses Zeitalter. Wer sich dieser Blickführung unterwirft, wird z. B. im Mittelalter nicht nach Texten suchen, welche die Existenz von Skeptikern oder von Epikureern in dieser Zeit bezeugen. Wer, den Hinweisen Diltheys folgend, die Neuzeit charakterisiert als Suche nach rein rationalen Gemeinsamkeiten, wie sie sich aus Cicero und Seneca gewinnen ließen und die tatsächlich im konfessionellen Zeitalter Minima des Zusammenlebens gesichert haben, wird davon abgelenkt, daß Cicero und Seneca im Mittelalter so gut wie immer präsent waren, aber im 12., dann wieder im 14. Jahrhundert eine partiell dominierende Rolle, vor allem in Fragen der Ethik, gespielt haben. Wer das Mittelalter mehr oder minder explizit als agrarisches Zeitalter definiert, wird nicht die Bedeutung der Geldwirtschaft, des Fernhandels und der Manufaktur erforschen; er wird glauben, mittelalterliche Handschriften seien primär von frommen Mönchen geschrieben, nicht aber in großen Schreibbüros gegen Geld entstanden. Epochenbilder mögen pädagogisch zur ersten Orientierung ihren Wert haben, Schriftsteller kommen wahrscheinlich ohne sie gar nicht aus, zumindest in ihren Buchtiteln nicht, aber sie behindern die Forschung, weil sie regionale Unterschiede, die Fortdauer älterer Kulturschichten oder die Präsenz massiver Anfangsformen späterer Entwicklungen verdecken. Besonders das Bild des Mittelalters hat über Jahrhunderte hinweg unter derartigen abstrakten Entgegensetzungen zu leiden gehabt. Besondere Schwierigkeiten bereitete dann die Grenzzone oder die Epochenschwelle. In ihr stießen zwar nicht Realitäten, wohl aber Abstraktionen aufeinander. Die Spezialisten sahen sich motiviert, alle möglichen Kandidaten – von Boccaccio über Cusanus zu Luther und Ignatius von Loyola – in einem Limbus unterzubringen, dem sie die Überschrift gaben „Zwischen Mittelalter und Neuzeit".

## IV.

Ich versuche, zu einer Konklusion zu kommen, indem ich frage: Was würde aus fundamentalen philosophischen Untersuchungen ohne Epochenbewußtsein?

Philosophische Erörterungen erhielten zunächst einmal den abstrakt-argumentativen Charakter zurück, in dem Aristoteles und die Scholastiker über Form und Stoff, über Sein und Wesen, über Wirklichkeit und Möglichkeit, über Zweck und Seele diskutiert haben. Diese streng begriffliche Argumentationsweise war die der gesamten Metaphysik und Ontologie der Zeit vor 1800; wir kennen sie aus den Schriften späterer Denker, zum Beispiel der meisten angelsächsischen Philosophen der Gegenwart. Wer in dieser Weise an philosophischen Diskussionen teilnehmen will, wird wohl einleitend oder anhangsweise sagen, aus welchem gegenwärtigen Anlaß er in die Debatte eingreift oder welchen Nutzen für die Zukunft er sich von ihr erhofft. In aller Regel wird er Bezug nehmen auf die Ansichten früherer Philosophen, so wie es Aristoteles zu Beginn seiner Lehrschriften getan hat. Er verliert nicht jeden Geschichtsbezug, aber er gibt ihm eine andere Rangstelle: nicht mehr als Kern der Argumentation, sondern als subjektive Positionsbestimmung wie in einem Vorwort an den Leser. Das wäre nicht mehr Subsumtion eines Gedankens unter ein historisches Universale, sondern Applikation nach getaner argumentativer Arbeit, aus eingestandenermaßen subjektiver Perspektive. Die Elimination des Epochenkonzepts bedeutete das Eingeständnis, zu wissen, daß man nicht weiß, ob in der Antike Sein und Seiendes die alles Philosophieren prägende Grundbestimmung waren. Sie waren es nämlich nicht – weder bei Platon noch bei Plotin. Metaphysik ohne Epochenbewußtsein würde deren andersgearteten Ansatz zur Geltung bringen. Sie würde brechen mit der aristotelisierenden Zurechtlegung des antiken Denkens überhaupt. Sie würde also die Bestimmungen von hen und nus vor der des on stellen, den platonischen Begriff der episteme vom aristotelischen scharf absetzen, die Differenz der Ethikentwürfe herausarbeiten, schließlich die skeptische Tradition in ihrem sachlichen Gewicht rekonstruieren.

Für das Mittelalter und seine Metaphysik würde das bedeuten:

Sie würde nicht länger die Auffassung des Seienden auf das ja auch nur quasi-thomistische Schema von causa efficiens und Bewirktem reduzieren; beim historischen Thomas waren die Vorstellungen von emanatio, participatio und similitudo mindestens ebenso wichtig, sie würde Dionysius Areopagita, Johannes Eriugena, Thierry von Chartres, Roger Bacon, Lull, Eckhart und Cusanus als gleichberechtigte Gesprächspartner anerkennen und damit das Gesamtbild der mittelalterlichen Philosophie konkretisieren.

Das Bild der neuzeitlichen Philosophie würde sich differenzieren, wenn man gesteht, das „Wesen der Neuzeit" nicht zu wissen. Unfruchtbare Fragestellungen bezüglich des „Übergangs" vom Mittelalter zur Neuzeit würden ersetzt durch vielteilige Analysen der Denk- und Wissenschaftsgeschichte des 15. und 16. Jahrhunderts.

Wer auf Epochenbilder verzichtet, behauptet keineswegs, es sei nicht zu wichtigen Neuerungen gekommen. Nur wird seine Blickrichtung auf frühere Formen des Wissens eine andere: Sie geht auf deren argumentativen Gehalt und versucht, diesen rein zu gewinnen und ihn doch gleichzeitig in seiner konkreten geschichtlichen Bedingtheit zu erforschen. Dafür fiele die Anstrengung weg, in ihm ein Epochenexempel als dessen letzten Grund zu ermitteln.

Dies möchte ich etwas genauer sagen: Philosophische Entwürfe sind von der ungewöhnlich komplexen Bauart literarischer Kunstwerke, nicht selten *sind* sie Kunstwerke. Das heißt: Sie haben sprachlich und in der Argumentationsform unabsehbar viele Prämissen, Implikationen, Assoziationen. Jeder Betrachter kann an ihnen Neues entdecken; jeder ihrer Interpreten trifft eine subjektive Auswahl, welche ihrer Verflechtungen er hervorzuheben für richtig und fruchtbar hält. Daher gibt es viele und in sich pluriforme Interpretationen der tradierten Formen der Philosophie. Das ist – entgegen allen unitarischen Ambitionen – der faktische Zustand: Der Blick auf die Metaphysik bleibt das Denken des Vielen durch Viele, nicht das Haben des Einen durch Einen im Namen einer allesprägenden „Tradition", eines umfassenden Verfalls oder einer einheitlichen Epochenbestimmung, welche die gesamte Metaphysik seit Platon „durchherrscht". Wer dies geltend macht, geht nicht darauf aus, philosophiehistorische Gedankensplitter im postmodernen Raum zu versprengen. Er bricht nur mit der in der Zeit extremer Diskontinuität zumal in der deutschen Realwelt ideologisch überhöhten Vorstellung abendländischer Tradition und Kontinuität, aber er leugnet nicht nur nicht wirklich nachweisbare Kontinuitätsmomente, sondern er sucht sie auf, z. B. platonisierende Texte, zahllose Aristoteleskommentare, die freilich keineswegs alle dasselbe sagen, oder die Präsenz Ciceros und Senecas, die im 12., im 14., vom 16. bis zum 18. Jahrhundert aus je verschiedenen geschichtlichen Kontexten bestanden hat. An real gewonnenen Einsichten zur Geschichte des Wissens geht nichts verloren, wenn wir philosophische Fragen ohne Epochenbewußtsein erörtern. Es bleibt selbstverständlich möglich, generelle Charakteristiken großer Zeiträume zu versuchen. Ich möchte das Phänomen der longue durée in der Geschichte der Metaphysik an zwei Beispielen erläutern:

Erstens: Man hat den cartesianischen Begriff von Methode auf Antike und Mittelalter übertragen. Martin Grabmann beschrieb die „scholastische Methode". Dagegen kann man, auch angeregt von Heidegger, vorbringen, Augustin und Thomas hätten kein „System" gehabt. Wer will, kann von ihnen sagen, sie hätten in einer „vorsystematischen Epoche" gelebt. Doch wäre der Epochenbegriff dabei „weich" zu halten. Konkret-historische Einschränkungen wären vorzunehmen: In bestimmten Formen der älteren Metaphysik war ein geradezu mathematisches Vorgehen intendiert, Euklid galt als Muster. Lulls ars generalis war ebenso wie die Koinzidenzlehre des Cusanus als universale Verfahrensweise für alle Wissenszweige konzipiert.

Zweitens: Thomas von Aquino hat eine andere geschichtliche Kontinuität von langer Dauer dahin formuliert: Die für alle Philosophie charakteristische Reduktion des Vielen auf das eine Prinzip fordere die Unveränderlichkeit und die Dauer der Himmelskörper. Man könnte von der Philosophie der Zeit vor 1600, also vor Galilei und Descartes, sagen, sie sei Astrophilosophie gewesen. Es ist zu untersuchen, was es für metaphysische Aufstellungen nach 1800 bedeutet, daß der Blick zum „gestirnten Himmel" über mir aufgehört hat, das Denken des Einen anzuregen und zu bestätigen. In diesem Sinne stehen wir in einer prinzipiell neuen Situation. Das kann man einen epochalen Wandel nennen, aber nicht im Sinne eines *einzigen* durchgehenden und *alles* bestimmenden Grundzugs. Es ist *eine* von vielen Bedingungen älteren philosophischen Denkens, die innerhalb derselben „Epoche" erhebliche Varianten aufweist. Sie hat im Werk Augustins eine charakteristisch andere Rolle gespielt als in dem des Thomas von Aquino.

V.

Ich komme zum Schluß, indem ich noch die Frage stelle, wie nach dem Abschied vom Epochenbewußtsein die Vorzüge herübergerettet werden könnten, die dem Epochenbewußtsein gegenüber einer kriterienlosen historischen Empirie einerseits und einer Kontinuitätsunterstellung im Sinne Nicolai Hartmanns, Heimsoeths und einiger Neuscholastiker einzuräumen waren; ich blicke also noch einmal zurück auf die eingangs genannten beiden Argumente pro Epochenbewußtsein und sage erstens: Es gibt sowohl für die historische *Recherche* auf dem Feld der Geschichte des Denkens wie erst recht für ihre Darstellung geeignetere Einheitsgründe als „Epochen". Der Historiker der Ideen muß sich eine Frage stellen können und sie festzuhalten wissen, ohne sie zum überzeitlichen „Problem" zu hypostasieren; er wird sie als *seine* Frage, nicht mehr als Grundriß einer Epoche ansehen. Das erlaubt ihm, temporären Anlaß und metaphysische Diskussion enger zu verknüpfen als die

Epochentheoretiker das konnten. Wenn ich vorhin sagte, der argumentative Gehalt sei rein herauszuarbeiten, so meint das nicht, das Ziel des Denkens sei ein Verzeichnis metaphysisch-reiner Bestimmungen. Denn von diesen ist wieder in die Geschichte zurückzukehren, die das Epochenbewußtsein nur in abstrakter Form berührt hat, weshalb auch seine „Überwindung des Positivismus" mehr rhetorische Figur als Wissensgewinn geblieben ist. Philosophische Form und geschichtlicher Stoff blieben in ihm einander fern. Befreit vom Epochenschema wäre jede philosophische Frage chronologisch zu fixieren und auf geschichtliche Zusammenhänge zurückzubeziehen. Zum Beispiel gehört in die Geschichte des Substanzbegriffs die Klerikalisierung des Kirchenverständnisses und die Monastifizierung des Klerus im 11. Jahrhundert, wie schon die ketzergeschichtliche Untersuchung unseres Lessing in seinem Buch über Berengar von Tours gezeigt hat. Heideggers Interpretationen zu Hölderlin oder ein philosophierendes Buch über die Folgen der Atombombe waren historisch konkretisierte, philosophische Untersuchungen. Michel Foucault hat seine philosophischen Erörterungen auf geschichtliche Umstände bezogen – auf die Bewertung der Sexualität, auf die Theorie psychiatrischer Erkrankungen und auf Strafsysteme.

Um die eingangs genannten Vorzüge des Epochenbewußtseins in philosophischen Fragen zu aktualisieren, ohne in dieses zurückzukehren, bedürfte es Untersuchungen folgenden Typs – nur auf den Typus kommt es zunächst an, nicht auf Einzelergebnisse, nicht auf terminologische Moden:

Forschungen dieser Art brächten eine Fülle neu gesehenen historischen Materials ins fundamentalphilosophische Spiel, methodisch streng ermittelt, nach alten positivistischen Regeln überprüfbar, dennoch von allem Positivismus weit entfernt. Ihre Ausgangsfragen wären konkreter als herkömmliche Epochenbilder; sie beruhten auf scharfer chronologischer Begrenzung, variabel je nach Thema. Die Themenstellung erfolgte zunächst als Entwurf des Bearbeiters; sie machte ihren subjektiven Charakter kenntlich und erprobte sich in der Durchführung als objektivierbare Bündelung von geschichtlichen Tatsachen. Deren Relevanz läge wie in der alten Metaphysik *vor* dem Auseinandertreten von Theorie und Praxis. Sie führte einige der alten metaphysischen Grundfragen fort, z. B. von Individuum und Allgemeinheit, von Identität und Nicht-Identität, Kontinuität und Nicht-Kontinuität, z. B. einer Nation oder einer Institution, ohne Epochenbewußtsein, dafür in verstärkter Kooperation mit

Einzelwissenschaften. Sie verlöre sich nicht in endlosen Details, ohne indes ihren Einheitspunkt in einem überzeitlichen „Problem" zu wählen. Sie entstammte einer gegenwärtigen Frage und kehrte zu dieser zurück; zugleich wäre sie der quasi-künstlerische Wurf des kontingenten Autors, ohne sich indes wie der Historismus Diltheys auf eine neoromantische Einfühlungsmetaphysik oder auf irgendeine Art Vision von Weltzeitaltern zu berufen. Sie profitierte von Heideggers Kritik an bruchlosen Übersetzungstechniken zeitfreier Grundbegriffe; sie löste wie er geschichtsüberhobene Kontinuitätskonstruktionen auf, ohne sich weltanschaulich auf ein panta rhei festzulegen. Sie betriebe nicht wilde Kontinuitätskritik. Sie leugnete nicht die alltägliche, die literarische und fachwissenschaftliche Erfahrung, daß einzelne Tatsachen in einer temporären Welt stehen und von ihr her verstanden werden, daß sie, obwohl verschiedenen Sachgebieten angehörend, einen gemeinsamen zeitbedingten Stil haben, den aufmerksame Beobachter in ein historisches Universale zusammenfassen und dann sowohl ein Möbelstück wie eine Novelle Stifters als „biedermeierlich" ansprechen. Doch wären solche Kontinuitätsbilder auf ihre Verluste und Ausschließungen hin empirisch zu überprüfen; ihre Kontinuitäten wären sektoral, regional und chronologisch zu differenzieren. Denn es ginge in ihnen um wirkliche Geschichte, nicht um deren abstraktes Schema.

# KONTINUITÄT UND TRADITION

Am 1. Oktober 1807 kam im Hause Goethe die Sprache auf Epochen. Ich muß genauer sagen: Die Unterhaltung fand im Garten Goethes statt, und Goethe sprach nicht von „Epochen", sondern von „Zeitaltern". Sein Thema war die Geschichte der Philosophie, und im Blick auf sie bemerkte Goethe, wie Riemer berichtet:
„Die Wissenschaften bilden sich auch aus und im Gegensatze. Das Zeitalter der Sophisten forderte den gesunden Menschenverstand und das rechtliche Gefühl des Sokrates. Das Zeitalter der Scholastiker einerseits das Sittliche des Petrarca und in der Physik den Forschergeist des Roger Baco usw."[1]

Die Wissenschaften entwickeln sich („bilden sich"), und zwar durch Gegensätze. Goethe sah im „Zeitalter" den allgemeinen Ideenvorrat, von dem denkende Individuen sich entfernen, in gegenläufigen Bewegungen. Sie setzen sich dem Zeitalter entgegen, dann auch einander. Die Polemiken sind das Wahre, jedenfalls das Fruchtbare, nicht der gleichbleibende Grundbestand. Wer sich an einheitliche Epochenbilder hält, verfehlt die denkenden Individuen, ihre Konflikte mit ihrer Zeit und untereinander, also das eigentlich Geschichtliche. Das „Zeitalter" war für Goethe fast nicht mehr als der träge Bodensatz, von dem Forscher sich absetzen.

Am 26. September 1807 hatte Goethe sich noch entschiedener geäußert. Das Zeitalter, das ist das Langweilige, das Tödliche und Tötende. Goethe: „Es seien zu allen Zeiten nur die Individuen, welche für die Wissenschaft gewirkt. Nicht das Zeitalter. Das Zeitalter war's, das den Sokrates durch Gift hinrichtete, das Zeitalter, das Hus verbrannt; die Zeitalter sind immer sich gleich geblieben."[2]

Vielleicht dachte Goethe die „Zeitalter" zu kompakt. Was er so nannte, ist doch nur eine quantitativ stark vertretene partikulare Gruppe oder die jeweils herrschende Partei. Sie bildet die unproduktive Majorität, die Summe des Durchschnittlichen, die sich gegen das Neue sperrt. Histori-

---

[1] Flodoard von Biedermann, Goethes Gespräche, neu hg. von Wolfgang Herwig, Band 2, München 1998, Nr. 2542, S. 257.
[2] Riemer ebd., Nr. 2538, S. 255 f.

sches Arbeiten jedenfalls beginnt mit der Entdeckung der Entgegensetzungen innerhalb eines Zeitabschnitts, mit der Aufmerksamkeit auf Polemiken, und das gilt, wie ich zu zeigen versucht habe, für das Mittelalter wie für die Moderne.[3] Es wimmelt im 14. Jahrhundert von Polemiken, aber ebenso im dreizehnten wie im sechzehnten. Der kompakte Gebrauch der Kategorie „Epoche" lenkt davon ab.

Während die Kategorie „Epoche" die Forschung behindert und die Darstellungen zur Monochromie verurteilt und folglich für dreißig Jahre suspendiert werden sollte, hat die Kategorie „Kontinuität" einen geringfügig besseren Status.[4] Sie scheint sogar mit dem Tun des Historikers, speziell des Historikers von Theorien, untrennbar verbunden, und dies gleich aus mehreren Gründen. Zeit selbst scheint ein Kontinuum, sofern ein Moment nach dem anderen kommt und mit ihm verknüpft ist; jede Erzählung erzeugt oder bezeugt ein Kontinuum, denn die Mehrzahl von Ereignissen, die in ihr vorkommt, wird eo ipso durch das Erzählen verknüpft; schließlich sucht der Ideenhistoriker Kontinuitäten, da er annimmt, eine neue Theorie sei aus Mängeln oder Anregungen einer früheren entstanden, folge also nicht nur zeitlich und räumlich auf eine andere, sondern ergebe sich aus ihr als ihre Anwendung, Bereicherung oder Korrektur. Bewegung entsteht durch Mangelerfahrung; bei satter Zufriedenheit gäbe es keine Dynamik. Wie in der politischen Welt auch Revolutionen, wie in der Kulturwelt auch Zerstörungen, so sind im Universum der Theorien auch Widerlegungen nur innerhalb von Kontinuitäten möglich. Eine Widerlegung bezieht sich ausdrücklich zurück auf einen früheren Kenntnisstand oder eine frühere Zurechtlegung.

Wie man sieht, hat „Kontinuität" als historiographische Kategorie bessere Karten als „Epoche". Man hat versucht, sie transzendentalphilosophisch zu begründen: Wer etwas Neues erkennt, muß es einfügen in das Ganze seines bisherigen Denkens; er selbst, der Denkende, muß die verschiedenen Elemente in seinem Bewußtsein vereinigen, also zwischen ihnen Kontinuität herstellen. Und doch gehört zu jeder der genannten Begründungen ein Aber.

Die leere Aufeinanderfolge von Zeitmomenten bedeutet noch keine

---

[3] Vgl. Kurt Flasch, Einführung in die Philosophie des Mittelalters, zuerst Darmstadt 1987.

[4] Zum Thema der Kontinuität vgl. außer der zu „Epoche" (oben S. 130) und zu „Tradition" (unten S. 180) verzeichneten Literatur speziell: H. Trümpy (Hg.), Kontinuität, Diskontinuität in den Geisteswissenschaften, Darmstadt 1973.

inhaltliche, politische oder kulturelle, also geschichtliche Kontinuität; mag die Kontinuität auch zur Form des Erzählens gehören, so fordert die Erzählform ebenso Vielzahl, Veränderung, überraschend Neues. Außerdem können Historiker nicht die Wandlungen der Erzählform ignorieren, die das 20. Jahrhundert gezeigt hat: Unterbrechungen, selbst Abbrüche vor der erwarteten Vollendung, Rückzug ins Innere des Erzählenden, Rückblenden und Vorausschauen, Möglichkeitsperspektiven und Zweifel, dies alles hat die Erzählform offener, brüchiger, vielfältiger gemacht. Das Moment der Kontinuität blieb dem Erzähler des 20. Jahrhunderts unentbehrlich, wurde aber bezweifelt, ausgedünnt, unterbrochen oder auf die subjektive Seite zurückgenommen. Erzählen kann niemand, nur am Programm der Kontinuität orientiert. Zur Erzählung gehört ebenso Variation wie Kontinuität.

Das Prestige der „Kontinuität" mindert sich erheblich, wenn man sie nicht als formale Kategorie, nicht als Bedingung der Zeiterfahrung oder der Ich-Konstitution, sondern als Leitfaden der historischen Forschung betrachtet. Dann kommt es darauf an, wie sie gedacht wird. Wird sie starr, dinghaft, kampflos gleichbleibend gedacht, führt ihr Gebrauch unweigerlich zu Auslassungen und Verzeichnungen. Auffällig häufig ist dies bei Stadtgeschichten zu beobachten; sie neigen dazu, den homo heidelbergensis als den ersten Heidelberger zu betrachten; sie fingieren Kontinuitäten; aus der räumlichen Kontinuität machen sie eine genetische, geschichtliche. Wenn aber von der antiken Stadt Argentoratum noch nicht einmal der Name übrigblieb, dann reduziert sich die Kontinuität der Stadt Straßburg doch fast auf die geographische Lage an Rhein und Ill, zwischen Basel rheinaufwärts und Speyer, Worms, Mainz rheinabwärts.

Kontinuität in der histoire intellectuelle: Es gibt Bewegungszusammenhänge der langen Dauer. „Physik" ist ein solcher, wenn sie nicht aufgefaßt wird, als habe nur eine einzige Schule geherrscht, als sei es immer um „dasselbe Problem" gegangen. Als könne man unsere Fragen zurückdatieren, als mache die Physik keine Sprünge. Es gibt die reale, die spannungsreiche, konfliktgeladene, widersprüchliche Kontinuität in der Geschichte, aber ohne Kritik an der Kontinuitätskategorie tritt leicht eine platte, nur identisch-sein-sollende Abstraktion an ihre Stelle. Es gibt sie auch in der geschichtlichen Welt – als tote Winkel, als stagnierende Zustände, als unbefragte zähe Irrtümer, verfestigte Schulen und Seilschaften. Im historischen Denken kommt die flache Kontinuität als Epochenbild vor, das zur korrigierenden Forschung nicht einlädt und sich gegen sie zur Wehr setzt. Es kann aber nicht darum gehen, die Geschichte kontinuitätsfrei zu konstruieren, weil andere sie zu einheitlich, zu zusammenhängend geschrieben haben. Es gibt reale Quellen der Kontinuität. Dazu zählen bestimmte inhaltliche Vorgaben, zum Beispiel der Islam. Für Stadtgeschichten wäre dies die geographische Lage an einem austauschreichen oder an einem abgelegenen Ort. „Ort" ist dabei nicht nur physikalisch-geographisch zu verstehen, sondern kulturgeographisch. Zweifellos gab es in der Wissenschaft einen Pariser und einen Oxforder Stil; Bologna hatte keine theologische Fakultät, war von Jurisprudenz und Medizin geprägt; die Orientierung an der arabischen Wissenschaft gehörte gewissermaßen zum Lokalkolorit. Aber so wenig wie heute alle Philosophen, die an derselben Universität lehren, deswegen dieselbe Philosophie lehren, so wenig war dies in Bologna oder Oxford der Fall. Die kontinuitätsorientierte Verbindung von Stadtgeschichte mit Wissenschaftsgeschichte hat vor allem im Fall von Chartres zu merkwürdigen Auslassungen, Konstruktionen und Scheingewißheiten geführt; R. W. Southern hat den „Mythos Chartres" souverän aufgelöst.[5] Mancher Autor, der typisch sein sollte für die Schule von Chartres im 12. Jahrhundert, war jetzt auf einmal nur in Paris nachweisbar. Orte und Schulen, Orden und Konfessionen suggerieren oft eine Gemeinsamkeit, die nicht besteht. Der flüchtige Blick identifiziert, er differenziert nicht. In Oxford gab es nicht nur Nominalisten, sondern auch Platoniker; in Paris gab es im 14. Jahrhundert die konsequenteste empiristische Metaphysikkritik, über Ockham weit hinausgehend, bei Nikolaus von Autrecourt.

Vom Ende des 13. Jahrhunderts an haben religiöse Orden ihre Ordenslehrer gewählt und die Einhaltung der eigenen Haustheologie und Ordensphilosophie bei strengen Strafen gefordert. So wurden Kontinuitäten hergestellt. Gemeinsame Merkmale wurden teils real erzwungen, teils in der Rückschau hineingelesen. Schulen schreiben ihre eigene Geschichte, und auch, wer diesen nicht angehört, bleibt oft von deren Materialien, Bevorzugungen und Tadelsreden abhängig. Sie zeichnen die Identifikationsmomente aus, eliminieren im Nachhinein noch einmal die Dissenters. So entstanden Bilder von Platonikern und Aristotelikern,

---

[5] Richard W. Southern, Medieval Humanism, Oxford 1970, S. 61–85. Vgl. K. Flasch, Das philosophische Denken im Mittelalter, ²Stuttgart 2000, S. 252–256.

von Thomisten und Franziskanern über Jahrhunderte hinweg. Dabei führt die Leitidee spannungsloser Kontinuität faktisch oft in die Irre. Nehmen wir die mittelalterlichen Franziskaner. Sie waren eine besonders unruhige, man kann auch sagen: disziplinlose Gruppe. Läßt sich bei einem Text, der ihr entstammt, nicht die Intention klar bestimmen, dann nutzt es auch nichts, bei strittigen Bewertungen an die franziskanische Herkunft der Autoren zu erinnern, obwohl Ordenshistoriker gerade daran ein Interesse zeigen. Doch die originellsten Ordensschriftsteller wie der Franziskaner Rabelais, wie Ockham oder Durandus a S. Porciano, der erste Franziskaner, der zweite Dominikaner, ignorierten die Ordensphilosophie oder bekämpften sie offen. Dietrich von Freiberg und Meister Eckhart waren Dominikaner; bei Eckhart haben Alois Dempf und Otto Karrer die Kontinuität der Ordenslehre in Anspruch genommen, um strittige Punkte im Sinne der Ordensdoktrin, also des Thomismus, zu entscheiden, aber Dietrich war ein scharfer Anti-Thomist, und Eckhart war mit Sicherheit kein Thomist.

Vor Jahrzehnten war es üblich, Philosophen mit ihren Nationen in eine kontinuierliche Relation zu setzen. Man sprach von der Philosophie der „Engländer" oder der „Franzosen". Dies war die nationalistische Variante der Kontinuität als Leitidee; heute ist sie so sehr in Mißkredit gekommen, daß kein Deutscher mehr es wagt, eine Geschichte der deutschen Philosophie zu schreiben, obwohl das möglich wäre.

Ich betrachte, wie angekündigt, die Kategorien der Historiographie nicht als überzeitliche Entitäten, sondern als Brennpunkte von Historikertendenzen. Je nach Situation und Fach kann es daher sinnvoll werden, Kontinuität an Themen, Texten, Fragestellungen zu betonen. Gegenüber einer unverkennbaren Neigung zur Zerkrümelung mag es temporär nützlich sein, große Zusammenhänge nach vorne zu rücken. Oder gegen eine faktisch vorliegende einseitige Betonung *einer bestimmten* Traditionslinie, fördert es die Forschung, eine *andere* Kontinuität aufzuweisen. Nehmen wir ein Beispiel: Solange es als stehende Lehre galt, die mittelalterliche Philosophie sei im wesentlichen Aristotelismus und Aristoteleserklärung gewesen, war es notwendig und anregend, einmal auf die andere Seite zu treten und die Kontinuität der platonischen Tradition zu zeigen, wie es Raymond Klibansky 1939 getan hat.

Um es salopp zu sagen: Kontinuitätsbehauptungen werden wohl wahr sein, wenn sie sich mit je neuen Argumenten gegen frühere Kontinuitäts- oder Diskontinuitätsansichten wenden. Als Fallbeispiel: Als noch die Ansicht galt, im Mittelalter habe Aristoteles die Universitäten beherrscht, bewies Klibansky die Kontinuität der platonischen Tradition. Nachdem Klibansky die Fortdauer der platonischen Tradition bewiesen hatte, erinnerte Paul Oskar Kristeller an die breitere Fortwirkung der Aristoteliker; Kristellers Schüler Charles Lohr und Charles B. Schmitt legten Kataloge der Aristoteles-Kommentare und dazugehörige Untersuchungen vor. Dies waren Fortschritte der Forschung; es zeigte sich, daß zwischen 1450 und etwa 1630 mehr Kommentare zu den Schriften des Aristoteles geschrieben worden sind als in der gesamten Zeit vorher. Der sog. Renaissanceplatonismus hat die Reihe der Aristoteliker nicht beendet. Das heißt: Eine einseitige Charakteristik der Philosophie des 15. und 16. Jahrhunderts nur als Platonismus oder nur als Aristotelismus ist widerlegt. Die isolierte Betrachtung einzelner Autoren, zum Beispiel des Pomponazzi, ist überwunden. Die Betonung der Kontinuität hat ihre guten Resultate gehabt; die *Frage* nach ihr bleibt, auch wenn prominente Forscher jetzt eher auf die Seite der Diskontinuität, der Konflikte und der Analyse von Einzeltexten treten.

Ich nannte diese Kontinuitätsdiskussionen ein Fallbeispiel, aber der Ausdruck ist zu schwach. Es handelt sich dabei um mehr. Ich korrigiere ihn im folgenden Sinn: Der Erste Weltkrieg und seine Folgen haben Europa, insbesondere Deutschland und Österreich, Zusammenbrüche gebracht, die, vor allem im Alltag, fühlbarer wurden als selbst die Französische Revolution und die Kriege Napoleons. Die Geisteswissenschaftler, vor allem die deutschen und die österreichischen, intensivierten noch einmal, von Stefan George angeleitet, die Konzeption des Künstlers und des Philosophen, aber auch des Politikers, selbst mittelalterlicher Kaiser, wie Friedrich II., als Genie. Andererseits verstärkte sich seit dem Ersten Weltkrieg mit seinen Kollektivverfahren die Tendenz, Denker und Künstler als Funktion größerer Gemeinschaften, der Stämme, der Nation oder der Kirche zu interpretieren. Insbesondere sollte das Deutsche in der Geschichte der deutschen Philosophie sichtbar gemacht werden. Diese Konzeption fand ihren repräsentativen Ausdruck in dem von Theodor Haering herausgegebenen Sammelband: *Das Deutsche in der deutschen Philosophie* (1939). Gegenüber dieser Konzentration, sei's auf die geniale Persönlichkeit, sei's auf die tragende Nation, haben nicht-nazistische Gelehrte die Kontinuität der europäischen Tradition, insbesondere der Antike, als Boden der europäischen Literatur und Philosophie nachgewiesen. Am bekanntesten wurde das gelehrte Werk von Ernst

Robert Curtius, *Europäische Literatur und lateinisches Mittelalter* (zuerst 1948). Curtius zeigte, daß einzelne literarische Wendungen, Topoi, die sich bis in die neueste europäische Literatur fortsetzen, meist aus der Antike stammen, aber durch die mittelalterliche lateinische Literatur an die Neuzeit vermittelt worden sind. Die Nachweise von Curtius waren von stupender Gelehrsamkeit und literarischer Kultur; sie zeigten den europäischen Untergrund der modernen Nationalliteraturen. Curtius war nicht nur ein hervorragender Kenner der Antike und des lateinischen Mittelalters; er war auch einer der bedeutendsten literarischen Kritiker; er war es, der als einer der ersten auf James Joyce und auf Marcel Proust aufmerksam gemacht hat. Dennoch hatten seine zahlreichen Nachweise einen Nachteil: Sie bestanden aus einzelnen Wendungen, losgelöst von ihrem Zusammenhang. Es handelte sich um kleinteiliges literarisches Rohmaterial, das verschiedener Verwendung fähig war und, wie Curtius nachwies, auch tatsächlich immer wieder in neuen Kontexten aufgetreten ist. Curtius wies Kontinuitätsklötzchen nach, die immer wieder zu neuen literarischen Spielen zusammengesetzt worden sind. Im Verfahren von Curtius verschwand sozusagen ihre Zeitstelle, aber auch ihr Anteil an und ihre Funktion in einer ästhetischen Konstruktion; es verschwand die Ganzheit, die jeweils aus ihnen gebildet worden ist. Homer, Vergil, Dante und Goethe rückten, was eine einzelne Metapher betrifft, in eine gemeinsame Linie. Das war ein mächtiger Impuls, die Literatur, die moderne vor allem, als europäische Erscheinung auf ihrem antik-mittelalterlichen Grund zu sehen und insofern ein politischer Beitrag zum europäischen Gemeinbewußtsein – gegen den Geniekult, gegen den Originalitätsfimmel und gegen die Isolierung der Nationalliteraturen. Für einige Monate waren wir alle Curtianer. Ein gemeinsamer europäischer Grundstock war entdeckt, der allen konfessionellen und nationalen Trennungen vorauslag. Aber die Mängel waren unübersehbar: Das war Toposforschung, aber keine literarische Analyse. Die ästhetische Ganzheit fiel einer zerlegenden Erforschung literarischer Elemente zum Opfer. Mehr noch: Das waren Kontinuitätsnachweise auf Kosten der historischen Placierung. Die literarische, die ästhetische, die philosophische und die politische Geschichte verschwanden; man sah nur noch unwandelbare literarische Atome. Im Zeitalter des extremen Zerfalls der europäischen Einheit hatte Curtius mit enormer Zettelkastengelehrsamkeit den Beweis einer Zusammengehörigkeit erbracht. Aber die Kontinuität war durch Zerstückelung der literarischen Werke erbracht; der gemeinsame Fundus, den Curtius dem europäischen Zusammenbruch entgegenstellte, bestand aus einem Baukastensystem isolierter Elemente, aus denen die Geschichte verschwunden war.

Bruchbeseitigung durch Enthistorisierung, dies ist, meine ich, der Hintergrund des Vorrangs einer unkritisierten, folglich identitätsbesessenen Kontinuitätsidee insbesondere in der Historiographie nicht-nazistischer Gelehrter, gerade auch der großen Emigranten Klibansky und Kristeller. Ihre Fixierung auf europäische Grundbestände des Denkens und des Dichtens hat bleibende historische Einsichten erbracht, aber wir sollten, scheint mir, unter deren Berücksichtigung, zu neuer Historisierung übergehen. Dazu gehört, Geschichte eher als Bruch und Ereignis zu sehen, als in Konfliktkontinuitäten von langer Dauer. Wir werden also Kontinuitäten, sofern sie tatsächlich gegeben sind, als Produkt menschlicher Anstrengung, als Ergebnis bewußter Rückgriffe und Wiederverwendungen in jeweils anderen Geschichtssituationen analysieren. Es gibt in der Geschichte Kontinuitäten; aber sie entspringen jeweils in neuen Situationen; sie werden in diesen her-geholt und her-gestellt. Sie prägen die, die sie her-stellen. Und die sie her-stellen, *brauchen* sie, modeln sie folglich nach ihren eigenen Bedürfnissen, Konzepten und Erwartungen. Kontinuität – das ist eine Wechselwirkung in der jeweiligen Gegenwart, kein substantialer Bestand. Unter dem Einfluß der großen französischen Historiker – Bloch, Febvre, Duby und Le Goff – hat zuweilen die Metapher Anklang gefunden, was die Ereignisgeschichte berichte, sei nur das Kräuseln oberflächlicher Wellen, es komme auf die sie tragenden Tiefenströmungen langer Entwicklungen an. Diese Metapher macht Kontinuität zur Substanz, das Ereignis zu ihrer flüchtigen Eigenschaft. In der Vorliebe für diese Vorstellung siegt noch einmal, gegen die Intention der genannten Forscher, das Modell bruchloser, spannungsfreier Kontinuität. Das klingt, als habe der historische Blick das Prinzipierte vor sich und als suche er dazu nur das Prinzip. Das ist prinzipientheoretisch, also antihistorisch gedacht.

## *Tradition*

Entsprechendes gilt für „Tradition". Die Konstruktion starrer Kontinuitätselemente diente der Kompensation realer Brucherfahrungen des 20. Jahrhunderts; die verbale Hochkonjunktur von „Tradition" in den letzten 50 Jahren belegt, reflektiert, kompensiert deren reale Abbrüche. Zu ihrer Rechtfertigung wurde verwiesen auf den unbestreitbaren Tatbestand, daß Menschen ohne Überlieferung sich nicht einmal im Alltag zurechtfinden würden; sie könnten keine Sprache, kein Wissen, keine kulturelle Lebensform entwickeln. Doch ging die Traditionsanpreisung über diese Tatsachen weit hinaus; sie sakralisierte die Traditionsabhängigkeit und suggerierte, einzelne kulturelle Inhalte seien wegen der Unentbehrlichkeit von Tradition unbedingt festzuhalten. „Tradition" wurde dadurch zum Schlagwort in der Konkurrenz von Weltanschauungsgruppen und Parteien; es verschaffte bestimmten umstrittenen Inhalten den Anschein, sie stünden außerhalb jeder Konkurrenz.

„Tradition" gehört zum kategorialen Umfeld von „Kontinuität", ähnlich wie „Entwicklung", auf die ich später zu sprechen komme. Zunächst einige Bemerkungen über „Tradition".[6]

Wollte ein Christ behaupten, er habe den rechten Glauben, dann sagte er seit dem 2. Jahrhundert, er behaupte nur, was die Tradition sage. Das galt nicht nur für Lehrpunkte, sondern auch für religiös sanktionierte Gebräuche; so heißt es bei Markus 7, 3, die Juden essen nicht, ohne sich vorher sorgfältig die Hände gewaschen zu haben, das tun sie, weil sie die „Tradition", die *paradosis* der Ältesten beachten.

---

[6] Das Thema „Tradition" war jahrhundertelang ein theologischer Topos. Die Kontroverstheologie erörterte die Alternative Schrift oder Tradition?. Nach den ungeheuren Traditionsbrüchen von 1933–1945 beschworen in den fünfziger Jahren deutsche Philosophen, Theologen und Kulturwissenschaftler die Stabilität und Unentbehrlichkeit der „abendländischen Tradition". „Tradition" wurde zum Modethema. Instruktiv dazu die Erörterungen in: Studium generale 4 (1951), besonders mit den Äußerungen von Gerhard Krüger und Bruno Snell. Weitere Stimmen von damals:
O. Kullmann, Die Tradition als exegetisches, historisches und theologisches Problem, Zürich 1954; J. Pieper, Über den Begriff der Tradition, Köln 1958; J.R. Geiselmann, Die lebendige Überlieferung als Norm des christlichen Glaubens, Freiburg i. Br. 1959.
Von der neueren Literatur seien genannt: Th. W. Adorno, Über Tradition, in: ders., Eingriffe, Frankfurt a. M. 1967; S. Wiedenhofer, Tradition, in: O. Brunner, W. Conze, R. Koselleck (Hg.); Geschichtliche Grundbegriffe. Historisches Lexikon zur politisch-sozialen Sprache in Deutschland, Band 6, Stuttgart 1990, S. 607–649; E. Hobsbawm, The Invention of Tradition, Cambridge 1992; R. Specht, Funktionen der Tradition, in: K. Röttgers (Hg.), Politik und Kultur nach der Aufklärung. Festschrift H. Lübbe, Basel 1992, S. 89–95; Chr. Nyiri (Hg.), Tradition, Proceedings of an International Research Workshop, Wien 1995; A. Assmann, Zeit und Tradition. Kulturelle Strategien der Dauer, Köln 1999; U. Raulff (Hg.), Wissensbilder. Strategien der Überlieferung, Berlin 1999; A. Rauch, The Hieroglyph of Tradition: Freud, Benjamin, Gadamer, Novalis, Kant, Madison/Wisc. 2000; Charles E. Scott, Interrogating the Tradition. Hermeneutics and the History of Philosophy, Albany N. Y. 2000.

Es gab und gibt einen sozusagen unschuldigen Gebrauch von „Tradition". Traditio, von tradere oder auch trans-dare, kann soviel bedeuten wie: das Lehren oder auch die Lehre. Es kann das Vermachen eines Gegenstandes, die rechtlich formulierte Übergabe bedeuten. Es kann „Übereignung", „Hinterlegung" bedeuten; hier interessiert der übertragene Gebrauch, also die Anwendung auf religiöse oder intellektuelle Inhalte. Diese ist schon antik, zumal neutestamentlich (1. Kor. 11, 2 und 15, 3; 1. Tim. 6, 20; 2. Tim. 1, 14; 2. Thess. 2, 15). Der Glaubenszeuge betont, er habe nichts aus Eigenem hinzugefügt; er gebe weiter, was er empfangen hat, eben die Tradition. „Tradition" erhält dadurch normativen Charakter. Geglaubt und befolgt werden muß alles, was in der Tradition liegt, und nur dieses. Es soll nichts Neues hinzugefügt werden. Es gab früh innerchristliche Kontroversen, was zur Tradition gehöre. Vincenz von Lerinum verwarf die Eigenheit Augustins, die von ihm erfundene Gnaden- und Prädestinationstheorie für verbindliches Glaubensgut zu erklären, und definierte anno 434 gegen Augustin, zu halten sei nur das, was „überall, immer und von allen geglaubt worden" sei, quod ubique, quod semper, quod ab omnibus creditum est (Commonitorium 2, 3, Migne PL 50, 640). Aber wer sollte das feststellen? Da tat sich Spielraum auf – für Kaiser und Konzilien zunächst, dann für einzelne Bischöfe, zuletzt am meisten für den Bischof von Rom. „Tradition" erhielt dabei mehr und mehr den Sinn von „amtlich festgesetzter Lehre"; der Schwerpunkt verlagerte sich vom Vorgang des Tradierens auf den Inhalt und seinen definitiven Anspruch. Damit stellten sich schon früh, in altkirchlicher Zeit, nicht erst im 13. Jahrhundert, zwei Fragen: Erstens, wie verhält sich die so definierte Tradition zur Heiligen Schrift? Zweitens: Wie verhält sie sich zur menschlichen Vernunft? Die erste Frage war unvermeidlich, wenn es um die Diskussion mit Häretikern ging. Die zweite Frage lag aus mehreren Gründen nahe: Solange es noch in der christlichen Erfahrungswelt Nicht-Christen gab, hatte man ein Interesse daran, zu unterscheiden, was man mit ihnen gemeinsam hatte und worin man sich von ihnen unterschied. Wollte man mit ihnen über die Wahrheit der Religion sprechen, mußte man anknüpfen an das, was sie als vernünftig anerkannten. Sodann: Das Christentum ist ebenso wie der Islam in eine kulturell schon hochgradig differenzierte Welt eingetreten, in die Welt der antiken Bildung, in die Wissensaufbauten antiker Ärzte, Physiker, Ethiker, Logiker, kurz: Philosophen. Eine Differenz von *ratio* und Herkommen formulierte schon Cyprian (Handbuch historischer Grundbegriffe 6, 616 A. 47); er sprach von dem Gegensatz von *consuetudo* und *veritas* bzw. *ratio*. Für Augustin stellte sich die Frage, welche der Bücher man schätzen sollte, welche verwerfen. Es gab Christen, die bestimmten Traditionen, z.B. dem Alten Testament, den Offenbarungswert absprachen. Diskussionen darüber waren nicht durch Berufung auf Tradition zu entscheiden.

Eine Unterscheidung zwischen Tradition und Vernunft war unumgänglich. Gerade wer für ihre Harmonie eintrat, konnte und wollte die Konflikte nicht leugnen, die de facto vorlagen und um deren Schlichtung er sich bemühte. Die Erfahrung zeigte, daß diese Konflikte immer wieder auftraten, zum Beispiel in den Philosophenverurteilungen von Paris 1270 und 1277.[7] Im 14. Jahrhundert nahm diese Differenz immer härtere Formen an. Dieser Zwiespalt ist keineswegs erst durch Galilei und Descartes, überhaupt durch die Aufklärung, in die Welt gekommen, wie der Artikel „Tradition" von Siegfried Wiedenhofer im 6. Band der *Geschichtlichen Grundbegriffe* (Stuttgart 1990, S. 607–649, bes. S. 627) suggeriert. Diese falsche epochale Markierung verkennt die produktiven Spannungen, die sowohl in der heidnischen Antike wie in der altchristlichen und in der islamischen Kultur längst vorhanden waren. Wiedenhofers chronologischer Irrtum legt nahe, dieses unheilvolle Auseinandertreten von Tradition und Vernunft entspringe dem Weltbeherrschungsverlangen der modernen Vernunft und werde durch neueste philosophische Hochschätzung von „Tradition" beseitigt, die Aufklärung sei also überwunden. Die Fehldatierung beruht auf dem Epochenschema und führt zur Abwertung der Chronologie, zur Sakralisierung von „Tradition".

Ich will nicht sagen, der Konflikt von Vernunft und Tradition sei eine anthropologische Konstante; er ist aber mehrfach, freilich immer in charakteristischer Abwandlung, aufgetreten, so schon im Prozeß gegen Sokrates, bei den christlichen Apologeten, im 13. Jahrhundert, bei Descartes und Pascal. Er ergab sich bereits aus dem sekundären Charakter der christlichen wie der islamischen Kultur; er ist nicht, wie derselbe Wiedenhofer meint, aus „Abstraktheit und Gewalttätigkeit" (S. 633) geboren. Er ist kein Epochenmerkmal. Die Sache liegt keineswegs so, als sei Harmonie von Vernunft und Überlieferung die Signatur des Mittelalters, und der Konflikt beider sei das selbstverschuldete Schicksal der Moderne.

---

[7] Belege aus Alexander von Hales und Heinrich von Gent bei Wiedenhofer selbst, Handbuch historischer Grundbegriffe 6, 621, Anm. 72 und 75.

Goethe hat in der *Geschichte der Farbenlehre* solche falschen Zuordnungen vermieden. Er notierte: „Der Konflikt des Individuums mit der unmittelbaren Erfahrung und der mittelbaren Überlieferung ist eigentlich die Geschichte der Wissenschaften".[8] Das forschende Individuum steht mit seiner eigenen unmittelbaren Erfahrung nicht al pari; es muß sich erst herauswickeln aus vielen Vorannahmen und quält sich mit der „mittelbaren Überlieferung". Es gibt mehr oder minder lebhafte, mehr oder minder fruchtbare wissenschaftliche Phasen, aber immer, wo sie sich entfalten, treten Forscher in Konflikte ein:

„Wir stehen mit der Überlieferung beständig im Kampfe, und jene Forderung, daß wir die Erfahrung des Gegenwärtigen auf eigene Autorität machen sollten, ruft uns gleichfalls zu einem bedenklichen Streit auf. Und doch fühlt ein Mensch, dem eine originelle Wirksamkeit zuteil geworden, den Beruf, diesen doppelten Kampf persönlich zu bestehen, der durch den Fortschritt der Wissenschaften nicht erleichtert, sondern erschwert wird. Denn es ist am Ende doch immer das Individuum, das einer breiteren Natur und breiteren Überlieferung Brust und Stirn bieten soll".[9]

Also: Ein bedenklicher Streit, ein ständiger, insofern kontinuierlicher doppelter Kampf, keine prinzipiell epochalen Differenzen. Goethe teilte nicht die enthusiastische Hochschätzung der Tradition, die katholische Theologen gegen das protestantische Sola-scriptura-Prinzip entwickelt hatten und die im 19. Jahrhundert Konservative wie E. Burke, A. de Toqueville, L. G. A. de Bonald und J. M. de Maistre gegen die Französische Revolution und ihre Folgen sozial- und kulturphilosophisch ausgebaut haben. Doch bleiben wir bei der histoire intellectuelle. Sie hat uns im 20. Jahrhundert verschiedene ideengeschichtliche Kontinuitätsblöcke präsentiert, die platonische, aristotelische, abendländische, christliche oder humanistische „Tradition". Es hat sich der seltsame Ausdruck eingebürgert, der Autor X oder der Künstler Y „stehe" in dieser oder jener Tradition. Diese auffällige sprachliche Wendung, deren Erstvorkommen ich gerne erführe, plaudert die Hypostasierung der „Tradition" erstaunlich offenherzig aus. Statt zu sehen, wie Traditionen erzeugt und dabei verändert werden, legt diese Metapher des „Stehens in der Tradition" die Tradition als tragende Substanz aus und leitet ein Theorem oder ein Kunstwerk von ihr her.

---

[8] Goethe, Werke, Hamburger Ausgabe, 14, 51.
[9] Goethe, Werke, Hamburger Ausgabe, 14, 50.

Ein perniziöses Element im geistigen Haushalt der Traditionsfreunde ist die Vorstellung, sie sei das Weitergeben eines Identischen. Dieser Gedanke stammt aus der juristischen Sphäre, genauer dem römischen Deposital- und Erbrecht; er bestimmte die theologische Traditionslehre; Josef Pieper hat versucht, ihn zu erneuern.[10] Die Kirchen hatten schon lange, seit dem 2. Jahrhundert, vor allem aber im konfessionellen Zeitalter, ein entschiedenes Interesse an dem Nachweis, daß *sie* die ursprüngliche Botschaft rein erhalten oder wiederhergestellt und dann treu tradiert hätten. Mit den Augen des Historikers gesehen, ist das ein begreiflicher Wunsch, auch eine taktische Notwendigkeit stabilitätsorientierter Institutionen. Es ist das begreifliche Begehren aller drei Söhne der Ringparabel, aber es ist ein Ungedanke. In der geschichtlichen Welt, auch und gerade in der Geschichte des Christentums, entspricht ihm gar nichts. Schon Paulus, der betonte, er lehre nur, was er empfangen habe (Kor. 1, 11, 23 und 15, 3), hat mit Sicherheit anderes gelehrt als Jesus, als Petrus und als der Verfasser des Johannesevangeliums.

Nun könnte es Historikern gleichgültig sein, wenn die Theologen aus einsichtigen institutionellen Gründen einen Sonderbegriff von Tradition, eben den der Weitergabe oder Überlieferung eines Identischen, entwickeln. Nur hat merkwürdigerweise die deutsche Nachkriegsphilosophie seit 1914 den theologischen Begriff von Tradition, der vorher kaum eine philosophische Funktion hatte, zu einem Grundbegriff denkender Selbstverständigung gemacht. Dies geschah im Großen, in der Zwischenkriegszeit bei Leopold Ziegler, *Überlieferung,* in der Nachkriegszeit in der Hermeneutik von Hans-Georg Gadamer, im Kleinen, d. h. in der westfälischen Provinz, bei dem katholischen Philosophen Josef Pieper.[11] Dabei gibt es markante Unterschiede. Gadamer hatte nicht den blockhaften Begriff von Tradition als Übergeben eines Identischen; er sah die Notwendigkeit von Wandlung und subjektiver Aneignung. Wir sollen uns aus der Wechselwirkung mit der Überlieferung nicht herausreflektieren, indem wir nur aus methodisch präzisiertem Abstand ihr Gegenüber definieren.[12] Die Hochschätzung der Überlieferung im Jahrhundert ihrer intensivsten Zerstörung erforderte zweifellos eine eingehendere Untersuchung; für den gegenwärtigen Zweck stelle ich nur fest:

---

[10] Josef Pieper, Über den Begriff der Tradition, Köln–Opladen 1958.
[11] Vgl. auch Gerhard Krüger, Die Bedeutung der Tradition für die philosophische Forschung, in: Studium generale 4, 1951, S. 325–328.
[12] H.-G. Gadamer, Gesammelte Werke, Band 1, S. 366.

Unhaltbar ist die Vorstellung, die auch nachdenkliche Theologen aufgegeben haben, Tradition sei die Übergabe eines identischen Inhalts. Selbst wenn in der Geschichte des Wissens gelegentlich ein identischer Wortlaut auftaucht, ist die Funktion des Gedankens je eine andere. Selbst ein subalterner Schüler, der die Worte des Meisters nachspricht, verändert eo ipso die reale Bedeutung. In der platonischen Tradition jedenfalls kam es immer auf Umwandlung, Neufassung, Fruchtbarmachen an, nie auf Weitergabe eines Identischen. Oder nehmen wir die aristotelische „Tradition". Im üblichen Wissenschaftsjargon könnte man sagen, Siger von Brabant oder Pomponazzi „stehen in der aristotelischen Tradition". Aber beide waren Neuerer; beide erregten Proteste. Die Behörden schritten ein, die Universitäten waren in Aufruhr. Das tun sie selten, bloß weil ein Professor „in einer Tradition steht". Das heißt: Diese Metapher und die Hypostasierung der „Tradition" ist ein weiterer Kunstgriff, in geschichtsbedrohter Zeit das eigentlich Geschichtliche aus der Vergangenheit zu tilgen. Die „Wirklichkeit" der „Tradition" liegt in der jeweiligen Gegenwart, die sie braucht, entdeckt und nicht selten erfindet.

### *Institution und individueller Autor*

Wechselwirkungen zu denken, fällt schwer. Zu sehr daran gewöhnt, ein tragendes Prinzip und eine davon abhängige Eigenschaft zu denken, entgleitet leicht das jeweils andere. Wir sagen, es gebe in der Geschichte das Neue, vergessen aber, daß „neu" ein Relationsbegriff ist: Ohne das Alte gibt es auch nichts Neues; aber „alt" ist etwas nur, weil ihm das Neue gefolgt ist oder weil wir es ihm als Kontrast zur Seite stellen.

Kontinuität und Bruch; es gibt nicht das eine ohne das andere, nur hat sich eine von der Geschichte des zwanzigsten Jahrhunderts aufgeschreckte Historikergeneration auf die Seite pseudo-konkreter, also abstrakter Kontinuität geschlagen. Institution und individueller Autor stehen in vielfacher Wechselwirkung: Sprache und Schreibgewohnheiten, literarische Gattungen und Publikumserwartungen, Schreibstuben oder Vervielfältigungstechniken, dies alles ist vorausgesetzt, bevor ein Autor eine Zeile schreiben kann, aber das fertige Buch mit seinem Tiefsinn oder seiner Seichtigkeit zieht die Aufmerksamkeit ab von seinen nicht zugleich sichtbaren Entstehungsbedingungen institutioneller Art. Wir sind geneigt, das Buch oder eine Theorie als Werk des Autors zu nehmen; wir übersehen leicht, was alles vorausgesetzt war, daß auch nur ein Satz geschrieben und gar ein Buch veröffentlicht worden ist.

Geschichte läßt sich nicht schreiben, ohne in das Denken von Wechselverhältnissen, auch komplizierterer Art, eingeübt zu sein. Theoretiker werden dies leicht zugestehen; theorieferne Feldforscher werden immer wieder dagegen verstoßen. Ich möchte daher die historiographische Kategorie „Institution" von der Seite der Feldforschung aus illustrieren.

Platons *Symposion*, die *Metaphysik* des Aristoteles, Plotins *Enneaden* und Augustins *Bekenntnisse* sind Werke von zugespitzter Individualität. Auch und gerade bei Werken der neuzeitlichen Philosophie und Wissenschaft sind wir gewohnt, den biographischen Zusammenhang eines Werkes zu sehen. Wir sind weniger geübt, Theoriebildung mit kollektiven Strukturen in Verbindung zu bringen. Wir rechnen kaum damit, daß Theorien und Werke unter Bedingungen entstanden sein können, die wir fast schon als intellektuelle Massenproduktion beschreiben müssen. Wir suchen solche Verhältnisse in der intellektuellen Geschichte gar nicht erst auf, und da man nicht findet, was man nicht sucht, bleiben wir bei der gewohnten Ansicht, Wissenschaft, Philosophie gar, werde produziert unter den Bedingungen des schriftstellernden Individuums. Jedenfalls besteht ein starker Trend, Wissensentstehung von der subjektiven Seite her zu analysieren. Und doch ist dieses Bild einseitig bis falsch. Dies möchte ich zeigen, zunächst für das Mittelalter, dann auch für die Neuzeit.

Die westliche Christenheit hat sich sehr lange mit recht unsystematischen Darstellungen ihrer Lehre begnügt. Ansätze zur Ordnung des doktrinalen Stoffs gab es bei Augustin (*Enchiridion*), aber sie gediehen nicht weit. Einen deutlichen Schritt zur Zusammenfassung tat im Osten Johannes Damascenus, im Westen dann Anselm von Canterbury. Aber sein Anlauf, so entschieden er war, krankte für die Zeitgenossen daran, daß Anselm keine Zitate brachte, denn er wollte ohne Autoritäten, auch ohne die Bibel auskommen. Nun gab es eine reiche biblische und patristische Literatur, nur war sie in keiner Weise thematisch geordnet. Ein Christ des lateinischen Westens, der um 1100 wissen wollte, was die christliche Lehre über die Taufe oder über den Heiligen Geist war, stand vor unüberwindlichen Hindernissen. Kulturhistorisch sprechend ist die Tatsache, daß man sich jahrhundertelang mit diesem Zustand abfand; „sprechend" nenne ich diese Tatsache, weil sie auf einen Gesamtzustand verweist, in dem es für keinen Lebensbereich eine durchgreifende Organisation gab, sei es der Handel, sei es das Reich oder der christliche Glaube, der Verkehr oder die Gesundheit. Wenn sich dies ab etwa 1100 änderte, so gewiß nicht aus einer intellektuellen Urzeugung heraus, als geniale Idee eines Einzelnen, sondern weil man jetzt an Teilgebiete die Erwartung herantrug, sie müßten rational geordnet und übersichtlich sein, sie müßten zu aktuellen Lebensfragen mit maßvollem Aufwand befragbar sein. Transzendentalphilosophen lehren, es sei die Natur der Vernunft selbst, Einheit zu fordern; Erkennen sei Vereinheitlichen. Das mag ja sein, aber warum wurde diese Vernunft *vor* 1100 im lateinischen Westen nicht auf das Ganze der christlichen Lehre angewandt? Da waren wichtige Alltagsfragen zu entscheiden: Wann sollte man einen Menschen taufen? Was bewirkte die Taufe? Durfte ein Laie sie spenden? Durfte man Zins nehmen? War der Zehnte göttliches Recht? Wie sollte man sich gegenüber Juden verhalten? Durfte, mußte man sie zwangstaufen? Was war ein Heide? Diese und viele andere Fragen sollten seit dem 12. Jahrhundert einheitlich aus der christlichen Lehre beantwortet werden. Dazu gab es zwischen 1080 und 1160 mehrere Anläufe, der erfolgreichste war neben dem des Gratian der des Petrus Lombardus mit seiner Sammlung der *Sentenzen*. Diese beide Autoren erreichten eine enorme institutionelle Steuerung: Die richtige Lebensordnung kennen, die Wahrheit erklären, Theologie lehren oder studieren, das hieß bis ins hohe 16. Jahrhundert hinein, das *Decretum* des Gratian und die *Sentenzen* des Petrus Lombardus zu erklären oder zu studieren. Friedrich Stegmüller hat das Verzeichnis der *Sentenzenkommentare* verfaßt; es ist nicht absolut vollständig und umfaßt doch viele hundert Seiten. Gratian und Petrus Lombardus organisierten das theologische Wissen für 500 Jahre. Da ihre Werke großenteils aus Zitaten bestanden, boten sie eine relativ elastische Organisation; sie ließ Raum für verschiedenartige Interessen und neue Themen, insbesondere auch philosophischer Natur. Die Kommentare, die dazu geschrieben wurden, waren nicht philologischer Natur; deren Autoren nahmen sich erstaunliche Freiheiten. Das starke institutionelle Gewicht der Verpflichtung zum Kommentar, der Vorlesungspraxis und der akademischen Laufbahn hat die Originalität der Verfasser nicht verhindert, aber sie hat sie unter Bedingungen gestellt. Wir sind noch weit davon entfernt, diese Seite der intellektuellen Arbeit in der Forschungs- und Darstellungspraxis zu realisieren. Es erscheinen immer noch Studien zu Bonaventura, Thomas von Aquino und Duns Scotus, die einseitig die individuelle systematische Konstruktion von

Theoremen aus Sentenzenkommentaren behandeln, aber nicht ihr historisches Umfeld zeigen. Hier ist es fast noch die Regel, daß die „Tradition", oder sagen wir besser: das institutionelle Umfeld zu wenig beachtet wird. Hier besteht die Notwendigkeit, Themen und Texte zu *vergleichen;* wer dies einmal in irgendeiner Einzelfrage getan hat, wie ich oben in der Frage des Sternenstillstands, wird um die individuelle Besonderheit der Autoren nicht mehr besorgt sein. Die Institution selbst drängte insofern zur Originalität, als sie jedem Universitätslehrer die Verpflichtung auferlegte, *seinen* Sentenzenkommentar zu schreiben. Es gab also an der mittelalterlichen Universität nicht *den* definitiven Kommentar, wenn auch die religiösen Orden mehr und mehr ihre Hausautoren favorisierten, sogar bei Strafe vorschrieben: Bonaventura, Thomas von Aquino, Duns Scotus, Aegidius Romanus.

Die Kommentarform war nicht nur für die Theologie bis ins 16. Jahrhundert bindend; sie bestand seit der Aristoteles-Rezeption des 13. Jahrhunderts auch für die Philosophie, einschließlich der Physik, der Psychologie und der Ethik. Das beruhte nicht einfach auf der Nachahmung der Theologieprofessoren durch die Philosophielehrer. Der Text des Aristoteles war oft kryptisch. Lessing hat von Aristoteles gesagt: „Nie war ein größerer Wortsparer als er." Da mußten Worte dazwischengelegt, es mußte kommentiert werden. Anders war die Aneignung des Aristoteles durch den lateinischen Westen nicht zu schaffen; sie mußte sorgfältig und im Detail erfolgen; darin waren die Araber vorangegangen. Dies hatte zur Folge, daß das philosophische, naturkundliche und medizinische Wissen primär in Kommentarform entwickelt worden ist, wiederum für fünf Jahrhunderte, also ohne auf unsere Einteilung in die Epochen, Mittelalter und Neuzeit, Rücksicht zu nehmen, von 1250 bis 1650. Nun wäre gewiß die Vorstellung falsch, die mittelalterlichen Autoren seien sklavisch an die Kommentarform gebunden gewesen; sie waren es weder inhaltlich noch formal. Das heißt: Sie entwickelten in Kommentaren abweichende Sondermeinungen, und sie trugen ihre Theorien auch in selbständiger Form vor, in Traktaten ohne Kommentarcharakter. Also auch hier keine einseitige Kausalität, sondern Wechselwirkungen. Charles Lohr hat die Verzeichnisse der lateinischen Aristoteleskommentare geschrieben; in lebenslanger Kleinarbeit hat er ein monumentales Beweisstück für die Wechselseitigkeit von Institution und Individualität geschaffen, nicht nur für das „Mittelalter", sondern von Boethius bis Descartes. Es wäre falsch zu sagen, daß das mittelalterliche Wissen Kommentarwissen war, denn die Kommentierung der Sentenzen und des Aristoteles endete keineswegs um 1500, und es gab um die 1300 selbständige philosophische oder naturkundliche Traktate, zum Beispiel über den Regenbogen oder über die Farbe. Wir sehen die Geschichte des europäischen Wissens von 500 bis 1650 meist zu individualistisch, zu sehr autoren- oder geniebezogen. Das Kommentarverzeichnis von Charles Lohr gibt Anlaß, über das Verhältnis von Institution und individueller Produktion, von Tradition und Originalität in der Wissenserzeugung wie im Wissenstransfer neu nachzudenken; es genügt nicht, was inzwischen alle Spezialisten tun, den „Lohr" nur gelegentlich zu konsultieren.

Nun ist seit einigen Jahren ein Terminus geradezu Mode geworden, der geeignet sein könnte, diese neue Art des Nachdenkens auszudrücken: Kontext. Für die Relation Text–Kontext gilt, was ich über das Denken in Wechselwirkungen gesagt habe, doch legt die Forschungserfahrung einige Unterscheidungen nahe: Zunächst die von Text und Theorem. Wer die Geschichte des Wissens schreibt, hat es zwar ständig mit Texten zu tun; er ist, wenn es gut geht, ein Schriftgelehrter, aber sein primäres Objekt sind nicht die Texte, sondern Theoreme. Ich sage nicht: Theorien, denn diese bestehen in der Regel aus Komplexen von Theoremen, von Bestandteilen, die auch in anderen Theorien auftauchen (können). Da wir aber für das Mittelalter keine vergleichbar guten Textgrundlagen wie für die Antike haben – es fehlt eine Mittelalterliche Altertumswissenschaft, ähnlich der Klassischen Philologie –, müssen Historiker des mittelalterlichen Denkens oft die philologische Arbeit selbst machen. Das sichert ihnen eine gewisse Konkretheit, bringt aber die Gefahr, daß sie nicht wissen, was sie suchen: Text oder Theorem. Andererseits sind sie dadurch eher geübt, auf den sprachlichen und den Situations-Kontext ihrer Texte zu achten.

Zum sprachlichen Kontext: Es war nicht üblich, Zeitgenossen mit Namen zu zitieren. Dadurch gibt es anonyme Kontexte neben den benannten, den „Autoritäten", an denen eine spezielle Kunst der Präsentation und Interpretation zu beweisen war. Einige Autoren trieben geradezu eine Zitatenpolitik. Ein auf seine Selbständigkeit bedachter Autor, den man der Ketzerei verdächtigte, Siger von Brabant, konnte sich mit langen anonymen Thomas-von-Aquino-Zitaten tarnen, wie Ruedi Imbach nachweisen konnte; schon das Auslassen oder die zweistellige Verwendung eines erwarteten Zitats konnte eine Positionsanzeige sein. Mit anderen Worten: Der sprachliche Kontext spielte eine größere Rolle als, sagen wir, bei Kant oder Hegel.

Der situative Kontext blieb sichtbar, sofern es sich um Texte des Universitätsbetriebs handelte: Kommentare, Lehrbücher, quaestiones disputatae oder quodlibetales. In all diesen Fällen war die zugehörige Universitätssituation sofort kenntlich. Das heißt natürlich nicht, es sei nur für die Universität geschrieben worden. Seit der zweiten Hälfte des 11. Jahrhunderts gab es eine europäische literarische Öffentlichkeit; dies hatten die literarische Begleitung des Investiturstreites und die Berengar-Debatte bewiesen. Berühmte Pariser Professoren des 13. und beginnenden 14. Jahrhunderts waren auch in Köln tätig oder jedenfalls dort bekannt; von Oxford führten Wege nach Neapel. Doch wer von „Öffentlichkeit" spricht, muß Präzisionen anbringen: Es war eine europäische, lateinischsprechende Bildungsaristokratie, die nicht selten eine Konzeption des esoterischen Bildungsvorbehalts pflegte; für die „einfachen Leute", die simplices und rudes, sprach sie meist gar nicht, oder wenn, dann in angepaßten Wendungen. Es gehört zu den einschneidenden Vorgängen um 1300, daß diese Grenze bewußt überschritten worden ist: in Katalanien von Ramon Lull, in Italien von Dante, in Deutschland von Meister Eckhart.

Zum situativen Bezug gehört die Beratung von Herrschern, gehören die einflußreichen Gutachten der Sorbonne, auch die heftige inner-akademische Polemik. Es gab (und gibt in der Römischen Kirche heute noch) Eidleistungen, die bestimmte Themen und Thesen von der Erörterung ausschlossen oder doch ausschließen sollten. Bischöfe und seit dem 12. Jahrhundert zunehmend auch die Päpste stellten Irrtumslisten auf, bestraften Autoren und Professoren, verbrannten Menschen und Bücher und hoben als Strafverschärfung hervor, daß Irrtümer sogar einfachen Menschen vorgetragen worden seien. Dies alles war nicht aufs Mittelalter beschränkt; ich erinnere nur an die Hinrichtung von Michael Servet in Genf 1556, an das Verbot volkssprachlicher Bibeln durch die römische Indexkommission 1559, an die Einkerkerung Campanellas und die Hinrichtung von Giordano Bruno im Jahr 1600. Zensur, Ketzerverbrennung und Lehrverbote gab es auch in protestantischen Ländern; sie griffen noch ein in das Leben Lessings und Kants.

Der Buchdruck vergrößerte – übrigens nicht sofort, sondern erst seit etwa dem zweiten Jahrzehnt des 16. Jahrhunderts – die Reichweite des frühneuzeitlichen Autors; er verringerte die Anbindung an eine Lehrinstitution und veränderte dadurch den situativen Kontext. Erasmus war der erste, der sich damit europaweit eine beherrschende Rolle schaffen konnte; die Humanisten konnten als Autoren die Schulen und Universitäten verändern, die Reformatoren sogar die Kirche. Jetzt veränderten Texte die situativen Kontexte. Aber man hüte sich, diese Befreiung als einlinige Geschichte der Emanzipation zu denken: Die institutionellen Vorgaben haben immer, zuweilen heimlich, zuweilen offen, Texte und Themen bestimmt; immer gab es die Zensur und immer auch die freiwillige Selbstaufgabe des schreibenden Subjekts. Dies Bild der schreibenden Zunft war wegen der Dunkelheit des menschlichen Verstandes und der Schwäche des menschlichen Willens allgemein zu erwarten; aber die Schriftstellerei in den beiden ersten Jahren des Ersten Weltkriegs verschafft ein Bild vom Übergewicht des situativen Bezugs auch im 20. Jahrhundert, zuweilen, beileibe nicht immer, bis zum Verschwinden des individuellen Blicks, des persönlichen Stils.[13]

---

[13] Vgl. Kurt Flasch, Die geistige Mobilmachung. Die deutschen Intellektuellen und der Erste Weltkrieg, Berlin 2000.

# ENTWICKLUNG

Aristoteles hatte die Gewohnheit, seine überlieferten Bücher mit einem doxographischen Bericht zu eröffnen. Diese Darstellungen seiner Vorgänger folgten einem Schema: Mit der Zeit wurden die Gedanken der Philosophen und Naturforscher konkreter; sie trieben, gewissermaßen von der Wahrheit selbst gezwungen, auf die Position – des Aristoteles zu. Aristoteles hatte nicht den Begriff der „Entwicklung"; er spekulierte nicht darüber, daß ein einheitlicher Weltgrund in Natur, Geschichte und Philosophiegeschichte zur organischen Entfaltung käme, aber als rein zufällig schildert er den bisherigen Gang der Philosophie auch nicht; ein einfaches Schema der Entfaltung oder Reifung liegt seiner Darstellung zugrunde. Er sah die gesamte Wissensentwicklung auf sein eigenes Denken zulaufen. Thomas von Aquino konnte, darin Aristoteles folgend, die Vorstellung eines allmählichen Fortschreitens der philosophischen Erkenntnis behaupten (*Summa theologiae* I 44, 1). Er spricht davon, im Gang der Zeit komme es zu einem profectus cognitionis (*Summa theol.* II – II, 1, 7 ad 2), aber von einer zusammenhängenden Betrachtung der Geschichte des menschlichen Denkens unter der Leitidee der „Entwicklung" kann keine Rede sein, wenn auch das Begriffspaar explicatio-complicatio nicht erst bei Nikolaus von Kues vorkommt, wie es der Artikel „Entwicklung" im *Historischen Wörterbuch der Philosophie* (2, 550) behauptet, als sei „Entwicklung" wie aus der Pistole geschossen gekommen und sei überhaupt erst etwas Neuzeitliches. Neuplatonische Vorbereitungen sind zu bedenken: Die Dinge kommen vom Einen und vom Nus, der ihre Ideen in sich vereint; die Weltseele treibt sie in ihre eigene Wesensgestalt; sie kehren über die Einheitssehnsucht wieder zu ihrem Ursprung zurück; complicatio-explicatio sind daher Leitbegriffe schon bei Johannes Eriugena und in der Schule von Chartres. Sie bezeichnen den Gesamtrhythmus der Schöpfung und ihrer Heimkehr, nicht den geschichtlichen Gang des menschlichen Denkens. Warum? Zwar gab es die Vorstellung, erst die Offenbarung habe die Wahrheit gebracht, vorher hätten die Menschen in Finsternis gelebt. Aber diese eher fundamentalistische Version konnte nicht dominieren; dazu war das Prestige der antiken Lehrer zu groß; dazu hatte das christliche Denken sich zu souverän eine antike Vorgeschichte zu erfinden gewußt. Es vertrat seine Wahrheitsüberlegenheit teste David et Sibylla. Moses und der platonische *Timaios*, sagten sie, lehrten dasselbe über den Ursprung der Welt; Laktanz, aber auch Abaelard und andere fanden die Trinität bei antiken Denkern; Augustin hatte in den „platonischen Büchern" den Anfang des Johannesevangeliums entdeckt. Seneca, aber auch Cicero waren in jedem Jahrhundert als Lehrer der Moral und der Physik präsent, wenn ihre Karriere auch im 12. Jahrhundert noch einmal neuen Aufschwung bekam. Sodann war das Alte Testament als die Wahrheit Gottes anerkannt; insofern gab es das Licht der Wahrheit immer. Die von den Kirchenvätern rezipierte Idee des Logos weitete den Lichtbereich noch aus; schließlich sagte das Johannesevangelium, der Logos erleuchte jeden Menschen, der in diese Welt kommt, also nicht nur Juden und Christen. Aber diese Lichtfunken galten als zerstreut; sie bildeten keine geschichtliche Sukzession, insofern waren sie nicht geeignet, als *Entwicklung* in der Wahrheit betrachtet zu werden. Die Einheitsidee galt metaphysisch, nicht historisch, nicht für die Taten der Menschen behauptet, sie wurde nicht in historicis demonstriert. Alles, was Karl Löwith in dieser Hinsicht unter dem Titel *Heilsgeschichte und Weltgeschehen* Augustin zuschreibt, ist meiner Überzeugung nach skeptisch zu revidieren, auch wenn Augustin von einer eruditio, Erziehung, des Menschengeschlechtes gesprochen (*De civitate Dei*, X 14) und die Stufen der Offenbarung mit den Lebensaltern der Menschen verglichen hat.[1]

Es gab eine weitere Theorie, die sowohl eine punktuelle Erleuchtung durch die christliche Offenbarung wie auch eine historische Entwicklung ausschloß, die Ansicht von der Uroffenbarung. Danach war die Wahrheit immer da; sie wurde von den Ägyptern den Griechen und Moses vermittelt; sie war die einheitliche Botschaft des Alten Testaments, der griechischen Philosophie und des neuplatonisierend gedeuteten Neuen Testaments. Eine „Entwicklung" gab es dann im Sinne einer breiteren pädagogischen Darlegung, nicht im Sinne eines zunehmend höheren Wahrheitsgehaltes gegenüber einer ersten primitiven Stufe. „Evolutio" bedeutete schon im klassischen Latein auch das Aufblättern eines Buches, also das zeitversetzte Zeigen eines Vorhandenen. Die Präformisten des 18. Jahrhunderts, die eine „Entwicklung" im

---

[1] Belege bei J. Ritter, Fortschritt, in: Historisches Wörterbuch der Philosophie, Band 2, Basel 1972, Sp. 1036.

späteren, im dynamischen Sinne leugneten, bedienten sich daher gern dieser Metapher.[2] Für die Philosophiegeschichte hat Steuco im 16. Jahrhundert die Konzeption der immer vorhanden gewesenen Wahrheit professionell zum Motiv der philosophia perennis perfektioniert. Er konnte sich dafür sogar auf Augustin berufen, der in den *Retractationes* I 12 von der christlichen Religion behaupten konnte, ihre Wahrheit sei immer dagewesen, res semper erat, nur der Name „christlich" sei zu der wahren Religion erst später hinzugekommen. Kontinuität, nicht Geschichtlichkeit war das Privileg der Wahrheit, auch für christliche Denker. Für die Geschichte des historischen Entwicklungsgedankens wurde entscheidend, daß Vico aufhörte, die Anfänge des menschlichen Denkens als erhaben und götternah anzusehen, wozu im Platonismus immer eine Neigung bestand, sondern als anfänglich-roh, phantasie-verwirrt. Diesen wichtigen Schritt hat Giambattista Vico in harter philologischer Arbeit vollzogen, in einer mühseligen Entwicklung, die ihn von der Überzeugung abbrachte, die älteste Weisheit sei vollkommen gewesen. Damit trennte er sich von der Philosophia-perennis-Konzeption; er bezeichnete die Anfänge menschlichen Denkens als primitiv und faßte den Gedanken einer allmählichen Verfeinerung, also einer Entwicklung im Bewußtsein der Wahrheit. Die erste Stufe war nicht die vollkommenste, war nicht das goldene Zeitalter der Götternähe; für diese Überzeugung holte Vico philologisch-etymologische Argumente aus seiner Homer-Lektüre. Aber in spekulativer Vorwegnahme hatte Joachim von Fiore mit seiner Lehre von den drei Reichen und dem zu erwartenden Reich des Heiligen Geistes, der in alle Wahrheit einführen werde, schon ähnlich gedacht; die Kirchendenker Bonaventura und Thomas von Aquino sahen darin eine Herabwürdigung der gegenwärtigen christlichen Lehre zu einer Vorstufe und reagierten schroff ablehnend. Lessing nahm das Motiv zustimmend auf: Wie Vico dachte er die Anfänge, auch der Religion, als Kindheitsstufe, roh und im Denken ungeübt; wie Joachim sah er einen einheitlichen göttlichen Geschichtsplan stufenweise verwirklicht. Die Denkgeschichte wollte er nicht außerhalb der Providenz lassen: „Gott hätte seine Hand bey allem im Spiele: nur bei unseren Irrthümern nicht?"[3] Herder arbeitete diese

---

[2] Wolfgang Wieland, Entwicklung, in: Geschichtliche Grundbegriffe, Band 2, Stuttgart 1975, S. 200.
[3] Lessing, Erziehung des Menschengeschlechts, Sämtliche Schriften, hg. v. Karl Lachmann, Band 13, Leipzig 1897, S. 415.

Konzeption aus, mit stärkerem Interesse an der Einheit von Geschichte und Natur. Natur und Geschichte vollziehen einen einheitlichen Plan; mit diesem Leitfaden, schrieb er, „durchwandre ich das Labyrinth der Geschichte und sehe allenthalben harmonische göttliche Ordnung: denn was irgend geschehen kann, geschieht: was wirken kann, wirket. Vernunft aber und Billigkeit allein dauern; da Unsinn und Thorheit sich und die Erde verwüsten".[4]

Der Unsinn hebt sich von selbst auf; die Vernunft allein dauert; Herder hat in dem Abschnitt „Cultur der Vernunft in Europa" diese Entwicklungskonzeption auf die Geschichte des Denkens, der Religion und der Philosophie angewandt und dabei sogar der Scholastik und Mystik des Mittelalters eine positive Rolle zugeschrieben.[5]

Die Modifikationen dieses Leitbildes bei Hegel – Weltgeschichte als Stufengang, als Entwicklung durch Widersprüche hindurch – führten zu einer subtileren Sicht der ersten, der frühesten Entwicklungsstufe: Zwar ist die jüngste Stufe die entwickeltste, reichste, aber schon in den ersten Stufen des Geistes ist er *ganz* enthalten; als absoluter Geist ist er dem Entwicklungsschema zugleich *entzogen.*

Das idealistisch-morphologische Konzept von Entwicklung bedeutete die Applikation der aristotelischen Teleologie auf die Geschichte, besonders auf die Geschichte des Denkens. Es tendierte zur Reduktion, wenn nicht zur Eliminierung des Zufalls; es ordnete das Individuum mit seinen Spuren erfahrener Geschichte der Metaphysik der allgemeinen Form unter. Dann kam es zum Prozeß der Distanzierung von Hegels idealistischer Philosophie der Entwicklung. Dazu trugen bei: die Neubewertung der Primitiven und ihrer Kunst, ferner die Zweifel an der Überlegenheit der europäischen Kultur, Humanität und Wissenschaft, besonders seit dem Ersten Weltkrieg, hinzu kamen empirische Einwände gegen die Hegelsche Konstruktion der Geschichte und der Geschichte der Philosophie.

Auch Bewertungen und Einordnungsgesichtspunkte verschoben sich. Italiener teilten nicht länger die deutsch-protestantische Ansicht, der Humanismus sei die Vorbereitung der Reformation gewesen. Hinzu kam die Erfahrung deutungsresistenten Lebensstoffs, nicht-assimilier-

---

[4] J. G. Herder, Ideen zur Geschichte der Menschheit, Band 3, Riga 1787, S. 365. Ich zitiere nach der Erstausgabe.
[5] J. G. Herder, Ideen, Band 4, Riga 1791, S. 314 ff.

barer Erfahrungszonen, unübersichtlicher Ränder, die keiner spekulativen Sinngebung sich fügen. Es entstand ein Mißtrauen gegen den Anspruch höherer Ganzheiten, vor allem durch das Bewußtsein der Bedrohung der Individualität im Zeitalter totaler Staaten, die sich auf die höhere Würde des Ganzen berufen, um den Einzelnen zu instrumentalisieren.

Dennoch bleibt die *revidierte* Kategorie der Entwicklung ein vorzügliches Instrument kulturwissenschaftlicher Arbeit und insbesondere der ideengeschichtlichen Forschung. Sie verbindet Zeitmomente, indem sie differenziert. Sie erlaubt, einzelne Phasen und einzelne Schritte dieser Phasen als Teile eines Prozesses zu denken. Sie nimmt diesen Phasen die Isoliertheit. Aber dies setzt heute voraus, daß die durch Geschichtserfahrung und philosophische Reflexion gebotene Revision der Entwicklungskategorie tatsächlich durchgeführt wird. Wer heute geschichtlich zu denken versucht, kann „Entwicklung" so wenig wie „Kontinuität" oder „Tradition" einfach der Umgangssprache Gebildeter entnehmen. Er muß an seiner Kategorie zuvor gearbeitet haben. „Entwicklung", das ist vor weiterer Verifizierung ein leerer Rahmen, eine heuristische Frage. Entwicklung läßt sich in der Geschichte von Ideen und Theorien nur behaupten, wenn sie faktisch, philologisch nachgewiesen ist. Der Begriff „Entwicklung" ist nur zu halten, wenn wir ihn leichter, nüchterner, positivismusnäher und zugleich subjektiver fassen als das noch Wolfgang Wieland in den *Geschichtlichen Grundbegriffen* tat.[6] „Subjektiver und positivismusnäher", das heißt: Wer von „Entwicklung" spricht, muß wissen, daß *er* es ist, der die „Fakten" ermittelt und zusammengestellt hat, daß andere Ermittlungen andere Fakten erbracht und andere Zusammenstellungen nahegelegt hätten. Er nimmt sein Bild des Geschichtsgangs als Entwurf, den er der korrigierenden Diskussion zur Verfügung stellt. Wolfgang Wieland bezog noch die Gegenposition. Er wollte von „Entwicklung" nur sprechen, wenn eine „unumkehrbare, allmähliche, meist langfristige Veränderung in der Zeit" vorliege. An keinem dieser Merkmale ist festzuhalten. Die von mir intendierte Revision des Entwicklungskonzepts besteht in der bewußten Rücknahme der Wielandschen Essentials. Dies bedeutet:

*Entwicklungen können umkehrbar sein.* Der Ideen-, Literatur- und Kulturhistoriker kann es nicht unterlassen, Regressionen zu beschrei-

---

[6] in: O. Brunner – W. Conze – R. Koselleck, Geschichtliche Grundbegriffe, Band 2, Stuttgart 1975, S. 201.

ben, Rückfälle in frühere Stufen. Etwa beim späten Joseph Görres oder beim späten Clemens Brentano. Das Konzept der „Entwicklung" darf nicht dazu führen, mit Berufung auf die unumkehrbare Einlinigkeit von Entwicklung Phasen zu leugnen, die Robert Walser bezüglich Brentanos so beschrieben hat:

„Brentano klopft an eine Tür. Hier muß er lange, lange warten, bis endlich, nach so langer, langer Zeit des Harrens und Bangens, ihm der Bescheid und der grausige Befehl erteilt wird, einzutreten, und er tritt mit einer Schüchternheit, die ihn an seine Kindheit erinnert, ein, und da steht er vor einem Mann, und dieser Mann, dessen Gesicht mit einer Maske verhüllt ist, ersucht ihn schroff, ihm zu folgen. ‚Du willst ein Diener der katholischen Kirche werden? Hier durch geht es'. So spricht die düstere Gestalt. Und von da an weiß man nichts mehr von Brentano."[7]

Natürlich weiß man noch viel von Brentano. Nur ist es nicht mehr der Brentano, den wir kannten. Aber zu seiner „Entwicklung" gehört auch seine letzte Phase. Also ist Entwicklung nicht „unumkehrbar". Auch eine Rückwendung ist ein neuer Schritt, mit neuen, eigenen chronologischen und inhaltlichen Konnotationen. Sie ist nie ein wiederhergestellter früher Zustand. Der Zeitstrom ist in ihr nachweisbar, selbst wenn sie sich als Heraustreten aus dem Zeitfluß verstanden haben sollte.

*„Entwicklung" muß nicht „langfristig" sein.* Es gibt dramatische, rasche Entwicklungen. Gerade ein abrupt auftretendes Ereignis wie die Bekehrung Augustins prägt die Geschichte seiner Entwicklung. Es gibt plötzliche Umschwünge, Einbrüche und Abbrüche. Auch sie markieren Entwicklungen, bei Kriegen und Revolutionen. Aber auch Philosophen können plötzlich aus ihrem dogmatischen Schlummer erwachen; es gibt verkürzte Entwicklungen, und innerhalb dieser treten Akzelerationen oder Verlangsamungen auf.

Wolfgang Wieland zählt ein weiteres Merkmal von Entwicklung zu ihrer Definition, nämlich dieses: „Der Veränderung liegt ein identisches und beharrendes Subjekt zugrunde; bei ihm kann es sich auch um ein überindividuelles Gebilde, eine Gestalt des ‚objektiven Geistes' handeln."

Das ist bis in die Terminologie hinein die Übertragung der Substanzvorstellung auf die geschichtliche Welt. Woher sollte dieser Vorrang der

---

[7] Robert Walser, Brentano I, in: Robert Walser, Das Gesamtwerk, Band 1, Frankfurt a. M. 1978, S. 324.

Beharrung kommen? Wieland interpretiert „Entwicklung" mit teils aristotelisierenden, teils diltheyisch hegelianisierenden Konzepten. Ich versuche, Entwicklung zu denken ohne diese spekulativen Zutaten. Ein einheitliches „Subjekt" fordert sie freilich, nämlich im grammatischen Sinn des Subjektes einer Erzählung. Wer Entwicklung behauptet, muß gedanklich festhalten, *wovon* er Entwicklung behauptet. *Er braucht ein „Thema", aber kein bleibendes Subjekt.*

Ein weiteres Moment scheint entbehrlich, das Wieland ebenfalls für den sinnvollen Gebrauch der Kategorie „Entwicklung" für notwendig erklärt: die „Anwendung teleologischer Begriffe". Der Verzicht auf diese ist vielmehr die Bedingung historischer Erschließungskraft der Kategorie „Entwicklung": Kein Stadium ist auszuzeichnen; jedes kann Verfall oder Höhepunkt sein. Frühwerke zeigen oft schlichte Traditionsabhängigkeit; das letzte Werk eines Musikers oder eines Philosophen kann geniale Vorwegnahme künftiger Entwicklungen sein oder ein Dokument seniler Demenz.

Wieland hielt für Bedingungen des historischen Nutzens der Kategorie „Entwicklung", was Elemente des schlechten Gebrauchs sind. Sein Entwicklungsbegriff sanktioniert eine Krankheit der deutschen Geisteswissenschaften im 20. Jahrhundert, die sich bei halbherziger Entfernung von Ranke, Hegel und/oder Dilthey eingeschlichen hatte. Sie strengten sich an, Veränderung als etwas an der Kontinuität zu denken, statt Kontinuität und Entwicklung in strikter gleichberechtigter Wechselwirkung zu fassen. Der Vergleich mit Lebensaltern, insbesondere seit Herder mit dem Entwicklungsbegriff verbunden, kann nur noch mit größter Vorsicht und nur sektoral gebraucht werden. Wer will, kann weiterhin von Geburt und Untergang des mittelalterlichen Burgenbaus sprechen. Mit größter Vorsicht, sagte ich, denn wohin gehört Neuschwanstein? Nochmals Vorsicht: Von Geburt und Erstarken der Scholastik, von ihrem „Vater" und ihrem Verfall hat man lange gesprochen und dabei sowohl das 12. wie das 14. Jahrhundert verkannt.

Ich resümiere: „Entwicklung" ist keine überzeitliche Wesenheit, keine teleologisch bestimmte Quasi-Substanz, kein „Gedanke Gottes vor der Erschaffung der Welt". Das Nachdenken über Entwicklung ist nichts als die Aufforderung, themenbezogen Zeitspuren zu suchen, Narben des Wandels, Jahresringe der Ereignisse samt der Zufälle, innerhalb eines Arbeitsfeldes, das seine Einheit vorerst der Frage eines Historikers verdankt.

Die Revision der Kategorie „Entwicklung" stellt nicht wenige historische Arbeiten in Deutschland in neues Licht. Sie zeigten tatsächlich lange die Tendenz, geschichtliche Prozesse zu *substantialisieren, zu objektivieren und zu teleologisieren*. Wieland formuliert als normativ, was de facto zu lange zutraf. Der historische Immobilismus wollte Veränderung nur sehen, wo Beharrendes überwog. Das historische Denken hat sich lange Zeit angehalten, im Vergänglichen die Dauer, im Zeitlichen das Ewige zu finden. Das Nachdenken über Entwicklung zeigt, daß diese Optik einseitig war. Sie ist methodisch konsequent zu verlassen, ohne in die gegenteilige Einseitigkeit zu verfallen, daß es gar keine Momente der Kontinuität gebe. Es gibt sie, aber als Momente von Entwicklungen. Dies zu sagen, hat mit Substanzdenken und mit teleologischer Metaphysik nichts mehr zu tun. Nur haben Verhältnisse und Personen sich oft mehr entwickelt, als unsere veränderungsscheue Schulwissenschaft sich träumen ließ. Der Gebrauch der Kategorie „Entwicklung", für den ich plädiere, verzichtet auf Ansichten über die Weltgeschichte als ganze, gar über deren Einordnung in die Absichten der „Natur". Er ist hypothetisch, methodisch, nicht geschichtsphilosophisch. Er prozediert unter Kautelen, die klar sein müssen:

Entwicklung ist als heuristische Idee unentbehrlich, aber Entwicklung darf nur behauptet werden, wenn sie faktisch, philologisch nachgewiesen und wenn die Zusammenstellung der Fakten zu einer Entwicklungslinie als subjektive Synthesis, als Vorschlag zur Güte, eingestanden ist, „Entwicklung" ist nicht als Erreichung einer normativ-eidetischen Wesensform zu denken, sondern als faktisch zurückgelegte Zeitstrecke mit inhaltlichen Implikationen.

Was die ideenhistorische Forschung angeht, so ist „Entwicklung" abzulösen von der Metaphysik des Geistes und ihren Prämissen; sie ist als Frage oder als leere Form, die sich historisch-faktisch erfüllt oder nicht, zu denken, also ohne das Prädikat der Notwendigkeit. In dieser entidealisierten Form behauptet sie nicht mehr, daß *alles* sich entwickelt haben muß. Sie hält zu dem Versuch an, Divergenzen genetisch zu erklären; sie bedeutet den Verzicht auf deren Systematisierung; sie respektiert tatsächlich bezeugte Entwicklungen im Denken, im Lebensgang der Einzelnen und der Kulturen.

# HISTORISMUS, ZEITBEZUG, ANEIGNUNG

Als Jan Aertsen, dem damaligen Direktor des Thomas-Instituts an der Universität Köln, vor ein paar Jahren die undankbare Aufgabe zufiel, meine Arbeitsweise einem wissenschaftlichen Publikum vorzustellen, sagte er vor gut gefülltem Hörsaal: „Das mindeste, was man von diesem Herrn sagen kann, ist, daß er das Bild der mittelalterlichen Philosophie *verändert* hat." Ich wußte, daß ich als Mainzer in der Karnevalhauptstadt Köln einen scherzhaften Zwischenruf riskieren konnte, und fügte seinem Lob eine kleine Einschränkung hinzu, indem ich, einen Satz des Kölner Journalisten Karl Marx abwandelnd, dazwischenrief: „Es kömmt aber darauf an, es zu *verbessern!*" Habe ich das Bild des mittelalterlichen Denkens verbessert oder nur verändert? Darüber werden andere urteilen. Ich nehme ihr Urteil nicht vorweg. Ich versuche hier nur, meine Mittelalterarbeiten einmal zusammenfassend zu charakterisieren und ihren Zusammenhang mit meiner Kritik historiographischer Kategorien klarzustellen. Dabei beziehe ich mich nicht auf meine Spezialuntersuchungen, etwa über Dietrich von Freiberg oder Augustins Zeittheorie, sondern auf die Gesamtdarstellungen:

*Geschichte der Philosophie in Text und Darstellung*, Band 2: *Mittelalter*, Stuttgart 1982, *Das philosophische Denken im Mittelalter. Von Augustin zu Machiavelli.* Zuerst Stuttgart 1986, Zweite, revidierte und erweiterte Ausgabe, Stuttgart 2000, *Einführung in die Philosophie des Mittelalters*, Darmstadt 1987, mehrere Neuauflagen, Übersetzungen ins Französische, Koreanische und Italienische, *Hauptwerke der Philosophie: Mittelalter*, herausgegeben von K. F., Stuttgart 1998.

Dies sind vier untereinander recht verschiedene Anläufe, die ich in diesem Abschnitt zusammenfassend „Projekt Mittelalter" oder auch einfach „Projekt" nenne, wobei ich glaube, daß seine Konturen in der *Einführung* am deutlichsten hervortreten.

## Die Intention

Diese vier Bücher sind für ein allgemeines Lesepublikum geschrieben. Es handelt sich um Einführungen, nicht um Handbücher. Einführungen, schien mir, sollten etwas anderes sein als kleine Lehrbücher. Sie führen nicht zu anderen Handbüchern, sondern zu den Quellen. Sie vermitteln am historischen Stoff eine Einübung ins philosophisch-historische Denken. Sie umreißen ein Forschungsfeld, stellen eine Reihe von Texten vor und placieren sie historisch. Sie führen mit historisch-philosophischen Analysen den Wandel vor Augen, den das Denken des lateinischen Westens in den langen Jahrhunderten von 400 bis etwa 1530 durchgemacht hat. Man stelle sich einmal vor, alle Quellen wären verlorengegangen, die zwischen den Schriften Alkuins (um 800) und dem *Lob der Torheit* des Erasmus von Rotterdam (1515) liegen: Die Leichtigkeit und der Anspielungsreichtum, der subjektive Charakter und die Eleganz des lateinischen Stils der witzigen und zugleich philosophischen Schrift des Erasmus blieben unbegreiflich. Einiges muß passiert sein zwischen den bescheidenen Definitionsübungen Alkuins und der reflektierten Raffinesse, dem nachdenklichen Übermut des Erasmus. Wer die Bewegung studieren will, die zwischen diesen Termini liegt, dem bietet mein Projekt eine Anleitung, sich aus den Quellen ein Bild von ihr zu machen. Es will das historische Sehen anregen. Es weitet den geschichtlichen Blick und leitet zugleich an, bei einzelnen Erscheinungen mitdenkend zu verweilen. Es hält sich nicht an die Fachgrenzen von Kulturgeschichte, Kunstgeschichte oder Literaturwissenschaften; es folgt philosophischen Überlegungen auch dann, wenn sie in einem Buch stehen, das von der heiligsten Dreieinigkeit handelt und das die Theologen zu ihrem Departement zählen. Es ist das philosophische Projekt eines professionellen Historikers, der den Ausdruck „Fachphilosophie" albern und unphilosophisch findet. Manche Menschen lieben ihre Einteilungen mehr als ihren Besitz, zuweilen sogar mehr als ihr Leben. Sie fürchten, wenn ihre Ordnungsschemata wanken, verlören sie die Inhalte und am Ende sich selbst. Verbissen verteidigen sie ihre erlernte Terminologie. Sie sprechen von Provokation, wenn einer Verkrustungen zur Seite schiebt.

Mein Projekt geht demgegenüber von frischer geschichtlicher Anschauung aus. Nicht, als beriefe es sich in historischen Fragen auf Intuition. Es kennt nur den Weg über harte Quellenstudien, reklamiert aber zur eingestandenermaßen *subjektiven* Herstellung eines Bildes den Spielraum der Phantasie und schriftstellerischer Präsentation. In allen drei Richtungen – „positivistischer" Ausgangspunkt, Plausibilität der Verknüpfung der Phänomene und Bewußtsein der Rolle des Schriftstellers – bin ich, nach langen Jahren in Forschung und Lehre, kräftig ausgeschritten, in der Überzeugung, auch wissenschaftliche Bücher dürften nach Schweiß und Skrupeln riechen.

Mein Projekt rüttelt an Einteilungen und Zuordnungen. Besser: Es unterwandert sie. Nicht einmal Vokabeln wie „Mittelalter" oder „Neuzeit" respektiert es sonderlich. Es kommt ohne das Wort „Scholastik" aus. Rezensenten, die diesen Verzicht „leichtsinnig" fanden, konnten den Verlust an Bestimmtheit nicht nachweisen, der durch diese Vokabelvermeidung entstanden sein soll. Der schulmäßige Charakter gar mancher mittelalterlicher Texte wird ohnedies deutlich. Zum Beispiel stelle ich in der *Einführung* die Disputationsform des „scholastischen" Lehrbetriebs am Beispiel Alberts konkret vor. Ich vermeide es aber, aus Etiketten wie „Hochscholastik" oder „Nominalismus" etwas herzuleiten; meine Arbeit besteht auf Chronologie, Texten und Argumentationen. Mein Projekt ist *historisch* konzipiert, ohne deswegen zu behaupten, sein Begriff von „Philosophie" sei identisch mit dem der behandelten Autoren. Es macht *innerhalb des reinen Denkens* den reißenden Fluß der Zeit sichtbar.

Natürlich kann ich nicht von *allen* mittelalterlichen Texten reden. Ich mußte auswählen. Auch innerhalb der Texte mußte ich einzelne Theoreme auswählen. Nur sollte das nicht nach irgendeiner anerkannten Nomenklatura erfolgen, sondern nach argumentativer Brillanz und geschichtlicher Wirkung. Es sollte das sichtbar werden, was den Strom intellektuellen Geschehens in seinen geschichtlichen Verflechtungen zwischen Augustinus einerseits, Leonardo, Erasmus und Luther andererseits, verdeutlicht.

Mein Projekt betreibt Diversifikation in Zeit und Raum. Es vertieft sich in die Entwicklungen. Es untersucht, wo sie einen Ruck machen, und führt in die Vielfalt europäischer Denklandschaften. In ihm gibt es nicht nur Paris, sondern Aachen und Bologna, Reims und Mainz, Tours und Rom, Köln, Oxford und dann doch immer wieder auch Paris. Ich historisiere Leselisten und Klassikerränge. Diese sind bereits ein Ergebnis erforschbarer historischer Verschiebungen; ich durfte sie nicht bei der Beschreibung der denkgeschichtlichen Prozesse zugrunde legen.

Mein Projekt führt dicht an Texte heran. Es versucht in einem zweiten Schritt, die geschichtliche Welt zu rekonstruieren, der sie angehören, und wirft drittens einen Blick auf den heutigen Betrachter dieser geschichtlichen Welten und auf vorhandene Rekonstruktionen. Es stellt sich der paradoxen Aufgabe, zugleich dicht ins Gewesene und zurück in die Gegenwart zu führen. Es konzediert nicht nur, sondern hebt eigens hervor: Weder die betrachteten Inhalte noch die Art des Betrachtens können beanspruchen, sie seien zeitlos. Daher unterbreche ich immer wieder den Fluß der Erzählung, um zu räsonnieren über die Art meines Vorgehens, über Nutzen und Nachteil bestimmter methodischer Vorentscheidungen. So entwickelt sich beim Lesen älterer Schriften ein discours de la méthode historique. Auszugehen ist von vorliegenden Texten, nicht von geschichtstheologischen Spekulationen über die Summa, über das „Ende der Neuzeit" oder über „die Welt des Mittelalters und wir". Derartige Spekulationen zu unterlassen, wie sie Scheler und Troeltsch in der deutschen Geisteswissenschaft eingebürgert haben, bildet das „positivistische" Moment der Prozedur. Diese beruht auf einem phasenweisen, einem prekären, einem vorläufigen und methodischen „Positivismus", nicht auf einem dogmatischen. Denn welche Texte „vorliegen" und welche nicht, das ist jeweils bereits das Ergebnis geschichtlicher Vorgänge. Was ein „vorgegebenes Faktum" ist, läßt sich nicht subjektfrei und außerhalb geschichtlicher Denkprozesse beschreiben. Daher wäre es falsch, das methodische Prinzip meines Projekts „Positivismus" zu nennen; es lebt allerdings vom positivistischen Impuls zu Quellen und textgeschichtlichen Details, die es gegen veraltete Auslegungen rettet; es spielt sie aus gegen äternistische Inkonsequenzen, harmoniesüchtige Glättungen und wertungsbelastete Einteilungen im Umgang mit der Geschichte des Denkens.

Mit dem Etikett „Positivismus" für mein Projekt ist es also nichts. Wie wäre es mit „Historismus"? Eine intelligente Kritikerin, Martina Bretz, hat mich öffentlich einen „bekennenden Historisten" genannt, und das klingt nicht schlecht. Der bedeutende schwedische Rechtshistoriker Stig Strömholm sprach von meinem „neohistorischen Forschungsprogramm"; Dominik Perler sah eine „historistische Position", die sich aber vom Historismus des 19. Jahrhunderts klar absetze. Solche Schulnamen werden, wie Kant einmal bemerkt, selten gebraucht, ohne damit Unrecht zu tun, aber ganz falsch sind sie diesmal nicht.

Mein Projekt übt das Denken des Vielen. Es betreibt offen die Freilegung des wenig Bekannten, das Dogmatiker unter dem Titel „Kuriositäten" führen. Es versucht die Ent-Teleologisierung des Geschichtsablaufs: Es hält vom Denken der Zeit von 400 bis 1530 die schlecht-finalisierende Vorstellung fern, es stelle im wesentlichen die Vorgeschichte und Nachgeschichte des Thomismus dar. Es argumentiert gegen neuscholastische, neuthomistische und neukantianische Philosophiehistoriker, die sich anheischig machen, aus der Geschichte des mittelalterlichen Denkens den Honig übergeschichtlicher metaphysischer oder transzendentalphilosophischer Einsichten zu saugen. Denken verläuft in Zeit. Dies gilt für das Denken der früheren Philosophen wie für das Denken des heutigen Betrachters. Zeitlichkeit prägt Fragestellungen und Lösungsverfahren, Terminologien und Kommunikationsweisen. Ob bestimmte Fragen gestellt und andere unterlassen werden, hängt zudem von harten, von zufälligen Fakten ab, z. B. davon, welche Sprachen zur Verfügung standen, ob es Vorredner gab und was von ihnen faktisch zugänglich blieb. Ob Leser und Diskutanten überlebten, die von der Sorge um Nahrung und Obdach genügend befreit waren, um Theorien entwickeln zu können. Dies wiederum hängt ab von Geographie und Demographie, von ökonomischen, sozialen und politischen Bedingungen. Andererseits: Menschen besprechen und bewerten ihre Naturbedingungen und ihre soziale Welt. Sie verändern sie nach beurteilten Bedürfnissen. So entsteht in geschichtlichen Welten ein an den Rändern offenes System von Wechselwirkungen. Diese *sind* die geschichtlichen Welten, die der Historist Wilhelm Dilthey das allem Denken vorausliegende „Leben" nannte. Wenn „Historismus" die Regel heißt, bei der Untersuchung geschichtlicher Vorgänge Ausschau zu halten, um auf methodisch gesichertem Weg die Vielzahl von Bedingungen historischer Prozesse aufzufinden und ihre wechselseitige Durchdringung zu studieren, dann beruht mein Projekt auf historistischen Prinzipien. Sie widerstehen dem Aberglauben an die Autonomie des „Geisteslebens". Dilthey ist über einen solchen, strikt nur heuristischen Historismus weit hinausgegangen, und zwar in nicht weniger als *drei* Beziehungen. Erstens sah er sich im Besitz der Fähigkeit der Einfühlung in fremde Personen und geschichtliche Motive. Zweitens gab er dem „Leben" eine spätidealistisch-pantheistische Färbung, die auf Zustimmung zum Geschehen hinauslief. Drittens sah er in der Geschichte einen Fortschritt hin auf deutsche Wissenschaft und preußischen Staat, dem nun unter Wilhelm II., über Bismarck hinausgehend, eine gut ausgebildete neue Führungsschicht, ausgerüstet mit seiner Geisteswissenschaft, Weltgeltung verschaffen sollte. Von dieser Verstehenslehre und Geschichtsmetaphysik des historischen Dilthey findet sich in meinem Projekt keine Spur. Damit gerät die Zuordnung zum „Historismus" ins Wanken, ohne daß ich Nähe zu Dilthey damit verleugne.

Mein Projekt beruht auf der Einsicht Diltheys, daß Ideengeschichte wichtig ist, weil Geschichte das Denken nicht nur äußerlich begleitet oder vorbereitet, sondern wesentlich prägt. Meine Vorgehensweise insistiert *gegen* Diltheys Einfühlung auf Philologie. Es ging hervor aus intensiver Befassung mit Dilthey und nimmt „Abschied von Dilthey".[1]

Ich streite nicht um die Vokabel „Credo"; eine methodische Hauptregel habe auch ich. Sie wird auch ausgesprochen. Sie ließe sich dahin zusammenfassen: Beim Beschreiben früherer Philosophien ist äußerste Quellennähe anzustreben, aber wir kommen ohne Bewertung nicht aus. Die Beurteilung früheren Denkens sollte nicht nach einer anderen, angeblich wahreren Philosophie erfolgen. Zu beurteilen ist, wieweit ein Denken *in seiner Zeit* gekommen ist und was es nach den Denkregeln seiner Zeit für seine Zeit erreicht hat. Philosophiehistoriker signalisieren nicht das Auftauchen ewiger Wahrheit im Dickicht der Geschichte; sie beschreiben die Funktion, die eine Philosophie für ihre Zeit gehabt hat. Hat sie das Selbstverständnis oder vielmehr die divergierenden Bewußtseinsformen ihrer Zeit klarer formuliert als andere? Hat sie diese erweitert oder verengt? Hat sie diese kritisierbar gemacht, indem sie unerkannte Konsequenzen herausstellte? Hat sie die Wertvorstellungen und Denkregeln ihrer Zeit durchleuchtet? Hat sie aus Zu-ständen Gegenstände gemacht, denen die Zeitgenossen kraft ihrer Arbeit dann urteilend gegenüberstehen konnten? Harmonisierte sie divergierende Tendenzen, die in einer Zeit wirksam und unentbehrlich waren, in einer damals plausiblen Weise, also nicht bloß durch Juxtaposition und nicht nur argumentlos-verbal? Konnte sie eine Kultur vor dem Zerbrechen bewahren? Hat sie argumentierend – also nach den besten Beweisstandards ihrer Zeit – gezeigt, daß unvereinbar war, was bisher für vereinbar galt? Die Philosophie ist aus Krisenerfahrung entstanden; daher hat der Philosophiehistoriker das Recht, einzelne Philosophien zu fragen, ob sie die innovative Kraft hatten, die unvermeidlichen Abschiede analysierend zu begleiten und neue Wege zu zeigen.

Mein Projekt analysiert anhand von Beispielen in concreto die Lebensfunktion der Philosophie, die ich mit einem der Neutestamentlichen Forschung entnommenen, philosophisch nicht ganz unschuldigen, weil von Dilthey nicht unabhängigen Ausdruck ihren „Sitz im Leben" ge-

---

[1] Kurt Flasch, Abschied von Dilthey, in: Michele Ciliberto–Cesare Vasoli (Hg.), Filosofia e cultura. Per Eugenio Garin, Band 2, Rom 1991, S. 625–645.

nannt habe. Auch hier kommt es nicht auf die Formel an, sondern auf ihre Erschließungskraft an Texten. Mit ihr ist etwa folgendes gemeint:
Die Zeit von etwa 750 bis 1450 konnte keinen wichtigen Neuansatz ohne antike Muster oder Materialien vornehmen. Das gilt für einfache Fragen, die man als anthropologische Konstanten zu betrachten geneigt ist, wie Essen und Trinken, wie Gartenbau und Bestattung, Mauerbau und Verkehrswege. Es gilt für alles Reden und Rechnen, für elementare Heilpraxis und Rechtspflege. Das Zusammenleben kam ohne ein Minimum an rechtfertigender Erklärung nicht aus, insbesondere nicht seit dem 12. Jahrhundert. Essensregeln, grammatische Minimalvorstellungen, die Unterscheidung von Mord oder Totschlag, von Ehe oder Konkubinat, das alles war nicht ohne einen Rest antiker Bildung zu formulieren. Aber die Überbleibsel antiker Bildung waren zufällig und uneinheitlich. Sobald eine kleine Bibliothek zur Verfügung stand und wieder eine erste Schulung im genauen Lesen stattfand, traten Konflikte der Traditionsmasse an den Tag. Die europäische Kultur war seit ihren schriftlich erhaltenen Anfängen in sich vielfältig und kontrovers. Schon die Vorsokratiker polemisierten – gegen Homer, gegen die Volksreligion und vor allem gegen ihre jeweiligen Vorgänger. Die Christen beriefen sich auf eine Überlieferung, die in einem Zeitraum von fast 1000 Jahren unter den verschiedensten kulturellen Bedingungen entstanden und alles andere als einheitlich war. Selbst wenn dies lange unentdeckt blieb, obwohl man bei Augustin nachlesen konnte, wie schwer es war, auch nur einen Konsens der Evangelisten herzustellen, so forderte doch die religiöse Praxis, die entgegen einer Vielzahl realer zentrifugaler Faktoren einheitlich sein mußte, wenn das Gemeinwesen überleben sollte, eine Hierarchisierung, teilweise auch Eliminierung oder Umdeutung. Hinzu traten die internen Spannungen der antiken Traditionsmasse, die seit Karl dem Großen wieder in größerem Umfang zugänglich wurde, nicht überall, aber in Dombibliotheken wie in Köln oder in Klöstern wie der Reichenau und St. Gallen. Die antiken Überlieferungen wiederum waren mit der jüdisch-christlichen Textsammlung schwer zu koordinieren; dazu kamen die Kirchenväter, die wie Hieronymus und Augustin weder untereinander noch mit sich selbst einig waren. Beides ist zusammenzuhalten: Die Abhängigkeit dieser Zeit von antiken Stoffen und die interne Diskordanz des Überlieferten – von der Zuordnung des Tradierten auf die veränderten neuen Lebensverhältnisse vorerst zu schweigen.
Dies schuf, sobald einmal eine relative äußere Daseinssicherung ge-

troffen war, eine Unruhe, die das Denken der Zeit in Spannung hielt. Die erreichten Lösungen waren bald der Kritik ausgesetzt; sie erwiesen sich als verbesserungsbedürftig bis unhaltbar. So entstand seit dem 11. Jahrhundert, seit Investiturstreit und Berengar-Debatte eine Dauerdiskussion, die im zwölften Jahrhundert mit den großen Rechtssystemen und mit der Sentenzensammlung des Petrus Lombardus einen nur vorläufigen Abschluß fand und danach immer weiter neue Kontroversen und harmonisierende Kommentare hervortrieb. Die westliche Christenheit war – nachdem aus erforschbaren historischen Gründen die Regel der Widerspruchsfreiheit sich wieder durchgesetzt hatte – auf Klärung dieser Fragen angewiesen, wenn sie eine lebensleitende Wissenschaft zu haben beanspruchte.

Ein informatives Beispiel dieser geschichtlichen Notwendigkeit bildet Karl der Große. Nachdem er die Sachsen blutig besiegt, bestraft und/oder umgesiedelt hatte, glaubte er nicht herrschen zu können, ohne die klassische Definition der Gerechtigkeit zu kennen. Dies wiederum war unmöglich ohne minimale Kenntnis der antiken Philosophie. Er hatte ein Lebensbedürfnis seines Reiches im Auge, als er dachte, er sei verantwortlich für die korrekte Bewertung frommer Bilder und für die Lehre von der Trinität. Dies aber war ohne Kenntnis wenigstens der Terminologie der aristotelischen Kategorienlehre nicht zu haben. In realen Notwendigkeiten solcher Art fand das philosophische Denken, durch die Autorität des Boethius mächtig gestützt, seine Lebensfunktion und öffentliche Anerkennung. Dies nicht generell zu behaupten, sondern an gut belegten Konflikten nachzuweisen und damit die Macht von Bedürfnis, Zufall und Zeit in den erhabensten Innenhöfen des Denkens vor Augen zu führen, war die Intention meines Projekts.

Ich war und bin der Ansicht: Die beste Einführung in die wissenschaftliche Erforschung des Wissens in dem Zeitraum von 400 bis 1600 ist das jahrelange Studium der antiken Philosophie, zumindest Platons, Aristoteles' und Plotins, sodann der Stoa und des Skeptizismus, Ciceros und Senecas. Hinzukommen muß Augustin; unerläßlich sind Avicenna und Averroes, deren ins Lateinische übersetzte Werke ich 1962 als photomechanischen Nachdruck herausgegeben habe, weil ich sie für das historische Studium des mittelalterlichen Denkens unentbehrlich fand. Dies ist eine entmutigend lange Liste, zumal für die wissenschaftliche Arbeit auf diesem Feld noch paläographische Übungen und Vertrautheit mit den

Sprachen gehören. Nichts von all dem ist entbehrlich. Aber es konnte nicht die Aufgabe von Einführungsschriften sein, all diese Vorbereitungsstufen zu durchlaufen; eine engere Abgrenzung war notwendig. Die Größe der Aufgabe sollte fühlbar bleiben, aber den Anfänger oder den Fachnachbarn nicht erdrücken. Beim Ziehen der Zeitgrenzen hat mich das schöne Buch von R.W. Southern, *The Making of the Middle Ages*, zuerst 1953, ermutigt. Sir Southern, mit dem ich als Mitherausgeber der *Analecta Anselmiana* (Frankfurt a. M. 1965ff.) in den sechziger Jahren zusammengearbeitet habe, beginnt sein „Mittelalter" mit der Mitte des 10. Jahrhunderts. Ein gut lesbares Buch braucht derart kühne Entscheidungen. Wer sie trifft, bleibt sich im klaren, daß er mit seinen eigenen Vorbereitungen bei einem früheren Zeitpunkt beginnen muß und erst mit dem Studium seiner Gegenwart enden darf. Es wäre vertretbar gewesen, wie Southern einzusetzen, also mit der Bildungspolitik der Ottonen zu beginnen, zumal die karolingische Zeit in vielem noch antikische oder antikisierende Züge trägt. Aber meine Intention war, offene Situationen aufzusuchen, die durch geschichtliche Prozesse in Konflikten entschieden worden und gut dokumentiert sind. Da konnte ich auf die Gottschalk-Debatte und Johannes Eriugenas Gutachten nicht verzichten. Daher wählte ich für die *Einführung* Alkuin, also die Zeit um 800, als Ausgangspunkt und die Kontroverse Cusanus – Johannes Wenck, also die Zeit um 1450, als Endpunkt. Aber damit blieben Augustin und Boethius draußen, die Bedingungen intellektuellen Lebens nach den Wanderjahrhunderten wurden nicht zusammenhängend dargestellt und der famose Übergang vom „Mittelalter" zur „Neuzeit" nicht erörtert. Mein größeres Buch *Das philosophische Denken im Mittelalter*, jetzt zu benutzen in der erweiterten Ausgabe Stuttgart 2000, beginnt daher früher und endet später. Es setzt ein bei Augustin und endet bei Erasmus, Leonardo, Machiavelli und Luther. Meine Absicht insbesondere mit der *Einführung* war, das Denken einer Zeit im Werden zu zeigen und Polemiken als Knotenpunkte der Entwicklung textnah vorzuführen; dazu reichten Beispiele aus dem gewählten engeren Zeitraum. Das brachte Nachteile mit sich. Ich mußte antike Denkmotive erwähnen, die ich nicht eigens vorgestellt hatte; ich mußte gleich zu Beginn einen Kampf um Augustin schildern, ohne das Werk Augustins hier analysiert zu haben. Mein Leser mußte mit knappen Hinweisen auskommen. Ihm sollte fühlbar werden, daß das Mittelalter eine sekundäre Zivilisation war, die eine reiche Vergangenheit voraussetzen, antike bzw. christlich-spätantike Muster nutzen und mit ihren Widersprüchen fertig werden mußte. Der Sache nach ging es nicht ohne Aristoteles und Averroes. Vor allem gibt es kein Mittelalterstudium ohne Augustin, denn das Denken des Mittelalters war in vielfacher Form ein Kampf um die divergierenden Komponenten im Werk Augustins.

Dies darzustellen, gehörte nach meinen vorangegangenen Augustinus-Studien entscheidend zu meinem Projekt. Dieses beleuchtet denn auch wie nebenbei meine Position in einigen Kontroverspunkten der Augustin-Deutung. Nachdem ich in meinem Buch *Die Logik des Schreckens. Augustins Gnadenlehre von 397*, zu benutzen jetzt in den verbesserten Auflage Mainz 1995, gezeigt hatte, daß es mit Augustins Schrift *Quaestiones ad Simplicianum I 2* einen Umbruch im Denken Augustins gegeben hat, der die gesamte philosophische Basis des bereits christlichen Denkers Augustin in eine Krise gestürzt hat, ist eine umfangreiche Literatur zu Augustins Gnadenlehre entstanden, die in epischer Breite Thesen widerlegt, von denen sie behauptet, sie seien die meinen. Es sind vor allem drei: 1. Augustin habe 397 *alles* aufgegeben, was er zwischen 386 und 397, also den *Quaestiones ad Simplicianum* gelehrt habe. 2. Er sei zum Manichäismus zurückgekehrt. 3. Er sei so etwas wie der böse Geist Europas gewesen. Hätten die Augustin-Apologeten, die inzwischen buchstäblich über 2000 Seiten zu diesem Thema haben drucken lassen,[2] die *Logik des Schreckens* etwas genauer gelesen – bei manchem französischen Diskutanten haperte es offenbar außerdem an der Sprachkompetenz – oder hätten sie auch nur einen Blick in mein Mittelalter-Projekt geworfen, hätten sie gesehen: Ich teile keine der Thesen, die sie mir zuschreiben. Sie widerlegen triumphierend, was ich nicht geschrieben habe, statt sich der Frage zuzuwenden, die ich wirklich gestellt habe, nämlich dieser: Was ist das für ein Gott, der allmächtig

---

[2] Außer zahlreichen „Widerlegungen" in den Fachblättern der Augustinusfreunde, auf die ich im Nachwort der 2. Auflage der *Logik des Schreckens* eingegangen bin, vgl. die unterschiedlichen, aber allesamt ausgedehnten Arbeiten, die in dieser Reihenfolge im Niveau steigen:
P. M. Hombert, Gloria gratiae. Se glorifiér en Dieu, principe et fin de la théologie augustinienne de la grâce, Paris 1996, 664 Seiten, J. Lössle, Intellectus gratiae. Die erkenntnistheoretische und hermeneutische Dimension der Gnadenlehre Augustins von Hippo, Leiden 1997, 501 Seiten; V. H. Drecoll, Die Entstehung der Gnadenlehre Augustins, Tübingen 1999, 439 Seiten, G. Lettieri, L'altro Agostino. Ermeneutica e retorica della grazia dalla crisi alla metamorfosi del De doctrina christiana, Brescia 2001, 756 Seiten. Das sind insgesamt 2360 Seiten.

und gut sein soll und dennoch die überwiegende Mehrheit der Menschen im ewigen Höllenfeuer enden läßt, weil sie sich, Augustin zufolge, durch Adams Apfelbiß auf dem Weg geschlechtlicher Fortpflanzung die Erbsünde zugezogen haben? Wie kann Sünde, wie kann wirkliche Schuld biologisch vererbt werden? Wenn ein Naturvorgang wie die geschlechtliche Fortpflanzung derart mit dem Bösen verknüpft wird, wenn die Menschheit zerfällt in den größeren Teil der Verdammten und in die kleinere Schar der Erwählten, kehrt dann nicht ein manichäisches Schema zurück, das Augustin für den göttlichen *Ursprung* der Welt mit Hilfe der Neuplatoniker bleibend zurückgewiesen hat? Wie kann Gott gut sein und dennoch den Esau und mit ihm die Mehrheit der Menschen grundlos, d. h. nicht etwa in Voraussicht ihrer Bosheit, hassen? Erschafft er eine Vielzahl von Menschenseelen, von denen er weiß, daß ihnen der ewige qualvolle Untergang bestimmt ist? Diese Fragen habe ich aufgeworfen, und sie bleiben offen. Das Mittelalter-Projekt verfolgt ihr Geschick in der Folgezeit. Im Gesamtwerk Augustins lag die geschichtliche Bedingung für vormoderne Konflikte mit seiner Gnaden- und Erbsündentheorie. Es hat der Philosophie im lateinischen Westen ein begrenztes Heimatrecht verschafft. Es hat eine platonisierende philosophische Theologie wachgehalten. Einzelne neoplatonisierende Denkmotive blieben in der Theorie der Seele, des Geistes und der Unsterblichkeit erhalten; Augustin hat natürlich 397 keineswegs *alles* verbrannt, was er vorher angebetet hatte, wie ein Autor, dem das Predigen den Stil verdorben hat, im rhetorischen Überschwang von meiner Augustin-Deutung behauptet hat. Augustins Gnadenlehre war ein Stachel im Fleisch Europas. Es dient der Klarheit und auch dem geschichtlichen Verständnis eher, sie mit kritischer Distanz und meinetwegen auch einem Quentchen Ironie darzustellen, als ihre inneren Widersprüche zu vertuschen und ihre Roheit, nämlich ihr anthropomorph-düsteres Gottesbild, den ihr immanenten Biologismus und Pessimismus so lange abzuschwächen, bis etwas heute Erträgliches herauskommt. Augustins Denken brachte eine folgenreiche Depotenzierung von Vernunft und ethischer Selbstbestimmung; mit anderen Elementen blieb es, wie ich insbesondere an der Zeittheorie der *Confessiones* und an der Relationstheorie von *De Trinitate* gezeigt habe, ein Quell weitertreibenden Denkens im Mittelalter. Statt mir endlich einmal die Erbsünde und die Gnadenwahl zu erklären, widerlegen Augustin-Zeloten dreimal die Phantomthese von Flasch, Augustin sei „der böse Geist Europas" gewesen. Dabei stellt mein Projekt doch klar: Augustins Werk war croce e delicia des mittelalterlichen Universums.

Augustin ist nicht zum Manichäismus zurückgekehrt, sonst hätte er die neuplatonische Philosophie des bonum omnis boni und die Metaphysik der Seele nicht halten können. Wohl aber läuft seine Gnadentheorie, die *er*, nicht ich, unlösbar mit seiner Erfindung der Erbsünde verknüpft hat, auf eine Zweiteilung der Menschheit hinaus, auf einen anthropologischen, nicht auf einen metaphysischen Dualismus. Die Verteidiger des doctor gratiae bitte ich, statt unbehauptete Thesen zu widerlegen, gelegentlich einmal diesen anthropologischen Dualismus mit Argumenten neu zu stützen. Sie müßten allerdings über die Commonsense-Bemerkung hinausgehen, es gebe gar arges Böse in der Menschenwelt, was niemand bestreitet und wofür sogar die Gelehrtenwelt überzeugende Beispiele bietet.

## *Zu Anregungen*

Schlechte Buchkritiker verlangen vom rezensierten Verfasser, er solle genau das Buch geschrieben haben, das sie selbst gern geschrieben hätten oder das sie in diesem Augenblick lesen möchten. Ihr Lieblingsautor solle ausführlich behandelt und möglichst gefeiert werden. Der Buchautor soll ihr Steckenpferd zu freiem Ausritt führen, gleichgültig, ob das zur Zielsetzung des besprochenen Buches paßt oder nicht. Nur ganz vereinzelte Rezensenten meines Projekts waren so töricht oder ungeübt, in diese Falle zu laufen. Ich ehre ihren guten Willen und schone sie durch Schweigen. Dafür wende ich mich den Anregungen zu, die kundige Kritiker mir gegeben haben. Vorausschicken muß ich: Die Mehrzahl der Rezensenten hat *Das philosophische Denken im Mittelalter* und die *Einführung in die Philosophie des Mittelalters* als nützlich anerkannt, mancher hat die Bücher bis zum Enthusiasmus gelobt. Sie haben mit fachkundiger Unterstützung vieler Rezensenten ihren Weg erfolgreich genommen. Mehrere Rezensenten haben bemerkt, wie verschieden die Bücher untereinander sind. Die *Einführung* gibt dem zuvor bearbeiteten Stoff eine philosophische Gestalt; sie bezieht ihn auf die Geschichtlichkeit philosophischen Denkens und die methodischen Probleme der Philosophiehistorie.

Eine eingehende und kompetente Rezension stammt von Dominik

Perler. Ohne seine Überlegungen in allem zu teilen, gehe ich gerne auf zwei Anregungen ein, die er gegeben hat. Er fragte erstens: Hätte der Verfasser nicht über die intellektuelle Herkunft seines Buches, über seine Lehrer Auskunft geben sollen? Zweitens: Hätte er nicht der Geschichte der Logik und der Naturphilosophie mehr Raum gewähren sollen? Beide Fragen hat der Baseler Ordinarius höflich gestellt; es ist ein Vergnügen, auf sie zu antworten.

## Wie mein Projekt entstanden ist

Die Frage von Dominik Perler hatte folgenden Hintergrund: Er sah – wie vor ihm schon Stig Strömholm –, daß ich meine Bücher nicht ohne die französische nouvelle histoire hatte schreiben können, daß ich aber nirgends näher auf sie eingegangen war, nachdem ich in *Das philosophische Denken im Mittelalter* ihre Hauptwerke genannt hatte. Ich gebe beiden Fragenden nachträglich recht. Allerdings: Die intellektuelle Entstehungsgeschichte meiner historiographischen Position war komplizierter. Hätte ich die französischen Historiker als Anreger genannt, dann hätte ich auch von meinen Frankfurter Lehrern im Fach Geschichte und von meinen größeren Florentiner Lehrern und Freunden Eugenio Garin und Cesare Vasoli erzählen müssen. Auch R. W. Southern in Oxford und Paul Vignaux wären zu erwähnen gewesen, mit denen ich schon in den siebziger Jahren im Austausch stand. Zu Beginn der achtziger Jahre teilte ich als Gastprofessor an der Scuola Normale Superiore in Pisa mein Arbeitszimmer im schönen Palazzo dei Cavalieri mit einem bedeutenden Historiker wie Arnaldo Momigliano; unsere Gespräche hinterließen Spuren. Strömholm und Perler bemerkten richtig, daß mein Buch eine Wurzel in Paris hatte. Aber um die französische Anregung gerecht zu beschreiben, hätte ich meine Bildungsgeschichte erzählen müssen; dann wäre ein anderes Buch von 200 Seiten entstanden. Aber recht hatten beide unabhängig voneinander: Ich wurde früh auf die Annales-Schule aufmerksam, nicht zuletzt durch die Vermittlung von Ruedi Imbach; ich habe besonders seit 1979 intensiv Paris besucht. Ich habe bei Jacques Le Goff Seminare mitgemacht, habe mit Michel Mollat, Philippe Wolff, Jean Devisse und Alberto Tenenti gemeinsame Seminare abgehalten und mich jeweils sofort mit den Büchern von Georges Duby und Michel Foucault befaßt. Bis zu seinem Tod im Herbst 2002 verband mich herzliche

Freundschaft mit Alberto Tenenti, dem Lehrstuhlnachfolger von Fernand Braudel in Paris. Die deutsche Übersetzung des letzten noch unübersetzt gebliebenen Hauptwerkes der Annales-Schule, das Buch von Lucien Febvre über den Unglauben im 16. Jahrhundert, ist nicht ohne mein Zutun 2002 bei Klett-Cotta in Stuttgart erschienen. Wenn also meine *Einführung* in Paris auf Interesse gestoßen ist, dann ist sie an den Ort ihres Ursprungs zurückgekehrt. Das gilt aber nur „im gewissen Sinne". Denn zuvor hatten meine Frankfurter Lehrer – das waren Matthias Gelzer und Hermann Strasburger in Alter Geschichte, Otto Kirn und Walter Kienast in Mittelalterlicher Geschichte und Otto Vossler in Neuerer Geschichte – den Weg gewiesen; meinen Professoren im Fach Gräzistik – den Werner-Jaeger-Schülern Harald Patzer und Hermann Langerbeck – habe ich viel zu verdanken, und mein Lehrer Johannes Hirschberger hat mich schon in den fünfziger Jahren auf Raymond Klibansky verwiesen, mit dem ich seit 1964 in bleibende engere Verbindung trat. Als er 1993 den Lessing-Preis der Stadt Hamburg erhielt, durfte ich die Laudatio halten. Unschätzbar waren die Anregungen, die methodischen Hinweise und die vielen Gespräche mit den genannten Florentiner Gelehrten. Sie hatten den Zusammenhang von Philosophie und geschichtlichem Leben thematisiert, in Anlehnung und Kritik an Croce, Gentile und Gramsci, auch an Dilthey. Sie hatten längst, bevor es in Deutschland Mode wurde, die Werke der Warburg-Schule produktiv aufgenommen. Wenn ich die Genese meines Projekts mit einer etwas banalen Metapher verdeutlichen darf: Meine Wäsche habe ich in der Seine gewaschen, aber im Arno habe ich gebadet. Davon hätte ich berichten müssen, ohne die jahrelangen Methodendiskussionen mit meinem Freund Charles Lohr, dem Kristeller-Schüler und Verzeichner der Aristoteles-Kommentare, und die vielen Unterhaltungen mit Charles B. Schmitt zu vergessen. Aber ich teilte vielleicht zu lange die Ansicht, Autobiographien enthielten noch weniger Wahrheit als Biographien. Ich hatte keinen Abstand zu meiner intellektuellen Entwicklung. Sie war Zu-Stand, nicht Gegen-Stand. Die Frage von Dominik Perler zu beantworten und dem Hinweis von Stig Strömholm nachzugehen, das hätte den Rahmen von Mittelalterdarstellungen gesprengt. Denn wie Geschichte und Wahrheit, Metaphysik und Philosophiehistorie sich zueinander verhalten, nein, wie *ich* sie zur Zusammenstimmung bringen könnte, diese Frage war mir sozusagen in die Wiege gelegt. Wen das Nähere interessiert, den darf ich auf meine autobiographische Skizze *Über die Brücke. Mainzer Kindheit von 1930 bis*

*1949* (Mainz 2002) verweisen. Diese Entwicklung kann ich auch hier nicht mit der gebührenden Verehrung für meine Anreger erzählen. So erwähne ich nur noch: Eine der ersten philosophischen Vorlesungen, die ich als Schüler gehört habe, waren die Dilthey-Vorlesungen von Otto Friedrich Bollnow, die er 1946/47 in Mainz gehalten und später veröffentlicht hat. Seitdem frage ich mich, was es heißt und wie es zu machen wäre, Philosophie und geschichtliches „Leben" in Verbindung zu setzen. Gestützt nur auf die deutsche Tradition der historischen Mittelalterforschung, mit der ich als Schüler schon bei Theodor Schieffer, Eugen Ewig und Heinrich Büttner in nahe und persönliche Berührung gekommen bin, mit ihrem Primat der politischen Institutionen- und Herrschergeschichte, konnte ich diese Verbindung trotz jahrzehntelanger Bemühung nicht finden; insofern bin ich ein Schüler von Marc Bloch und Lucien Febvre, von Georges Duby und Jacques Le Goff geworden und bin heute froh, daß ich, von Dominik Perler mehr befragt als gerügt, diese Dankesschuld öffentlich abtragen kann. Mein Mittelalter-Projekt ist nicht vom Himmel gefallen; es hat einen nach Längen- und Breitengrad lokalisierbaren Ursprung. Sagen wir also: Frankfurt, Paris und Florenz. Aber während ich dieses Zugeständnis an die laudabilis curiositas mache, drängen sich viele andere „Ursprünge" in den Blick. Quod erat demonstrandum für die philosophischen Bücher des Mittelalters, gilt proportional auch für meines: Es ist verflochten in Anregungen, Gegnerschaften, endlose Gespräche, von denen ich nur die Museumsbesuche und anschließenden Debatten mit meinem Freund Max Imdahl, dem großen Historiker der modernen Kunst, erwähne. Unvergessen bleiben die jahrelangen Unterhaltungen, insbesondere über Methodenfragen, mit den hervorragenden jüngeren Gelehrten, den Freunden Ruedi Imbach, Alain de Libera, Burkhard Mojsisch und Loris Sturlese, die sich zur Edition der Werke Dietrichs von Freiberg freundschaftlich zusammengefunden haben und die nur Außenseiter in Unkenntnis der Selbständigkeit der genannten Personen zu einer uniformen „Bochumer Schule" zusammenfassen. Wie man sieht, verwischt sich der einheitliche Ursprung. Dann war es doch wohl besser, das Projekt nicht auch noch mit seiner unübersichtlichen Geburtsgeschichte zu belasten. Es konzentriert sich mit Recht auf Quellen und abweichende Interpretationen. Es blickt auf vermutete Leser, die es für das Studium der Philosophie des Mittelalters zu gewinnen sucht.

## Logik und Naturphilosophie im Mittelalter

Dominik Perler hat zweitens die Frage aufgeworfen, ob mein Projekt sich nicht zu sehr auf Fragen der mittelalterlichen Metaphysik konzentriere und darüber Logik und Naturphilosophie an den Rand dränge. Ich versuche eine differenzierende Antwort, beginnend mit der Rolle der Logik.

Zunächst einmal sei – nicht zugegeben, sondern – aus meinen Texten wiederholt: Alles Wissen des lateinischen Westens war durch die Vorschule der aristotelisch-boethianischen Logik geprägt. Theologen, Juristen und Mediziner hatten die Artes studiert; sie hielten ein Vorgehen nur dann für wissenschaftlich, wenn es die logischen Schulregeln einhielt. Daher spielten Definition und Einteilung eine auffallende Rolle, auch an Stellen, wo moderne Leser sie nicht erwarten, etwa in der Medizin oder bei der Auslegung der Gleichnisse Jesu.

Weiterhin: Die logischen Texte des Mittelalters enthalten wie ihre antik-spätantiken Muster heterogene Bestandteile, also wissenschaftstheoretisch differierende Elemente, die heute auf verschiedene Wissenschaften verteilt sind. Ich hätte sagen sollen, daß ich stillschweigend folgende Unterscheidung vorgenommen habe: Die mittelalterliche Logik enthält einerseits ontologische, satztheoretische und erkenntnistheoretische Elemente; andererseits bietet sie Regeln formal-richtigen Denkens. Zu der ersten Gruppe von Bestandteilen zählen vor allem die Kategorienlehre und die Frage ihrer Anwendbarkeit zum Beispiel auf Glaubensaussagen, auf Gott oder auf intellektuelle Prozesse. Diesen Fragekomplexen bin ich in immer neuen Wendungen nachgegangen. Wenn „Metaphysik" im Vordergrund steht, bezieht sich das nicht auf die gleichnamige neuscholastische Disziplin, die nicht viel mehr als eine Sammlung von Definitionen war, sondern auf die Gesamtheit fundamentalphilosophischer Fragen, einschließlich der metaphysischen Seelenlehre, der Kosmologie, der Ethik und Politik. Mein Projekt verfolgt aufmerksam die *Philosophie* der Logik und die ontologischen Aspekte dessen, was damals noch als „Logik" galt, von Berengar bis Cusanus. Hingegen habe ich alle Elemente ausgeschlossen, die als Vorläufer gegenwärtiger formaler Logik angesehen werden können. Dafür hatte ich zwei Gründe, die vorzutragen Perlers Anfrage willkommene Gelegenheit gibt:

Erstens: Ich nahm und nehme an, Philosophie unterscheide sich von Einzelwissenschaften, besonders von Mathematik und formaler Logik, auch dadurch, daß es für ihre Ergebnisse keinen auch nur temporär feststehenden Maßstab definitiver Beurteilung gibt. Von der Theorie des Regenbogens, die Dietrich von Freiberg kurz nach 1300 entworfen hat, sagen die Fachleute, sie sei „richtig", d. h. sie konvergiere mit der heute gültigen physikalischen Theorie des Regenbogens. Ebenso lassen sich Beiträge zur formalen Logik als richtig oder falsch bewerten. Von der Theorie des tätigen Intellekts bei Dietrich würden sich heute nur Transzendentalphilosophen oder Thomisten getrauen zu sagen, sie sei falsch. Hier haben wir so wenig einen eindeutigen Maßstab wie bei Werken der Kunst. Hier versagt das Fortschrittsmodell, das wir bei der Bewertung mathematischer oder logischer Theorien anwenden. Philosophische Entwürfe haben einen anderen Charakter von Geschichtlichkeit als frühere Beiträge zur Mathematik oder zur formalen Logik. Da es meine Intention war, die Geschichtlichkeit des philosophischen Denkens *als solche* herauszuarbeiten, fielen für meine Untersuchung und Darstellung alle jene Elemente aus, von denen ein gegenwärtiger Einzelwissenschaftler mit Begeisterung ausrufen könnte, das habe es im Mittelalter „auch schon" gegeben. Für den Historiker des Denkens – und der Kunst – ist alles uninteressant, was es anderswo „auch noch" gibt. Er geht nicht darauf aus, nach heute geltenden Fachgesichtspunkten im Faktenmeer der Vergangenheit nach Stücken zu fischen, mit denen sich Fachleute von heute identifizieren können. Er verschmäht es, große Werke der Vergangenheit damit zu empfehlen, daß sie „moderne" Momente enthalten. Er will vielmehr durch faktische Nachweise diese Identifikationslust irritieren, indem er ihr nachweist, daß sie ihre Liebesobjekte der Zerschneidung vergangener Ganzheiten verdankt. Er zeigt das Fremdbleibende am Gewesenen als das, was uns als Denkende und gerade nicht als Fachleute angeht. Er läßt zusammen, was geschichtlich zusammengehört; er unterbricht den rohen Gestus der auswählenden Aneignung schein-moderner Aspekte der Vergangenheit. Dies war und ist für mich der Impuls historischen Arbeitens, den ausführlich zu rechtfertigen in den Mahlstrom der Historismus-Debatte zurückführen würde, den mein Projekt kenntlich macht, den ich aber nur in kleineren Arbeiten und jetzt hier förmlich erörtere.

Zur Naturkunde des Mittelalters ist damit schon etwas gesagt. Mein Projekt beruht auf der Untrennbarkeit von Philosophie, Theologie und Naturwissen der älteren Zeit. Wenn es auf die Naturanschauung der Autoren eingeht, geht es ihm darum, sie gerade in ihrem fundamentalphilosophisch anderen, nicht-modernen Charakter zu zeigen. Als Beispiel seien Macrobius genannt und die Debatten Manegolds über Kosmologie und Politik. Vorläufer Galileis habe ich hingegen nicht gesucht oder nicht gefunden. Wenn ich Galilei suche, studiere ich Galilei selbst; ich lese ihn nicht in frühere Autoren hinein. Auch hier ist die Frage, was für den Historiker des Denkens das Gesuchte sein soll: Ist es das Identifikationsfähige nach gegenwärtigem fachlichen Maßstab oder ist es das geschichtlich Prägnante in seiner „Unbrauchbarkeit". Die mittelalterliche Metaphysik der Natur glaube ich nicht vernachlässigt zu haben; vormoderne Brocken durch Herauslösen von Einzelheiten zu Vorwegnahmen neuzeitlicher Naturkenntnisse zu stilisieren, lag nicht in meiner Absicht. Sie überlasse ich den dafür einzig kompetenten Historikern der jeweiligen Fachwissenschaft.

Mein Projekt vernachlässigt die mittelalterliche Logik und Naturphilosophie noch aus einem anderen theoretischen Grund. Es beruht nämlich nicht auf der Illusion, eine Art kartographischer Erfassung des einst Gegebenen zu sein. Es weiß sich als einen Rückblick *in der Gegenwart,* nicht als unwandelbares Abbild des Gewesenen, sondern stellt sich implizit oder explizit auch (nie: nur!) neben heute umlaufende Bilder dieser Vergangenheit. Es erweitert, ergänzt oder korrigiert den repräsentativ vorhandenen Wissensstand. Es gehört in eine forschungsgeschichtliche Situation und beruht auf dem scharfen Bewußtsein einer immer nur partikularen Perspektive. Kein historisches Buch tritt aus dieser Art Befangenheit heraus. Für meine Arbeit bedeutet dies: Unter dem Einfluß der angelsächsischen Philosophie entstanden besonders in den achtziger Jahren eine Reihe von Darstellungen der mittelalterlichen Philosophie, die – in der Logik ausgehend von Philotheus Boehner und einigen polnischen Autoren, in der Naturphilosophie gestützt auf Anneliese Maier – die unerwartete „Aktualität" mittelalterlicher Logiker oder Naturforscher zu beweisen suchten. Ich stand in Unterhaltungen mit solchen Forschern; mich überraschte das Ausschnitthafte ihres punktuellen Identifikationsverfahrens. Meine Arbeit, ihre Zeitstelle zu reflektieren, fügt sich bewußt in diese Gesprächssituation ein, die heute noch anhält. Sie hat den Einwand, die Logik und die Naturphilosophie zu vernachlässigen, nicht nur erwartet, sondern geradezu intendiert. Sie beruht auf einer anderen Konzeption von Philosophie und Geschichte. Als Gegenbewegung gegen eine bestehende Tendenz konzipiert, erwartete sie von der Gegenseite keinen Enthusiasmus. Sie überführt diese des ahistorischen Umgangs mit Geschichte.

## Zu Kritiken

Wie gesagt, besteht kein Anlaß, über die Rezensenten meiner Mittelalter-Bücher zu klagen. Oft haben sie die „Einführung" zusammen besprochen mit dem größeren Buch „Das philosophische Denken im Mittelalter", meist sachkundig und wohlwollend; manche sprachen mit geradezu enthusiastischer Anerkennung. Die „Einführung" sei „wirklich lesbar, Gedanken provozierend und in einem positiven Sinne originell", fand der Rechtshistoriker Stig Strömholm, Prorektor der Universität Uppsala. Die *Theologische Revue* aus Münster sprach gar in ihrem 84. Jahrgang Nr. 2 1988, Spalte 149, von „einem gänzlich neuen Typus" der Philosophiegeschichtsschreibung. Damit war meine Konzeption überschätzt, und der Satz hieß im Klartext, daß es diese Historiographie in der westfälischen Provinzhauptstadt damals nicht gab, wenn man sich die Freiheit nahm, Hans Blumenberg und Joachim Ritter zu ignorieren und daß der Rezensent Berthold Wald sie sich nicht zu eigen machen mochte. Statt überschwenglicher Charakteristiken hat die nüchternere Schweizer Stimme hervorgehoben:

„Forschungsgebiet und -methode werden beträchtlich erweitert" (Dominik Perler, *Freiburger Zeitschrift für Philosophie und Theologie* 35 (1988) S. 238). „Der Historiker setzt sich in Beziehung zu seiner Gegenwart" (S. 239). Diese Konzeption bedeutet einen Bruch mit jeder „normativ-reduktionistischen Methode" (S. 240). Das Buch ist „insofern wegweisend, als es nicht nur in die mittelalterliche Philosophie einführt, sondern auch die Einführung selbst thematisiert und dadurch die enge Verflechtung von ‚objektiver' Geschichte und ‚subjektivem' Geschichtsbild verdeutlicht" (S. 241). Es „trägt zur Aufwertung einer zu Unrecht lange Zeit verschmähten Epoche bei" (S. 242 f.). „Zahlreiche Denker, die bislang als zweitrangig oder uninteressant abgetan wurden, treten ins Blickfeld des Forschers" (S. 246). „Konflikte zwischen verschiedenen Kulturen treten in den Vordergrund und lassen Dispute unter Einzeldenkern in neuem Licht erscheinen" (S. 246). „Die philosophischen Thesen der ‚Einzeldenker' gewinnen durch den erweiterten philosophischen Kontext, in den sie gestellt werden, an Klarheit und Brisanz" (S. 247).

Ich breche die Liste anerkennender Statements der ausführlichsten Rezension ab. Ich zitiere sie, nachdem ich zuvor die kritischen Anfragen desselben Verfassers eingehend beachtet habe, nur um nicht den falschen Eindruck zu erwecken, meine Studien seien unfreundlich aufgenommen worden. Nur einige wenige Rezensenten haben partiell negativ votiert; ich fasse ihre Einwände zunächst unter dem von ihnen ausgegebenen Stichwort des „Reduktionismus" zusammen und prüfe dann ihren Vorwurf, ich hätte den heiligen Thomas von Aquino lieblos behandelt. Ich kläre dabei Mißverständnisse über den „Zeitbezug" philosophischen Denkens und über meine Weigerung der „Aneignung" früherer Philosophien. Auf kleinere Unachtsamkeiten gehe ich nicht ein. Ich beschränke mich auf das, was den „Historismus" betrifft, der meinem Projekt zugrundeliegt.

## Was heißt „Reduktionismus"?

Mein historiographisches *Programm* ist anti-reduktionistisch; meine historiographische *Praxis* in der „Einführung" und in dem Buch „Das philosophische Denken im Mittelalter" ist es auch, wie fast jeder Rezensent bestätigt hat. Was mag es dann damit auf sich haben, daß eine bestimmte Spezies von Kritikern – einzelne, eher abgelegene Beurteiler, gern Assistenten von Konkordatsphilosophen, Opus-Dei-Leute oder ihre Adlaten – stereotyp den Standardvorwurf aussprechen, meine Philosophiehistorie sei „reduktionistisch"? Keiner dieser Gestrengen erklärt den Ausdruck „Reduktionismus"; ich muß, um von ihrem Einwand profitieren zu können, erst einmal fragen, was „Reduktionismus" hier heißen kann.

Das Wort „Reduktion" hat eine lange und teilweise ehrwürdige Geschichte. Mancher angesehene aristotelisierende Philosoph sah den Inbegriff des Denkens in der reductio der Eigenschaften auf die Substanz und der vielen Substanzen auf die eine erste Substanz. Neoplatonisierende Denker definierten ihre Philosophie geradezu als Reduktion auf das Eine. Aber ein derartiger Rückgang vom Mannigfaltigen zu seinem einfachen Grund, der die vordergründige Existenz des Vielerlei übrigens nicht leugnet, taugt schwerlich zur Richtschnur philosophiehistorischer Arbeit. Bei dieser geht es um Vielheit der Ansätze, der Entwicklungsstadien und der Rezeptionsweisen. Meine Kritiker können doch wohl nicht den Vorwurf einer neoplatonisierenden Rückkehr zum Einen oder auch nur zu vereinfachten Typen im Sinn gehabt haben. Was aber sonst? Ich sehe zwei Möglichkeiten. Da ist einmal die Variante möglich, meine Darstellungsweise nehme den von mir vorgestellten Autoren den Anspruch auf Wahrheit. Das hieße, ich reduzierte die Philosophie des Mittelalters auf eine Ansammlung von bloßen Meinungen. Eine zweite Version des Reduktionismusvorwurfs könnte lauten, ich reduzierte frühere Philosophien auf ihre soziale und/oder politische Funktion in ihrer Zeit. Ich gehe beiden Einwänden liebevoll nach, denn beide führen auf die Beurteilung des „Historismus" zu.

Die Philosophen des Mittelalters haben in aller Regel ihre Theorien in dem Bewußtsein vorgetragen, sie erreichten die Wahrheit. Diesen ihren Anspruch leugne ich nicht nur nicht, ich hebe ihn ausdrücklich hervor, indem ich feststelle, sie hielten ihre Einsichten in aller Regel für gesichert, augustinisch kraft göttlicher Einstrahlung oder aristotelisierend, avicennisierend als die durch Abstraktion gewonnene getreue Abzeichnung der Ordnung des Universums. Was kann aber der heutige Historiker, nachdem er dieses Selbstverständnis früherer Autoren korrekt festgestellt hat, mit ihm anfangen? Er beschreibt es als charakteristisch für das Philosophiekonzept einer vergangenen Zeit. Aber kann er die Augen zum Himmel erheben und die Einstrahlung göttlicher Wahrheit im Spiegel einer individuellen menschlichen Vernunft des 13. Jahrhunderts nachprüfen? Er möchte das vielleicht, aber er kann es nicht. Kann er auf den Kosmos blicken und dann die Schar der Philosophie-Prätendenten danach bewerten, wie weit sie die wirkliche Welt in ihrem Denken getroffen haben? Soll er den Musterschüler ermitteln, der dem göttlichen Licht oder der Ordnung der Welt nachweislich am nächsten gekommen ist? Er möchte das vielleicht, aber er kann es nicht. Gottes Denken kennt er nicht, und die Welt der Denker des 13. Jahrhunderts kennt er, aber nur als *deren* Welt. Er leugnet nicht, daß frühere Philosophien Weltentwürfe, keine bloßen Meinungsbilder waren, aber das Universum, das Eriugena gesehen hat, war ein anderes Universum als das des Duns Scotus. Beide Welten existieren nur in den Werken dieser Denker und sind aus ihnen zu rekonstruieren; ihre Deckungsgleichheit mit der „wirklichen" Welt oder auch nur die Annäherung an diese kann der Historiker des Denkens nie feststellen, es sei denn, er nimmt seinen privaten oder einen heute modischen Weltentwurf für den, der mit der Wirklichkeit übereinstimmt. Aber damit wäre der historiographische Reduktionismus prinzipiell installiert. Es stellt sich hier erneut die Frage nach dem Maßstab der historischen Bewertung von Philosophien, also das Problem des Historismus. Ein philosophierender Historiker der Philosophie wird keineswegs derjenige, der seinen Weltblick zum Maßstab der Wahrheit früherer Denker macht, sondern wer eigene und frühere Weltkonzepte konkret relativiert, also die Macht der Zeit in ihnen detailliert sichtbar macht. Das heißt keineswegs, alle früheren Autoren stünden auf der gleichen Stufe. Gottschalk war, wie im einzelnen gezeigt, der größere Denker als der Mainzer Erzbischof: Johannes Wenck war ein unverächtlicher Heidelberger Professor, aber kein adäquater Bewerter der Philosophie des Cusanus. Es bestehen also Unterschiede. Um sie zu ermitteln, blickt niemand zuerst auf die „wirkliche Wirklichkeit" und dann auf ihre jeweiligen Wiedergaben in alten Schriften. Noch weniger verfolgt ein Historiker des Denkens den Weg des göttlichen Lichtstrahls. Er achtet auf Kohärenz und Klarheit, auf Fruchtbarkeit in der Anwendung, auch auf Einfallsreichtum und die Gunst oder Ungunst der Umstände, auf die Zufälle von Begegnungen und Bibliotheksbeständen. Die menschlich erfaßbare Wahrheit wird, wie die Geschichte zeigt, auf steinigen, auf zufallsgeprägten Wegen gesucht: Ein früher Tod, eine lange Krankheit, eine unglückliche Lehrer-Schüler-Konstellation, die Verwicklung in eine unfruchtbare Polemik oder mangelnde Sprachkenntnis können den ernsthaftesten „Wahrheitsanspruch" (dieses Wort muß man sich merken, es verdiente einen eigenen ironischen Kommentar) reduzieren oder ganz auslöschen. Der philosophische Charakter der Philosophiehistorie läßt sich nicht dadurch retten, daß jemand ein erkenntnismetaphysisches Dreieck konstruiert, dessen linkes Eck der mittelalterliche Philosoph, dessen zweites Eck der heutige Historiker und dessen oberes, drittes Eck die wahre Wirklichkeit sein soll. Dieses verräumlichende Schema verkennt die Rolle der Zeit und verdirbt die Historiographie. Die wahre Wirklichkeit gibt es für uns nur in uns. Sie kommt also in dem besprochenen Dreiecks-Schema mindestens viermal vor. Der philosophische Ertrag philosophiehistorischer Forschung besteht unter anderem darin, den Realismus, der sich die rückdatierbare Kenntnis der wirklichen Welt als Bewertungsmaßstab zutraut, als naiv zu erweisen. Sie beantwortet präzis die Frage: Wer ist denn hier der Reduktionist?

Ich nehme den Vorwurf der Reduktion genauer als meine Kritiker und setze noch einmal bei einem konkreten Text an. Ich nehme die Argumentation eines mittelalterlichen Autors, sagen wir des Thomas von Aquino. Ich mache probeweise den Versuch, ihn nach dem Erfolg seiner Erschließung der Wirklichkeit zu bewerten. Seine Ausführungen zur Physik muß ich dann von vornherein weglassen; sie beruhen auf dem ptolemäischen Weltbild und auf der Hierarchisierung der Zwei-Stockwerk-Physik: sublunarische Welt hier, supralunarische Welt dort. Auch wenn Thomas auf Vorgänge in der sichtbaren Welt, z. B. die Kindersterblichkeit, verweist, muß ich in seinem Sinne hinzufügen, die untere sichtbare Welt sei nur ein kleiner und unmaßgeblicher Teil des Universums, verglichen mit den Sternen und den Engeln; ihre Mängel kämen gegenüber der Vollkommenheit der oberen Welt gar nicht in Betracht. Überall dort, wo er metaphysischen Überlegungen eine kosmologische Abstützung verschafft hat, muß ich den Wirklichkeitsanspruch des Thomas als moderner Historiker sistieren, wenn ich den Ausweg verschmähe, der oft begangen worden ist, diese Beziehungen abzublenden, also eine tadelnswürdige Reduktion vorzunehmen und z. B. die Rolle der Sterne im Denken des Thomas stillschweigend zu übergehen. Wir blicken offenbar nicht auf dieselbe Welt wie er. Schon seine Fragestellungen gehen aus einer anderen Weltsicht hervor. Ich schlage das zweite Buch seines *Sentenzenkommentars* auf. Ich überspringe Fragen wie diese, ob oberhalb des Firmaments Wassermassen lagern oder ob der Feuerhimmel ein Körper sei. Bei solchen Fragen spielt die alte Kosmologie eine zu bestimmende Rolle. Also wende ich mich einer Frage von größerem Interesse zu, zum Beispiel dieser: War die Sünde Evas größer als die Adams? Für Thomas war das eine Frage von erheblicher Bedeutung; er hat sich ihr ausführlich gewidmet. [3] Thomas zweifelte nicht daran, daß die Frau schwächer, für die Sünde anfälliger geschaffen worden war als der Mann. Es sei der Mann, der mit mehr Geist begabt worden sei: vir magis erat praeditus spirituali mente quam mulier (arg. 3). Insofern müsse die Sünde Evas milde beurteilt werden. Dennoch sei sie größer als die Sünde Adams. Denn Adam habe aus freundschaftlicher Verbundenheit (amiciabili benignitate) gegen seine sündige Frau gehandelt, während Eva allein aus Selbstüberhebung (ex sola elatione mentis ad peccandum mota fuit) gesündigt habe. Und auf das *Motiv* einer Handlung komme es bei der Bewertung der Schwere einer Sünde an. Der heilige Mann Thomas verkleinert also die Sünde des Mannes Adam ein wenig, weil dieser aus Sympathie zu seiner Gattin, die ihm schließlich von Gottvater selbst angetraut worden war, den Apfel genommen habe. Die Hauptschuldige ist demnach Eva, trotz ihrer schwächeren Intelligenz;

---

[3] Thomas von Aquino, In 2 Sent. Dist. 22 quaestio 1, art. 3, Scriptum super libros sententiarum, ed. Mandonnet, Paris 1929, p. 454–456.

für Adam gelten die mildernden Umstände in einer wesentlicheren Hinsicht, nämlich beim Handlungsmotiv.

## Gefahr des Soziologismus

Wie soll ich diesen Text als Historiker bewerten? Soll ich nachsehen, ob Thomas die Wirklichkeit besser trifft als ein anderer Autor? Thomas glaubte Einsicht zu haben in das Innenleben der ersten Menschen, aber ich sehe, daß ich mich darüber mit ihm nicht einmal in ein „Gespräch" „einlassen" kann, wie man hermeneutisch gewitzt heute von mir verlangt, denn mir fehlen jegliche Kenntnisse von unserer vermutlich afrikanischen Stammesmutter. Ich kann Thomas weder bestätigen noch widerlegen in dem Anspruch seines Wissens von der ersten Sünde. Gerne rühme ich die Klarheit, mit der er eine Ansicht seines Standes und seiner Zeit ausgedrückt und damit kritisierbar gemacht hat, obwohl er sie vermutlich mit seinem Argument bestätigen wollte. Ich könnte Texte daneben legen, in denen andere Autoren die traditionelle Misogynie noch toller getrieben haben. Eine solche Untersuchung bezöge sich nicht auf eine zeitüberlegene wirkliche Wirklichkeit, also das „wahre Wesen" von Mann oder Frau, sondern auf die intellektuellen Usancen und Stabilisierungsbedürfnisse des klerikalen Männerbundes, die Thomas mit Berufung auf die wirkliche Wirklichkeit unterbaut hat.

Damit berühre ich die zweite Variante des Reduktionsvorwurfs, den der soziologischen oder der politisch-praktischen Reduktion.[4] Das hieße wohl: In meinem Projekt würde die philosophische Arbeit als bloße Ideologie behandelt. Heißt das, ich hätte die innerphilosophische Substanz einer Argumentation vernachlässigt und einzig die soziale Verwertbarkeit als Wertmaßstab angesetzt? Sollte das gemeint sein, so trifft es, meine ich, auf meine Arbeitsweise nicht zu. Selbst eine so wenig sachkundige Beurteilerin meines Buches wie Maria Bettetini verteidigt es gegen den Vorwurf, es wiederhole die marxistische Dichotomie von Basis und Überbau.[5] Ich habe mehrfach wiederholt, daß ich nur eine *Wechsel-*

---

[4] Ihn hat namentlich Carlos Steel geglaubt erheben zu müssen. Vgl. dazu ders., La philosophie comme expression de son époque, in: J. Follon – J. McEvoy (Hg.), Actualité de la pensée médiévale, Louvain-la-Neuve 1994, S. 79–93.

[5] Maria Bettetini, Prefazione zu: Kurt Flasch, Introduzione alla filosoofia medievale, Turin 2002, S. XVII.

*wirkung* beider Sphären kenne, und zwar eine höchst komplexe. Die realgeschichtlichen Verhältnisse einer Zeit sind nicht die Substanz, *an* der Theorien wie Akzidentien hängen, so daß sie auf diese Substanz reduziert werden müßten. Mein Projekt distanziert sich ironisch von dem Schema von Substanz und Eigenschaft, von Basis und Überbau; ich nenne dieses einfache Modell historisch irreführend, weil es in der Geschichte, die ich kenne, nur komplexe Verflechtungen gibt, keinen „Ursprung". „Sachen" kommen in ihr nur vor innerhalb von Kommunikationen. Wer freilich, wenn von Wechselwirkungen die Rede geht, sein schularistotelisches oder vulgärmarxistisches Schema von Substanz und Eigenschaft, von Basis und Überbau einsetzt, der entdeckt unter seinen Voraussetzungen freilich auch Reduktionismus. Meine Beurteilungsmaßstäbe habe ich oben genannt, unvollständig gewiß, aber doch deutlich genug, um klarzumachen: Die gesellschaftlichen Funktionen einer Theorie sind nicht zu isolieren von ihrem immanent-theoretischen Anspruch und ihrer argumentativen Ausarbeitung. Wie irgendein Leser das übersehen konnte? Vielleicht weil ich meine Theorie der Geschichte als Komplex von Wechselwirkungen nur angedeutet, nicht entwickelt habe. Ferner haben besorgte Werteverteidiger in Zeiten des Kalten Krieges gerne schon vorsorglich etwas Marxistisches gewittert und als gefährlich denunziert. Ein Umstand kommt hinzu: Historiker führen zuweilen in ihrer deftigen Detaillust eine härtere Sprache, als in den philosophischen Übungen bischöflicher Priesterseminare üblich sein dürfte. Bei uns kommen Landwirtschaft und Militärwesen vor; es ist von Handel, Straßenzuständen und Schiffahrt die Rede; zuweilen müssen wir sogar von der Schändung der Leiche eines Papstes oder der Ermordung eines Erzbischofs berichten. Und der rohe Ton stört die erhabeneren Zirkel der Handbuchphilosophien und der erbaulichen Traktätchen christlicher Existenzphilosophen. Eine Gruppe, die sich in der Defensive sieht, schützt ihre delikateren Stilgewohnheiten und ihre für bedroht gehaltene erlesenere Atmosphäre, indem sie aggressiv zum Schlagwort greift. Sie ruft um der Rettung Europas willen vorsichtshalber und unbesehen: „Reduktionismus!" Freundlicherweise hat mich die Paderborner Zeitschrift *Theologie und Glaube* (Jahrgang 2000, Heft 2) dagegen verteidigt. Sie fragt: „Will er damit das Denken aus den Zeitumständen ableiten oder gar der Dualität von ‚Basis' und ‚Überbau' das Wort reden? Auch wenn andere Rezensenten diese Frage eher bejahen. Sie ist klar zu verneinen"(Manfred Gerwing). Das ist ein mannhaft klares Wort. Ist nur noch hinzuzufügen, daß in der Geschichte Zeit mehr ist als die Summe der „Zeitumstände" und daß diese Korrektur anderer theologischer Zensoren ausgerechnet durch die Zeitschrift *Theologie und Glaube* belegt, daß der Vorwurf der „Reduktion" in dem einen oder anderen theologischen Seminar als Handwaffe herumliegt, mit der man Störenfriede bekämpft.

## *„Zeitbezug" und „Aneignung"*

Meine Arbeit setzt einen nicht-reduktiven Begriff von „Zeitbezug" voraus und rückt das Programm der „Aneignung" der philosophischen Vergangenheit in differenzierendes Licht. Zu diesen beiden Stichworten einige Hinweise:

Die Absicht war, den Zeitbezug im philosophischen, gerade auch im spekulativen, im metaphysischen Denken der Jahrhunderte zu zeigen. Unter „Zeitbezug" verstehe ich nicht nur und nicht in erster Linie die Tatsache, daß mittelalterliche Autoren über das Zinsnehmen, die Erlaubtheit des Heiligen Krieges, die Absetzbarkeit des Kaisers oder die Machtfülle des Papstes schreiben. Das sind wichtige Themen; sie wurden in Darstellungen der mittelalterlichen Philosophie zu wenig beachtet, die auf einem abstrakten Philosophiebegriff beruhen. Aber sie betreffen mehr die „Außenseite" des Zeitbezugs. Seine „Innenseite" zeigt sich gerade *in* den theoretischen Texten. Sie zeigt sich zunächst in der Terminologie. Ein philosophischer Text des Mittelalters läßt unschwer erkennen, ob er vor oder nach der Aristotelesrezeption entstanden, ob er also vor oder nach 1250 geschrieben ist. Ob ein Terminus – wie z. B. „Metaphysica" – vorhanden war oder nicht, das hatte inhaltliche Folgen. Ich gehe nicht so weit, ohne einen festen Terminus seien bestimmte Fragen überhaupt nicht zu erörtern gewesen; dies würde die Prägung neuer Termini unbegreiflich machen. Der mit der Terminologie verbundene Zeitfaktor lag nicht auf den mittelalterlichen Philosophen wie ein eiserner Zwang; er war sowohl Ermöglichung wie Erschwerung; er förderte bestimmte Fragestellungen und verdeckte andere.

Intensiver machte der Zeitbezug sich bemerkbar durch die bewußte oder auch unbewußte Übertragung mittelalterlicher Erfahrungen auf strikt theoretische Fragestellungen. Zweifellos war „Hierarchie" ein metaphysisches Konzept, das in der kirchlichen wie in der politischen Stufenordnung einen Erfahrungsanhalt hatte, den es seitdem verloren hat. Die *reductio ad unum* wird zu einem blassen Schema, wenn der moderne Ideenhistoriker ihre anschauliche soziomorphe Abstützung unbeachtet läßt, die freilich einer aktualisierenden Revitalisierung dieser Metaphysik im Wege steht.

Der Zeitbezug mittelalterlicher Philosopheme besteht aber nicht nur und nicht primär in der Übertragung mittelalterlicher Sozialstrukturen auf den Kosmos und seinen Ursprung. Philosophen konnten klarstellen, daß sie in Metaphern sprachen, wenn sie die Engel „Fürsten" nannten oder Gott als den „König des Universums" bezeichneten. Einige waren problembewußt genug, die argumentative Substanz von ihrem Metaphernvorrat zu unterscheiden.

Die Zeitlichkeit des Denkens, um die es mir vorab geht, ist primär eine andere.

Ich möchte sie erläutern an einer Argumentation des Thomas von Aquino, die auf den ersten Blick keine zeitliche Konnotation erkennen läßt. In dem berühmten Artikel der *Summa theologiae* I 2, 3 nennt er folgende argumentative Voraussetzung seines fünften Gottesbeweises: Wir *sehen*, daß manche erkenntnislose Wesen sich auf ein Ziel hin bewegen, daß sie also von Gott auf ihr Ziel hin bewegt werden. *Videmus* enim quod aliqua quae cognitione carent, scilicet corpora naturalia operantur propter finem. Wir sehen den Körperdingen die Teleologie an.

Der Zeitbezug dieses Artikels, den der Ideenhistoriker aufzudecken hat, ist zunächst einmal die Kenntnis des achten Buches der *Physik* des Aristoteles, ohne das der Artikel als ganzer nicht hätte geschrieben werden können, auch wenn das fünfte Argument ihm nicht entnommen ist. Das Argument selbst, nicht nur seine Metaphorik oder seine Terminologie, trägt die Zeitmerkmale des 13. Jahrhunderts. Das gilt im folgenden Sinn: Wenn einmal der Zweifel aufgekommen war, ob es wirklich die optische Wahrnehmung („wir sehen") sein kann, die uns versichert, daß alle Naturdinge zweckbezogen sich bewegen, wenn einmal das Problem gestellt war, wie wir durch Erfahrung, die immer die eines einzelnen Vorgangs ist, zu solchen All-Aussagen kommen können und ob wir dann die universale Teleologie wirklich „sehen", dann war das Argument, das von Zeit nicht redet, de facto das Argument einer vergangenen Entwicklungsstufe der Philosophie. Bald sah es „alt" aus. Das war im 14. Jahrhundert der Fall. Vor allem ab etwa 1300 haben Philosophen, wie Katherine Tachau in einem schönen Buch belegt hat, Sehen und

Theoriebildung, Einzelerfahrung und All-Aussage, Sinneserfahrung und universale Teleologie problematisiert. Die Argumentation des Thomas, sie selbst in ihrem theoretischen Gehalt, nicht etwa nur ihre äußere Form oder ihre kirchenpolitische Finalisierung, die Thomas übrigens bedenkenlos für sein Werk ausgesprochen hat, bekam damit zu ihrem Terminus post quem (Aristotelesrezeption) noch einen Terminus ante quem, nämlich die Problematisierung metaphysischer Ansprüche der optischen Wahrnehmung im 14. Jahrhundert. Diese interne Zeitlichkeit des spekulativen Gedankens zu zeigen, ist die Aufgabe der ideengeschichtlichen Forschung.

Blockiert sie damit jede „Aneignung" des philosophischen Gehalts früherer Philosophien? Bei manchen Zeitgenossen ist der Sog überaus stark, in einer früheren Denkkathedrale Zuflucht vor den Drangsalen der Gegenwart zu suchen. Ihren Zug in seinem berserkerhaften Lauf wird die filigrane Arbeit von Fachleuten der intellectual history nicht aufhalten können. Im übrigen kommt es darauf an, wie man „Aneignung" philosophischer Gehalte versteht. Es gibt verschiedene Typen von „Aneignung". Es soll sich doch wohl um eine *philosophische* Aneignung von Philosophie handeln, nicht um Appropriierung von Rechtstiteln oder Prestigeobjekten. Philosophisch wäre eine Aneignung nur dann, wenn sie unter heutigen Denkbedingungen heutige Probleme in *durchgeführter*, produktiver Argumentation *proportional* zu dem lösen würde, was antike und mittelalterliche Denker mit den Denkmitteln *ihrer* Zeit und den damaligen Fragen geleistet haben. Alles andere ist Repristination, äußerliche Adaption, Gruppenpolitik und Schulkram. Nicht jede Aneignung führt direkt ins Reich des Wahren und Guten. Menschen können sich das Richtige falsch und das Falsche richtig aneignen; es gibt auch angemaßte Aneignungen durch Individuen und Gruppen. Es bedarf weiterer Unterscheidungen; nur zeigen Traditionalisten der verschiedenen Couleur an solchen kein Interesse. Expandierende Gruppen *brauchen* einen kulturellen Eingemeindungsdrang; sie praktizieren „Aneignung" als gruppenegoistische Inanspruchnahme geschichtlicher Schätze, als deren rechtmäßige Besitzer sie sich sehen. Sie finden nichts dabei, das kulturelle Erbe der Menschheit, aus dem sie sich mit ungebrochener Selbstsicherheit zweckbezogen bedienen, in den Besitzkategorien des Aneignens zu denken. Sie vermerken es übel, wenn Ideenhistoriker andere Quellen hervorholen und neue Wertungen vorschlagen. Sie erfinden Sprachregelungen; sie bauen Autoritäten auf; sie eliminieren oder erklären zur bloßen Kuriosität, was sie stört. Sie beauftragen ihre historisch ausgebildeten Angestellten, die Geschichte so darzustellen, als sei sie auf ihre Gruppe zugelaufen. Solche historistischen Legitimationsversuche haben kulturpolitischen, oft propagandistischen Charakter. Reißt eine Gruppe die Vergangenheit an sich, unbekümmert um die Finessen der Gelehrten, bemächtigt sie sich also des Gewesenen zum Zweck innerer Stabilisierung und äußerer Verteidigung, so kann man im eigentlichen, im anrüchigen Raubtiersinn des Wortes von „Aneignung" sprechen. Philosophierende „Aneignung" ist etwas anderes. Sie setzt Motive früherer Denker in eine neue theoretische Konstruktion als theoretisch notwendiges Moment ein. Solche produktiv-philosophierenden „Aneignungen" verwandeln ein früheres Argument, indem sie es argumentierend einsetzen in einen neu theoretisch gegründeten Zusammenhang des Aneignenden. Eine derartige Neuschaffung hat nichts zu tun mit der beschriebenen haptischen Einverleibung aus Gruppeninteressen, die besser „Enteignung" oder „Überwältigung" des wehrlosen Gewesenen heißen sollte. Sie agiert nicht mit alten Namen; sie wirbt nicht mit dem Gewinn von Sicherheiten und von anheimelnden Geborgenheiten; sie präsentiert sich nicht als Gruppenstandpunkt, sondern als nachprüfbare individuelle philosophische Arbeit; sie *beweist*, daß ältere Argumente fruchtbar werden können, wenn sie ihnen nicht nur ein neues Kleid verpaßt, sondern sie in einen neuen Zusammenhang setzt.

Das zwanzigste Jahrhundert hat drastische Anschauungen für beide Arten der „Aneignung" geboten. Da gab es die genialen Rückgriffe großer Denker auf frühere Philosophen: Husserl eignete sich Descartes an, Cassirer Kant, Adorno Hegel. Wittgenstein und Heidegger bewiesen, was ein produktiver Umgang mit Augustin sein könnte. Daneben gab es aber Schulbildungen, die große Namen vor sich her trugen und über die Orthodoxie ihrer Klientel wachten. Sie unterwarfen sich die Vergangenheit, zensierten sie, schufen linientreue Handbücher und ergänzten sie durch publikumsnahe Traktätchen. Sie legten keine weiterführende philosophische Produktion vor, sondern nur didaktische oder kulturpropagandistische Derivate. Auch sie sprachen von „Aneignung", gerade auch von der „Aneignung" früherer Philosophen, in deren Terminologie sie weiter zu sprechen versuchten, die sie aber, ohne den Mut und die Freiheit zu neuen Entwürfen, benutzten zur internen Disziplinierung, eben nur zur Sprachregelung. „Aneignung" erweist sich als ein zweischneidiges Schwert. Wo kein Interesse besteht, die beiden entgegengesetzten

Aneignungstypen zu unterscheiden, bleibt die parteidienliche Zweideutigkeit bestehen. Dann dominiert eo ipso die unproduktive, die gruppenpolitisch motivierte Variante.

Was heißt es also, wenn dem Mittelalter-Projekt vorgehalten worden ist, es schließe die „Aneignung" der Gehalte der mittelalterlichen Philosophie aus? Oder, wie andere sagten, es verschiebe sie auf den Leser. Was kann das heißen?

Ich zeige philosophische Gedanken des Mittelalters in ihrem Zeitbezug. Das fördert den produktiven Umgang mit früheren Theorien, gerade indem es leicht zu übersehende Prämissen aufzeigt und damit Differenzierungen nahelegt. Der philosophierend Aneignende weiß, daß ohnehin *er* die Beweislast trägt; er wird nie sagen, der Ideenhistoriker habe sie auf ihn „abgeschoben". Es gibt aber, übrigens seit dem Historismus, auch das merkwürdige Phänomen, daß das Kulturpublikum in früheren Kunstformen oder Theoriebildungen schwelgt, ohne sich auf das freie Meer künstlerischer oder theoretischer Produktion überhaupt noch einmal hinauszuwagen. Manche nisten sich in einer früheren Denkweise ein, tragen sie, vorsichtig modernisierend, wie die Bayern ihre Tracht, und genießen den Sonnenschein zeitüberlegener Wahrheit, ohne die Kraft zu einem theoretischen Neubeginn. Einem historistischen Kulturbetrieb dieser Art mit seinen anti-modernen Konnotationen bereitet mein Versuch konsequenter Historisierung allerdings Schwierigkeiten. Er stört das satte Gefühl, sich die Vergangenheit angeeignet zu haben und als deren rechtmäßiger Besitzer auftreten zu dürfen. Er schärft den Blick; er lehrt, philosophasterndes Kunstgewerbe zu unterscheiden von dem qualifizierten Begriff von Philosophie, den die großen Denker des Mittelalters hatten und den die modernen Aneignungstechniker aufgegeben haben zugunsten der Uniformierung der Köpfe oder zur Erzeugung eines bloß ästhetisierenden Aha. Wahrheitsverwalter legen keine philosophischen Weltentwürfe vor; sie suggerieren, die Wahrheit sei vorhanden, man müsse sie nur noch vermitteln. Sie machen sich an philosophierenden Genies der Vergangenheit zu schaffen, aber nicht, wie Wittgenstein Augustin gelesen hat, sondern zur Erzeugung von Heimatgefühl, von Ahnenverehrung und Stallgeruch. Soviel zur Dialektik der „Aneignung" und zur Phänomenologie sklerotisierter Schulen.

Es gibt Einwände, die ein Forscher und Autor zu recht ignoriert. Das gilt zum Beispiel, wenn er aufgefordert wird, diese oder jene Frage, die außerhalb seines Vorhabens lag, ausführlicher zu behandeln. Dies gilt erst recht, wenn ohne die Spur eines Nachweises Berthold Wald in der *Theologischen Revue* 84 (1988) Spalte 154 behauptet, mir sei der Unterschied von Thomas und dem Thomismus nicht geläufig. Auf solche Anwürfe antworte ich nicht. Ich fühle mich auch nicht zu Änderungen bewogen, wenn ein Professor – oder einer, der es werden will – mir zum Tadel anrechnet, daß ich sein Steckenpferd, zum Beispiel Johannes Buridanus, nicht behandelt habe.

Dagegen lobe ich mir doch wieder die münsterländische *Theologische Revue*. Sie macht außer dem Reduktionsruf zwei Einwände geltend. Erstens hätte ich vernachlässigt, „was Philosophiegeschichtsschreibung im Unterschied zu anderen Arten der Historiographie lebendig erhält: das philosophische Interesse an ihrem Gegenstand" (Sp. 164). Demnach fehlte mir das „Sich-Einlassen auf die Probleme und Fragestellungen der mittelalterlichen Philosophie". Darauf habe ich unter dem Historismus- und Reduktionsgesichtspunkt schon geantwortet. Ich weiß auch heute noch nicht, wie ich mich auf das Problem, das der mittelalterliche Philosoph Thomas von Aquino tatsächlich hatte, ob Adams oder Evas Sünde schwerer wog, „einlassen" sollte, so historisch charakteristisch seine diesbezügliche Erörterung ist und so sehr sie, insbesondere zur Vermeidung des Reduktionismusvorwurfs, das ernsthafteste Studium verdient, zumal es hier um eine gar nicht hoch genug zu schätzende Attitude gehen soll, von der es heißt, daß „einzig" sie die Philosophiegeschichtsschreibung „lebendig erhält". Demnach wären meine Bücher Totgeburten. „Sich-Einlassen" ist eine ebenso leere Kategorie wie die naiv-realistische Rede von der „wirklichkeitserschließenden Kraft" einer ganz bestimmten mittelalterlichen „Weltsicht", womit in der *Theologischen Revue* die des heiligen Thomas gemeint ist. Bleibt der Einwand, ich hätte Thomas marginalisiert. Die *Theologische Revue* behauptet gar, mein Buch sei ein einziges „Verdikt" gegen Thomas von Aquino. Der Rezensent mäßigt sich; er geht nicht so weit zu behaupten, ich hätte seinen Musterschüler der Mittelalterklasse übersehen; er stellt sogar fest, Thomas sei bei mir „von der ersten bis zur letzten Seite" präsent. Wie Faust nach dem Zaubertrank Helenen in jedem Weibe sieht, so erblickt er bei mir Thomas in jedem „Gottschalk, Lanfrank, später Lutterell und Johannes Wenck". Nein, das geht zu weit. Mein Projekt handelt nicht von Stellvertreterkämpfen. Was den Rezensenten zu dieser Übertreibung verführt, ist nicht, daß ich Thomas knapp behandelt hätte, sondern daß er immer nur relativ, zum Beispiel im Verhältnis zu Albert oder zu Averroes, gewürdigt wird. Ich stelle ihn knapp und ohne die Glorie der Zeitüberlegenheit dar. Ich mache deutlich: Thomas war nicht, wie die Thomisten von ihm gesagt haben, der „Meister aller Stunden"; er war ein respektabler Denker unter vielen anderen Autoren. Seine kirchenpolitisch motivierte Sonderstellung – von seiner Heiligsprechung über das Rundschreiben des Papstes Leo XIII. Aeterni Patris bis zu *Ratio et Fides* – war ungeschichtlich konzipiert und besitzt für die historische Arbeit keine Autorität. Es gibt bei mir kein „Verdikt" gegen Thomas, es gibt nur eine historische Einordnung hinter Albert und neben anderen Philosophen der Zeit. Was den Rezensenten zu seiner Gereiztheit getrieben haben dürfte: Die Zeit ist über seinen Hauptautor mitsamt dessen sonderlich „wirklichkeitserschließenden Kraft" hinweggegangen wie über andere auch. Dafür bin aber nicht ich verantwortlich, sondern die Zeit, die über uns alle kommt. Meine Darstellung macht dies traurige Geschick ohne Lamento deutlich. Aber das haben historische Bücher so an sich. Jedenfalls dann, wenn sie den Kenntnisstand nicht nur *verändern*, nicht nur lehrbuchartig zusammenfassen oder popularisieren, sondern *verbessern*.

# DRITTER TEIL

## MITTELALTER UND MODERNE

# „MITTELALTER", „RENAISSANCE", „REFORMATION"

## Drei Schlagwörter

Wer historisch arbeitet, sei er Archäologe oder Shakespeareforscher, Landwirtschaftshistoriker oder Philosoph, sollte, meine ich, Fakten ermitteln, möglichst neue, ihren Zusammenhang zeigen und dessen Bedeutung erklären, nicht aber an der Definition von Schlagwörtern herumbasteln. Und „Mittelalter", „Renaissance" und „Reformation" sind Schlagwörter. Sollen wir einen Teil unserer kurzen Lebenszeit damit verbringen, erneut auf sie zurückzukommen? Begriffszuspitzungen und Methodendebatten sollten nicht die konkrete Forschungsarbeit verdrängen; ein neugefundener Brief Ficinos ist wichtiger als eine frischgebackene Definition der „Renaissance". Aber vielleicht denkt ein Feldforscher in seinen Mußestunden auch einmal über die Rahmen nach, in die seine Studien gesetzt werden, wenn vielleicht nicht durch ihn, so doch von anderen, von Universitätsorganisatoren und Verlagen. Wer solcherart ins Grübeln gerät, schaut sich wohl um, wie es anderen ergangen ist. Und vielleicht nutzt es ihm, wenn ich einmal sentenzenhaft-knapp zusammenstelle, was bei mir in Denkpausen zwischen der Quellenarbeit herausgekommen ist. Also noch einmal: „Mittelalter", „Renaissance" und „Reformation".[1]

---

[1] Diese Skizze hat hier zwei Aufgaben: Sie zeigt den internen Zusammenhang meiner Arbeiten von Augustin bis Campanella. Zweitens faßt sie anwendungsweise einige Konsequenzen aus meiner Kritik einiger historiographischer Kategorien zusammen. Sie erklärt insbesondere, wieso der Verzicht auf Epochennamen die Jahrhunderte nicht zu einem stehenden Einheitsbrei zusammenrührt, sondern in differenzierende Forschungsarbeit übergeht.
Sie verzichtet weitgehend auf Belege, doch finden sich diese bei Kurt Flasch, Augustin. Einführung in sein Denken, ²Stuttgart 1994; ders., Logik des Schreckens. Augustinus von Hippo, Die Gnadenlehre von 397, ²Mainz 1994; Augustinus. Ausgewählt und vorgestellt, München 1996; ders. zusammen mit Dominique de Courcelle (Hg.), Augustinus in der Neuzeit, Turnhout 1998; ders., Nikolaus von Kues. Geschichte einer Entwicklung, Frankfurt a. M. 1998, korrigierte Sonderausgabe 2001; ders., Das philosophische Denken im Mittelalter. 2. revidierte und erweiterte Auflage, ²Stuttgart 2000. Weitgehende Übereinstimmung bezüglich Augustins und seiner Wirkungsgeschichte findet sich in zwei monumentalen Neuerscheinungen: Gaetano Lettieri, L'altro Agostino. Ermeutica e retorica della grazia dalla crisi alla metamorfosi del De Doctrina christiana, Editrice Morcelliana Brescia 2001; Anthony Levi, Renaissance and Reformation. The Intellectual Genesis, New Haven–London 2002. Beiden Arbeiten verdanke ich viel.

Ich sage: „noch einmal", denn die Fragestellung ist bekanntlich alt. Sie geht zurück auf das 15. Jahrhundert. Sie führte im 18. und 19. Jahrhundert zu der frommen Ansicht deutscher Gelehrter, die Wiederherstellung der Wissenschaften und der Kultur im 15. Jahrhundert sei eine providentielle Veranstaltung zur Vorbereitung der Reformation gewesen. Jacob Burckhardts großes Frühwerk *Die Kultur der Renaissance in Italien* von 1860 gab dem Problem die für die Folgezeit entscheidende präzise Fassung, indem Burckhardt die Renaissance, sie gegen das Mittelalter abgrenzend, beschrieb als die Zeit der Entdeckung der Welt und des Menschen. Dies wurde korrigiert, durch Burckhardt selbst, dann durch den Aufstand der Mediävisten. Hatte schon Burckhardt die Carmina Burana aus dem 12. Jahrhundert als renaissancehaft charakterisiert, so half man sich jetzt mit einer Vielzahl von Renaissancen und deren Vordatierung ins Mittelalter: „karolingische", „ottonische" Renaissance usw. Was als Zeitmauer errichtet war, erwies sich zunehmend als durchlöchert. Nicht, daß es sich um bloße Scheingefechte gehandelt habe. Dazu war das Thema zu wichtig, ging es doch um das Selbstverständnis der durch Renaissance und Reformation eingeleiteten Moderne; dazu beteiligten sich zu bedeutende Gelehrte an der Debatte, von Wilhelm Dilthey bis Konrad Burdach, von Max Webers Studien zur *Protestantischen Ethik und der Entstehung des Kapitalismus* zu Hans Blumenbergs *Legitimität der Neuzeit* (1965) und zu Niklas Luhmanns hier durchaus einschlägigem Werk *Die Gesellschaft der Gesellschaft* (1997). Jede dieser meta-historischen Positionen verdiente genaue Diskussion. Diese Arbeit ist an dieser Stelle nicht zu leisten; ich möchte nur einmal schlicht und schroff den Ertrag nennen, den ich aus derartigen Untersuchungen im Rückblick auf eigene Feldarbeiten glaube ziehen zu sollen. Ich skizziere, wie ganz von vorne beginnend, die intellektuelle Entwicklung Europas von 400 bis in die ersten Jahrzehnte des 16. Jahrhunderts, von Augustin bis, sagen wir, zum Tod Machiavellis 1527 oder des Erasmus 1536. Ich versuche die äußerste Verdichtung. Daß alles in der Geschichte viel komplizierter war, versteht sich von selbst.

## Drei Prämissen der mittelalterlich-frühneuzeitlichen Geschichte

Wer immer im lateinischen Westen nach der Ermordung des Boethius (524) und dem Tod Cassiodors (583) einen Anfang damit machte, eine über die Alltagsbedürfnisse hinausgehende geistige Orientierung zu entwerfen, stand vor der Aufgabe, das auf lateinische Texte reduzierte spätantike Erbe, das zudem nur unvollständig und an abgelegenen Orten wie Vivarium, Bobbio oder York erhalten blieb, für seine neue Situation zu nutzen. Henri-Irenée Marrou hat in S. *Augustin et la fin de la culture antique* von 1937 die Sklerotisierung der spätantiken Bildung exakt beschrieben, ihre Rhetorisierung und Formalisierung; er hat, nach der Erfahrung des Zweiten Weltkriegs, seine Bewertung moderiert, aber seine Analyse nicht zurückgenommen. Jedem mittelalterlichen kulturellen Neubeginn nach Jahrhunderten der Zerstörung und der Wanderung stand ein verschultes Bildungssystem als Muster vor Augen. Dessen Austauschzentren und große Bibliotheken waren zerstört, das Publikum verschwunden. Die überwiegende Mehrheit der Bevölkerung verstand die Sprache der einzig erreichbaren Modell-Kultur nicht mehr, allein dies erforderte schon eine enorme Arbeit der Übersetzung. Innerhalb der lateinischsprechenden, äußerst schmalen Bildungsschicht zunächst in Klöstern, dann in Bischofsstädten bestand die Aufgabe, die nichtchristlichen lateinischen Texte, wenn auch nur notdürftig, als Sprachmuster, zu rezipieren. Sodann waren die Monumente spätantik-christlichen Denkens, also Augustin und Boethius vor allem, in eine neue, vereinfachte Lebenslage zu assimilieren. Es war offen, ob es gelingen würde, Dinge der Natur und Ereignisse der Geschichte nicht nur rhetorisch, moralistisch als exemplum zu konzeptualisieren. Waren ein Stern, ein Edelstein oder eine Taube nur als Zeichen für etwas *anderes,* also allegorisch zu sehen, oder konnte man sie griechisch-physisch analysieren? Genau dazu erzog das spätantik-formalistische System der sieben artes liberales *nicht.* Es prägte aber bis über das 13. Jahrhundert hinaus das Konzept des Wissens; es rhetorisierte und moralisierte die Welt; es beruhte auf dem Vorrang der aristotelisch-boethianischen Schullogik, „Dialektik" genannt, mit ihrer Tendenz zum Definieren und Distinguieren, also zum Verbalismus.

Es bestand eine Reihe weiterer objektiver Schwierigkeiten: Die verschiedenen Bücher der Bibel und die christlichen Autoritäten des Altertums waren unter sich keineswegs einig, geschweige denn mit den heidnischen Schriftstellern; Augustin war es nicht einmal mit sich selbst. Wie sollte man das als einheitliche Wahrheit koordinieren? Sodann: Das Christentum, das sich nun im Westen konsolidierte und allmählich die ländlichen

Gebiete durchdrang, verstand sich als wahre Lehre, enthalten in den Formeln der Konzilien des vierten und fünften Jahrhunderts. Die latinisierten Glaubensbekenntnisse von Nicea bis Chalcedon waren also zu verstehen und verständlich zu machen. Diese Kondensate von Debatten, die in der östlichen Mittelmeerwelt in griechischer Sprache vor Jahrhunderten stattgefunden hatten, waren komplizierte Kompromisse, die vom Neuen Testament weitab lagen. Sie blieben unverständlich für jeden, der die Fragen nach *usia*, *hypostasis* und *physis* nicht kannte, auf die sie die Antwort sein sollten. Gott war in ihrer lateinischen Version eine einzige Wesenheit oder Substanz, *essentia* oder *substantia*, in drei „Personen", *personae*, aber *persona* wurde, wenn überhaupt, dann als individuelle *substantia* definiert, normalerweise bedeutete dieses Wort die Theatermaske oder die Rolle auf der Bühne. Die lateinische Formel des Dogmas war folglich von einem Galimathias so wenig entfernt, daß selbst ein Denker wie Augustin gestand, er rede zwar von drei personae vel substantiae in der einen göttlichen essentia, aber er könne nicht sagen, was persona dabei bedeute; er sage nur so, um nicht zu schweigen, ne omnino taceremus interrogati quid tres.[2] Noch schwieriger war zu erklären, wer oder vielmehr was Christus war. In der lateinischen Fassung des Beschlusses von Chalcedon 451 hieß es, er sei eine Person mit zwei Naturen: Seine Gottheit sei vereint mit einer vollständigen menschlichen Natur, er vereine also in sich göttliches Wissen mit menschlichem Wissen und einen göttlichen Willen mit einem menschlichen Willen. Wenn das je zu verstehen war – zwei Arten Vernunft und zwei Arten Willens in einer Person –, so wurde es in der lateinischen Fassung so unbegreiflich, daß selbst ein Papst, Honorius I., 634 bei dem Versuch, das zu formulieren, danebengriff; er erklärte nämlich, in Christus sei die menschliche Natur mit dem logos, der jetzt Verbum hieß, naturaliter vereint, wo er so etwas wie hypostatisch oder personaliter hätte sagen müssen, wofür er von der 6. Ökumenischen Synode von Konstantinopel 681 verurteilt wurde.

Die Hauptinhalte des Glaubens der mittelalterlichen Christenheit lagen also wie unter einer terminologisch undurchdringlichen Decke begraben. Je unbegreiflicher diese antiken Formeln wurden, um so mehr mußten Getaufte ihren Glauben als Reliquienkult oder Kirchendiszi-

---

[2] Augustinus, *De Trinitate* VII 6, 32, Corpus Christianorum, Series Latina, Band 50, ed. W. J. Mountain p. 262.

plin, als Magie oder Ritual, im besten Fall als Ethik auffassen. Je unverständlicher die Glaubensinhalte erschienen, um so mehr luden sie ein, den Glauben als Unterwerfung unter faktisch-autorativ Verbürgtes, aber für Menschen Undurchdringliches zu deuten, also die Schrift – diese oft als materiell-kostbares Buch – bzw. mehr noch die sie auslegende Kirche als den einzigen Aufbewahrungsort von Wahrheit aufzuwerten. Konsequent durchgeführt, hätte dies die göttliche Mitteilung der Wahrheit auf bloßen Kirchengehorsam des Einzelnen reduziert. Dem widersprach das bei Augustin stehengebliebene, bei Boethius dominierende Heimatrecht der philosophischen Theologie neoplatonisierenden Typs, die sich mit Berufung auf Römer 1, 20 auch bibeltheologisch zu rechtfertigen wußte. Welche der gegenläufigen Tendenzen würde siegen? Da empfahl sich ein Kompromißsystem, das die beiden Erfahrungen durch Hierarchisierung, also Unterordnung, zu versöhnen schien, indem es die philosophische Vernunft bis zur Existenz des summum bonum gelangen ließ, aber Trinität und Menschwerdung dem kirchlich vorgeschriebenen Glauben vorbehielt und das philosophische Wissen als ancilla der Offenbarungstheologie in Anspruch nahm. Unter diesem Aspekt konnte Thomas von Aquino als die Summe des mittelalterlichen Wissens inszeniert werden, zumal sein eminentes didaktisches Geschick ihn als Lehrer empfahl.

Die Generation nach ihm – Heinrich von Gent, Duns Scotus, Dietrich von Freiberg, Meister Eckhart, Lull und Wilhelm von Ockham – fand seine Harmonisierung nicht überzeugend. Sie sah die ungeheuren Schwierigkeiten der spätantik-philosophischen Glaubensformeln; sie fand die Frage der Zuordnung von Vernunft und Glauben, von Philosophie und Theologie keineswegs befriedigend gelöst. Sie ersann scharfsinnig immer neue Lösungsvorschläge. Das hatte den Vorzug größerer Klarheit, erforderte aber einen zunehmenden Aufwand an Distinktionen und Diskussionspunkten. Die unverständlichen Lehren generierten eine Unzahl von Komplikationen; diese Wissenschaft, immer noch primär logisch konzipiert, hatte mit der Klärung der dogmatischen Formeln vollauf zu tun und isolierte sich zunehmend vom alltäglichen Leben. Sie stand quer zu den neuen sozialen, politischen, rechtlichen und technischen Bedürfnissen der seit dem 12. Jahrhundert expandierenden Städte, auch zu neuen religiösen Erfahrungen. Dies förderte das anti-universitäre Selbstbewußtsein der Händler und Handwerker, der Stadtverwalter und Kronjuristen, aber auch der ergriffenen Frommen wie des Poverello von Assisi. Bewegungen wie die radikalen Franziskaner und die Devotio moderna, Bücher wie die *Imitatio Christi* bezeugten diese kulturelle Spaltung.

Ein weiteres Ausgangsproblem jeder kulturellen Arbeit im lateinischen Westen hatte Augustin mit seiner Gnadentheorie geschaffen, die er seit 397 mit zunehmender Verhärtung entwickelt hatte. Mit Berufung auf das 9. Kapitel des Römerbriefs faßte Augustin, entgegen der gesamten altkirchlichen Tradition, die Gnade als Herausgerissenwerden aus der durch Adams Sünde verfallenen Menschheit, die gerechterweise nichts verdient habe als leiblichen und ewigen seelischen Tod. Augustins Gott rettet aus der erbsündig verlorenen Menschenmasse einige Auserwählte. Er wählt, wen er will. Ausdrücklich verwarf Augustin die Ansicht, Gott sehe in seinem Vorauswissen die künftige sittliche und intellektuelle Leistung eines Individuums und gebe ihm deswegen seine Gnade. Nein, nach Augustin steht Gottes Gnade in keinem irgend erkennbaren Verhältnis zum vorausgehenden menschlichen Verhalten. Gott erleuchtet, wen er will; er verstockt, wen er will. Ihn nach seinem Grund zu fragen, gar dagegen sich zu verwahren, das komme keinem Geschöpf zu.

Augustin hat alle diese Elemente seiner Gnadentheorie argumentativ untrennbar verbunden. Wenn vom historischen Augustin die Rede sein soll, darf daraus keines der folgenden Theoriestücke herausgenommen werden:

Gott als unerforschbare Willensenergie der Vorherbestimmung, die prinzipielle Wertlosigkeit menschlicher Willensdisposition oder Einsicht vor Gott, die Grundlosigkeit der Begnadung, die Erbsündentheorie, der zufolge jedes Kind mit wirklicher Schuld, reatus, zur Welt kommt, weil es in Adam gesündigt hat, die Übertragung der Erbschuld auf alle auf dem Weg der geschlechtlichen Fortpflanzung, die providentielle Rolle der Jungfrauenschaft Mariae und die engelgleiche Existenz der Zölibatäre. Die düstere Botschaft bedeutete: Eine Depotenzierung der Vernunft und der moralischen Absichten eines guten Willens, die Abwertung der Tugenden der Heiden zu glänzenden Lastern, die Herabstufung der antiken Kultur, insbesondere der Dichtung, aber auch der Philosophie und Wissenschaften, die Diskriminierung der Sexualität als dem Übertragungsweg der Erbsünde.

Diese Logik des Schreckens störte beim Aufbau einer neuen Zivilisation nach den Wanderjahrhunderten. Die Architekten des neuen Europa mußten sich etwas einfallen lassen, um sie, je nachdem, zu ignorieren, zu moderieren, zu eliminieren.

Die Begründer der neuen geschichtlichen Welt seit dem siebten Jahrhundert konnten den beiden erstgenannten Ausgangsschwächen – der Reduzierung der Natur- und Geschichtsbetrachtung auf exempla und der Unverständlichkeit der Trinitäts- und Inkarnationsformeln – nicht gleich begegnen. Hingegen mußten sie dem Erbe der augustinischen Gnadenlehre bald entgegentreten, nicht, um die Tugenden der Heiden und den Eigenwert der antiken Kultur wiederzuentdecken, wohl aber um das Bewußtsein ethischer Verantwortlichkeit als Wert vor Gott neu zu implantieren. Sie brauchten den religiösen Impuls zum Aufbau einer Organisation der Vermittlung von Gnade und der wahren Lehre. Niemand konnte wagen, Augustinus, dem großen Lehrer der Gnade, zu widersprechen, zumal das Konzil von Orange 529 die strenge Form der späten Gnadentheorie als verbindliche Kirchenlehre definiert hatte, einschließlich des Paragraphen, der aufgrund der falschen Übersetzung von *Römer 5, 12*, wo von Adam die Rede war, in dem alle Menschen gesündigt hätten, in quo omnes peccaverunt, ausdrücklich festhielt, alle Menschen hätten nicht nur Sündenschaden oder -strafe, sondern wirkliche Sünde, peccatum, von Adam geerbt (Concilium Arausicanum, Canon 2). Diese Auffassung vom Unwert menschlicher Tätigkeit vor Gott widersprach dem Aufbauwillen zuerst der imperialen, dann der Städtekultur seit dem 12. Jahrhundert; man mußte Abhilfe schaffen. Es gab drei Auswege aus dem Dilemma der harten Gnadentheorie: Erstens, man ignorierte sie. Die Geheimnisse Gottes sind unerforschlich, beschränken wir uns auf einfache ethische Regeln und Gehorsam gegenüber den Geboten Gottes und der Kirche. Zweitens, man korrigierte Augustin durch Augustin. Seine Schriften ermöglichten dies. Seine Bücher aus den elf Jahren zwischen seiner Bekehrung und 397 enthielten, antimanichäisch, das Lob des freien Willens, sie waren getränkt von Vergilzitaten, sie lebten, neoplatonisierend, vom selbständigen Aufstieg der Seele zum ersten Guten, das neidlos sich mitteilt. Das höchste Gut der Philosophen kannte keinen Esau, den es haßte. Legte ein Augustinleser diese Aussagenkette zugrunde, kam ein harmonischeres Augustinbild zustande als das der wilden Schauer seiner antipelagianischen Exzesse. Der kollektiven Augustinabschwächung kam ein besonderer Umstand zu Hilfe: Unter dem Namen Augustins liefen Schriften um, wie insbesondere das sog.

*Hypognosticon*, die Augustins strenge Form der Gnadentheorie bekämpften. Mit Hilfe dieses Pseudo-Augustinus und der Frühschriften ließ sich der authentische späte Augustin domestizieren. Ein dritter Ausweg, das kirchenpolitische Interesse, das im 9. Jahrhundert ein gesamtgesellschaftliches war, gegen den Originaltext Augustins durchzusetzen, bestand in der Verurteilung der wenigen genauen Leser des Kirchenvaters. Eine Autorität wie Isidor von Sevilla hatte die Gnadentheorie Augustins zu der Formel von der Doppelprädestination der Auserwählten zum ewigen Leben, der Verdammten zum ewigen Tod, zur *gemina praedestinatio*, zusammengefaßt. Als Gottschalk diese Lehre beim späten Augustin las und aufgriff, verurteilte ihn der mächtige Mainzer Erzbischof Rhabanus Maurus. Der Praeceptor Germaniae ließ den Mönch vor versammelter Synode nackt auspeitschen; er mußte sein Buch verbrennen; Rhabanus verurteilte ihn zur Klosterhaft und ermahnte seinen Kollegen Hinkmar in Reims, in dessen Erzdiözese Gottschalk eingekerkert lag, ihm nur ja nicht die Wohltat der Sakramente und der Bücher zukommen zu lassen. Albert Hauck nannte Gottschalk den „ersten Martyrer des Augustinismus". Die Kirchen- und Reichsraison stand im Widerspruch zur Entwertung kirchlicher Gnadenvermittlung und öffentlicher Kulturarbeit, die der strikten Gnadenlehre immanent ist. Daher die lange Geschichte der Leiden der strengen Augustinisten, von der Auspeitschung Gottschalks bis zur Zerstörung von Port Royal. Als der gelehrte Benediktiner Mabillon dabei war, seine Ausgabe der Werke Augustins aus den Handschriften zu schaffen, stieß er in Augustins Spätschrift *Enchiridion* auf den Satz: Alle Menschen könnten gerettet werden, wenn Gott nur wollte, *si vellet*. Die Zensurbehörde Ludwigs XIV. kontrollierte das Manuskript, stieß auf diesen jansenistisch klingenden Satz Augustins und bestellte den Herausgeber ein. Sie zwang ihn, den Text zu ändern. Schon einige Abschreiber des Buches Augustins hatten dessen Lehre unerträglich gefunden und sie durch die Einfügung des unschuldigen Buchstabens *n* in ihr Gegenteil, ins Erträgliche verkehrt. Mit Hilfe ihrer Korrektur lautete der Satz jetzt: *si vellent*, wenn *sie*, die Menschen, nur wollten. Damit lag die Verantwortung für ihr ewiges Geschick bei den Menschen, nicht beim unerforschlichen Auswahlwillen Gottes. Mabillon verließ weinend das Büro. Er gab nach; er druckte: *si vellent*. Aber er rettete sein philologisches Gewissen durch eine Anmerkung, die sagte, einige ältere Manuskripte hätten die Form: *Si vellet*. Sie ist heute als die allein authentische anerkannt.

## Das Ringen mit der dreifachen Erblast Europas

Bevor ich mich verliere in der langen Geschichte der Verfolgung der Augustinisten, versuche ich, die Zeit, die man seit 1450 das „Mittelalter" nennt, von den genannten drei intellektuellen Erblasten her zu charakterisieren:

Erstens ging es also um die Wiedergewinnung einer analysierenden Betrachtung von Vorgängen der Geschichte und von Dingen der Natur. Die beiden Felder – Natur und Geschichte – hatten im lateinischen Westen ein recht verschiedenes Geschick: Die arabischen Ärzte, Optiker und Chemiker hatten zwischen dem 10. und dem 12. Jahrhundert mit Hilfe ihrer umfangreichen Kenntnis der griechischen Wissenschaft den griechischen Wissensstand wieder erreicht und teilweise erweitert. Ab 1250 lagen ihre Werke und einige ihrer griechischen Muster übersetzt auf den Tischen der Gelehrten in Bologna, Padua, Paris, Oxford und Köln. Nach einer Phase rezeptiver Aneignung konnte die nächste Generation selbständig weiterarbeiten und mit Griechen oder Arabern auf einzelnen Gebieten wetteifern. Albert war ausgelastet mit der Übermittlungsarbeit und einigen eigenen Beobachtungen; Roger Bacon überraschte, wenn er nicht eingekerkert war, durch weite neue Ausblicke; Dietrich von Freiberg legte kurz nach 1300 eine Theorie des Regenbogens vor, die alles Frühere hinter sich ließ: Der Regenbogen nicht mehr als Versöhnungssymbol zwischen Gott und Mensch, sondern als jederzeit durch uns reproduzierbares Ergebnis des Durchgangs des Lichtstrahls im einzelnen Tropfen, seiner Brechung und Reflexion. Dasselbe vierzehnte Jahrhundert brachte eine Reihe zunächst höchst umstrittener Neuerungen im Wissen von der Natur: Eine neue Art, Bewegung zu analysieren in der Impetustheorie; die Bestreitung teleologischer Erklärungsgründe bei Naturdingen, die Entdeckung der prinzipiellen Gleichartigkeit der Materie im supralunarischen wie im sublunarischen Bereich, also den Abbau der aristotelischen kosmologischen Hierarchisierung und der Mythologie von der quinta essentia. Wichtiger noch als diese Neuerungen war wohl die Neufassung des Wissenskonzepts. Jetzt entdeckte der Westen Wissen als Forschung. Wissen war jetzt nicht mehr die Aufbewahrung eines gesicherten Fundus, nicht mehr die statische Abzeichnung des sichtbaren Kosmos, sondern ein Prozeß ständiger Erweiterung unter strikter gewordenen Argumentationsstandards. Jetzt lag das anti-traditionalistische Rasiermesser bereit; Wissen wurde gewußt als subjektive Hypothesenbildung, die man der Forschergemeinschaft zur Prüfung vorlege. Jetzt konnte, wer wollte, es erlernen, die bisherige Sprache der Philosophie und der zu ihr gehörenden Naturwissenschaften mit ständigem Mißtrauen zu prüfen. Der Verdacht war intensiviert, ob hinter jedem Substantiv eine res, hinter jeder Distinktion ein Unterschied in den Sachen stehe.

Dies alles war um 1350/1380 erreicht, in den Spitzen der Entwicklung, nicht in der Breite des Universitätsbetriebs. Franciscus de Mayronis berichtet, um 1320 habe ein Pariser Professor gelehrt, wenn die Sonne stillstünde und die Erde sich um die ruhende Sonne bewegte, dann wäre das Universum besser geordnet. Das war nicht die Argumentation des Kopernikus, aber es war auch nicht mehr Augustinus oder Rhabanus. Das heißt: Wir haben innerhalb des sog. „Mittelalters" eine im 12. Jahrhundert einsetzende kontinuierliche Bewegung naturforschender Innovationen, verbunden mit dem Pathos der Wissenserweiterung.

Dem Feld der Geschichte galt eine gleiche Aufmerksamkeit nicht. An der mittelalterlichen Universität gab es so wenig wie im aristotelischen Wissenskonzept einen Platz für das Fach Geschichte. „Wissen" war definiert als das Haben des Allgemeinen, des Bleibenden und Notwendigen. Es gab eine hochentwickelte Geschichtsschreibung, die das Stadium der Annalistik spätestens im 12. Jahrhundert hinter sich gelassen hatte und es an Weite der Perspektive, an Bewußtsein ihrer kulturellen, auch politischen Wichtigkeit und an Lebhaftigkeit der Personenschilderung mit antiken Texten aufnehmen konnte, ohne freilich je die analytische Kraft des Thukydides zu erreichen. In dieser Hinsicht versagten die Araber als Anreger; neue Impulse kamen, wie Eckhard Kessler gezeigt hat, von Petrarca. Sein politisches Rom-Projekt, seine Begeisterung für Italia, sein antikisierendes Stilideal und vor allem seine Wiederaufnahme der Ethik Ciceros und Senecas, die er mit Motiven des jungen Augustin, dessen Gnadenlehre geschickt umgehend, zu verbinden wußte, schufen ein Distanzbewußtsein gegenüber bisherigen Lebensformen, insbesondere zur scholastischen Kultur, das dem geschichtlichen Interesse zugute kam. Die frühen Humanisten Petrarca und Boccaccio betrieben nach Dantes Vorbild eine so entschiedene Kritik am politischen, kirchenpolitischen und moralischen Zustand der Zeit, an der Korruption der Kirche, am Verfall der Adelswerte und an der Geldgier der neuen Kaufmannsschicht, daß sie eine normative neue Ethik brauchten. Deren Maßstäbe legten sie auch an die Vorgänge der früheren Zeit; sie lenkten das Interesse auf geschichtliche Personen, Männer übrigens und auch Frauen, wegen deren Exemplarität. Sie ergänzten nicht einfach die Exemplum-Sammlungen früherer Prediger, aber sie erreichten auch noch nicht die harte Nüchternheit, mit der Machiavelli den Italienern beibrachte, die Papstpolitik als die Interessendurchsetzung einer mittleren italienischen Macht zu analysieren und in dieser Aufgewecktheit ihren Livius zu lesen. Für Machiavelli war Thukydides wieder zugänglich; Petrarca und Boccaccio hatten ihn noch entbehren müssen, obgleich Boccaccio der erste Lateiner war, der Platon und Homer im Original lesen konnte, was Petrarca nicht erreicht hatte, obwohl er einen Platonkodex besaß. Übersetzt hatte den Thukydides, aber auch den Herodot, Lorenzo Valla, den auf Empfehlung des Cusanus dessen Freund, Papst Nicolaus V., als päpstlichen Scriptor einstellte, obwohl Valla zuvor unwiderleglich bewiesen hatte, daß die weltliche Herrschaft des Papstes auf einer Fälschung, der Konstantinischen Schenkung, beruhte. Ulrich von Hutten hat 1517 diese Schrift in die gärende Situation geworfen, indem er sie in Basel zum Druck brachte. Was griechisches und lateinisches Sprachgefühl, Schärfe der philologischen Kritik und Einsicht in die philosophische und allgemein-kulturelle Bedeutung einer analytischen Arbeit an der Geschichte angeht, hat vielleicht niemand je Lorenzo Valla übertroffen. Die Philosophen zwang er, ihre Kategorienlehre, ihre Sprach- und Wissenskonzeption zu revidieren, die Philosophie Epikurs nicht mit den bisherigen moralistischen Abfertigungen abzuweisen, also die ethische Grundsatzdebatte über das wahre Gut und das richtige Leben neu zu eröffnen, ferner die auf Boethius, Consolatio V, gestützten raschen Versöhnungen zwischen Prädestination und Freiheit aufzugeben. Die Juristen verärgerte er, indem er ihnen bewies, daß sie ihre eigenen Grundbegriffe, die einem teils griechischen, teils alt-römischen Kontext entstammten, nicht verstehen konnten. Die Ordensleute verletzte er durch seine Kritik am Mönchtum; Pädagogen reizte er, indem er vorführte, daß gute Latinität ganz anders klänge als die ihre. Als er 1457 fünfzigjährig starb, hatte er nicht nur die Rhetorik und die Dialektik erneuert; er hatte seine Gegenwart gezwungen, sich philologisch-kritisch ihrem geschichtlichen Herkommen zu konfrontieren. Wer ihn las, konnte begreifen, alles müsse neu gemacht werden, zumal Valla die Metapher der Neugeburt, Wiedergeburt – daher unsere „Renaissance" – , schon 1440 in seinen *Elegantiae* als Programmwort ausgegeben hatte. Neu zu machen war insbesondere die Theologie, der er klarmachte, daß sie, wenn sie sich schon auf die Bibel stütze, diese in den Ursprachen studieren müsse. Seine *Bemerkungen zum Neuen Testament*, die erst Erasmus zum Druck brachte, erschütterten die Autorität der Vulgata. Er beseitigte den formalistisch-scholastischen Film, den die Jahrhunderte der aristotelisch-boethianischen Schullogik über alles Wißbare, über die Medizin wie über das Neue Testament, gezogen hatten; er säte Zweifel an bisherigen Auslegungen; er nahm den Theologen ihren summus theologus Dionysius Areopagita, von dem sie behauptet hatten, er übermittle die Geheimlehren des Apostels Paulus, die er seinen Briefen nicht habe anvertrauen wollen. Er wies nach, daß das Glaubensbekenntnis, das par excellence „apostolisch" hieß und heute noch heißt, nicht von den Aposteln stammen konnte. So viele Bücher, so viele Einschnitte in die Traditionsschlamperei und den Sprachverfall, so viele Attacken auf das, was er und viele Humanisten nach ihm die „Barbarei" nannten.

Die Veränderungen im Wissenschaftskonzept, also die Rezeption der aristotelisch-arabischen Naturforschung, der sich schärfende Sinn für historische Analyse und der durch jahrhundertelangen Logikunterricht erhöhte Beweisstandard, griffen mit der Zeit auch die beiden anderen Steine an, die unverdaut im Magen der europäischen Wissenschaft lagen, also die spätantiken Formeln von der Dreieinheit des einen Gottes, die traditionellen Wendungen von der Doppelnatur der Person Christi und die Schroffheiten der spätaugustinischen Gnadenlehre mit ihrer Entwertung selbständig-humaner Moralität und Kultur.

Die Trinitäts- und Christologieformeln waren außerordentlich festgestampft. Sie standen in Glaubensbekenntnissen, sie wurden liturgisch ständig wiederholt. Sie waren verbunden mit den Namen der großen Lehrer. Die Trinitätslehre stand in Augustins *De Trinitate;* die Christologie von Chalcedon bei dem griechischen Autor Johannes Damascenus, dessen *De fide orthodoxa* im 12. Jahrhundert rechtzeitig übersetzt vorlag, so daß Petrus Lombardus es in den Lehrbetrieb einspeisen konnte. Petrus Lombardus hat, ähnlich wie sein Zeitgenosse Gratian, alles kodifiziert, was die „Scholastik" als unverbrüchliche Tradition ansah. Die spätantiken Formeln ließen keinen Bewegungsspielraum: Das eine göttliche Wesen existierte in drei Hypostasen oder Personen, die eine Person oder Hypostase Christi mit zwei Intellekten und zwei Willen. Noch die Reformatoren verteidigten sie, und Calvin verbrannte 1556 mit der Zustimmung der Glaubensgenossen seinen Studienkollegen Michael Servet, der 1531, auf den Spuren Vallas und Erasmus' fortschreitend, gefunden hatte, diese Formeln verfälschten das Neue Testament, und der aus ihnen entwickelten augustinisch-scholastischen Theologie fehle die biblische Basis.

Die westlichen Theologen hatten zudem zwischen 1070 und 1215 die Zahl der rational schwer oder gar nicht assimilierbaren Lehrpunkte um einen weiteren vermehrt, um die Transsubstantiationslehre. Sie besagte, daß kraft göttlicher Allmacht anläßlich der priesterlichen Wandlungsworte die Brotsubstanz verschwindet und nur deren Eigenschaften, Akzidentien, bleiben. Die Substanz des Leibes Christi trete an die Stelle der verschwundenen Brotsubstanz; die göttliche Allmacht erhalte durch einen weiteren Allmachtseingriff die Broteigenschaften, von der Brotsubstanz getrennt. Nun lagen das ganze Mittelalter hindurch die aristotelische Kategorienschrift und der Kommentar des Boethius dazu dem Dialektikunterricht zugrunde; sie wurden besonders im 11. Jahrhundert lebhaft studiert und stellten den Standard von Rationalität dar. Wer sie, wie der Dialektiklehrer Berengar von Tours, gründlich kannte, mußte die Trennung der Broteigenschaften von der Brotsubstanz für unmöglich halten. Konnte Gott das Unmögliche? Dies wurde seit Anselm von Canterbury von fast allen verneint; insofern wurde die Rationalität gegen Allmachtsphantasien verteidigt, die von Gott behaupten, er könne Geschehenes ungeschehen machen. Berengar lehnte daher die Transsubstantiationslehre, die er in ihren Anfängen und noch ohne ihren späteren Namen bei Lanfrank antraf, als Verletzung der Würde der gottebenbildlichen Vernunft ab. Gregor VII. verurteilte ihn, und Luther, im Konflikt mit Zwingli, hat den Papst dafür ausdrücklich gelobt. Die berühmten Scholastiker Thomas und Scotus dachten scharfsinnige Unterscheidungen aus, um den Widerspruch zu beseitigen, daß Eigenschaften fortexistieren ohne ihre zugehörige Substanz. Thomas führte die Quantität als Quasi-Substanz ein, welche die Broteigenschaften trage. Die Generation nach ihm – ebenfalls „Scholastiker", aber man sieht, wie nichtssagend dieser Ausdruck bei näherer Betrachtung wird –, also Dietrich von Freiberg und Jean Quidort von Paris, kritisierten diesen Kompromiß. Die feinen Unterscheidungen, die zur Widerspruchsvermeidung ersonnen worden waren, wurden im 14. Jahrhundert immer unnachsichtiger kritisiert. Der Zwiespalt zwischen Philosophie und Sakramentenlehre klaffte immer deutlicher. Als dann noch, ebenfalls im vierzehnten Jahrhundert, entdeckt wurde, daß der Transsubstantiationslehre die neutestamentliche Grundlage fehlte, sah sich der Glaube an sie allein noch auf die Autorität der Kirche und ihrer Tradition gegründet.

Die Trinitäts- und Christologieformeln fanden vor dem 16. Jahrhundert keinen vergleichbar lebhaften Einspruch; zu zentral waren sie mit dem christlichen Selbstverständnis verknüpft. Um so lebhafter beschäftigte sich die Spekulation mit dem *Motiv* der Inkarnation, das durch diese Formeln nicht vorbestimmt war. War das Kreuzesopfer ein Tribut an die Rechte des Teufels, die er sich durch den Sündenfall an der gesamten Menschheit erworben hatte? So hatte Augustin gedacht. Diese Theorie der Erlösung als der Ablösung der Teufelsrechte hat Anselm von Canterbury kritisiert; er hat sie durch seine Satisfaktionstheorie ersetzt. Das Opfer am Kreuz wurde jetzt nicht mehr dem Satan, sondern dem durch die Sünde beleidigten Gottvater dargebracht. Es stellte die göttliche Ehre wieder her. Dies, fand Abaelard, sei mit einem gereinigten Gottesbegriff unvereinbar; er sah das Kreuzesopfer als Ausdruck göttlicher Liebe und als moralisches Exempel für Verzicht und Leidensbereitschaft. Spätere Autoren vermischten diese Theorien, andere kritisierten diese Vermischung. Je stärker seit dem vierzehnten Jahrhundert betont wurde, Gottes Entscheidungen seien nicht an menschliche Kriterien der Einsicht und Moralität gebunden, um so zufälliger erschien die Verbindung der Gottheit mit der Menschheit; Gott hätte, sagte man, in seiner Allmacht genausogut Esel oder Stein werden können, wie er Mensch geworden ist. Wie konnte man das Juden oder Muslimen als die überlegene christliche Wahrheit darstellen? Anselm und Lull hatten bereits rationes necessariae, notwendige Beweisgründe, für Trinität und Menschwerdung gesucht; aber der Mainstream der mittelalterlichen Denker sah darin wiederum eine Beeinträchtigung des Glaubens und verlangte eher eine blindvertrauende Hinnahme, ein sacrificium intellectus. Der Bischof von Paris forderte 1277 mit der These 18 seiner Verurteilungsurkunde von den Philosophen, sie müßten ihren Intellekt gefangen geben in den Gehorsam Christi.[3] Je unbegreiflicher das Motiv der Menschwerdung wurde, um so härter war auch der Glaubensgehorsam. Das Autoritätsmoment nahm zu, in einer Zeit, in der die Päpste von Avignon, durch ihre Finanzpolitik, die Verurteilung konsequenter Franziskaner und der bedeutendsten Theologen, schließlich durch das darauffolgende Schisma den Unmut Europas erzeugt und ihre Autorität untergraben hatten.

---

3 Vgl. K. Flasch, Aufklärung im Mittelalter? Mainz 1989, S. 114.

Die kirchliche Trinitätslehre wies eine ähnliche Struktur auf wie die Annahme eines realen Universale und geriet zusammen mit dieser zunehmend in die Kritik. Sie wurde für widersprüchlich erklärt; ein Autor klagte, auf diesem Feld seien Syllogismen von Paralogismen, Schlüsse von Fehlschlüssen nicht mehr zu unterscheiden. Denn: Nimmt man an, „Menschheit" sei ein reales Universale, dann sind Sokrates und Plato *ein* Wesen. Dann sind sie *konsubstantiell*, wie es die Dogmenformel von Gott Vater und Sohn behauptet. Bilden aber Sokrates und Platon ein einziges Wesen, dann können sie gleichzeitig in Ruhe und in Bewegung, lebendig und tot sein. Mit dieser Begründung haben Philosophen des 14. und 15. Jahrhunderts das reale Universale als widersprüchlich zurückgewiesen. Aber in der trinitarischen Gottheit sollte es auch nur *ein* Wesen geben, in drei wesensgleichen Hypostasen. Dann wurden von ihr Identität und Unterschied zugleich behauptet, denn jede Person sollte wesenhaft die unteilbare Gottheit sein. Das war widersprüchlich, wenn man nicht eine eigene Art von Distinktion erfand, die in diesem Ausnahmefall beides zugleich zu denken gestattete. Aber jeder solche Versuch fand alsbald seine Kritiker. Und so endeten sowohl die Debatten über das Motiv der Inkarnation wie über die Verstehbarkeit der Trinitätsformeln desaströs. Sie führten in die Aporien eines realen Universale und zogen sich die entsprechende Kritik zu. Wilhelm von Ockham verwarf das reale Universale. Existierte es, dann wäre Sokrates zugleich Sokrates und Nicht-Sokrates. In der Trinität ist der Sohn dieselbe *eine* Wesenheit wie der Heilige Geist, soll aber nicht mit ihm identisch sein. Der Sohn ist qua Gottheit Heiliger Geist qua Gottheit und ist zugleich Nicht-Heiliger-Geist qua Heiliger Geist, aber Sohn und Geist sollen dieselbe unteilbare einzige Gottheit sein. Wilhelm von Ockham verwarf alle als Überbrückungshilfen erfundenen Distinktionsformen; dann blieben nur folgende Möglichkeiten: Man konnte entweder seinen Intellekt gefangen geben in den Gehorsam Christi und seiner Kirche, indem man diesen Widerspruch demütig ertrug, weil die Heilige Schrift und die Lehre der Väter dazu zwinge. So Ockham. Oder man konnte mit Nikolaus von Kues den Widerspruch einer Dreieinheit und eines Gottmenschen mit zwei Bewußtseinen und zwei Willen zugeben, ihn aber auf den Verstand beziehen, während die Vernunft über ihn hinausgehe. Oder man konnte mit Michael Servet, von Valla-Erasmus angeregt, philologisch untersuchen, ob die Kirchenlehre im Neuen Testament tatsächlich stehe und diese Frage verneinen. Die Reformatoren sind aus diesem Trilemma nicht herausgetreten. Sie haben innerhalb seiner nicht nur gedacht, sondern mit blutigen Folgen gehandelt.

Diese komplizierten Prozesse erlauben, scheint mir, zwei weitgehende Folgerungen. Erstens: Die Scholastiker haben ihr Ziel, eine befriedigende Harmonisierung von Glauben und Wissen zu bieten, nicht erreicht. Ihr Versuch, einen intellectus fidei zu beweisen, ist gescheitert. Er endete in einem Wirbel von Distinktionen und wiederum in der Kritik dieser Distinktionen. Sie dachten in Regeln, mußten aber an entscheidender Stelle eine Ausnahme erbitten und an den Glaubensgehorsam appellieren. Nikolaus von Kues, der Freund des Lorenzo Valla, ist aus diesem Spiel herausgetreten; er hat die Verstandesregel aus der Vernunft sowohl abgeleitet wie von Vernunftinhalten ferngehalten. Seine vorzüglichsten Vernunfteinhalte waren die drei-eine Gottheit, das bewegt-unbewegte, endlich-unendliche Universum und die Vereinigung von Gottheit und Menschheit im Gottmenschen. Dazu mußte er den Begriff des Glaubens anti-fideistisch umformen: Glauben wurde ihm, wie Ulli Roth gezeigt hat, „Suchende Vernunft".[4] Das war eine Zumutung sowohl an die Gläubigen, die sich an einen immer unbegreiflicher werdenden Gott hatten gewöhnen müssen, wie an die Logiker, die mit einer regionalen Einschränkung des Verbotes widersprechender Sätze nichts anzufangen wußten, während Giordano Bruno, Hamann, Herder, Schelling und Hegel darin den Grundstein einer neuen Philosophie erkannten.

Zweite Folgerung: Das verzweigte Quellgelände der frühen Neuzeit war eine Region lebhafter Wandlungen, harter Konflikte bei ständiger intellektueller Arbeit. Da lief seit dem Ende des 11. Jahrhunderts ein Dauerprozeß, der sich seit dem 12. und noch einmal im 13. Jahrhundert steigerte, um 1440 einen Höhepunkt bei Valla und Cusanus erreichte und sich um 1500 auf Erasmus einerseits, Machiavelli andererseits verzweigte. Die Reformatoren blieben dogmatisch in spätmittelalterlich vorhandenen Bahnen; sie konnten aber weltgeschichtliche Veränderungen auslösen, weil die zunächst nicht intendierte Kirchentrennung, die theologische Reflexionen begleiteten, sich vereinigten mit bereits laufenden, umfassenderen historischen Prozessen, und zwar:

---

[4] Ulli Roth, Suchende Vernunft. Der Glaubensbegriff des Nicolaus Cusanus, Münster 2000.

- Dem Transfer geistlicher Gerichtsbarkeit und Einkommen auf weltliche Instanzen seit dem 14. Jahrhundert;
- der Entstehung und dem Wachstum einer bürgerlichen Schicht von Kaufleuten, Advokaten und Ärzten, zunächst im Dienst der Städte (seit dem 12. Jahrhundert), dann, seit dem 15. Jahrhundert, der immer mehr sich durchorganisierenden Territorialstaaten, deren Beamte ein reales Bedürfnis nach profaner und überregionaler Bildung hatten.
- Die strikter vereinheitlichten Staaten – durchweg außerhalb des Römischen Reiches – reformierten und erweiterten das Schulsystem und stellten den neuen Buchdruck in den Dienst ihrer Ausbildungspolitik;
- sie instrumentalisierten im 16. Jahrhundert selbst die entstehenden Konfessionen im Sinne mentaler Vereinheitlichung ihrer Untertanen.
- Seit der Mitte des 15. Jahrhunderts kam es zur wirtschaftlichen Konsolidierung bei gleichzeitiger Verlagerung der ökonomischen Zentralen vom östlichen Mittelmeer, in das die Türken ständig vordrangen, nach Norden und nach der Entdeckung Amerikas über den Atlantik nach Westen.
- Im Reichsgebiet war der finanzielle Druck der Kurie am fühlbarsten gewesen. Wie Cusanus feststellte, hatten die neuen Nationalstaaten es verstanden, sich zu schützen. Im Reich war man der papalen Ausbeutung schutzlos ausgesetzt; dies stärkte den Antiklerikalismus und die national unterfaßte antirömische Stimmung. Die Wechselwirkung mit der neuen Theologie ergab damit erst den Gesamtbruch, den man „Reformation" nennt.
- Luther hat zunächst, bis 1520, in doktrinärer Hinsicht nichts behauptet, was nicht auch ein Jahrhundert zuvor schon gesagt worden war. Insbesondere seine Kritik am Ablaßwesen, an der Kurie und am päpstlichen Jurisdiktionsprimat war nicht neu. Selbst die Rechtfertigungslehre sola fide hatte, wie der ansonsten gehässige Dominikaner Heinrich Denifle gelehrt bewiesen hat, eine stattliche Ahnenreihe.

Cusanus mußte auch den dritten Komplex transformieren, der die intellektuelle Entwicklung bis dahin belastet hatte, die Augustinische Lehre von der Gnade und von der damit unlösbar verbundenen Erbsündentheorie. Die Gnade, das ist bei Cusanus die Gottheit selbst in der ihr wesentlichen Verbindung mit der Menschheit. Gott, die absolute Einheit, macht ihre Anwesenheit in uns davon abhängig, daß wir als wissende und wollende Wesen uns selbst gehören, daß wir also frei sind. Sie sagt zum Menschen, er müsse nur sich selbst gehören, dann gehöre ihm Gott: Sis tu tuus, et ego ero tuus. Gnade ist die überströmende Güte des summum bonum, die sich mitteilen will, soweit sie nur aufgenommen werden kann. Das Gute selbst teilt sich neidlos allen mit, bonum est diffusivum sui, im Sinne des platonischen *Timaios* und der neuplatonischen Denker. Deren Motiv des „Guten selbst in allem Guten", bonum omnis boni, war beim späten Augustin neben den Anthropomorphismen seiner Gnaden- und Erbsündentheorie stehengeblieben; Dionysius Areopagita hatte es in eine hierarchisch gestufte Kaskade göttlichen Lichts verwandelt. Johannes Eriugena hatte diese Sichtweise im Gottschalkstreit geltend gemacht. Abaelard hatte mit seinem *Kommentar zum Römerbrief* die Theorie Augustins als Sippenhaftung verworfen, die wir nicht einmal bei einem irdischen Richter akzeptieren könnten, geschweige denn beim guten und gerechten Gott. Indem Petrus Lombardus die Gnadenlehre Augustins reproduzierte, machte er sie zum Lehrstoff der mittelalterlichen Theologie. Thomas ist ihr weitergehend gefolgt, als man gewöhnlich annimmt. Allerdings anerkannte er, stoischen Vorbildern folgend, Naturantriebe, auch sinnliches Begehren, als Vorzeichnung sittlichen Verhaltens. Doch sah er sie als *Material* vernünftiger Bewertung; seiner aristotelisierenden Lehre von der Seele als der einzigen substantialen Form des Leibes zum Trotz, dominiert auch in seiner anthropologischen Theorie ein duales, wenn nicht dualistisches Schema.

Die Auseinandersetzung mit der Gnaden- und Erbsündentheorie Augustins war, wie gesagt, ein Dauervorgang von kaum zu überschätzender Breite und Tiefe. Er spielte hinein in die Rezeption aller anderen wichtigen Autoren, also des Boethius und des Dionysius, des Aristoteles, des Avicenna und Averroes. Auch die Dionysiusbegeisterung des Cusanus, seine Orientierung an Eriugena, Thierry von Chartres, Lull und Eckhart hatte ihre Spitze gegen den strengen Augustinismus der Gnadentheorie. Die Platon- und Plotinstudien des Marsilio Ficino erbrachten eine andere Anthropologie, eine andere Auffassung von Liebe und Wissenschaft als die augustinische. Wie Ficino die christliche Religion definierte, wich ab von der Gnadentheologie wie von allen ritualistischen und asketischen Anstrengungen, mit denen im Alltag viele Christen den Ängsten der Prädestinationspredigt zu entkommen suchten. Religion bestand für Ficino nicht in Dogmatik, Wallfahrten und Klosterleben, sondern in einfacher Sittlichkeit, in schlichter Gottes- und Nächstenliebe. Darin kam der gelehrte Ficino, der Arzt und humanistische Fachmann, mit den einfachen Regeln der devotio moderna überein. Schon sein Interesse für die soeben genannten Autoren, erst recht für Plotin und Proklos, verriet sein Ungenügen an Augustinus. Die führenden Köpfe sahen seit dem 13. Jahrhundert, daß der Westen über seinen Vater Augustinus hinauswachsen mußte. Deshalb kommentierten Albert und Thomas die *Nikomachische Ethik* für Christen bis in kleine Details; die vorhandene augustinisch-monastische Ethik bot ihnen offenbar nicht mehr alles Wesentliche für die Lebensführung. Albert unterschied: für die Theologie mochte der richtig interpretierte Augustin die Leitlinien bestimmen, für die Medizin und die Physik gab es bessere Autoren. Der Kampf für und gegen Augustin verlief nach Ort und Zeit, nach sozialen und politischen Interessen verschieden. Augustins kirchenpraktische und ethische Konzepte waren zu korrigieren; ihre Folgen für die Bewertung der Gemeinwesen und der Tugenden von Juden und Heiden waren zu diskutieren. Die großen Autoren Anselm, Albert, Thomas, Scotus, aber auch Dante und Petrarca waren ebenso Kritiker Augustins wie seine Schüler. Dies gilt auch für Erasmus, der die Sprache Augustins und seine gelegentliche Zurückhaltung gegenüber allzu weitgehenden theologischen Behauptungen lobte, aber den frühen Augustin zuungunsten des späten hervorhob, seiner Bibelauslegung mißtraute, lieber auf die Seite des sprachkundigen Hieronymus als des Rhetors von Hippo trat, seine eigene philosophisch-theologische Konzeption mehr an Valla und der devotio moderna orientierte und sagen konnte, auf *einer* Seite des verurteilten Origenes lerne er mehr als auf zehn Seiten Augustins. Als er betete: *Sancte Socrate, ora pro nobis*, hatte er die Erbsündenlehre und Tauftheologie Augustins verlassen, nannte er doch den ungetauften Sokrates einen „Heiligen".

Die ganze Prozeß verlief komplex. Verfolgt man seinen Verlauf von Boethius über Eriugena und Abaelard, Thomas und Ockham bis Luther, Melanchthon und Calvin, dann drängt sich der Eindruck eines wechselvollen, vielseitigen Vorgangs auf, der jahrhundertelang die Geister beschäftigte. Jedenfalls zeigt er eher im 12. Jahrhundert als im 16. Jahrhundert eine Zäsur. Damit sind die politischen und kirchenpolitischen Konsequenzen der Reformation keineswegs geleugnet. Dazu genügt es schon, sich klarzumachen, daß sich große Teile Europas, z. B. ganz England, der kurialen Kontrolle und Ausbeutung entziehen konnten. Aber auch dazu brauchte es eine Vorbereitung von langer Hand. Politischpraktisch war der Wandel vorbereitet durch die Abweisung päpstlicher

Machtansprüche auf weltliche Herrschaft, durch das zunehmende Recht auf Bischofsernennung durch die Herrscher Frankreichs und Spaniens im 15. Jahrhundert, durch Zugriffe weltlicher Instanzen auf kirchliche Vermögen, die Abschaffung klerikaler Sonderrechte in fiskalischer und juristischer Hinsicht. In der Theorie der Politik waren vorausgegangen: Dantes Theorie von der eigenen Machtkompetenz des Kaisers, unabhängig vom Papst und der damit verbundenen Konzeption einer geistlichen Kirche, die im 14. und 15. Jahrhundert außerordentlich populär war, durch die Franziskaner, durch Joachim von Fiore und durch Marsilius von Padua. Diese Prozesse wiederum flossen zusammen mit der erwähnten zunehmenden Einzelkritik an Rettungsversuchen der dogmatischen Hauptformeln, mit dem Ruf nach einfacher, praktischer Gottesverehrung, mit Vallas philologischer Freilegung des Neutestamentlichen Textes und mit der von Erasmus unterstützten Forderung nach der Bibel in der Volkssprache.

## *Der geschichtliche Prozeß – die drei Epochennamen*

Ich komme zu einigen Schlußfolgerungen. Ein immenses Arbeitsfeld hat sich abgezeichnet, das auf einzelne Texte und Situationen hin differenziert werden muß; Gegenargumente wären zu erwägen. Hier genüge es, den Eindruck zu erzeugen, daß wir an einem Anfang stehen. Damit komme ich auf die eingangs genannten Begriffe „Mittelalter", „Renaissance", „Reformation" zurück. Sie leiten nicht an zu der hier ins Auge gefaßten Feldarbeit. Sie sind keine unschuldigen Verallgemeinerungen, sondern sie behindern die Forschung, sofern sie den Eindruck der Abfolge kompakter Bestände erwecken, wo es sich um einen kontinuierlichen Prozeß der Umwälzung handelt. Sie führen zu verdinglichenden Fragestellungen wie der nach dem Verhältnis des Mittelalters zur Renaissance oder der Renaissance zur Reformation. Sie erzeugen unfruchtbare Debatten von der Art, ob Dante ein „mittelalterlicher" Autor war oder ob Raffael in positiver Beziehung zum christlichen Mittelalter, seinem Reliquienkult und der Marienverehrung, zu setzen sei. Die konventionellen Etiketten verdecken die Vorgänge, die ich skizziert habe. Wer sie zu suspendieren rät, handelt nicht aus Übermut oder Neuerungssucht. Er will zu konkreter Arbeit übergehen, unbehindert von Schablonen, mit denen frühere Generationen ihr eigenes Selbstverständnis stabilisiert haben. *Deren* Gebrauch der Epochennamen kann er mit historistischer Gelassenheit beschreiben, ohne ihn zu übernehmen oder zu bekämpfen. Er gesteht zu, daß frühere Akteure diese Abgrenzungen gebraucht haben und daß sie als solche wirksam waren. Er verläßt nur ihr Spiel. Wir haben heute andere Veduten. Um deren textnahe Ausarbeitung ist es zu tun, nicht um die Bereinigung unseres Vokabulars. Und dazu ist der Zeitraum als ganzes zu betrachten, von Augustin bis zur Hinrichtung Servets anno 1556. Von ihm ist die Aufteilung in die herkömmlichen Schachteln „Mittelalter", „Reformation" „Renaissance" fernzuhalten. Sie suggeriert zunächst Einheitlichkeiten, dann wieder Diskontinuitäten, die es so nie gab. Wer sie verläßt, kehrt keineswegs zu der Hypostasierung der „Tradition" und zum Kult der „Kontinuität" zurück. Denn die Kontinuität, die er untersucht, erweist sich als eine kontinuierliche Folge von Umbrüchen. Er zeigt, wie die früher als einheitlich gesehenen Epochen aufgrund ihrer inneren Spannungen in lebhafter Entwicklung waren; dieser Gesamtablauf von Widersprüchen, ihrer Lösung und Bildung neuer Widersprüche ist chronologisch zu fixieren. Er ist als komplexe Vielfalt von regional differenzierten Prozessen zu denken; das „Mittelalter" hat in Salamanca und in Heidelberg länger gedauert als in Padua.

Dies ist mein allgemeines Resultat. Doch fordert jedes der drei Stichwörter noch Erläuterungen.

Ich beginne mit der Vokabel „Mittelalter". Die intellektuelle Entwicklung des damit bezeichneten Zeitraums ist mit dem Wort „Scholastik" nicht hinreichend zu fassen. Die Vokabel „Scholastik" deutet auf den Universitätsbetrieb, seine Organisation, seine Textbücher, seine didaktischen und literarischen Formen wie Quaestio disputata usw. Die „Scholastik" als Universitätswissenschaft war Phänomen de longue durée, reicht über die Grenzen des sog. „Mittelalters" hinaus und bezeichnet nicht korrekt die intellektuelle Arbeit der Zeit von 800 bis 1500. Diese Vokabel lenkt den Blick auf die großen Lehrer Albert, Thomas, Scotus und Ockham, reproduziert die Perspektive älterer Ordenshistoriker und vernachlässigt Eriugena, Berengar und Lull, Roger Bacon und Joachim von Fiore, Dante, Marsilius von Padua und Petrarca, also wichtige, in die „Neuzeit" hinüberwirkende Denker. Sie schneidet Verbindungslinien ab. Die typischen Inhalte und Formen der Universitätswissenschaft sind nicht zu vernachlässigen, aber wer die intellectual history der Zeit vor

1500 auf sie reduziert, leistet ahistorischen Blockvorstellungen von „Mittelalter" und „Renaissance" Vorschub.

Er isoliert auch die großen „scholastischen" Lehrer von alternativen Entwürfen; er zeigt ihr Denken mehr als große Synthese denn als Arbeit an den fast unlösbaren Ausgangsschwierigkeiten der mittelalterlichen Zivilisation. Dabei haben gerade ihre Defizite die Entwicklung weitergetrieben; durch die Kritik an ihnen wurde die geistige Situation komplizierter, aber auch dynamischer, denn gerade die Kompliziertheit hat das Bedürfnis nach Vereinfachung und Leichtigkeit erzeugt, bei radikalen Franziskanern, bei Petrarca, in der devotio moderna, in der Imitatio Christi und bei Gerson, bei Cusanus und bei Erasmus. Die Geschichte der großen mittelalterlichen Lehrer war keine reine Erfolgsgeschichte, und das erklärt den Fortgang. Sie standen vor unlösbaren Aufgaben. Wie sollten sie mit ihrer aristotelisch-boethianischen Schullogik Erfahrungen in Natur und Geschichte bearbeiten? Wie sollten sie die unverständlichen dogmatischen Formeln einsichtig machen? Wie sollten sie dem Übervater Augustin etwas entgegensetzen? Wie sollten sie ihn mit arabischen und griechischen Denkern, deren Unentbehrlichkeit sie eingesehen hatten, zur Übereinstimmung bringen? Sie stürzten von einer Aporie in die andere. Sie versuchten, die menschliche Seele zu begreifen. Dann mußten sie die Seele anders fassen als einen Engel, den ein Körper umschloß. Dachten sie aber die menschliche Seele mit Aristoteles als die Wesensgestalt des menschlichen Leibes, dann war einzusehen, daß sie zum Denken die sinnliche Anschauung braucht und daß selbst die höchste Spekulation mit Erfahrung beginnen muß. Aber wie sollte diese Seele den Untergang des Leibes, dessen Form sie war, überstehen? Wie konnte sie unsterblich sein? Und wie war ihr vom Leib losgelöstes Dasein überhaupt denkbar, wenn sie zum Denken auf Anschauung angewiesen war? Und nahm man selbst an, sie überstehe aufgrund ihrer reinen Geistigkeit den Zusammenbruch ihres Organismus, wie konnten dann die Flammen des Höllenfeuers die Unberührbare berühren? Verzichtete man dann nicht besser auf eine philosophische Seelenlehre, die zu beweisen versucht hatte, die Seele müsse unsterblich sein? Dann war fromme Skepsis das Ergebnis einer ungeheuren Anstrengung, Gottes Dasein und Wesen, die Geistnatur der Seele und ihre Unvergänglichkeit zu beweisen. Dagegen war Ficino zur platonisierenden Seelenkonzeption zurückgekehrt, um dem Wissen die Unsterblichkeit zu sichern. Mit demselben Ficino ließ sich die christliche Religion als schlichte Gottergebenheit und einfache Sittlichkeit definieren. Mit Erasmus konnte man das philosophische und ästhetische Desaster der „Scholastik" wahrnehmen und zur philosophia Christi, einem einfachen, dogmatisch unprätentiösen Christentum übergehen.

Dies zeigt, wie die immanente intellektuelle Entwicklung des „Mittelalters" zur „Renaissance" und zur „Reformation" forttrieb. Eine bestimmte Historiographie hat aus diesen selbst im Konflikt verbundenen Phasen separate Entitäten gemacht. Dies ist zurückzunehmen. Für den Begriff der „Renaissance" sind zwei Konnotationen zurückzudrängen: Wir werden sie weder länger charakterisieren als „Wiederentdeckung des klassischen Altertums" noch als bloß formalen Stilwandel, als primär ästhetischer oder pädagogischer „Humanismus". Sie war der Versuch, eine neue Menschenwelt und ein neues Wissen zu schaffen, also die drei europäischen Erbübel zu überwinden:

- Die Sklerotisierung durch den formalistischen Wissensbegriff, der die Texte der Überlieferung, – die Bibel, philosophische, naturwissenschaftliche, medizinische und poetische Bücher – überzogen hatte.
- Die Identifikation des christlichen Glaubens mit unverständlichen dogmatischen Formeln, an denen ein jahrhundertelanger Scharfsinn gescheitert war.
- Die Entwertung physischer, psychischer und intellektueller Eigentätigkeit durch Augustins Prädestinations- und Erbsündenlehre, die im vierzehnten und fünfzehnten Jahrhundert einerseits Intensivierung, andererseits offene Kritik oder stillschweigende Zurückdrängung erfahren hatte.

Für die Analyse der „Reformation" ergeben sich folgende Gesichtspunkte: Luthers Lob für den Papst, der Berengar verurteilt hatte, und mehr noch Calvins Todesurteil gegen Servet zeigen: Die Reformatoren blieben bei den dogmatischen Hauptformeln. Sie unterwarfen sich und andere den seit der Spätantike geltenden Denkregeln. Sie waren konservativer, als ihre liberale Stilisierung zu Vorkämpfern der Geistesfreiheit glauben machte. In dieser entscheidenden Hinsicht eröffneten sie keine neue „Epoche".

Die vorausgehende Entwicklung hatte den Neuerungen Luthers, die hier nicht bestritten werden, mehrfach vorgearbeitet: durch

- Intensivierung der individuellen Frömmigkeit als ethisch-religiöser „Bekehrung", als fromme Form eines gesteigerten Individualitätsbewußtseins und des Abbaus von Objektivismus und Hierarchismus. Selbst die Formeln des Sola-fides-Prinzips lagen bereit.
- Zuwendung zum Bibelwort, auch in der Volkssprache, seine Befreiung von traditionellen Schemata der Auslegung, besonders durch Valla und Erasmus.
- Analyse des Zusammenbruchs der scheinbaren Synthesen von Vernunft und Glauben, von Prädestination und Freiheit.
- Bewußtsein notwendiger Reform, grundlegender Erneuerung von Wissenschaft und Lebensformen.
- Bestreitung der jurisdiktionalen und fiskalischen Ansprüche der Kurie, insbesondere gegenüber den Ländern im Reichsgebiet.

Das primäre Interesse evangelischer Theologen an Luthers Theologie sei unbestritten, aber der Versuch der von ihnen belehrten evangelischen deutschen Historiker, meist Pfarrerssöhne, die „Reformation" primär von Luthers Theologie her anzugehen, ist zu redimensionieren. Nicht, daß Luthers abweichende Theologie nicht existierte. Nicht, daß ihre Folgen zu bestreiten wären. Aber zunächst stand sein Protest in der langen Reihe spätmittelalterlichen Widerstands gegen die jurisdiktionale Kompetenz der Kurie. In der Sicht der Kirchenjuristen war er nicht Häretiker, sondern Schismatiker. Die neuerliche Annäherung lutheranischer Theologen an die römisch-katholische Rechtfertigungsdoktrin, zusammengenommen mit den alten Nachweisen Denifles über sola fides in der Tradition, deuten ihrerseits auf den dynamischen Zusammenhang der „Reformation" mit dem „Mittelalter". „Dynamischer Zusammenhang" bedeutet: Geschichtliche Ermöglichung, nicht glatte Identität, nicht bruchlose Kontinuität. Sie bedeutet: Vorlage für neue Antwort, Defiziterfahrung, Kritik und Konflikt. Faßt man nun noch die antischolastischen Umwälzungen im Werk von Valla und Cusanus ins Auge, zusammen mit der antiritualistischen Religionsdefinition des Ficino und den Reformbemühungen der devotio moderna und des Erasmus, dann erscheinen „Mittelalter", „Renaissance" und „Reformation" nicht länger als getrennte Identitätsklötze, die aufeinanderliegen. Zumindest gilt das für die Zeit bis etwa 1525.

# MITTELALTER UND MODERNE
# BEI NIKLAS LUHMANN

Während einige deutschschreibende Autoren, verschreckt von der Inflation der Vokabel „Gesellschaft" nach 1968, dieses Wort vermeiden, zweifeln andere an der Definierbarkeit dieses Terminus; sie glauben auch nicht, daß es nötig sei, erst „Gesellschaft" zu definieren, um z. B. zu wissen, was eine „Stadt" ist. Luhmanns großes facettenreiches Buch über die *Gesellschaft der Gesellschaft* widerspricht ihnen allen. Er will (noch einmal oder erstmals) eine Theorie der Gesellschaft geben, die ihren Charakter unentbehrlichen Fundierungswissens vor sich her trägt. Sein Entwurf eines „radikal antihumanistischen, radikal antiregionalistischen, radikal konstruktivistischen Gesellschaftsbegriffs" (35)[1] wirft eine Fülle von Problemen auf, die ich nicht erörtern, aber wenigstens eingangs zusammenfassend nennen kann:

Mit ihrem Anspruch auf Fundierung schlüpft diese Theorie in die Rolle der alten prima philosophia. Sie faßt auf markante Weise den Nachweis der „Gesellschaftsbedingtheit von Befunden" (43) neu und erklärt, alle Orientierung sei Konstruktion (45).

Ausführlich zu diskutieren wäre Luhmanns Versuch der Sprengung der Prämissen der zweiwertigen Logik (17).

Diese philosophischen Kerne fordern eingehendere Untersuchungen. Statt diese allzu kursorisch zu skizzieren, beschränke ich mich auf meine Fragestellung. Ich präzisiere meine Kritik einiger historiographischer Kategorien, indem ich sie in Bezug setze zu Luhmanns Analysen des Übergangs vom Mittelalter zur Neuzeit. Wie stellt er sich in Luhmanns Theorie dar? Welche Erfahrung mache ich mit ihr in meiner Forschungspraxis?

Luhmann geht von zwei Prämissen aus. Einmal: Die Rückwendung des Blicks auf die ältere Zeit ist selbst ein Phänomen der Gesellschaft, und zwar der gegenwärtigen Gesellschaft; sie nimmt aus ihr Impulse und Begrenzungen auf und erhält von ihr und in den Medien, über die sie verfügt, Stoffe und Einfärbung. Zweitens: Der Rückblick fällt metho-

---

[1] Die Zahlen in Klammern bezeichnen Seiten in: N. Luhmann, Die Gesellschaft der Gesellschaft, Frankfurt a. M. 1997.

disch je anders aus, ob der Theorien-Historiker damit die Rückkehr zum Ursprung intendiert – etwa zur vorsokratischen Antike, zum neutestamentlichen Christentum, zum lateinischen Mittelalter als der Herkunft der Europäischen Literatur oder als der Idealgestalt der Philosophia perennis und des Naturrechtes –, oder ob er sich mit Luhmann darin einig ist, daß Rekursionen auf Vergangenes „nur auf kontingente Operationen" verweisen, „deren Resultate gegenwärtig verfügbar sind, aber nicht auf fundierende Ursprünge" (47). In diesem Fall wird er distanziert und – wie man sagt – „positivistisch" nach jenen „kontingenten Operationen" suchen; er ist davor gefeit, in metaphysische Visionen und in Heimkehrgestammel auszubrechen. Wenn er Traditionen untersucht, haben diese nicht den Charakter der fortwirkenden Substanz, sondern des methodisch erforschten Objekts. Diese beiden Prämissen fördern die Forschung und machen die Beschäftigung mit Luhmanns *Gesellschaft der Gesellschaft* sowohl vergnüglich wie obligatorisch. Doch nun zu dem Verhältnis Mittelalter und Moderne.

## I.

Luhmann entwirft relativ konkrete Charakteristika der vormodernen Gesellschaft, die sich in empirisch-historische Fragestellungen umformen lassen. Ich nenne vier solcher Epochencharakteristika: Erstens die Zurückdrängung der Zeitdimension in der vormodernen Gesellschaft, zweitens die Eigenart des Konzeptes von „Welt" unter vormodernen Bedingungen, drittens die korrespondierenden Begriffe des Wissens und der Rationalität, viertens die zugehörige Ethik und der in ihr vorausgesetzte Begriff von „Natur".

### Zeitdimension

Seit Platon, verstärkt seit Augustin, der darin den Hiat von Geschaffenem und Schöpfer ausgedrückt sah, besaß die ältere Zivilisation ein akutes Bewußtsein des Kontrastes von Zeit und Ewigkeit. Aber sie konstruierte die Welt doch so, daß die Dringlichkeit der Zeiterfahrung reduziert war – durch die Ewigkeit Gottes bzw. der Ideen, durch die Dauerhaftigkeit („Ewigkeit") der Sternenwelt und der Himmelsschalen, durch die

Sichtbarmachung himmlischer Hierarchien in der Symbolik irdischer Ordnungen, durch die Perennität der Seele und ihres jenseitigen Zustandes der Verbannung oder der Glückseligkeit. Die philosophische Wahrheit konnte zwar – oder mußte doch, aufgrund der Lehrberichte des Aristoteles – als allmähliche Enthüllung der Wahrheit aufgefaßt werden, aber diese Enthüllung galt als abgeschlossen und als gegenwärtig verfügbar. Die kirchliche Hierarchie bildete nicht nur die ewige des Himmels ab; sie repräsentierte im Geschichtstrubel eine kompakte Kontinuität als Nachfolge der Apostel. Die antiken Autoritäten, die Bibel und das Glaubensbekenntnis, galten als gegenwärtige dauerhafte Wahrheit. Gräber, Reliquien, marmorne Cathedrae verbürgten sichtbar das Überwundensein der Zeitdifferenz; die Spekulationen über die translatio des Imperiums und des Studiums verstärkten den optischen Effekt. Kirchen, Städte und andere Institutionen schufen sich Ursprungslegenden und inszenierten sie in Zeremonien, Wappen, Festen und Riten; ihre Beschlüsse sollten „auf ewig" gelten. Die Zeitdimension betraf dann einzig das Individuum, das als körperlich-Vergängliches ohnehin keine eidetische Bedeutung hatte und seinen Sinn in der Forterhaltung der Korporation, der ewigen Wahrheit oder der Familie erfüllte und im übrigen als Seele (Geistseele, intellectus) seine Erfüllung in der Ewigkeit erwartete. Noch Nikolaus von Kues, dem man gewöhnlich eine starke Tendenz zur Individualisierung zuschreibt, konnte sagen, er sehe in jedem Menschen nichts anderes als die Entfaltung der Potenz des Stammvaters Adam. In einer Betrachtung dieser Art schrumpft die Zeitdimension zusammen; die zeitlich differente Individualität ist dann das je andere Vorkommen derselben bleibenden Urgestalt. Luhmann thematisiert nun instruktiv den Zusammenhang der Abschwächung der Zeitdimension mit der Verdinglichung der Sozialdimension. Intensiviert nämlich eine Gesellschaft die Zeitdimension, d.h. verschafft sie ihren Mitgliedern ein zugespitztes Bewußtsein des Wandels, dann vermindert dies die dingliche Verfestigung der Sozialdimension (54). Es wird dann plausibler, daß andere anderes gesehen und anders gedacht haben als man selbst sieht oder denkt. In Gesellschaften mit unterbetonter Zeitdimension – ich nenne sie: Goldgrundgruppen – liegen daher eine Reihe von Prämissen nahe, die bei Akzentuierung der Zeitdimension in Auflösung geraten. Luhmann nennt diese intellektuellen Voraussetzungen der älteren Zeit nur stichwortartig:

- die relative Starrheit der Ding-Semantik, also die Orientierung des Denkens an „res" und „substantia",
- die zweiwertige Logik und die Insistenz auf dem tertium non datur, also die Durchsetzung des Widerspruchsprinzips im Sinne der aristotelisch-boethianischen Schullogik auf allen Gebieten, auch in Medizin und Recht, vor allem in der Bibelauslegung,
- die Einschätzung abweichender Meinung als Irrtum, als Verfall oder Sündenfolge, also die theoretische Motivierung der notorischen Abwesenheit von „Toleranz",
- die Durchsetzung der Unterscheidung von bloßem Meinungswissen (doxa, opinio) vom wahren Wissen und damit die Rechtfertigung der sozialen Zweistufigkeit auch in der Erkenntnis;
- die „Meinung" für die „Einfachen" (simplices, rudes), das Wissen für die wenigen Geschulten,
- die Schwierigkeit, Meinungen oder Einstellungen als zeitbedingt zu erkennen und zu akzeptieren, also die Neigung, Zeitdifferenzen zu ignorieren und in der Illusion der Kontemporaneität zu leben, zu malen und zu denken, also die Griechen vor Troja als Ritterheer darzustellen oder den Tod Jesu liturgisch gegenwärtig zu setzen, nicht bloß zu „erinnern".

## Weltbegriff

Ich bin bei der Darstellung der von Luhmann vorgelegten Stichworte etwas ausführlicher geworden als Luhmann selbst, um anzudeuten, alle genannten Charakteristika älterer Gesellschaften ließen sich an Texten der älteren, besonders der mittelalterlichen Theorie – worunter ich Wissenschaften, Theologie und Philosophie zusammen verstehe – textnah und differenzierter darstellen. Auch die Betrachtung älterer Kunstwerke könnte davon profitieren. Hier liegen Forschungsfelder für Spezialisten des mittelalterlichen Denkens, Handelns und Gestaltens, die nicht in einen „Ursprung" zurückkehren, sondern mit Luhmann die analysierende Einstellung festhalten wollen. Einige Hinweise gibt Luhmann freilich. Insbesondere untersucht er den Zusammenhang von Gesellschaft, Sinnbegriff und Weltbegriff. Danach kommt aktualisierter Sinn selektiv zustande, indem er das, was etwas ist, unterscheidet von dem, was etwas nicht ist. Er ist – prozessual, operativ – die nicht beobachtbare „Einheit des Unterschiedenen" (55). In Gesellschaften, die, wie die älteren, die Zeitdimension unterbelichten, wird diese Einheit der Unterschiedenen, also der Sinn, nicht als selektive Tätigkeit, sondern als Bezug auf eindeutig identifizierbare Dinge (res) und zuletzt auf deren eindeutig identifizierbaren Ursprung, d. h. auf Gott, begriffen. In diesem Zusammenhang erläutert Luhmann das Entbehrlichwerden der philosophischen Theologie: Begreifen wir „Sinn" als zeitbetontes Medium unterscheidungsabhängigen Beobachtens, dann wird der traditionelle Weltbegriff entbehrlich, und der Bezug auf den letzten Identifikationspunkt entfällt. Welt – das war in der metaphysischen Ontologie der Tradition die Gesamtheit der Körper, oder sie war – im Sinne des platonischen *Timaios* – das große Tier. Begreifen wir hingegen – mit Betonung der Zeitdimension – Welt als unbeobachtbaren Horizont unserer Unterscheidungen, den wir bei jedem Wechsel der Unterscheidungen reproduzieren, dann entfällt ihre metaphysische Reduktion auf ihren zeitlosen Grund. Heute, unter den Bedingungen der Weltgesellschaft, verstehen wir „Welt" als „Gesamthorizont alles sinnhaften Erlebens", nicht mehr als Aggregat, „sondern als Korrelat der in ihr stattfindenden Operationen" (153). Dann kann die Philosophie gottlos sein. Damit erklärt sich der theologische Charakter der älteren Philosophie, der in Deutschland bis in die Zeit des Spätidealismus bestanden hat, also keineswegs nur „mittelalterlich" war. Dabei ist „Theologie" nicht im Sinne der „Offenbarungstheologie" und der ganze Prozeß nicht als „Säkularisation" verstanden, sondern in dem Sinne, daß die Philosophie seit Parmenides aufgrund ihrer eigenen Voraussetzungen die Reduktion auf das Eine und Ewige als vernünftig ansehen mußte, während dies unter den veränderten Bedingungen der Moderne nicht mehr gilt. Luhmann temporalisiert und historisiert die europäische Metaphysik und bestätigt damit dem Historiker die Möglichkeit, sowohl den durchweg metaphysischen Charakter der älteren Philosophie, auch ihrer Seelenlehre, ihrer Physik und Ethik, als unter früheren Bedingungen vernünftig zu analysieren als auch die Rückkehr in diesen Ursprung zu vermeiden.

## *Vormodernes Konzept von Rationalität und Wissen*

Die These Luhmanns lautet: In der traditionalen Gesellschaft bestand eine Kongruenz von Sozialstruktur und Semantik. Diese löste sich auf. Im

Übergang zur Neuzeit hat sich das Gesellschaftssystem so radikal verwandelt, daß davon auch das Verständnis des Verhältnisses von Realität und Rationalität betroffen wurde (176). Die moderne Gesellschaft befindet sich im Übergang zu einer vorherrschend funktionalen Differenzierung; da sie keine Spitze oder kein Zentrum mehr hat, „kann sie auch keine einheitliche Rationalitätsprätention für sich selbst mehr erzeugen" (185). Seit dieser Prozeß läuft, geriet die alteuropäische Rationalität in Begründungsschwierigkeiten, die einzig die Systemtheorie formuliert, und zwar, indem sie beschreibt, wie in ihr das in der älteren Rationalitätskonzeption paradoxe Phänomen des Wiedereintritts (re-entry) als Funktion des Systems selbst auftritt.

Ich versuche, brav Luhmann folgend, das zu erklären: Rational war in der älteren Welt ein Denken, das mit dem Sein übereinstimmt. Das Denken unterschied also Sein und Denken und war gerechtfertigt, wenn es sah, daß es mit dem Sein übereinkam. Doch das Denken mußte selbst *sein*. So kehrte im Denken das vom Denken zuvor von ihm Unterschiedene wieder ein. Das nennt Luhmann den *Wiedereintritt* des zuvor Unterschiedenen. Da man Rationalität als Konvergenz verstand, konnte diese Struktur nicht reflektiert werden (181). Deshalb erzeugte die alteuropäische Tradition nur eine „Parallelontologie des Seins und des Denkens". Sie blieb angewiesen auf Operationen, die sie selbst nicht begründen konnte. Die Systemtheorie hingegen *erleidet* nicht diesen unbegreiflichen Wiedereintritt, sie erzeugt und beschreibt ihn bewußt. Indem sie System und Umwelt unterscheidet, fordert sie den Wiedereintritt; ihre Unterscheidung von System und Umwelt muß im System selbst vorkommen. Das System in seiner Autopoiesis kann „das Ausgeschlossene als Umwelt und sich selbst als System beobachten" (183). Luhmann erklärt sich mit Hilfe dieser Theorie den *dualen* (nicht: dualistischen) Charakter der älteren Philosophie bzw. ihre immanente Aporetik; er leitet von daher den *religiösen* Charakter des älteren Denkens überhaupt ab, und zwar auf folgendem Wege:

Alles Beobachten muß unterscheiden, sonst kann es nichts bezeichnen. Dabei sondert es einen unmarkierten Bereich ab, der im Hintergrund bleibt; in ihn zieht sich der Letzthorizont der Welt zurück. Diese Transzendenz begleitet alles Erfaßbare; sie verschiebt sich bei jedem Versuch, „die Grenze mit neuen Unterscheidungen und Bezeichnungen zu überschreiten. Sie ist immer präsent als Gegenseite zu allem Bestimmten, ohne je erreichbar zu sein. Und eben diese Unerreichbarkeit ‚bindet' den

Beobachter, der sich selbst ebenfalls der Beobachtung entzieht, an das, was er bezeichnen kann. Die Rückbindung des Unbezeichenbaren an das Bezeichenbare – das ist, in welcher kulturellen Ausformung immer, ‚religio' (232)". Aus der Unterscheidung von Vertrautem und Unvertrautem entsteht die Differenz von Immanenz und Transzendenz.

Ich bin seither Luhmann schlicht gefolgt, möchte aber nun zwei Bemerkungen machen:

Ohne dies hier belegen zu können, glaube ich, daß Luhmann eine grundlegende Struktur des älteren Denkens richtig beschreibt, insbesondere die aus ihr folgende Aporetik. Auch die Voraussetzung trifft wohl zu: Die Welt war dem älteren Denken ein Ensemble von Dingen, kein Netz universaler Kommunikationen. Es ist aber hinzuzufügen, daß die ältere Philosophie in mehreren Formen an ihrer Aporetik gearbeitet hat; sie ist ihr nicht, wie es bei Luhmann erscheint, schlicht erlegen. Die wichtigste Form ihrer Selbstkorrektur war das Theorem vom göttlichen Einen, das vor der Unterscheidung von Denken und Sein, von Sein und Nichtsein steht, epekeina tes usias, wie es in Platons *Republik* heißt. Die lange Auslegungsgeschichte des platonischen *Parmenides* und die Entwicklung der theologia negativa waren die Folge dieser Selbstwahrnehmung. Sie zog schließlich auch den Beobachtenden selbst mit ein; auch er, als Denken, mußte sich als *vor* den Bestimmungen von Sein und Denken, von Sein und Nichtsein erfassen, als die Einheit, aus der die Gegensätze erst hervorgehen. Der Intellekt als Intellekt gehört nicht zum Seienden und zum Sein, sondern zur Wahrheit und zur Relation, heißt es in der ersten Pariser *Quaestio* Eckharts, die damit die Denkrichtung des damaligen Universitätswissens verließ. Aber sowohl die negative Theologie wie auch die Einsicht in den relationalen, negativen Charakter des Intellekts führte in neue Aporien, die der von Luhmann herausgearbeiteten sehr ähnlich sind. Platon, Plotin, Eckhart und Cusanus haben die von Luhmann monierte Verlegenheit *gesehen* und auf ihre, näher zu beschreibende, Art zu lösen versucht. Es ist unter Philosophen etwas anderes, ob man in Aporien gerät oder ob man weiß, daß man in Aporien steht und entsprechende theoretische Lösungen vorschlägt.

Eine zweite Bemerkung betrifft die Chronologie. Das alteuropäische Denksystem war, Luhmann zufolge, seit dem 17. Jahrhundert in Krisen geraten, die bis zu Habermas fortdauern und die erst die Systemtheorie behebt. Ich lasse einmal den sanften Tod des älteren Denktypus im Bielefelder Spital außer acht; wir Philosophiehistoriker kennen diesen Gestus des „Hoppla! Jetzt komme ich!" nur zu gut. Mich interessiert der Anfang der Krise. Er soll im 17. Jahrhundert liegen („erste Auflösungserscheinungen im 17. Jahrhundert", S. 173). Diese Datierung schafft Probleme. Unbestreitbar macht die europäische Rationalität im Denken von Galilei und Descartes einen qualitativen Sprung. Im Hinblick darauf korrigiert Luhmann die herrschenden Bilder von Epochenschnitten. Er verläßt das Schema von Mittelalter und Neuzeit, er ersetzt es durch die Zweiheit von alteuropäischem Denken, das bis ins 17. Jahrhundert vorherrscht, und Moderne, die sich seit dem 17. Jahrhundert ihrer veränderten Lebensbedingungen bewußt wird. Aber wenn meine vorausgehenden Überlegungen zu „Mittelalter", „Renaissance" und „Reformation" richtig sind, hat Luhmann den Übergang zu punktuell gedacht. Er sieht das alteuropäische Denken zu statisch, nicht als langen, in sich konfliktreichen Prozeß des Übergehens. Er ignoriert diejenigen Denker des späten Mittelalters und der frühen Neuzeit, die über die Dauerkrise nachgedacht und sie selbst betrieben haben und von denen ich nur einige in der umgekehrten chronologischen Reihung nenne: Montaigne und Erasmus, Ficino und Valla, Nicolaus von Autrecourt und Wilhelm von Ockham. Um einer glatten Zäsur willen vernachlässigt er die Krise, die spätestens seit dem 14. Jahrhundert dokumentiert ist. Luhmann redet, als habe die Scholastik ungebrochen bis ins 17. Jahrhundert fortbestanden, was nur für einige enge Universitätsmilieus zutrifft. In der historischen Realität hat sie nirgendwo ungebrochen fortgedauert. Sie wurde seit dem 15. Jahrhundert und weit über das 17. Jahrhundert hinaus in gebrochener Form repristiniert, selbst bis zur Zeit Kants an der Universität Königsberg, wie die Kant-Biographie von Manfred Kühn (*Kant. A Biography*, Cambridge 2001) instruktiv belegt.

## *Ethik, Naturrecht, Natur*

Die Konzeption der älteren Philosophie von Rationalität hatte, wie Luhmann hervorhebt, immer auch eine ethisch-politische Seite. Sie gründete ihren normativen Begriff von Rationalität auf ein normatives Verständnis von Natur (171). Sie unterstellte „ein Rationalitätskontinuum, das alle Unterschiede übergreifen konnte – selbst den von Handeln und Geschehen, selbst den von Denken und Sein" (172).

Auch diese Beschreibung Luhmanns läßt sich an Texten mittelalterlicher Autoren belegen. Thomas von Aquino konnte die Ausdrücke *lex naturalis* und *lex rationis* gegeneinander austauschen, besonders deutlich in *Summa theologiae* I-II, 94, 2 ad 3.[2] Thomas konnte schreiben, das Naturgesetz werde von der Vernunft konstituiert; es sei etwas wie ein Satz und sei wie jeder Satz das Werk der Vernunft: *lex naturalis est aliquid per rationem constitutum, sicut etiam propositio est quoddam opus rationis* (I-II, 94, 1).

Das ist ein Beleg für das „Rationalitätskontinuum", das Luhmann der älteren Zeit zuschreibt. Nur stimme ich mit ihm nicht überein, was den Zeitpunkt der Auflösung dieser Prämisse angeht. Sie ist nicht punktuell abgeworfen worden, schon gar nicht pünktlich zu Beginn der Moderne, sondern sie ist vom 14. bis zum 18. Jahrhundert kontinuierlich kritisiert und wieder aufgegriffen, kritisiert und noch einmal aufgegriffen worden. Erst Kant hat die Begründung der Moral aus der Natur endgültig abgewählt, d. h. „Natur" hat gegen 1800 den Charakter des Göttlichen, Ursprünglich-Richtigen, des Normativen abgelegt, aber auch dies nur innerhalb einer begrenzten akademischen Kultur, der ihre Jenenser Zeitgenossen lebhaft widersprachen.

## II.

Luhmann hat Mittelalter und Moderne nicht nur abstrakt charakterisiert; er hat den Übergang näher untersucht. Ich folge ihm darin und mache die Fragestellung an zwei wichtigen Vorgängen fest, an der Medienrevolution des Johannes Gutenberg und an der Theorienrevision des Nikolaus von Kues. Der Buchdruck erhält in Luhmanns Untersuchung eine geradezu entscheidende Funktion, die er detailliert beschreibt. Ich komme darauf zurück. Und in Luhmanns distanziertem Rückblick auf die „Semantik Alteuropas" nimmt Nikolaus von Kues fast die zentrale, jedenfalls eine signifikante Rolle ein.

---

[2] K. Flasch, Geschichte der Philosophie in Text und Darstellung. Mittelalter, Stuttgart 1982, S. 300: „Der moderne Leser wundert sich, wie leicht er (Thomas) den Weg vom Faktischen zum Normativen nahm. Aber er sah in der Natur nicht primär eine Ansammlung von Tatsachen, sondern den Ausdruck von Vernunft. Mühelos konnte er statt „Gesetz der Natur" auch „Vernunftgesetz" sagen (vgl. bes. I-II, 94, 2 ad 3). Dies war stoische Denk- und Redeweise. Wie sie mit der aristotelischen Grundlegung der Ethik und andererseits mit dem Neuen Testament vereinbar sei – diese Frage hat Thomas von Aquin nicht gestellt."

Cusanus deckte, Luhmann zufolge, die Verlegenheiten eines Denkens auf, das den Begriff der Rationalität noch nicht auf den Begriff der Weltgesellschaft, sondern auf die Gesamtheit von Dingen und deren ewigen Ursprung bezogen hat. Er brachte die ältere Metaphysik auf Formeln, die ihre Paradoxie herausstellen; er zeigte zugleich, wie man versuchen konnte, die Paradoxie zu resorbieren.

Wiederum beginnt Luhmanns Untersuchung beim Weltbegriff älterer Gesellschaften. Sie dachten „Welt" nicht als allumfassendes Kommunikationssystem, sondern als Gesamtheit der Dinge. Diese Gesamtheit war hierarchisch gegliedert und verlor dadurch die gänzliche Unübersichtlichkeit, die sie ansonsten bedroht hätte – durch mangelnde Kommunikation, durch die Zulassung von Fabelwesen und Monstern. Es ging dem älteren Denken darum, die Einheit dieses Konglomerats oder dieser Vielfalt zu sichern; sie bot einem dinglichen Weltbegriff den letzten Halt. Aber – und damit tritt die Philosophie des Cusanus in ihre erleuchtende Funktion – dieser letzte Halt einer aus res bestehenden Welt hatte keinen anderen Inhalt als die Welt; er war als eine höhere Art von Weltduplikat entworfen. Man konnte nicht sagen, was er ist, auch wenn man ihn als Person dachte, die das Weltganze beobachtet. Daß Gott alles Seiende einschließt und dadurch allen Inhalt verliert, dies ergibt, Luhmann zufolge, die docta ignorantia des Cusanus. Sie spricht die Paradoxie aus, die in der ganzen Konstruktion lag (145–147). Sie denkt die Undenkbarkeit der reinen Leere; sie weiß das Nichtwissen der älteren, dingorientierten Metaphysik, bleibt aber bei ihm nicht stehen, sondern resorbiert diese Paradoxie im christlichen Glauben.

Dennoch halte ich mich hier – mit Luhmann – bei der Paradoxie des Wissens des Nichtwissens noch ein wenig auf, und zwar unter folgendem Aspekt: Dieses Wissen besteht, Cusanus zufolge, in der Einsicht, daß die unendliche Einheit nicht entweder ist *oder* nicht ist und daß sie auch nicht zugleich ist *und* nicht ist.[3] Luhmann sieht, daß diese bemerkenswerte Formulierung eine Konsequenz oder vielmehr die Essenz der negativen Theologie ist, die darauf hinausläuft, daß die Unterscheidung

---

[3] Nikolaus von Kues, De coniecturis I 5 n. 21, Zeile 11–12 ed. I. Koch, Ausgabe der Heidelberger Akademie, Band III, Hamburg 1972, p. 27: vgl. De Deo abscondito, n. 11, 4 ed. P. Wilpert in der zitierten Ausgabe Band V: Opuscula, Hamburg 1959, p. 8, bei Luhmann zitiert S. 897 Anm. 51 nach der (wenig zuverlässigen) Ausgabe der Philosophisch-theologischen Schriften, hg. von L. Gabriel – W. Dupré, Wien 1964, S. 897.

Sein/Nicht-Sein der unendlichen Einheit unangemessen ist oder, mit Luhmann ausgedrückt, daß Gott selbst nicht so unterscheidet, daß also alles Unterscheiden, einschließlich der Unterscheidung von Sein/Nichtsein, ein spezifisch menschlicher Erkenntnismodus ist, der mit der unendlichen Einheit nichts zu tun hat. Dies bedeutet, daß Gott außerhalb der zweiwertigen Logik steht: „Denn Gott kann nicht irren, folglich braucht er keinen zweiten Wert. Aber wie beobachtet er dann die Welt? Er kann sie vollständig in sich hineinkopieren. Er weiß alles. Dann aber fehlt seinem Wissen jede Art von Selbständigkeit, und wie sollte er dann in der Lage sein, sich selbst von der Welt zu unterscheiden? Ein Theologe, so Nikolaus von Kues zum Beispiel, mag antworten, daß Gott es nicht nötig hat, unterscheiden zu müssen, um erkennen zu können. Auch im Verhältnis zu sich selbst braucht er keine Unterscheidung. Seine Existenz liegt außerhalb aller Unterscheidungen, auch der von Sein und Nichtsein, ja selbst außerhalb der Unterscheidung von Unterschiedensein und Nichtunterschiedensein" (929). Tatsächlich gibt es bei Cusanus Formulierungen, die den absoluten Begriff außerhalb der Differenz von Differenz und Indifferenz stellen und damit den Pantheismusvorwurf außer Kraft setzen.

### III.

Ich bin bisher der Cusanusdeutung Luhmanns kritiklos gefolgt, möchte aber nun einige Zusätze formulieren, die weitere Diskussionen fördern könnten. Sie betreffen nicht Luhmanns Hauptmotiv, den Zusammenhang von aggregathaftem Weltbegriff und regionalisierter älterer Gesellschaft; sie wenden sich nicht gegen die Distanz, die er gegenüber der älteren Metaphysik insgesamt einnimmt – derartige Distanz scheint mir eine Vorbedingung radikal historischer Betrachtung, die nicht auf „Rettung" ausgeht – ; sie liegen sozusagen eine Stufe tiefer, auf der Ebene einer philologisch-historischen Cusanuslektüre. Dabei beschränke ich mich auf zwei Hinweise.

Erstens: So hart es klingt, daß das Eine des Cusanus eine Art Weltverdopplung darstellte, daß es also keinen anderen Inhalt als die Welt hatte, so sehr führen doch die Texte des Cusanus selbst in diese Richtung. Gott, das ist die Welt im Modus der Unendlichkeit. Die Spekulation der *modi essendi* hält die Selbigkeit des Inhaltes fest und behauptet von ihm, er sei nur in verschiedenen Modi oder in den verschiedenen Formen der Partizipation realisiert. Diese Überlegung hat heute in der Cusanusforschung fast schon allgemeines Heimatrecht, aber vielleicht hat folgende Tatsache noch nicht genug Beachtung gefunden: Die Cusanische Schrift *De Possest* enthält eine Formulierung, die Luhmanns These vom Weltduplikat bestätigt. Denn dort heißt es, die Welt sei nichts anderes als die Erscheinung des unsichtbaren Gottes, Gott sei nichts anderes als die Unsichtbarkeit der sichtbaren Dinge.[4] Die Welt, das ist die Sichtbarkeit der unsichtbaren Bestimmungen; Gott, das ist die Welt im Modus der Unendlichkeit. Dies bestätigt die Luhmannsche Beschreibung, zumal die Unterscheidung zwischen Sichtbarkeit und Unsichtbarkeit als *modale* Unterscheidung gilt, die auf *unser* Unterscheidungsvermögen, die *ratio* (im Unterschied zum *intellectus*), zurückfällt.

Ein zweiter Hinweis führt allerdings aus der Luhmannschen Systematik heraus. Ich meine die Paradoxieresorption durch den christlichen Glauben. Cusanus dachte keineswegs, der Glaube habe die Aufgabe, die Unbestimmbarkeit des Einen, also die Einsicht der negativen Theologie, vor der Inhaltlosigkeit zu bewahren. Der Glaube spielt bei ihm auch nicht de facto diese Rolle; er dient als Ausgangspunkt, als ethische Direktive und als Vergewisserung bezüglich des Unsichtbaren; er löst bei Cusanus keine Probleme, sondern er stellt sie. Cusanus hat seit der Entdeckung der Koinzidenzlehre (1437/38) fast seine gesamte intellektuelle Arbeit darauf verwandt, *philosophisch-immanent* die Krise aufzufangen, in die ihn die völlige Bestimmungslosigkeit des Einen gestürzt hat.[5] Er hat die Koinzidenztheorie entwickelt, um die unendliche Einheit als die Einheit von Unbestimmtheit und Bestimmtheit denken zu können, als das Nicht-Andere jeder Bestimmung, als die undefinierbare Selbstdefinition.

Hier tritt allerdings ein faktischer Umstand ein, den Luhmann nicht beachtet hat: Cusanus hat *nach* De docta ignorantia die dort verbliebene Unbestimmtheit der unendlichen Einheit als Folge einer einseitigen phi-

---

[4] Nikolaus von Kues, De Possest n. 72, 6–9, Ausgabe der Heidelberger Akademie, Band XI 2, ed. R. Steiger, Hamburg 1973, p. 84.

[5] Ich kann an dieser Stelle die Beweislast für diese anti-fideistische Cusanus-Deutung nicht abladen, verweise aber auf K. Flasch, Nikolaus von Kues. Geschichte einer Entwicklung, Frankfurt a. M. 1998.; ferner auf: ders., Nicolaus Cusanus, München 2001. Zum Glaubensbegriff vgl. auch Ulli Roth, Suchende Vernunft. Der Glaubensbegriff des Nicolaus Cusanus, Münster 2000.

losophischen Position analysiert; er glaubte, sie später korrigiert zu haben. Er hat die Paradoxie des Wissens des Nichtwissens erkannt und sie nicht durch Verweis auf den christlichen Glauben, sondern durch eine Neukonzeption von unendlicher Einheit und menschlicher Erkenntnis aufzufangen versucht.

Er hat außerdem, schon auf der Stufe von *De docta ignorantia* (1438/40), in der *empirischen* Fruchtbarkeit der koinzidentalen Analyse, z. B. der Erdbewegung (*De docta ignorantia* II 12) oder auch der physikalischen Prinzipienlehre (*De beryllo*) einen Ausgleich gefunden für den delusionierenden Primat der negativen Theologie, mit dem das erste Buch von *De docta ignorantia* schließt. Dieser Gesichtspunkt, der die kopernikanische Wende vorbereitet hat, wurde von der Cusanusforschung seit Ernst Cassirer, auch bei Hans Blumenberg, eher überbetont, so als wäre Cusanus, von der metaphysischen Theologie enttäuscht, dazu übergegangen, das göttliche Leben nur in seinem farbigen Abglanz zu suchen; aber er sah im Abglanz nur die Sichtbarkeit des Urglanzes und im Urglanz nur die Unsichtbarkeit des Abglanzes. Die Cusanusdeutung Luhmanns ist scharfsichtig und klar, aber sie greift im dreifachen Sinne zu kurz:

Sie zeigt kein Interesse an der Theorieentwicklung des Cusanus *nach De docta ignorantia;* sie übergeht die folgenreichen empirischen Kompensationen, die *De docta ignorantia* für die bleibende Unbestimmtheit der unendlichen Einheit anbietet, und sie vernachlässigt die unermüdliche Arbeit an der Koinzidenztheorie, die Cusanus zur immanent-theoretischen Paradoxieresorption entwickelt hat. Sie bestimmt das Verhältnis von Glauben und Wissen aus einer modernfideistischen, nicht aus einer historisch belehrten mediävistischen Perspektive, die das kulturelle Selbstbewußtsein einer neuen Führungsschicht in der Umgebung des Reformpapsttums um 1450 mitbedenkt. Da gab es ja nicht nur das, was Luhmann geistreich die weiche Landung der Konzilstheologen im Schoß der Papstkirche nennt – ihre antipapalistischen Äußerungen waren noch nicht gedruckt und dadurch verfestigt –, da handelte es sich um eine kulturelle Erneuerung eigenen Typus, die sich zwischen 1435 und 1464 in der Papstkirche anbahnte. Sie war eine neue Antwort auf eine alte Krise; sie war historisch anders als das Papsttum Bonifaz' VIII., gar als das Papsttum der Gegenreformation.

Es geht hier nicht darum, dem großen Luhmann „Fehler" nachzuweisen.⁶ Meine Überlegungen machen nur aufmerksam auf den Anteil von Geschichtsphilosophie, der auch bei so scheinbar neutralen Bezeichnungen wie „Moderne" oder „vormodern" und „alteuropäisch" unterläuft. Daß Luhmann Cusanus umstandslos als „Theologen" qualifiziert – allerdings als einen, mit dem eine feste Kirchenlehre nicht zu machen sei –, daß er die Rolle des Glaubens bei Cusanus – allerdings in Übereinstimmung mit einem Teil der Cusanusliteratur –, fideistisch verzeichnet, daß er die Besonderheit der kulturellen Situation um 1450 nicht beachtet, dies alles erklärt sich, scheint mir, aus den traditionellen Epochenbildern von „Mittelalter" und „Neuzeit", die sich in der konkreten Forschung immer mehr als überflüssig, ja als störend erweisen und höchstens noch als didaktischer Kunstgriff oder als literarisches Motiv verwendbar sind. Wir reden von „Mittelalter" und „Neuzeit" so, wie wir sagen, die Sonne gehe über dem Horizont auf. Diesem Gebrauch nähert Luhmann sich in der Form, daß er erklärt, das Ende der alteuropäischen Semantik sei *nicht datierbar* (962).

Luhmanns Theorie der Gesellschaft kommt der historischen Feldforschung unvergleichlich näher als etwa Adorno ihr je gekommen ist; sie enthält eine Fülle von Beobachtungen und Fragen, die in Einzelforschung umwandelbar sind. Dies gilt mehr noch für Gutenberg und die Erfindung des Buchdrucks, die, wie gezeigt, mit dem Namen des Cusanus verbunden ist. Bevor ich darauf eingehe, erwähne ich wenigstens die glänzenden, oft sehr knappen Bemerkungen Luhmanns zu einzelnen mittelalterlichen Autoren und zur Charakteristik des Mittelalters überhaupt. Zum Beispiel: Die oben zitierte Äußerung des Cusanus über die Präsenz des ersten Menschen in jedem Einzelmenschen läßt sich kaum besser kommentieren als mit Luhmanns: „Der Ursprung wird in einer

---

⁶ Ganz unterlassen kann ich es auch nicht. Zum Beispiel finde ich die These falsch, nach der „für Alteuropa gültigen Erkenntnisbeschreibung wird die Erkenntnis von dem Erkannten bewirkt" (968), und gewiß ist Plotins Unum nicht summum ens (917). Ich glaube auch nicht, daß die „Betonung des Individuums" primär oder gar ausschließlich „religiös bedingt" war (937 A. 120). Seit der Aristotelesrezeption im 13. Jahrhundert gab es auch so etwas wie „Philosophie" als „akademische Disziplin" (952). – Der empfindlichste historisch-empirische Mangel betrifft die Geschichte des Zeitproblems, insbesondere durch die Nichtbeachtung der Studien von Udo Reinhold Jeck, Aristoteles contra Augustinum. Zur Frage nach dem Verhältnis von Zeit und Seele bei den antiken Aristoteleskommentatoren, im arabischen Aristotelismus und im 13. Jahrhundert, Amsterdam 1993. – Daß die augustinische Zeitreflexion für Augustin nicht „auf ein Nichtwissen hinauslief" (999), zeigt K. Flasch, Was ist Zeit? Augustinus von Hippo, Das elfte Buch der Confessiones. Historisch-philosophische Studie. Text – Übersetzung – Kommentar, Frankfurt a. M. 1993.

heute kaum mehr begreifbaren Weise als gegenwärtige Vergangenheit und damit als Maßstab gesetzt" (903).

Doch bei aller Bewunderung (auch) der *Gelehrtheit* des Buches von Luhmann erlaube ich mir, ein Goethewort umzuwandeln: Ein Genie bleibt nicht nur seinem Jahrhundert, sondern auch seinem Fach noch immer durch eine Schwachheit verbunden, und diese „Schwachheit" Luhmanns ist die Spekulation über weltgeschichtliche Epochen.

IV.

Wird „Gesellschaft" nicht länger als Ansammlung von „Menschen", sondern als Kommunikationssystem gedacht, treten die Erfindungen der Schrift und des Buchdrucks in neues theoretisches Licht. Die Erfindung des Buchdrucks geschah zwischen 1440 und 1450; die Analyse seiner Bedeutung verbindet sich daher leicht mit der Periodisierung von Mittelalter und Neuzeit. Luhmann begnügt sich nicht mit einer solchen abstrakten Zuordnung; seine Untersuchung der Medienrevolution des 15. Jahrhunderts geht darüber hinaus. Sie ist konkret und materialreich; sie verlangt eine gründlichere Diskussion, als ich sie hier leisten kann.

Luhmanns Analyse der weltgeschichtlichen Bedeutung des Buchdrucks geht aus von der Funktion der Schrift. Die Schrift erweitert den Empfängerkreis von Mitteilungen über die augenblicklich Anwesenden hinaus (203). Der Buchdruck verstärkt diese Funktion quantitativ in einem solchen Maße, daß er eine neue Qualität erzeugt (291).

Die „Optisierung der Sprache" (110) durch die Schrift war die Voraussetzung wichtiger Entwicklungen: Sie ermöglichte zentrale Verwaltung und Straffung der politischen und ökonomischen Organisation (671); sie schuf Verzweigungsmöglichkeiten und Systemdifferenzierungen (141); sie ermöglichte einen höheren Abstraktionsgrad, zum Beispiel das Aufstellen abstrakter Regeln, etwa der Moral (640).

Der Buchdruck brachte „eine enorme Vermehrung und Verdichtung des Kommunikationsnetzes". „Im Prinzip ist die Gesellschaft heute von demographischen Vermehrungen oder Verminderungen der Bevölkerung unabhängig. Für die Autopoiesis des Gesellschaftssystems auf dem erreichten Entwicklungsniveau steht auf alle Fälle genügend Kapazität zur Verfügung" (151).

Luhmann sieht, daß es bereits im späten Mittelalter eine Rationalisierung der Buchproduktion und ein Anwachsen des Lesepublikums gegeben hat (293), hebt aber dennoch die Druckkunst als epochalen Einschnitt hervor. Der für Luhmann wesentliche Effekt: Der Buchdruck ermöglicht und beschleunigt den Übergang der Gesellschaft von der Stratifikation zu funktionaler Differenzierung (837). Im einzelnen ist wichtig:

Die Bücher werden billiger; für immer mehr Menschen lohnt es sich, lesen zu lernen. Der Einzelne kann jetzt lernen, ohne die Hilfe anderer oder die einer immer leicht zu kontrollierenden Institution zu Hilfe zu nehmen (291). Der Buchdruck fördert individuellen Dissens. Schrift und vor allem Buchdruck sind „interaktionsfrei benutzbare Kommunikationstechniken" (819); sie fördern Zusatztechnologien wie das Lesenkönnen (729). Der Buchdruck verstärkt den Trend zur Individualisierung (297).

Die hierarchischen Kontrollen werden schwieriger, zuletzt fast unmöglich; der Markt, d. h. der kaufwillige Leser, bestimmt, was gedruckt wird (292). Gleichzeitig ermöglicht der Buchdruck eine intensive Regulierung des Alltagslebens; die Verwaltung nimmt neue Formen an. Jetzt ist es möglich, Sprachen zu normieren. Es entstehen im 16. Jahrhundert die Nationalsprachen im Sinne von Sprachen nationaler Staaten, diese treiben Sprachenpolitik (295). Er ermöglicht breite Volkspädagogik, insbesondere religiöse, konfessionelle Formierung der unteren Schichten und Seelenheilssorge für alle (947/48). Er fördert die Verselbständigung der Kulturgebiete, er lockert die Symbiose von Religion, Moral und Wissenschaft; er führt zu weiterer selbständiger Ausdifferenzierung jedes dieser Gebiete (247). So gewinne, meint Luhmann, die Politik schon im 15. Jahrhundert und die Wissenschaft im 16. Jahrhundert Distanz zur Religion (713). Der Buchdruck macht die Komplexität, auch die Widersprüchlichkeit vorliegenden Traditionsmaterials sichtbar. Texte lassen sich nach Vergleich der Handschriften verbessern; dadurch treten ihre Divergenzen deutlicher hervor; die Heterogenität der Überlieferungen erfordert vermehrte Interpretationsarbeit, eine „expandierende und differenzierende Semantik", ein self-reading of culture (996). Seit dem 12. Jahrhundert ist die Inkonsistenz auch der theologischen Texte zum Thema geworden; der Buchdruck macht dieses Wissen zu einem Teil der Laienkultur (925). Durch den Druck und freien Verkauf von Büchern entsteht die „Autorenschaft im modernen Sinn", eine neue Art der Differenzierung von Autor und Text (889).

Genug der Einzeleffekte. Sie sind ausgezeichnete Umschreibungen des seit dem 12. Jahrhundert laufenden Prozesses. Was bedeutet dann der Buchdruck für die Epocheneinteilung? Luhmann nennt einige Kontinuitätselemente (Verbreiterung des Lesepublikums vor dem Buchdruck; Inkonsistenz der theologischen Texte seit dem Hochmittelalter erkannt), arbeitet aber im Anschluß an Elisabeth L. Eisenstein, *The Printing Press as an Agent of Change: Communications and Cultural Transformations in Early-modern Europe*, Cambridge 1979, und Michael Giesecke, *Der Buchdruck in der frühen Neuzeit*, Frankfurt a. M. 1991, stark das Neue, den geschichtlichen Einschnitt heraus. Er vermeidet eine punktuelle Festlegung; er sieht Sonderentwicklungen der einzelnen Kulturgebiete, z. B. Wissenschaft und Politik im Verhältnis zur Religion (713). Diese haben sozusagen ihre eigene Chronologie. Er ist mißtrauisch gegen „Erstmals"-Erklärungen (914 A. 79). Er läßt wichtige Entwicklungen schon im Mittelalter beginnen und erklärt, ihr exaktes Ende lasse sich nicht genau datieren (961/62); eine entscheidende Epochenschwelle sieht er am Ende des 18. Jahrhunderts (962); er könnte sich wohl mit einer Grobeinteilung von 1100 bis 1800 einverstanden erklären. De facto löst Luhmann die Epochendifferenz Mittelalter–Moderne auf. Dafür nur zwei Belege: Er weiß, daß individuelle Zurechenbarkeit als moralischer Maßstab im Mittelalter entdeckt worden ist und nennt diese Neuerung des 12. Jahrhunderts ein „typisch modernes Syndrom" (247 und 959). Zweite Beobachtung: Er löst die Grenze des Mittelalters zur Antike dadurch auf, daß sein entscheidender Begriff die „alteuropäische Semantik" heißt, nicht: die mittelalterliche. Er sieht die alteuropäische Semantik als ein relativ kohärentes System von langer, von unbestimmt langer Dauer; sie reicht bis ins 19., vielleicht ins 20. Jahrhundert (21, 22, 26, 151). Das heißt: Luhmann faßt eine Sektoralisierung der Entwicklungen ins Auge; er leitet eine Korrektur älterer Epochenbilder ein; oft redet er zusammenfassend von der „vormodernen Gesellschaft", das reicht dann bis ins alte China und schließt das westliche Mittelalter mit der Antike zusammen. Und doch sind Relikte älterer Epochencharakteristiken bei Luhmann stehengeblieben, die seine Analysen eher verwirren. Er akzentuiert in einigen Punkten die Differenzen zwischen Neuzeit und Mittelalter altmodisch scharf, die Eigenentwicklungen im „Mittelalter" verkennend. Hier einige Beispiele:

Das Mittelalter, behauptet Luhmann, habe nicht Philosophie als akademisches Fach gekannt (952). Aber es gab spätestens seit dem 13. Jahrhundert in Paris, Oxford und Bologna, bald auch an allen Universitäten, einen organisierten Unterricht in Philosophie.

Schein und Heuchelei seien erst seit dem 16. Jahrhundert literarisch bearbeitet worden (626). Wer auch nur die erste Novelle des *Decameron* gelesen hat, wird dem schwerlich zustimmen.

Der Buchdruck machte die Heterogenität der Traditionen sichtbar (960), gewiß, für alle, die lesen konnten, aber an diesem Thema wurde seit dem 12. Jahrhundert intensiv gearbeitet – von Juristen wie Gratian, Philosophen wie Abaelard, von Theologen wie Petrus Lombardus.

Erst die Zeit des Buchdrucks habe die Neubewertung des Neuen gebracht (1001). Auch diese Wende gehört ins 12. Jahrhundert. Auch die Behauptung, erst im 16. Jahrhundert sei es zu einer Separierung von Politik, Religion und Ethik gekommen (959), wiederholt noch einmal das Bild vom homogenen, harmonischen Mittelalter, das Luhmann der Sache nach zurückgelassen hat. Das Mittelalter als objektives Zeitalter, auch dieses Klischee besteht fort, wenn Luhmann schreibt, erst seit Lokke werde die Selbstbeteiligung des Erkennenden an allem Wissenserwerb gesehen (963). Erst im späten 16. Jahrhundert beginne (!) die Auflösung des Essenzenkosmos und der Moralkodierung des Mittelalters (963).

Ich sehe in diesen Beschreibungen des Mittelalters einen Rückfall in Epochenbilder, die Luhmann verlassen hatte, indem er die lange Fortdauer der alteuropäischen Semantik betonte, die Langsamkeit des Prozesses ihrer Ablösung hervorhob und indem er einmal sagte, das Ende des Vorgangs sei nicht datierbar (961/962), ein andermal das endende 18. Jahrhundert als Schranke setzte (26).

Michael Giesecke hat Luhmanns Position zu einem monumentalen Standardwerk ausgearbeitet: *Der Buchdruck in der frühen Neuzeit. Eine historische Fallstudie über die Durchsetzung neuer Informations- und Kommunikationstechnologien*, Frankfurt a. M. 1991.

Diese Untersuchungen bringen viele neue Einzelheiten, reproduzieren aber daneben alte Epochenbilder; sie unterfüttern die alte Differenz von Mittelalter und Moderne neu mit dem Merkmal: orale und skriptographische, also bimediale Kultur dort, typographische Kultur hier. Giesecke überzeichnet regelmäßig den traditionalen Charakter des „Mittelalters" und wiederholt in modernster Terminologie Vorurteile, die man nicht beim Studium der mittelalterlichen Welt mühsam erwirbt, sondern vermutlich als Kind im evangelischen Religionsunterricht aufnimmt: Druckkunst, Reformation und Neuzeit erscheinen als Fortschritt nach langer Finsternis. Die Folge des Buchdrucks ist demnach „keine Extrapolation einer mittelalterlichen Entwicklung mehr, sondern vielmehr deren Umkehrung" (Giesecke 180). Das Mittelalterbild Gieseckes ist die abstrakte Umkehrung seines Neuzeitbildes und sonst nichts. Aber selbst wenn wir einmal in der alten Epochenvorstellung bleiben, so ist doch undenkbar und trifft faktisch nicht zu, daß sie sich wie Minus und Plus verhalten. So beschreibt Giesecke aber die Bedeutung des Buchdrucks. Man glaubt es kaum, was man bei Giesecke über das Mittelalter zu lesen bekommt:

Die curiositas, bei Albertus Magnus und Dietrich von Freiberg längst gegen Augustin rehabilitiert, habe erst in der frühen Neuzeit „allmählich die negativen Konnotationen" verloren (Giesecke 433);

Autorenschaft sei „der christlichen Seele als Gotteslästerung" erschienen (429), als hätten Eckhart und Lull sich nicht gerade des *neuen* Charakters ihrer Einsichten gerühmt;

als hätten die Autoren erst in der frühen Neuzeit in der Volkssprache zu schreiben begonnen (203, 207 u. ö.); dabei ist an Luther gedacht. Aber hat nicht Otfried von Weißenburg im 9. Jahrhundert deutsch geschrieben, und haben nicht um 1300 Meister Eckhart, Ramon Lull und Dante ihre Nationalsprachen gewissermaßen begründet?

Giesecke redet, als habe die Druckkunst die Menschen von den „Fesseln traditioneller Hierarchien" befreit (189), als habe es vom 16. bis zum 20. Jahrhundert keine Zensur gegeben, als habe die mittelalterliche Welt primär aus Hierarchien bestanden und als hätten diese dem neuen Medium nichts als Hindernisse entgegengestellt;

als habe in der mittelalterlichen Welt die „altgläubige Partei" eine „zentrale Planbewirtschaftung von Informationen" intendiert (186), eine Wendung, an der fast alles falsch ist, unter anderem auch die Vorstellung, *danach* habe eine freie Marktwirtschaft der Ideen begonnen.

Im Mittelalter habe man das Wissen für sich behalten, „man machte die Bücher nicht gemein, sondern ließ sie in den Schatztruhen verschimmeln" (154). Danach war das Mittelalter nichts als Stagnation, und die von Buchdruck und Reformation beflügelte Neuzeit war nichts als Dynamik. Das klingt wie eine Predigt zum Reformationstag anno 1912.

Inmitten einer Masse nützlicher Einzelinformationen bietet Giesecke ein abstraktes Schema der polar entgegengesetzten Epochen als Gerüst; er vereinheitlicht und archaisiert die ältere Welt. Die wichtigen Neuerungen innerhalb des Mittelalters (Rehabilitation der curiositas, Wissenschaft in Volkssprache, Organisationen der Wissensvermittlung und des Büchervertriebs) werden teils geleugnet, teils rasch vergessen. Gieseckes Buch hat aber eine willkommene hohe Bedeutung: Es beseitigt jeden Verdacht, eine allgemeine Diskussion der Begriffe „Mittelalter" und „Moderne" sei wegen ihrer Abstraktheit überflüssig.

# WAHRHEIT UND PHILOSOPHIEHISTORISCHE METHODE IM BLICK AUF HANS-GEORG GADAMER

Bisher ging es darum, einen Grundriß historischen Philosophierens zu zeichnen, einige Folgerungen für die Philosophiehistorie zu ziehen und das Gewonnene an der vermeintlichen Zeitgrenze von Mittelalter und Neuzeit zu illustrieren. Von „Wahrheit" war dabei nur indirekt die Rede. Aber die Frage, was Philosophiehistorie mit Wahrheit zu tun habe, scheint unabweisbar. Ich will ihr zum Abschluß einer Reflexionsreihe über einige ihrer Kategorien nachgehen, und zwar in der Form einer Auseinandersetzung mit Hans-Georg Gadamer. Dabei muß ich Gadamer in einigen Punkten kritisieren. Aber es ist eine Kritik mit Respekt, auch wenn sie in der Sache nicht auf einen Kompromiß hinausläuft.

Doch zunächst ist an Gadamer anzuknüpfen. Seine Kritik am Begriff des Verstehens bei Dilthey zeigt, wenn auch nicht zum ersten Male: Die historische Arbeit kann nicht darin bestehen, sich ins Vergangene „hinein zu versetzen"[1]. Intuitives Hinübergehen zum Gewesenen ist nicht möglich. Dies kann als ausgemacht gelten, bedarf keiner erneuten Begründung. Dieser gemeinsame Ausgangspunkt läßt sich präzisieren: Wir haben das Gewesene nur unter unseren, den heutigen Bedingungen. Wer einen Text der Vergangenheit der Philosophie auslegt, tritt ihm nicht als ein reines, unbeschriebenes Ich gegenüber, sondern steht immer schon unter Einflüssen, Erwartungen, Vorurteilen, die er nicht alle zugleich thematisieren kann. Charakteristisch für den Ausleger ist die Enge des Bewußtseins. Er tritt, wenn er historisch arbeitet, in einen Auslegungsprozeß ein. Er kann nicht wissen, ob seine Auslegung Zustimmung findet; der Prozeß ist für ihn nicht überschaubar und in diesem Sinne unendlich.

Keinen Ausweg bietet die Kategorie des „Ausdrucks".[2] Sie ist spekulations- und romantikverdächtig. Denn sie setzt voraus, der historisch Arbeitende greife über ein Faktum oder einen Text hinaus in einen Ur-

---

[1] Hans-Georg Gadamer, Gesammelte Werke, zuerst 1993, Taschenbuchausgabe Tübingen 1999, Band 1, S. 302 und 309. In diesem Abschnitt beziehen sich Band- und Seitenangaben von der Art 1, 302 auf Band und Seite dieser Ausgabe der Werke Gadamers.

[2] Dazu vgl. auch 1, 341.

sprung, aus dem das Faktum oder der Text hervorgegangen sein soll. Wir haben aber nur das Faktum oder den Text plus unsere eigenen Einordnungen, Vergleiche usw. Wessen „Ausdruck" sollten überdies philosophische Theoreme sein? Die einer Persönlichkeit, dies ergäbe eine psychologische, die einer „Mentalität" oder eines Stils, das ergäbe eine geisteswissenschaftlich-historistische, oder die einer Basis, dies ergäbe eine substanzontologische oder eine vulgärmarxistische Reduktion. Derartige Hintergrundsangaben gehen von dem philosophischen Text weg, zu dem sie hinführen sollen. Psychologische Persönlichkeitsbilder, „Mentalitäten" oder die soziale Basis sind jeweils Konstruktionen, aus denen keine zusätzliche Kenntnis des Faktums oder des Textes zu gewinnen ist.[3]

Die Abwehr gegen das Konzept der Mentalitäten habe ich hier eingefügt. Georges Duby hatte eine Weile mit diesem Programm gearbeitet und es zuletzt aufgegeben. Dies ist ein instruktiver Vorgang. Mit den Worten Gadamers könnte man ihn erklären: Die Kultur einer jeweiligen Gegenwart ist kein geschlossener Horizont (1, 309), in den wir als in einen uns bekannten ein historisches Phänomen nur hineinversetzen müßten, um es zu verstehen.

Gelegentlich sagt Gadamer, die Hermeneutik mische sich nicht ein in die Methodendiskussionen der Wissenschaften. Dennoch ist Gadamers Grundtenor, er fürchte von einer methodisch strengen Philosophiehistorie die Verwissenschaftlichung der Philosophie. Sie wäre der Triumph der Methode über die Wahrheit. Vorausgesetzt ist der Gegensatz von Wissenschaft und Wahrheit, im Sinne von Heideggers *Die Wissenschaft denkt nicht.*

Denkbar wäre aber eine mehrstufige Betrachtung. Sie könnte einsetzen mit einer persönlichen philosophischen Frage, meinetwegen einer Erweckung oder einem Schock. Sie verwandelt sich dann, nehmen wir einmal an, in streng methodische philosophiehistorische Forschung, zum Beispiel über den originären Zusammenhang einer Theorie mit einem bisher wenig beachteten Detail. Es würde etwa gezeigt, daß die Lehre vom gerechten Krieg entwickelt worden ist unter der Voraussetzung der Schonung der Nicht-Kombattanten. Um ein mehr theoretisches Beispiel zu geben: Die drei ersten Gottesbeweise in der *Summa*

---

[3] Carlos Steel behauptet hingegen, meine Arbeiten stellten die ältere Philosophie dar als „Ausdruck" ihrer „Epoche".

*theologiae* des Thomas von Aquino setzen die Wahrheit der Aristotelischen *Physik* voraus. Dies zu zeigen, setzt einige philologische Details in Bewegung, die ihrerseits Antezedentien und Folgen haben. Dieses Gewebe zu erforschen, also die Struktur und die Rezeption der *Physik* des Aristoteles zu ermitteln, fordert strenge Methodik. Das Wort „streng" ist hierbei überflüssig. Denn methodisches Vorgehen ist eo ipso streng. Aber eine solche methodische Analyse verbietet nicht nur nicht, sondern lädt dazu ein, in einem zu unterscheidenden dritten Arbeitsgang über das Resultat nachzudenken: Was bedeutet es? Was bedeutet es für mich?

Gadamer entschließt sich nicht zu sagen: Wahrheit *oder* Methode. Nehmen wir an, Philosophiehistorie begriffe sich als die Einheit von Philologie und Philosophie, was spräche dann dagegen, die Philologie methodisch konsequent durchzuhalten und gleichwohl an deren Ende und/oder an deren vorläufigen Abschluß die philosophische Reflexion zu setzen? Immunisiert sich bei Gadamer nicht die zu einer Eigenwelt gewordene Theorie gegen die Irritation durch „methodisch streng" ermittelte Fakten?

Gadamer hat die Philosophiehistorie *gefördert,* persönlich durch philologische Erudition und durch historistische Aufführungen, in der Theorie durch Kritik der Illusion des Hineinversetzens, und durch die Kritik am historiographischen Programm der Problemgeschichte (1, 381). Gadamer hat die philosophiehistorische Forschung *gehemmt* durch

1. Hypostasierung und damit Vereinheitlichung von „Geschichte", der wir gehören sollen,
2. Minimalisierung der Widersprüche der „Tradition",
3. Verengung der Kanonbildung durch stereotype Hervorhebung der „Klassiker" und zusätzlich durch deren Stilisierung zur Höhe erhabenen Ernstes in der Manier Stefan Georges,
4. Prämierung des Assimilierbaren, „Verständlichen", sogar des Anwendbaren (1, 313 und 329) gegenüber allem Bizarren, Fremden, historisch Entlegenen,
5. Akzentuierung der Auslegung philosophischer Texte nach „Epochen". Auf diesem Wege kehrt die Kategorie des „Ausdrucks" zurück. Gadamer gab die Anleitung, philosophische Positionen zu interpretieren als Ausdruck der Antike oder des Mittelalters.

Doch kennt Gadamer dazu auch Gegenmotive (1, 305–306; 1, 310). So sagt er, es bleibe beständige Aufgabe, die voreilige Angleichung der Vergangenheit an die eigenen Sinnerwartungen zu hemmen. An diese Überlegung knüpfe ich an; nur möchte ich wissen, was dabei „voreilig" heißt. Wie sähe eine besonnene Rückbeziehung auf die eigenen Sinnerwartungen aus? Ich denke, sie bestünde in der bewußt erzeugten Kollision von „Sinnerwartungen" mit Fakten, in der Art, wie Foucault sie veranstaltet hat.

Manfred Frank hat zugunsten der Position Gadamers argumentiert, wir stünden vor der Wahl, ob wir von Heidegger weg zu Gadamer oder zu Sartre gingen. Aber das ist nicht die Alternative. Die Frage muß eher lauten, ob wir von Heidegger weg zu Gadamer oder zur Arbeitsweise von Foucault gehen.

Gadamer nimmt der Philosophiehistorie alles Mißtrauische, Desakralisierende, Zurechtrückende, Befreiende. Er macht aus der Beschäftigung mit der philosophischen Vergangenheit ein Zurückgehen, ja ein Zurücksinken in die Substanz der Tradition; er entwertet den Ausleger als ein Epiphänomen des Gewesenen; er perhorresziert die konkrete Ausarbeitung der Erfahrung des geschichtlichen Abstandes. Er will nicht, daß Philosophiehistorie irgend etwas zerstöre, irgend etwas entlarve. Heidegger hatte Nietzsches Schule des Verdachts weitergeführt, wenn auch zu spekulativen seinsgeschichtlichen Entwürfen; Gadamer gibt das auf. Die Philosophiehistorie kann aber entlarven; sie zeigt zum Beispiel Gadamer als einen Denker des deutschen 20. Jahrhunderts. Sie zerstört ferner den Traum vieler Philosophen, a primis fundamentis anzufangen, z. B. bei Descartes. Philosophen hatten oft, vielleicht sogar durchweg, ein falsches Bewußtsein von dem, was sie taten. Auch Gadamer hat ein falsches Bewußtsein von dem, was er mit der Geschichte des Denkens tat. Er fingierte, sein Umgang mit älteren Philosophen sei ein „Gespräch".

Er betonte, ein Gespräch sei nicht dann schon gegeben, wenn ich den Standort und den Horizont des anderen dabei ermessen will. Ich müsse mit ihm Verständigung in der Sache suchen; ich dürfe mich nicht aus der Situation der Verständigung zurückziehen und rein objektiv werden wollen (1, 308). Gadamer hat die Tendenz, Objektivierung als Schuld zu sehen (vgl. 1, 366–367).

Gadamer redet vom Gespräch mit antiken Philosophen, als sei es nicht doch immer der Ausleger selbst, der sagt, was der antike Philosoph behauptet. Dabei sind *wir* es, die sagen, was sein Text sagt. Platon ist tot. Wenn Gadamer über Platon spricht, übernimmt er auch den Part Platons; es spricht immer Gadamer. Diese einfache Feststellung verändert gegenüber Gadamer das Konzept philosophisch-historischen Wissens in der Philosophie. Wer Platon interpretiert, führt Gespräche mit sich selbst, in der Doppelrolle des Platonlesers – einmal als Platonleser und dann als Beurteiler des Gelesenen.

Der theoretische Status der Philosophiehistorie ist Gadamer zufolge schwach; unter bestimmten Voraussetzungen hat sie gar keinen. Gadamer hat vieles zum Selbstverständnis der historischen Geisteswissenschaften beigetragen oder angeregt, aber den Rechtsgrund der Philosophiehistorie hat er glattweg bestritten. In seiner Selbstdarstellung von 1975 schreibt er:

„Philosophie hat keine Geschichte" (2, 503).

Der argumentative Zusammenhang dieser These ist verhältnismäßig wenig explizit, doch zeichnet sich folgender Hintergrund ab: Der erste, der eine Geschichte der Philosophie geschrieben habe, sei Hegel gewesen. Er sei auch der letzte gewesen (2, 504). Das heißt: Nach Gadamers Ansicht handelt weder Jacob Brucker noch Eduard Zeller noch Kuno Fischer von Philosophie. Sie sind entweder bloße Literarhistoriker oder Epigonen Hegels. Als solche haben sie philosophische Meinungen registriert, aber nicht nach der Wahrheit des Registrierten gefragt. Dann Gadamers Argument: Die Fragen früherer Philosophen neu stellen, das ist etwas anderes als sich an die Frage erinnern. „Als Erinnerung an das damals Gefragte ist sie das jetzt Gefragte. So hebt das Fragen die Geschichtlichkeit unseres Denkens und Erkennens auf." Und davon das Resultat: „Philosophie hat keine Geschichte" (2, 503). Diese Formulierung ist so pointiert, daß sie jeden anderen als Gadamer im Kreis der Philosophen diskreditiert hätte. Bringt mein Fragen meine Geschichtlichkeit zum Verschwinden? Und: *Gibt* es nicht Philosophiehistorie? Ist sie nur eine posthegelianische akademische Gewohnheit? Aber vor allem: Gadamer setzt hier voraus, die Frage, die ich heute stelle, sei dieselbe Frage wie diejenige Platons. Innerhalb dieses theoretischen Identitätsblocks verschwände tatsächlich die Zeit. Nun ist nicht zu bestreiten, daß man Platon solange auslegen kann, bis der Anschein entsteht, seine Frage sei meine Frage oder meine Frage sei seine Frage gewesen. Aber ich vermute, wenn zwei dasselbe fragen, fragen sie nicht dasselbe. Wenn auch nur diese Vermutung aufkommt, ist es nicht nur eine Frage der philologisch-historischen Gelehrsamkeit, diese Identität entweder nachzuweisen oder zu verneinen; es wird eine Frage des philosophischen Selbstverständnisses. Man möchte doch wissen, ob nur der heute Philosophierende sich die Illusion geschaffen hat, er habe durch sein Fragen den Zeitabstand beseitigt. Es könnte doch sein, daß philosophisches Fragen diese Kraft der Geschichtsbeseitigung nicht hat oder diese Intention gar nicht erst haben sollte. Dies ist eine Frage der Wahrheit, nicht nur der Gelehrsamkeit.

Es ist kaum zu bestreiten, daß es Erfahrungen der Kunst und des Philosophierens gibt, als sei das Kunstwerk oder die Einsicht gerade vom Himmel gefallen. Das ist wie frischgefallener Schnee, von dem Goethe sagt, er sei eine erlogene Reinlichkeit. Die Wahrheit des Schnees zeigt sich mit der Zeit; die Wahrheit des Schnees ist der Matsch. Die Wahrheit frisch ergriffener Wahrheiten ist die Vielfalt und die Abhängigkeit der Meinungen. Dies kann man an sich selbst erfahren: Ich hatte früher leidenschaftlich gestellte philosophische Fragen, z. B. nach der Realität der Außenwelt oder nach der Seelenunsterblichkeit, Fragen, die ich heute nicht mehr stelle. Wenn ich mich an diese Fragen erinnere, kommt mir ihre Zeitstelle in den Sinn; ich kann die faktischen und die intellektuellen Umgebungen nennen oder erforschen, unter denen diese Fragen für mich wichtig werden konnten. Dann verschwindet nicht die Zeit, sondern sie wird konkret sichtbar: Fünfziger Jahre, Kriegserfahrungen des Todes, Diskussionen zwischen letzten Neukantianern und „realistischen" Ontologen. Im Rückblick könnte ich fragen, waren das „ursprüngliche" Fragen? Zweifellos waren sie mir nahegelegt durch wirkliche Erfahrungen *und* durch herrschende Meinungen; aber wer will entscheiden, ob meine damaligen Beunruhigungen „ursprüngliche" Fragen waren? Heideggerianer haben die Gewohnheit, Fragen dann als „ursprünglich" anzusehen, wenn sie vergessen haben, daß sie diese Fragen bei Heidegger gelesen haben. Auch wenn ich eine meiner früheren Fragen wieder aufnehme, etwa weil ich finde, ich hätte sie voreilig verabschiedet, dann ist sie, auch wenn ich sie wortgleich formuliere, in meinem realen Denkleben nicht mehr „dieselbe" wie damals. Ich sehe nicht, wie ihre erneute ernsthafte Bearbeitung dadurch gestört würde, daß ich mich außerdem erinnere, sie früher unter angebbaren Bedingungen gestellt und unter erforschbaren Umständen liegengelassen zu haben. Dabei mache ich mir klar: Mein Philosophieren hat eine Geschichte. Hat nicht auch Gadamers Philosophieren eine Geschichte? Philosophien entwickeln sich; sie machen nicht die Zeit verschwinden, sondern sie füllen sie und machen sie bewußt. Ein Philosoph, der sich fragt, warum habe ich früher dieses oder jenes Problem gehabt, habe es heute aber nicht, warum stelle ich heute eine Frage, die ich früher nicht gestellt haben könnte, wird sein eigener Philosophiehistoriker; er macht die Erfahrung: *Seine* Philosophie zumindest *hat* eine Geschichte. Es sagen ja auch Philosophen immer wieder einmal etwas von der Art, dieses oder jenes Argument in diesem oder jenem Buch habe ihn aus dem „dogmatischen Schlummer geweckt". Sie weisen selbst darauf hin, daß Zeit innerhalb ihres Philosophierens eine Rolle, eine große Rolle, gespielt habe.

Ich will Gadamers Diktum, Philosophie habe keine Geschichte, nicht pressen. Es hat wohl nur die Bedeutung, daß es kein höheres Prinzip gibt als dies, sich dem Gespräch offenzuhalten, offen gerade auch früheren Denkern gegenüber. Aber nehmen wir einmal an, ein Gadamerianer, deren es viele gibt, beschäftige sich mit Platon oder Aristoteles und halte sich an Gadamers Satz. Dann wird er seine Fragen in Platon wiederfinden, oder er wird entdecken, Platons Frage sei genau seine eigene Frage. Er wird diese Frage ausarbeiten und uns zeigen, Platons Antwort auf diese gemeinsame Frage und seine eigene Antwort seien dieselbe. Wenn er die Platonlektüre mit dieser Identitätsfeststellung nicht beendet, wird er bald finden, daß Platon auch noch die eine oder andere *andere* Frage hatte, ja daß er *viele* Fragen hatte, die der Platonleser von heute nicht hat. Er muß dann, mehr oder minder ausdrücklich, Unterscheidungen treffen innerhalb des Denkens Platons: Da gibt es die *gleichzeitigen* Einsichten oder Fragen, und es gibt die Vielzahl der nur *gewesenen* Fragen und Antworten. Nehmen wir zusätzlich an, Platons Denken sei, wenigstens für bestimmte Phasen oder innerhalb einzelner Werke, relativ kohärent gewesen. Dann zerschneidet doch der von Gadamer angeleitete Platonleser die relativ zusammenhängende Ganzheit des Platonischen Denkens, indem er in ihm Lebendiges von Totem, Zeitüberlegenes vom bloß Gewesenen unterscheidet. Er wird sich ja wohl nicht zutrauen, am Werk Platons als ganzem die Zeitdifferenz zum Verschwinden zu bringen. Gerade als Philosophierender, dem es um seine eigenen Einsichten geht, wird er gut daran tun, sich darüber klarzuwerden, was er getan hat: Er hat aus dem kohärenten Gewebe der Gedanken Platons denjenigen Strang herausgelöst, mit dem sein Fragen sich identifiziert hat. Er muß zur Kenntnis nehmen, daß andere Platonleser vor ihm sich mit anderen Strängen ebenso intensiv identifiziert haben. Wir werden es als Anfangserfahrung respektieren, aber nicht als Inbegriff philosophischer Denkkraft ansehen, daß er die nicht selbst erfragten Stränge und die von anderen erfragten Platon-Stränge ignoriert. Gadamer schreibt einmal von den „großen Denkversuchen der Tradition", daß wir uns in ihnen „immer wieder wie mit ausgesprochen wissen" (2, 504). Aber daneben steht die Erfahrung, daß wir uns in ihnen durchaus *nicht* ausgesprochen sehen, eben weil sie *sich* und nicht *uns* ausgesprochen haben. Die These, daß wir *uns* in ihnen ausgesprochen wissen, legt eine Zäsur ins Werk des früheren Philosophen selbst. Sie zerschneidet deren nicht-dinghafte Ganzheit. Der Gadamerianer, der kohärent vorginge, was zum Glück nicht oft vorkommt, läßt die nicht-identifikations-affinen Stücke auf sich beruhen. Sollte er sich nicht, gerade als Philosoph, nicht als Historiker, fragen: Übergehe ich vielleicht dabei das Beste?

Gadamer sagt ihm, es seien die „großen Denkversuche der Tradition", in denen er sich wiederzufinden weiß. Aber wer sagt ihm und mit welchen Gründen, was *große* und was *kleine* Denkversuche sind? Plotin galt einigen Generationen als kleiner Denkversuch, für Friedrich Creuzer und für Gadamer selbst galt er als „großer". Wer ist verantwortlich für derartige Ranglisten, von denen abhängt, worin ein Philosophierender sich wiederfinden kann? Sind Montaigne und Lichtenberg, von denen bei Gadamer so gut wie nie die Rede ist, nur „kleine" Denkversuche, und ich habe das Unglück, mich in ihnen wiederzufinden?

Ich fasse meine Einwände gegen Gadamers Diktum, auf das ich sein Denken keineswegs reduziere und dem schließlich das vorliegende Buch seinen Titel verdankt, noch einmal zusammen:

Es unterstellt geschichtsüberlegene Identitätsblöcke, nicht unähnlich den neukantianischen „Problemen", nur heißen die jetzt „Fragen" oder „Intentionen", es zerlegt theoretische Ganzheiten früherer Argumentationsgewebe in fragbare und in nicht-fragbare Teile, in zeitgenössische und nicht-zeitgenössische Inhalte, es setzt eine bereits festgelegte Rangliste der großen und der kleinen Denkversuche voraus.

Zusätzlich tritt bei Gadamer die Unterscheidung: Gesagtes–Ungesagtes in Kraft. Das heißt: Um mir das in der „Tradition" früher Gesagte aneignen zu können, um in ihm die Identität meiner Ausgangsfrage wissen zu können, muß ich zum Gesagten das Ungesagte mitdenken. Damit wird noch einmal ein wichtiger Schnitt gelegt. Er führt Probleme mit sich: Mittelalterliche Philosophen, von der Ewigkeit der Wahrheit überzeugt, konnten in Aristoteles alles finden, was sie für wahr hielten.

Augustin lehrte, die Bibel enthalte alles Wahre, nicht nur das Ausgesprochene, sondern auch alles das, was dem Ausgesprochenen nicht widerspreche. Texte enthielten damals nicht nur das, was sie sagten, sondern auch alles das, was sie sagen *sollten*. Das war eine Hermeneutik sub specie aeternitatis. Die Konzeption des „Problems" bei Neukantianern, bei Nicolai Hartmann und Heinz Heimsoeth war ähnlich zeitscheu, abschneidend und konstruktionswütig; sie alle mußten vieles Gesagte außer acht lassen und vieles Ungesagte aus Eigenem konstruieren. Ich verstand viele Passagen Gadamers als Protest gegen diese erdichtete Überzeitlichkeit. Aber gelegentlich zeigt er, daß er ihr so fern nicht ist. „Zeit" als philosophische Kategorie konnte ein Heidegger-Schüler nicht kleinschreiben, aber konkrete Zeitdifferenzen setzt er – im Prinzip und an den zitierten Stellen – außer Kraft. Das Philosophieren selbst jedenfalls hat mit dem Gewahrwerden konkreter Zeitintervalle nichts zu tun. Das liegt schon in dem Diktum, Philosophie habe keine Geschichte. Aber Gadamer sagt es noch detaillierter. Ein wirkliches Gespräch unter Philosophen werde durch „die historische Abstandnahme und gar die Placierung eines Partners in einem historisch überschaubar gemachten Ablauf" *verhindert,* so müßte der Gedanke fortfahren, aber Gadamer macht einen Kompromiß und setzt den begonnenen Satz folgendermaßen fort: diese Arten des historischen Denkens seien „untergeordnete Momente unseres Verständigungsversuchs". Das klingt zunächst, als werde exaktes Historisieren als unentbehrliche (?) Vorstufe anerkannt. Gleich der nächste Satz aber deklariert das Historisieren als *Hindernis* des *Gesprächs,* nicht als seine Vorbereitung, wie es zunächst schien. Jetzt enthüllt Gadamer ihre Wahrheit und schreibt, die von ihm pejorativ beschriebenen Akte des historischen Denkens, also die „historische Abstandnahme" und die „Placierung eines Partners in einem historisch überschaubar gemachten Ablauf", seien „in Wahrheit Formen der Selbstvergewisserung, mit denen wir uns gegen den Partner verschließen. Im Gespräch dagegen versuchen wir uns für ihn zu öffnen, das heißt die gemeinsame Sache festzuhalten, in der wir zusammenstehen" (2, 504).

Es war also nur ein augenblickliches Schwanken, das den Autor die historische Abstandnahme wenigstens als Vorform von Verständigung gelten ließ. Der Fortgang zeigt, daß sie, Gadamer zufolge, das Gespräch *ausschließt*. Das kommt daher, daß Gadamer historisches Denken unterbestimmt – bloß als Abstandnahme und chronologische Fixierung. Dann muß er Philosophiehistorie vom Philosophieren fernhalten oder für nicht-existent erklären. Sie lenkt ab von der „gemeinsamen", also zeitunabhängigen „Sache, in der wir zusammenstehen". Sie bringt Distanz in dieses Identische. Gadamer drückt sich diplomatisch aus, aber sein Gedanke läuft darauf hinaus, Philosophiehistorie und überhaupt „das Placieren eines Partners in einem historisch überschaubar gemachten Ablauf" entwürdige diesen als „Partner" in der gemeinsamen Sache; sie sei ein defensives Verhalten, das sich gegen den „Partner" richtet, es sei „in Wahrheit" unmoralisch, weil Verweigerung des „Gesprächs". Es kündige das „Zusammenstehen" in der gemeinsamen Sache auf. Gadamer hat den Aufschrei der Philologen und Historiker vermieden, indem er diese selbstverschlossene Präzisierung der Zeitverhältnisse als „untergeordnete Momente unseres Verständigungsversuchs" inkonsequent stehen ließ. Das ist die weltmännische Manier in Gadamers Denken, die erklärt, sich in die Methodeninterna der Geisteswissenschaften nicht einmischen zu wollen und die keine Bedenken trägt, die charakteristisch-bundesrepublikanische Kategorie des „Partners" auf Platon anzuwenden, statt sie zu historisieren.

Bemerkenswert sind zwei Nebenmotive in Gadamers Zurückweisung der Historisierung; sie placiere, rügt Gadamer, den Partner „in einem historisch überschaubar gemachten Ablauf". Danach wären Zeitbestimmungen Weisen des Überschaubar-Machens, der Vergegenständlichung von Personen. Aber sie sind, wenn der Partner ein geschichtliches Wesen ist, weder willkürlich, noch sind sie eo ipso Formen der Abschließung gegen Gesprächspartner, sondern die immer vorläufige, weil inhaltlich noch nicht gefüllte Anzeige seiner Geschichtlichkeit. Gadamer faßt „Selbstvergewisserung" negativ, nur als Gesprächsverweigerung, als Beherrschenwollen, von vornherein gegen jemanden gerichtet. Aber interessiert nicht auch in einem lebendigen Gespräch Alter und Herkunft des Partners, und gehört dazu nicht – als untergeordnetes, einleitendes Moment – die chronologische Fixierung? So fangen wir auch an, die Schriften Gadamers zu verstehen, wenn wir wissen, daß er seine philosophischen Impulse im Jahrzehnt zwischen 1918 und 1928 aufgenommen hat; dies war seine Chance und wurde seine Grenze. Indem ich ihn historisch, ja räumlich nach Marburg, Freiburg und wieder Marburg placiere, realisiere ich meinen Abstand von ihm, erkläre ich mir mein Interesse für ihn und beginne nachzudenken sowohl über seine Überlegenheit wie über sein Defizit. Die chronologische Placierung muß genau und belegbar sein, aber sie beendet mein Gesprächsinteresse nicht, sondern stimuliert es, indem ich mich zum Beispiel frage, welche Gründe Gadamer hatte, vom Neukantianismus abzurücken, und ob er nicht doch in der einen oder anderen Hinsicht, zum Beispiel bei der Behauptung der „gemeinsamen Sache, in der wir zusammenstehen", Elemente von Natorp, Cassirer und Hartmann übernommen und nur neu benannt hat. Nicht jede chronologische Fixierung erbringt eine theoretische Frage, aber das Unterlassen der zeitlichen Placierung wäre doch eine seltsame Art der Gleichgültigkeit gegenüber einer Person, einem Text oder einem Kunstwerk. Diese Selbstvergessenheit, diese Nicht-Reflexion über die eigene zeitliche Distanz zum „Partner" wäre naive Hingabe an eine als zeitlos *konstruierte* „gemeinsame Sache".

# IN MEMORIAM HANS-GEORG GADAMER

Soeben kommt die Nachricht: Der Philosoph Hans-Georg Gadamer ist tot. Er wurde am 11. Februar 1900 in Marburg geboren; er ist am 14. März 2002 in Heidelberg gestorben. Damit hat ein außerordentliches Leben sich vollendet. Seine Schüler und mit ihnen eine internationale literarische Öffentlichkeit verneigen sich in Respekt vor dem letzten Großen der deutschen Philosophie.

Dies ist nicht die Gelegenheit, die Bilanz eines Jahrhunderts zu ziehen. Zu vielfältig sind die Wirkungen, die in vielen Jahrzehnten vom einflußreichsten deutschen Philosophen der letzten Jahrzehnte ausgegangen sind; niemand überschaut schon die Ernte. Aber eines läßt sich schon heute sagen: Hans-Georg Gadamer, das war sein Jahrhundert, in Gedanken erfaßt. Das bedeutet zunächst einmal: Er hat alle maßgebenden Denkschulen aus erster Hand kennengelernt; er hat in ihnen gearbeitet und sie erprobt; er hat mit ihrer Hilfe seinen Denkweg gesucht. Das begann in Marburg mit dem Neukantianismus. Gadamer war immer dort, wo eine markante Bewegung die Philosophierenden in ihren Bann zog. Er war in Freiburg bei Husserl, er war wieder in Marburg mit Heidegger, und er war wieder bei Heidegger in Freiburg. Klug setzte er sich in Beziehung zu Lokalgeist und Zeitmoden, ohne ihnen zu erliegen: Er war ein moderater Neukantianer in Marburg; er war, als er 1937 in Marburg Professor wurde und als er 1939 nach Leipzig berufen wurde, ein vorsichtiger, ein moderater Deutschnationaler. Als er nach dem Krieg zunächst in Leipzig Rektor wurde, hielt er Reden, die man moderat-marxistisch oder doch sozialismusfreundlich nennen muß; nach 1949 lehrte er in Heidelberg moderat-heideggerianisch. „Moderat" heißt hier nicht: „angepaßt". Immer bestimmte Gadamer selbst das Maß, wie weit er gehen mochte, ein individueller Denker in einer gefährlichen, umbruchreichen Zeit. Er hat die großen Gefährdungen des 20. Jahrhunderts erfahren, ohne ihnen seine individuelle Form zu opfern. Nur wer diesem Jahrhundert ins Gesicht gesehen hat, kann ermessen, was das heißt. Dennoch geht sein apologetischer Biograph Jean Grondin mit dem Reinwaschen zu weit, wenn er behauptet, Gadamer habe sich seit 1934 nach dem „Gesetz der Selbsterhaltung" verhalten *müssen*. Erstens gibt es dieses

Gesetz für Menschen nicht, zweitens erkennen Philosophen in der Regel ein solches Müssen nicht an.

Kraftvolle, denkende Selbstbehauptung, Zähigkeit und Zählebigkeit wurden zur Signatur dieses Mannes. Platon hatte Philosophieren definiert als Sterbenlernen; Hans-Georg Gadamer hat einen neuen Lebensbegriff von Philosophie vorgeführt, einen Lebensbegriff inmitten der tödlichen Gefahren des Jahrhunderts: Philosophieren als Überlebenlernen. Darin liegt, vor allen Einzellehren, die geradezu monumentale Bedeutung dieses Mannes. Hinzukommt ein zweites Charakteristikum: Seine geradezu einzigartige Gesprächsfähigkeit. Er sah im Gespräch nicht nur die Quintessenz seiner Philosophie; er lebte in Gesprächen; er lebte als Gespräch. Bis ins hohe Alter hatte er eine genaue Wahrnehmung seines Gegenübers; er vergaß nicht dessen Interessen und dessen Geschichte; er moderierte, was er sagte, im Blick auf seine Zuhörer. Dies machte ihn zum unvergeßlichen Redner: Er sprach frei über komplizierte Sachverhalte, er blickte dabei auf seine Hörer und bemerkte, wenn er etwas noch ein zweites Mal erklären mußte. Auch seine Vorträge hatten den Charakter eines Dialogs.

Kein zweiter deutscher Philosoph des letzten Jahrhunderts war so sehr Lehrer wie er. Durch die Sozialität seiner Rede, durch die Wahl seiner Themen zog er hochbegabte junge Leute an. Aber, was das Größte ist: Er ließ sie wieder frei. Er führte sie zu *ihrer* eigenen Denkart, nicht zu *seiner*. Seine Philosophie war nichts, was man lernen konnte. Man mußte mit ihm philosophieren und, von ihm gefördert, seinen eigenen Weg gehen. Kein Philosoph des 20. Jahrhunderts hat so viele und so originelle Schüler gehabt wie Gadamer. Auch dies ist – noch vor aller theoretischen Eigenleistung Gadamers – seine eigenartige Signatur.

Gadamer war auf einzigartige Weise gebildet. Seine Themen reichten von Sokrates bis Paul Celan, von der Interpretation Stefan Georges bis zu Problemen der Gesundheit. Er hatte die beste methodische Ausbildung, die man vor 1933 in Deutschland bekommen konnte – die in der klassischen Philologie. Dies gab ihm außerordentliche Überlegenheit; er konnte auf originalitätssüchtige Gewalttätigkeiten leicht verzichten; er kannte die Texte, über die er sprach.

Wer von Gadamer spricht, kann nicht vermeiden, ihn auf seinen großen Lehrer Heidegger zu beziehen. Der Vergleich ist oft gezogen worden, nicht immer zugunsten Gadamers. Die Nähe besteht, wurde aber oft überzeichnet. Wo Heidegger der europäischen Philosophie „Seinsvergessenheit" vorwarf, rühmte Gadamer die Tradition als Bedingung von Wahrheit. Das waren zwei verschiedene philosophische Ansätze: Neben dem aufmüpfigen, protestierenden Heidegger steht Gadamer traditionsfreudig, geradezu klassizistisch. Heidegger hatte mit Nietzsche den alteuropäischen Bildungskanon zertrümmert; der allkundige Gadamer stellte ihn wieder her. Er lebte, er dachte mit den „Klassikern". Er glaubte nicht, durch eigensinnige Konstruktion Tieferes zu finden als in deren Auslegung. Deswegen ist er immer wieder auf sie zurückgekommen – auf Platon, auf die *Ethik* des Aristoteles und auf das zwölfte Buch von dessen *Metaphysik*, auf Kant, Hegel und Dilthey.

Heidegger und Gadamer – die beiden sind in Denken und Stil verschieden. Man vergleiche die Sprache Gadamers mit derjenigen Heideggers: Bei ihm gibt es kein formzerstörendes Bohren, keine Überforderung des Lautbestands oder gar der Etymologie, keine halbtheologische Feierlichkeit, kein „Künden", sondern kolloquiale, „gebildete" Rede. Alles Extreme der Diktion, alles Überstiegene der Reflexion vermied Gadamer aus Sozialität. Gadamer schrieb ungesucht, vielen verständlich. Er öffnete sich den neuen Medien; er war in Zeitungen und Radiosendungen, aber auch im Fernsehen präsent. Insofern war er *der* Philosoph der letzten vier Jahrzehnte. 1960 war *Wahrheit und Methode* erschienen, zunächst nur in Fachkreisen beachtet. Später erst, besonders nach Heideggers Tod (1976) und durch die Debatte mit Habermas, sprach Gadamer in allen Medien. Das war ein Novum. Er konnte zugunsten seiner Zuhörer extrem vereinfachen. Das hat ihm eine außerordentliche Breitenwirkung verschafft, besonders bei Germanisten und Theologen. Fachphilosophen haben ihm diese Eloquenz und deren konsumierendes Publikum zuweilen verübelt, weil sie alles Sperrige, alles Zugespitzte vermied. Aber die Menschen waren und sind ihm dankbar.

Seine Art des Philosophierens duldete es nicht nur, sondern verlangte danach, für den jeweiligen Zuhörer ad hoc verändert, auch verkürzt zu werden. Sie lebt in dem Bewußtsein, daß es sich schon in jedem, der darüber nachdenkt, auf neue Weise wieder ausfalten wird. Kurzformeln sind ihm daher nicht verdächtig. Man kann sagen, was die Quintessenz dieses Nachdenkens ist: Die Philosophie Gadamers läuft darauf hinaus, Wahrheit werde in Kunst, Geschichte und Philosophie erfahren, aber nur jenseits wissenschaftlicher Methodik. Bei ihrer Erkenntnis komme das eigene Sein des Erkennenden ins Spiel, und dieser Vorgang liege jenseits jeder wissenschaftlichen Disziplin. Damit Wahrheit erfaßt werde, sei es nötig, die Überlieferung zu verstehen, in der wir immer schon stehen. Es gebe kein Verstehen, das von allen Vorurteilen frei wäre. Aber diese Ehrenrettung des Vorurteils bedeutet nicht, wir könnten es uns ruhig in unseren Vorurteilen bequem machen. Alle Erkenntnis muß darauf ausgehen, Vorurteile zu überwinden. Nur müssen wir wissen, daß dieser Vorgang endlich und geschichtlich ist, daß wir ihn also nie zur Gänze überschauen und dirigieren können. Wir sind als Verstehende immer schon in ein Wahrheitsgeschehen einbezogen.

Zuweilen schien es, als habe sich Gadamer keinen Gefallen getan, sein Denken „Hermeneutik" zu nennen. Der Titel war bereits vergeben, aber heute sieht es so aus, als habe Gadamer ihn erfolgreich umgeprägt. Die ältere Bedeutung von „Hermeneutik" als allgemeiner Auslegungslehre ist im Verschwinden; Gadamer hat sich durchgesetzt: „Hermeneutik" bedeutet heute ein Denken, dem Sprache und Verstehen als das universelle Modell von Sein und Erkenntnis gilt. Sie lehrt, die eigene Geschichtlichkeit mitzudenken, soweit dies möglich ist. Sie hält an, die Überlieferung als etwas zu denken, das mir etwas zu sagen hat. Das Gewesene ist demnach nicht einfach das Andere. Aber Gadamer konnte „Hermeneutik" auch noch einfacher definieren. Er nannte sie schlicht die Fähigkeit, „einem anderen zuzuhören in der Meinung, er könne Recht haben".

Diese Position hat manchen Adepten dazu verführt, in die Vergangenheit möglichst viel von dem Seinigen hineinzulegen. Der „Positivismus" und alle „Kontrolle" schienen „überwunden"; jeder dogmatische Import schien unvermeidlich, also erlaubt. Diese Art von hermeneutischem Bewußtsein führte zu gräßlichen Verstümmelungen des geschichtlichen Wissens bei Philosophen, Germanisten und Theologen. Niemand wird Gadamer dafür verantwortlich machen. Aber so hinterläßt er Diskussionsstoff, wie er schon seit Jahrzehnten das philosophische Leben in Bewegung gehalten hat, nicht nur in Deutschland. Denn auch dies ist ein besonderer Vorzug Gadamers: Er ist in Italien ebenso zu Hause wie in Amerika. Er wurde Ehrenbürger von Neapel, und die Römische Akademie der Wissenschaften hat ihm 1995 den angesehenen Feltrinelli-Preis verliehen. In Frankreich hatte er nicht den gleichen Erfolg. Nicht etwa, wie man fälschlich behauptete, weil französische Intellektuelle bei Sartre stehengeblieben wären. In Paris hatten Foucault und Derrida alternative Arten entwickelt, mit Heidegger über Heidegger hinauszukommen.

Wir haben keine Klassiker mehr. Auch Gadamer war kein Klassiker. Aber dies gilt auch für die Literatur. Welcher Autor kann neben Thomas Mann und Franz Kafka noch als Klassiker gelten? Gadamer hatte seine eigene, seine persönliche und mediale Größe. Sein Tod stellt einen Einschnitt im philosophischen Leben vor. Das Gespräch über Gadamer geht weiter. Auch dies ist eine Art, Größe anzuerkennen und den Verstorbenen zu ehren.

# VON MEISTER ECKHART ZU RICHARD RORTY

Am 3. Dezember 2001 erhielt Richard Rorty in Berlin den Meister-Eckhart-Preis. Viele überraschte der Sprung vom „Mittelalter" zur umstrittensten Gegenwart und die Laudatio durch Jürgen Habermas. Ich sagte einleitend einige Sätze zu der Mißachtung der Zeitgrenzen, die sich die Jury nach Ansicht mancher Kritiker zuschulden hatte kommen lassen. Ich veröffentliche sie hier, auch auf ausdrücklichen Wunsch von Jürgen Habermas.

Erlauben Sie bitte dem Sprecher der Jury einige Worte zum Hintergrund unserer Wahl.
    Ich intoniere mit lokalem Geplauder: Meister Eckhart in Berlin.
    Im Sommer 1822 verließ der Bergbauingenieur, Glashüttenbesitzer und Philosoph Franz von Baader München. Bayrische Katholiken hatten ihm den Aufenthalt dort verleidet: Der Mann hatte Kontakte zu Pietisten und Russisch-Orthodoxen. Er brach auf nach St. Petersburg, um Zar Alexander I. seine Pläne zur Wiedervereinigung der Christen vorzulegen, die seiner Ansicht nach nur von der östlichen Orthodoxie ausgehen könne. Aber in Rußland war die Stimmung höchsten Ortes umgeschlagen; Baader kam nur bis Riga, dort erklärte ihm der russische Geschäftsträger, er sei unwillkommen. Befehl von St. Petersburg: Baader muß nach Memel zurück. Zähe Verhandlungen führten zu nichts; die früher guten Beziehungen waren abgebrochen; die Zeit des Tauwetters war vorbei. Baader reiste enttäuscht zurück, er blieb auf der Rückreise einige Monate, als möglicher Aufrührer von der Polizei bespitzelt, in Berlin. Er selbst berichtet über seinen Berliner Aufenthalt 1823/24:
    „Ich war mit Hegel in Berlin sehr häufig zusammen. Einstens las ich ihm nun auch aus Meister Eckhart vor, den er nur dem Namen nach kannte. Er war so begeistert, daß er den folgenden Tag eine ganze Vorlesung über Eckhart vor mir hielt und am Ende noch sagte: ‚Da haben wir es ja, was wir wollen'" (F. von Baader, Werke 15, 159).
    Hegel hat wahrscheinlich schon vor dieser Szene etwas mehr von Eckhart gewußt; jedenfalls war von dieser starken Identifizierung an –

„Da haben wir es ja, was wir wollen!" – Eckhart wieder in der deutschen Kultur präsent, in der deutsch-idealistischen zuerst, in der deutsch-historistischen sodann. Aber es wurde eine verquere Präsenz. Die Wiedergewinnung Eckharts verlief unglücklich, und zwar in mindestens drei Wellen:

Erstens: Der Eckhart, mit dem Baader und Hegel sich enthusiastisch identifizierten, war der Autor der deutschen Schriften. In diesen fanden sie das aristotelische Motiv der Einheit von Denken und Gedachtem. Eckharts deutsche Schriften wurden ein Jahrhundert lang gelesen, als lägen nicht in Erfurt und Kues seine umfangreicheren lateinischen. Gedruckt wurden diese auch dann noch nicht. Erst Raymond Klibansky hat 1932 eine Ausgabe der lateinischen Werke angeregt und begonnen; sie ist bis heute nicht abgeschlossen. Das heißt: Die deutschen Predigten wurden vom lateinischen Lebenswerk isoliert, ihr internationaler geschichtlicher Zusammenhang abgeschnitten. Eckhart galt als „Vater der deutschen Spekulation"; aber der historische Eckhart war ein Eierkopf der Sorbonne; er hieß „Meister", weil er Magister in Paris war. Der Zufall der ungünstigen Textüberlieferung verlieh dem Gegensatz von Scholastik und Mystik, der historisch nicht existiert, einen Anschein von Recht.

Zweite Welle: In den letzten zehn, zwölf Jahren vor dem Ersten Weltkrieg entstand ein neues öffentliches Interesse an Eckhart. In dem Jahrzehnt zwischen *Tonio Kröger* und dem *Tod in Venedig* gab es neben der historistischen Plüschkultur neue Ansätze: Lebensreform und Lebensphilosophie, Anarchismus. Stefan George, Hofmannsthal, *Extatische Konfessionen*. Im Winter 1899/1900 saß der unendlich gebildete Anarcho-Sozialist Gustav Landauer wieder einmal im Gefängnis, hier in Tegel. So kam Eckhart zum zweiten Mal nach Berlin, wieder unter Polizeiaufsicht: Landauer hat in der Haft Eckharts deutsche Predigten übersetzt; der schmale Band ist 1903 in Berlin erschienen. Landauer fand, wenn man Eckhart gewöhnlich einen „Mystiker" nenne, könne man sich „ganz gewiß nicht das Richtige denken";[1] er sei „ein sehr klarer, nüchterner, sogar spitzfindiger Geist". Landauer war Fritz Mauthner bis zum Beginn des Krieges eng verbunden; ihn interessierte Eckharts Nachdenken über Sprache und Metapher, sein Pathos des Nichtwis-

---

[1] Brief an Hedwig Lachmann vom 9.10.1899, in: Gustav Landauer. Sein Lebensgang in Briefen, hg. von Martin Buber, Band 1, Frankfurt a. M. 1929, S. 47.

sens.² Landauers Eckhart war ein Metaphysiker mit skeptischem Einschlag. Von Landauers Eckhart-Bild zu Richard Rorty wäre der Weg nicht so weit wie vom konventionellen. Dieses erhielt im selben Jahr 1903 seine Bibel: In Jena erschien die Eckhart-Übersetzung von Heinrich Büttner, im Verlag Eugen Diederichs. Der deutsche Eckhart sollte das wichtigste Movens neoromantischer Lebenserneuerung werden, ein Monument kirchenfreier Religiosität, passend zum „Verlag des modernen Gottsuchers". Büttners Eckhart wurde ein ungeheurer Bucherfolg. Zuerst klagte der Verleger – aber das tun Verleger bekanntlich immer –, dann kam nach dem Ersten Weltkrieg der Boom; er zog sich in schöner Kontinuität mit einem Höhepunkt in den dreißiger Jahren hin bis zur letzten Neuausgabe 1959. Für Büttner war Eckhart so etwas wie der deutsche Dante, einer der größten Denker, der aus dem deutschen Volk hervorgegangen ist. Die Superlative überstürzten sich: Eckhart hieß jetzt „das einzige Weltphänomen des deutschen Mittelalters".

Diese zweite Neueinbürgerung Eckharts mit ihrem anti-positivistischen Affekt, mit Aktualisierungswut und vager gottgläubiger Besinnlichkeit ging nahtlos über in die dritte Aneignungswelle, in die nationalistische. Schon vor 1918 konnte man lesen, wir hätten es bei Eckhart zu tun „mit dem größten Genius der Germanen". Mühelos erwuchs daraus die nationalsozialistische Eckhartbegeisterung. Rosenbergs *Mythos des 20. Jahrhunderts* ist zu einem guten Drittel ein Buch über Eckhart. Rosenbergs Eckhart fand Widerspruch, kaum bei Germanisten. Der damals bedeutendste Eckhart-Philologe, Josef Quint, überarbeitete 1941 seinen Eckhart-Aufsatz von 1939. Sein früheres Elaborat gefiel ihm noch recht gut. Er behielt im wesentlichen den alten Text bei. Nur fügte er jetzt, 1941, hinzu, er finde bei Eckhart, „in dessen Adern Ritterblut floß", „freudigen Kampfeswillen", „die germanische Gefolgschaftsidee" mit der hohen Forderung „des letzten Einsatzes im Kampf für den Gefolgschaftsherrn".³ Quints Eckhart predigt Durchhalten im russischen Winter.

Nach dem Zweiten Weltkrieg kam Ernüchterung, zugleich die Rekonfessionalisierung. Es gab eine Zuwendung zu Eckharts Texten, auch

---

² Brief vom 16.6.1903, in: Gustav Landauer (wie Anm. 1) I 117. Bei Ingeborg Degenhardt, Studien zum Wandel des Eckhartbildes. Leiden 1967, S. 237 f.
³ Josef Quint, Meister Eckhart, in: G. Fricke, F. Koch und K. Lugowski (Hg.), Von deutscher Art in Sprache und Dichtung, Berlin 1941, S. 25. Derselbe Text ohne diesen Zusatz: Josef Quint, Meister Eckehart, Zeitschrift für Deutsche Kulturphilosophie 5, 1939, S. 209–231.

den lateinischen, aber die Deutungsschemata blieben oft die alten: Mystik jedenfalls, aber mit etwas mehr Theologie: Eckhart als Vorläufer Luthers oder als Schüler des Thomas von Aquino. Die Jury hatte mit diesen Verengungen nichts zu tun; sie nahm Eckhart als individuellen Denker und als großen Autor der deutschen Sprache. Die Einrichtung des Eckhart-Preises durch Paul Kothes beweist ein neues öffentliches Interesse an Eckhart. Es ermutigt die Feldforscher, damit fortzufahren, Eckharts Gesamtwerk in seinen philosophischen und internationalen Kontext zu setzen; die Wiederentdeckung von Eckharts Lehrer, Dietrich von Freiberg, war dazu ein erster Schritt.

Erwarten Sie nun nicht von mir, eine direkte genealogische Linie vom „wahren" Eckhart zu Richard Rorty zu ziehen. Zwischen Eckhart und Rorty steht die massive Tradition der Metaphysikkritik von Hume über Kant zu Dewey; zwischen Eckhart und uns steht die Entdeckung der Geschichtlichkeit. Auch Wissen und Werten sind geschichtlich; die Vernunft selbst ist es. Damit sind wir allerdings bei Rorty; er analysiert *unsere* Problemsituation klar und nuancenreich. Er stößt für uns Akte der Selbstverständigung an, wie Eckhart um 1300 bei seinen Zeitgenossen. Wir wollten keinen betulichen, keinen „mystischen" Eckhart-Epigonen auszeichnen, wir wollten einen Denker, wie Eckhart ein Denker war. Wir suchten einen gründlichen, aber zugleich frischen, unseretwegen auch einen staubaufwirbelnden Autor als ersten Preisträger. Wir wollten keinen Mann vager Besinnlichkeit, keinen Systembastler.

Mein Beruf bringt es mit sich, auf der historischen Differenz zu bestehen: Eckhart ist tot. Darüber brauchte die Jury keine Belehrung; keinen Augenblick lang sah sie ihre Aufgabe darin, eine Art Wiedergänger Eckharts aufzufinden. Rorty ist kein Wiedergänger, er ist Rorty. Und wir wollten ihn als Rorty. Wir wußten: Wir können das entscheidende Faktum geschichtlicher Andersheit nicht aus der Welt schaffen. Das wollten wir auch nicht. Andererseits fällt vom Werk des ersten Preisträgers auch ein Licht auf die Intention der Preisstifter und der Jury: Rorty erforscht gegenwärtige Bedingungen der Identität mir großer argumentativer Kraft; er beschreibt sie klar und geschmeidig, gelehrt und doch munter.

Papst Johannes XXII. hat an Eckhart getadelt, dieser habe, verführt vom Vater der Lüge, mehr wissen wollen als sich gehört, plura voluit sapere quam oportuit. Nun will ich nicht behaupten, auch Rorty habe mehr wissen wollen als sich gehört. Er würde mir einwenden, was wissen zu wollen sich gehört, das bestimmten verschiedene Zeitalter und differente Individuen jeweils verschieden. Also diese Parallele zieht wohl nicht. Eher schon die andere: Der Papst verurteilte Eckhart, weil er sein Ohr von der Wahrheit abgewendet und sich Fiktionen, Erdichtungen zugewandt habe. Ad fabulas se convertit. So wirft wohl mancher Rezensionspapst Rorty vor, er habe die solide alte Argumentationsphilosophie verlassen und sich der Dichtung zugewandt, ad fabulas se convertit. Rorty wertet die Poesie auf. Er wendet sich mit Eckhart Fabeln zu. Manche fürchten, er ziehe heimlich das Erdichtete der Philosophie vor. Aber die Sache ist einfach die: Rorty ist wie Eckhart sowohl denkerisch wie literarisch unverwechselbar er selbst.

Ein weiterer Anklagepunkt gegen Eckhart trifft auf Rorty ohnehin zu: Der Papst war entsetzt, Eckhart habe es gewagt, seine Irrtümer vor dem einfachen Volk vorzutragen, coram vulgo simplici. Er hat seine Lehren nicht im Hörsaal verschlossen. Dies Vergehen werden manche auch an Rorty tadeln; dieser Mann produziert seit Jahren gelbe Heftchen bei Reclam. Aber: Niemand, der zum Beispiel Rortys *Spiegel der Natur* gelesen hat, wird Rorty für einen Popularisator halten. Er ist schon das, was man in Deutschland, zuweilen mit Bierernst, einen großen Philosophen nennt. Aber er denkt, wenn er denkt, auch an andere. Und diese eckhart-ähnliche sprachliche Kunst, der Witz und die Klarheit, diese Menschenfreundlichkeit coram vulgo simplici war auch ein Motiv der Jury, Rorty auszuzeichnen.

Daß Sie bereit waren, den Preis anzunehmen, dafür dankt Ihnen auch Ihre Jury. Ihnen allen danke ich fürs Zuhören.

# VIERTER TEIL

# INTERVENTIONEN

# GEISTIGE MOBILMACHUNG 1914 UND HEUTE

Brandgeruch liegt in der Luft. Wir haben wieder einmal Krieg. Da kommen Fragen auf. Welche Rolle spielen die Intellektuellen? Was *sollen*, was *können* da Philosophen?
Deren Kriterien der Beurteilung sind nicht dieselben. Sie haben divergierende Konzepte von Philosophie. Gänzlich verwaschen ist der Begriff des Intellektuellen. Daher müssen Antworten auf die Frage nach Krieg und Frieden individuell verschieden ausfallen. Vom Philosophen kann man verlangen, daß dies bei ihm nicht nur de facto der Fall ist, sondern daß er dies auch *weiß*. Was ich hier vorlege, ist folglich meine individuelle Ansicht, entwickelt aus meiner Erfahrung, angeregt und abgestoßen von Realitäten und Theorien des 20. Jahrhunderts. Es ist ein Experiment, eine Probe auf eine philosophisch-historische Denkart, die primär eine theoretische ist, also nicht auf ethisch-politische Praxis, schon gar nicht auf direkte Anwendung, abzielt, die aber gefragt werden kann und gefragt worden ist, was sie im Zustand drohender Kriegsgefahr sekundär nützen könnte. Was berechtigt sie zu Interventionen in dem Bereich zwischen reiner Theorie, zu der jetzt einmal auch die historische Beschreibung zählen möge, und Alltagsfragen, die jeder Bürger stellt und für sich zu beantworten sucht? Treten in der öffentlichen Diskussion Begriffe auf, deren geschichtlicher Ursprung verwischt wird, berührt dies ihr Arbeitsfeld. Beispiele solcher Zeitverwischung bieten die Diskussionen um den „gerechten Krieg" oder um „Euthanasie". Historisches Philosophieren implantiert in die grundsätzlichsten philosophischen Erörterungen den Impuls zur historischen Empirie. Man kann ihm vorwerfen, es verunreinige den strengen Philosophiebegriff – hierauf gründet sich ja der „Historismus"-Vorwurf –, aber was es an apriorischem Glanz verliert, kompensiert es durch Aufgewecktheit gegenüber Gegenwartsfragen, weiß es sich doch als das Wissen seiner Zeit. Allerdings begibt es sich durch Interventionen in eine prekäre Situation. Denn für die aktuellen Fragen fehlt uns Beteiligten in aller Regel die umfassende empirische Information. Wir durchschauen weder die Motive der handelnden Personen noch den Fortgang der laufenden Prozesse; historisches Philosophieren weiß sich mitten im Gedränge. Es mißachtet

das bloße Moralisieren und muß zusehen, wie es mangels konkreter Analysen dahin zurückfällt. Es ist geeicht auf das Geschehene, nicht auf das Geschehende; insofern tritt es, wenn es im Heute interveniert, in ein anderes genus über. Es weiß, daß Zufall das Wissen tingiert; als Reflexion im konkreten, situativen Leben kennt es sich als hochgradig individualisiert. Allerdings: Wer nachdenkt, versucht, für seine Konzeption zu argumentieren, sie zu universalisieren. Philosophie, denke ich, könnte in der Situation intellektueller Mobilmachung nützlich sein – als Argumentenprüfung und als Analyse geschichtlicher Erfahrung, beides zusammen, das eine nicht ohne das andere. Als „historische Philosophie" – der Ausdruck stammt von Friedrich Schlegel – insistiert sie auf der internen Verknüpfung beider Arbeitsweisen. Sie hält dafür, es sei *sachlich*, nicht *bloß historisch* von Belang, zurückzusehen, wie Philosophen auf die Katastrophe des Ersten Weltkriegs reagiert haben. Als zugespitztes Differenzbewußtsein unterstellt sie nicht, daß geschichtliche Situationen wiederkehren; schon gar nicht glaubt sie, die Reden von 1914 fortsetzen zu können. Sie kann sie auch nicht als exemplum vorführen, um aus ihnen für ihren Tag etwas zu folgern. Allerdings bieten ihre Interventionen geschichtlich eingefärbten Reflexionsstoff und motivieren zu weiterer individueller Erkundung.

Dies sei mein Ausgangspunkt; er wird klarer, wenn ich in zwei Schritten sage, was er *ausschließt*.

Philosophie als Reflexion auf Erfahrung, die sich als individuelles Denken weiß, dies aber anderen verständlich machen will, schließt erstens moralphilosophischen Doktrinarismus aus. Darunter verstehe ich zum Beispiel den Versuch, ein Tableau aller denkbaren Positionen der Kriegsbewertung zu entwerfen und abstrakt festzulegen, welche von ihnen die richtige sei, um diese dann nachträglich auf einen Einzelfall wie den Irak-Krieg anzuwenden. Unter der Ägide bestimmter Philosophiekonzepte sehen manche Kommentatoren in einer solchen Schematisierung der prinzipiellen Alternativen den spezifischen Beitrag der Philosophie zu Kriegsdiskussionen. Aber eine historisch belehrte Philosophie muß sich, denke ich, bewußt der angesonnenen Verpflichtung entziehen, eine bestimmte Kriegsphilosophie als universale, zeitüberlegene Wahrheit vorzutragen. Sie hätte dann zu wählen unter folgenden Alternativen:

*Pazifismus,* der generell und für alle Zeit jeden Krieg verwirft, tragischen *Realismus,* der das Dasein als Kampf sieht, in dem, wer überleben will, mit schicksalhafter Notwendigkeit kämpfen, verdrängen und töten muß, *Theologie des Heiligen Krieges,* die ihn rechtfertigt, weil Gott ihn befiehlt und dessen irdische Vertreter ihn verkündet haben, *Lehre vom gerechten Krieg,* die allgemeine Bedingungen angibt, unter denen Krieg gerechtfertigt oder verwerflich ist.

Dies wären vier Formen abstrakter Kriegsphilosophie, und dies ist, nebenbei gesagt, die Palette gedanklicher Möglichkeiten, die amerikanische Intellektuelle in ihrem Manifest vom 12. Februar 2002 zur Abstützung der Politik von Präsident Bush als vollständige Tafel aller denkbaren Möglichkeiten präsentiert haben. Entgegen einer solchen fast scholastischen Schematisierung fordere ich ein bißchen historischen Sinn, beziehe mich also auf *tatsächlich geäußerte* Begründungen und behaupte das Recht auf individuelle und differenzierende, argumentierende Reflexion.

Ich bin dabei zu sagen, was mein Ausgangspunkt *ausschließt.* Er ist zweitens unvereinbar mit einer bestimmten Schreibart oder Redeweise. Er widerspricht jedem verkündenden Tonfall; er ist gegen die Allüren von Bekennerschreiben, offenen Briefen, Manifesten oder Deklamationen. So spricht man nicht zu denkenden Menschen, schon gar nicht zu Philosophen. Es handelt sich dabei nicht nur um eine Stilfrage, sondern um das Bewußtsein, daß es, wahrscheinlich überhaupt nicht, jedenfalls aber nicht über Krieg und Frieden, kontingenzfreies Sprechen gibt, das aus dem Himmel überzeitlicher Wahrheit Weisung für heute holt.

Die Kriegsredner von 1914 haben zuweilen gesagt, sie sprächen in dem Bewußtsein, daß Deutschland diesen Krieg nicht verlieren wird, weil es ihn nicht verlieren *darf.* Sie erklärten, der deutsche Sieg sei philosophisch oder historisch notwendig, und sie machten sich daran, diese Notwendigkeit zu beweisen. Sie übersprangen rednerisch die Kontingenz, die sie bald eingeholt hat und alt aussehen ließ.

Auf meine Überlegungen angewandt heißt das: Ich fände es unanständig, auch nur den geringsten Zweifel zu hinterlassen, daß ich gegen die Kriege in Vietnam, im Kosovo und in Afghanistan war, und nicht nur aus Gründen des Geschmacks oder der persönlichen Ängstlichkeit oder der edlen Gesinnung, ferner, daß ich gegen den Krieg im Irak bin, nicht nur, weil ich annehme, er würde den Terrorismus *stärken,* nicht *schwächen.* Aber indem ich dies scharf und für meine Person kompromißlos ausspreche – für Kompromisse haben wir ja schon die SPD –, füge ich hinzu, daß ich dies kontingenzbewußt ausspreche, als individuelle Reflexion auf Geschichtserfahrung und vorhandene Argumentationen. Ich müßte meine Überlegungen bei unerwarteten Ereignissen wohl ändern, würde z. B. morgen ein Selbstmordattentäter das amerikanische Kabinett in die Luft sprengen oder würde Saddam Hussein übermorgen eine Atombombe über New York, Frankfurt oder gar über Florenz abwerfen. Solche Ereignisse sind unwahrscheinlich, aber immerhin möglich, und ein philosophierender Kriegs- oder Friedensredner muß, meine ich, wissen, daß er im Schatten solcher Möglichkeiten spricht. Er sollte wissen, daß er nur in *seiner* Gewißheit spricht und daß dies eine Gewißheit des *Heute* ist. Dann verschwindet die posaunenhafte Selbstgewißheit mancher Texte über den Krieg.

In Fragen von Krieg und Frieden ist Klarheit das erste Gebot. Unentschiedenheit ist keine Schande, wenn einer nur klar sagt, warum und worin er sich nicht entscheiden kann. Daher markiere ich einleitend wie von außen meine Position:

Ich habe einschließlich der Besiegung Hitler-Deutschlands alle größeren Kriege mit Aufmerksamkeit verfolgt, besonders den Vietnamkrieg. Der war lehrreicher als die folgenden; damals haben die Militärs noch nicht alle Nachrichtenwege vollständig kontrolliert. Er hat lange genug gedauert, um von allen politischen Lagern kommentiert zu werden; man kann das nachlesen, wozu in allen politischen Lagern der Bundesrepublik wenig Neigung besteht – ein Versäumnis, das allein schon zu denken gibt. Der Vietnamkrieg liegt zudem reflexionsfördernd-lange genug zurück, so daß McNamara, der damalige Kriegsminister, seine Reue publizistisch verwerten kann. Keine einzige Kriegsrechtfertigung, schon gar nicht für Vietnam, auch nicht für Kosovo oder Afghanistan, konnte mich überzeugen. Ich sprach öffentlich gegen den Nato-Doppelbeschluß und gegen die Nachrüstung von 1982/83; ich glaube auch heute nicht, daß die Pershing-II-Raketen den Zusammenbruch der Sowjetunion bewirkt haben. Die Phrasenhaftigkeit der Kriegsbegründungen, ihr argumentativer Leichtsinn verurteilte mich fast zum Pazifisten, aber ich bin heute, wie schon 1944, der Ansicht: Das deutsche Volk war ohne äußerste, natürlich *brutale* Gewalt von seinem kollektiven Wahn nicht abzubringen. Da war nicht nur Hitler persönlich zu besiegen. Zu meiner Trauer kann ich bedingungslosen Pazifismus nicht begründen; ich könnte ihn auch nicht umstandslos auf Antike oder Mittelalter rückwirkend anwenden. Was einmal „Krieg" hieß, hat sich geschichtlich verändert. Es gibt nicht das zeitlose Wesen des Krieges. Seit Verdun ist der „edle Namen des Krieges" zerstört. Was früher so hieß, sind heute Völkervernichtungsveranstaltungen. Wäre ich fromm und hörte zugleich nicht auf Theologen, die das Wort ihres Gottes gern abschwächen, hielte ich mich bedingungslos an den Satz „Du sollst nicht töten!", so aber als Philosoph, der zum Pazifismus neigt, aber Ausnahmen zuläßt, verwickle ich mich in theoretische Probleme. Die Inkonsequenz mißfällt mir; in praktischer Hinsicht ist sie allerdings unschädlich; sie betrifft nicht die Interventionen in Vietnam, Libyen, Chile, Grenada, Kosovo, Afghanistan und im Irak. Auch mir wäre ein strahlend-eindeutiges Konzept lieber als ein historisch-lädierter Pazifismus, für den die Idee vom Weltfrieden hinkt. Was nach quasi-historistischer Belehrung bleibt, ist fast nur eine skeptische Geschichtsbetrachtung, die das Motto des Friedensfreundes Erasmus umspielt: Dulce bellum inexpertis. Angenehm, anständig, ehrenvoll, erträglich ist Krieg nur für die, die ihn nicht am eigenen Leibe erleben. Sie hält aber mit Kant ironisch fest: Bisher hat noch kein Staat sich durch moral- und rechtsphilosophische Gründe von seinem kriegerischen Vorhaben abhalten lassen, und doch führen die Staaten Moral und Recht „treuherzig zur *Recht*fertigung eines Kriegsangriffs" an, so, als anerkennten sie mit ihrer, wenn auch bloß verbalen „Huldigung" an den Rechtsbegriff, daß sie verpflichtet sind, einen *Recht*szustand unter Völkern anzustreben.

## *Was 1914 anders war*

Unsere Lage, anfangs 2003, ist nicht die von 1914, weder realpolitisch noch intellektuell. Zwar gibt es auch heute geistige Mobilmachung, aber sie spricht anders als 1914. Sie benutzt andere Argumente und verfügt über andere Medien. Die Kriege im Kosovo und in Afghanistan wurden mit Vernunft- und Menschenrechten gerechtfertigt, nicht mit Ideen von 1914, nicht mit Nationalismus, Historismus und Rassismus, nicht mit Ideen des endenden 19. Jahrhunderts, sondern mit Theoriefetzen des 18. Jahrhunderts. Die Geschichte der intellektuellen Mobilmachung wiederholt sich also nicht; dennoch bleibt ein Rückblick informativ, gerade wegen der Differenzen von 1914 und heute.

Die politische Lage war 1914 anders. Ein Blick auf die Karte im Geschichtsatlas zeigt: Es zählten fünf europäische Großmächte, die USA lagen am Rande. Frankreich war ökonomisch stark, aber kollektiv verletzt wegen der Niederlage von 1870 und dem Verlust von Elsaß-Lothringen;

Rußland stabilisierte sich nach dem Russisch-Japanischen Krieg und der Revolte von 1905. Deutschland war nach 1871 dabei, sich schnell zu industrialisieren, aber in der Breite des Alltags überwog das Bild der Landwirtschaft; sie prägte noch die politische und soziale Repräsentanz. Daher der Ruf nach Land bei steigender Bevölkerungszahl; im Rückblick auf die Auswanderungsjahrzehnte von 1840 bis 1870 entstand das Schlagwort vom „Volk ohne Raum". Durchweg gegen die offizielle Politik erhob sich der militärisch-außenpolitische Revisionismus: Deutschland habe keine „natürlichen Grenzen". Bismarcks Idee, Deutschland sei „saturiert", wurde seit 1888 zunehmend bestritten. Der *Kolonialverein* und der *Alldeutsche Verband* vertraten mit erheblichem Echo die Lehre, das Reich sei geopolitisch unfertig. Der Expansionismus ließ sich durch liberale und altpreußische Ideen kaum bändigen, weder durch den Internationalismus der Hocharistokratie noch durch den der sozialistischen Arbeiter. Das Christentum als Gegenkraft fiel völlig aus.

Die intellektuelle Situation wurde oft als Rausch beschrieben, aber diese Sicht scheint mir wenig adäquat. Zwar gab es nationalistische Delirien, aber sie blieben begrenzt und flüchtig, oft künstlich erzeugt, ein Stadtphänomen, meist propagandistisch herausgestellt. Charakteristischer und lehrreicher sind die wohlüberlegten, theoretisch argumentierenden Kriegsreden der damals bedeutendsten Philosophen, Historiker und Theologen: Rudolf Eucken, Max Scheler, Adolf von Harnack und Ernst Troeltsch, auch die des Essayisten Rudolf Borchardt.

Da sprachen Denker, nicht Betrunkene. Wie die Menschen aller Zeiten mußten sie auskommen mit dem Vorrat vorhandener Ideen. Sie hielten sich für verpflichtet, ihrem Vaterland zu Hilfe zu kommen, indem sie vulgäridealistische, historistische und preußisch-protestantische Lebenskonzepte einsetzten zur geistigen Mobilmachung. Erheblich war der Kriegseinsatz der Schelerschen Wertphilosophie; einflußreich war Treitschkes Pathos der Geschichte als Machtgeschichte, angereichert durch Technikbegeisterung für die „Dicke Berta" und rhetorische Brutalismen Nietzsches in einer partiellen Nietzscherezeption, die absah von dessen Europäismus und Deutschlandkritik.

Anders als in einem Rausch bestanden Alternativen zu diesem Reservoir der Kriegsphilosophie. Sie wurden auch wahrgenommen, trotz der Zensur, oft unter Opfern, so von Karl Kraus und Theodor Haecker, von Friedrich Wilhelm Foerster, Ernst Bloch, Hugo Ball und Annette Kolb.

Einige gaben nüchterne Analysen historisch-philosophischer Art, so

Kurt Riezler und Max Weber, seit 1916 auch Harnack und Troeltsch. Warum wurden diese Alternativen nicht mehrheitlich gewählt und nicht von der politischen Klasse dem Handeln zugrunde gelegt? Eine der Ursachen war der Stand der Philosophie: Sie ermöglichte es Intellektuellen, die de facto vorhandenen entgegenstehenden Motive umzufunktionieren. Diese machten mit Berufung auf Augustin, Thomas und Luther Christentum und Nächstenliebe mit Kriegsführung – unter angegebenen Umständen, auf die ich noch zu sprechen komme – kompatibel. Tatsächlich hatten seit 400 alle großen Theologen die Idee vom Heiligen Krieg bejaht, die wir heute fälschlich nur dem Islam zuschreiben. Katholische deutsche Bischöfe und ein Theologe wie Martin Grabmann folgten ihnen, wenn sie erklärten, jeder gefallene Soldat komme als Märtyrer sofort in den Himmel. Scheler trieb es subtiler; er deutete Krieg und Eroberung als Liebesbeweis, besonders gegen Frankreich, dem deutsche Truppen zu seinem besseren Selbst verhelfen. Er begründete Annexionen in Polen wertphilosophisch: Wir brächten mit unserem Schulwesen die höhere Kultur nach Osten.

Besonders aufschlußreich ist die Rolle Kants im Weltkrieg. Nicht Nietzsche oder Darwin, sondern Fichte und Kant waren die meistberufenen Väter der Weltkriegsphilosophen. Bei Kant war das nur möglich durch Abblendung und Umgewichtung; Kants Lehre vom Frieden – *Zum ewigen Frieden* (1795) und *Metaphysik der Sitten* (1797) 2. Teil: Anfangsgründe der Rechtslehre, §§ 57–60 – galt als überholt; man entnahm Kant isoliert das Pathos der Pflicht, nicht des Rechts, nicht des Verbots, Personen nur als Mittel zu benutzen oder, wie Kant das ausdrückte, sie zu opfern für eine Sache, die sie nichts angeht. Diskreditiert wurden Eigeninteresse, Leben und Glück.

## *1914 und 2003*

Wie mächtig geschichtliche Gesamtzustände das Denken mitbestimmen, zeigt sich auch daran, daß Intellektuelle und Politiker 1914 ein anderes Bild des Krieges hatten als heute. Philosophen und noch mehr die Theologen priesen den Krieg als ethischen Idealzustand. Krieg, sagten viele, zeige die *Wahrheit* des natürlichen und politischen Lebens im Gegensatz zu seiner bürgerlichen Verkümmerung. Die moralistische Rhetorik der Theologen, Philosophen, Historiker und Schriftsteller feierte den Krieg als das eigentlich menschliche, männliche Leben. Statuen und Wandgemälde verbreiteten ein Kriegsbild, das geprägt war von Ereignissen der Jahre 1813, 1866 und 1870. Krieg – das war schneller Einmarsch, Schlacht im fremden Land, Kampf von Mann gegen Mann, die Offiziere voran, den Säbel in der Hand. Krieg war Sieg, der die Opfer vergessen machen wird, weil er eine neue geschichtliche Stufe mit sich bringt wie damals die Reichsgründung.

Der Krieg schien gerechtfertigt als vorauseilende Selbstverteidigung. Die Mittelmächte sahen sich eingekreist. Sie waren es im Sommer 1914 tatsächlich, seit dem französisch-russischen Vertrag und der Annäherung Englands an Frankreich. Eine tragizistische Geschichtsauffassung begann, die liberale Fortschrittsidee abzulösen; sie lehrte, Krieg sei unvermeidlich: Österreichs Vielvölkerstaat galt als unstabil; der Ausbau des russischen Eisenbahnnetzes, sagten Strategen, werde in Zukunft die russische Mobilmachung beschleunigen. Dann schien es besser, den Krieg jetzt zu führen, jetzt, nach dem „Fürstenmord" von Sarajewo. Nur Krieg könne Österreich stabilisieren, die Einkreisung aufbrechen, der wachsenden russischen Gefahr begegnen. Die Verständigung mit England wäre möglich gewesen, aber ihr stand die Flottenpolitik entgegen. Und die, glaubten viele, sei nötig wegen der „Weltgeltung" und zum Schutz der Kolonien. Wer von Italien sprach, mußte sich im klaren sein, daß wichtige Städte Italiens im Schußbereich der englischen Flotte lagen.

Deutschland, argumentierten Intellektuelle, führe einen Kampf ums Überleben. Es sei überbevölkert, brauche Siedlungsland, und das liege im Osten. Das hatte schon Paul de Lagarde gelehrt, Friedrich Meinecke und andere sprachen es ihm nach. Es gibt eine Kontinuität des expansionistischen Nationalismus von 1870 bis zu „Volk ohne Raum" und zur Ostpolitik Hitlers. Zugrunde lag die Überschätzung der Landwirtschaft und die Unterschätzung des industriellen Exports.

Der Krieg wurde ethisch damit gerechtfertigt, Deutschland habe die höhere Kultur und Sittlichkeit. Die Russen seien barbarische Horden, der Westen biete nur Zivilisation, nicht Kultur. Die Deutschen hätten den höheren, den nicht nur quantitativen Freiheitsbegriff. Sie verstünden Freiheit als Bejahung der Notwendigkeit und anerkannten daher die starke Autorität als Grund der Freiheit, nicht als deren Gegensatz. Intellektuelle stellten diese Ideen von „konkreter", von „deutscher" Freiheit antiparlamentarisch gegen den westlichen Rationalismus, gegen dessen Quantifizierung der Welt, dessen Entzauberung der Natur, dessen Zählen von Stimmen. Die höhere, die deutsche Sittlichkeit bestehe in freiwilliger Einordnung, in Disziplin, Ordnung und Gehorsam.

Es gab 1914 bereits die Kriegsrechtfertigung aus rassistischen Gründen. Die Germanen seien die überlegene Rasse gegenüber den Romanen. Diese Theorie stieß auf Schwierigkeiten. Einige, wie Borchardt, widersprachen ihr aus philosophisch-humanistischen Gründen, aber auch wegen der Engländer, die als Germanen doch auch das höhere Ethos hätten haben müssen. Dennoch insistierten die Kriegsrhetoriker, amtierende Historisten: Das germanische Reich besitze das höhere Ethos, es habe das wahre, das preußisch-protestantische Christentum. Die höhere sittliche Entwicklungsstufe auszubreiten sei unsere höhere, durch Luther präfigurierte Sendung. Wegen dieser Weltaufgabe stehe uns endlich – nach langer, viktimistisch betrauerter Provinzialität – die politisch-militärische Weltstellung zu.

Der Rassismus mischte sich mit historistischen Rechtfertigungen des Krieges, die sich anlehnten an die mittelalterliche Reichsidee, die preußischen Reformen und die pädagogisch-moralische Wohltat des preußischen Militärs und der Volksschule. Das Deutsche Reich, sagte man, bilde die Synthese von West und Ost; es sei das fortgeschrittene Resultat der neueren Geschichte; Preußen-Deutschland stehe als Zukunftsmodell für ganz Europa – „Mitteleuropa" – zwischen russischer Autokratie und westlicher, bloß zivilisatorischer Demokratie.

## Heute

Heute ist die Lage politisch und intellektuell anders. Die Macht liegt nicht mehr bei den europäischen Nationalstaaten; sie sind Reste, mehr Verwaltungseinheiten als Machtstaaten mit voller Souveränität. Die USA als die einzig verbleibende Supermacht bestimmen die asymmetrische Machtsituation. Nun ist aber ein größerer, ein seit 1945 weltumspannender Militärkomplex angreifbarer und verwundbarer als ein kleiner. Inzwischen hat die westliche Welt das Konzept der *Sicherheit* perfektioniert bis zum Idol – im Alltag bis herunter zur Reklame für Toilettenpapier. Aber je mächtiger der Koloß, um so sensibler ist er; früher waren Aktionen und Reaktionen lokalisiert, die Schäden kleiner. Bewegliche Gruppierungen konnten leichter reagieren. Die Supermacht wählte eine mechanistische Konzeption der Machtsicherung durch weltumspannende Militärbasen. Die neue Kriegstechnik und die absolute Luftherrschaft begünstigten die Illusion, Kriege seien zu gewinnen fast ohne Bodentruppen, man könne unberührt töten, risikolos vernichten. Militärs und ihre Skribenten verbreiten den technizistischen Aberglauben höchster Treffsicherheit, wenn ihr nicht ein veralteter Stadtplan zugrunde gelegt wird wie bei der chinesischen Botschaft in Belgrad.

Der Krieg von heute ist in seiner Vorbereitung wie im Verlauf im spezifisch neuen Sinn ein Medienkrieg. Schon im Ersten Weltkrieg wurden Medien gelenkt und waren mächtig. Dies erklärt den Erfolg der Dolchstoßlegende: Wie sollte man nach lauter Erfolgsmeldungen anders erklären, daß der Krieg verloren war? 2003 haben wir einflußreichere Medien und eine raffiniertere Medienpolitik; dies hat man gelernt aus dem Vietnamkrieg. Heute herrschen dichterer Nachrichtennebel, ausgeklügeltere Täuschungskünste und Nachrichtensperren.

Der Terrorismus bildet ein diffuses Gegenüber. Heute hat die Macht, wer definiert, was ein Terrorist ist. Die objektiv prekäre Situation steigert noch den illusionären Drang der Supermacht, aber auch kleinerer Staaten, nach expansiver Selbstsicherung und nach Kontrolle der eigenen Bevölkerung.

Hier, denke ich, wird es Zeit, etwas praktischer zu werden und konkrete Folgerungen auszusprechen. Ich formuliere sie im Anschluß an Descartes' *Regulae ad directionem ingenii* und nenne als erste Regel zur Leitung des Geistes bei drohender Kriegsgefahr: *Rechne mit Täuschungen*. Du hast ein Recht darauf, unsicher zu sein, vielleicht sogar die sauer werdende Pflicht, diese Unsicherheit auszuhalten. Wir wurden und wir werden systematisch getäuscht; es ist ein Gebot intellektueller Selbsterhaltung, dies nie zu vergessen. Nachher sagen immer viele: Das haben wir nicht gewußt. Wer sich Wahrheit nicht *verschaffen* will, weiß *tatsächlich* vieles nicht. Man muß sich schon im Frieden, erst recht in Kriegsnähe Nachrichten *beschaffen wollen*, nicht auf den Staat warten, der kein Interesse hat an Wahrheit, sondern selbst mißtrauisch und genau hinsehen. In jedem Fall kann man wissen, daß man nicht genug weiß, um mitzumachen. Das erste Gebot intellektueller Moral in Kriegszeiten bedeutet daher: Gib Ungewißheit zu und halte sie fest gegen Propagandalärm und autoritativen Einspruch. Entwickle produktives

Nicht-Wissen. Erlaube dir, dich dem Kriegsaufruf zu entziehen. Das wäre ethisches Handeln aus Wissen des Nichtwissens.

Ich empfehle, die geistige Mobilmachung von heute genau zu nehmen, sie in Historikerart aus den Quellen zu studieren. Gute Gesinnungen zu haben reicht in solchen Situationen nicht. Die Rechtfertigungen für den Kosovo-Krieg hat Frank Schirrmacher gesammelt in dem Reader *Der westliche Kreuzzug*, Stuttgart 1999. Kriegsrechtfertigungen für Afghanistan und vorsorglich für den Irak-Krieg stehen im Manifest amerikanischer Intellektueller vom 12. Februar 2002, *What we're fighting for*, veröffentlicht in den großen deutschen Tageszeitungen unter dem Titel: *Die Gerechtigkeit und der Krieg*, denen im Mai 2002 60 deutsche Autoren antworteten, worauf die amerikanischen Schriftsteller im August 2002 erwidert haben.

Der Kosovo-Krieg wurde damit gerechtfertigt, er habe weitere Menschenrechtsverletzungen verhindert; man bietet Erfolgsbilanzen, schließlich habe man eine demokratische Verfassung eingeführt. Das Bild wurde getrübt, weil die NATO die UNO geschwächt hat und weil die USA sich weigern, den Haager Gerichtshof anzuerkennen.

Der Krieg gegen die Taliban wurde legitimiert als Selbstverteidigung, als Wiederherstellung von Demokratie und Menschenrechten. Kritiker halten dagegen: die Uniformierung der Meinungen, die Unterdrückung von Kritik, den Rückgang von Freiheitsrechten in den USA durch neue Gesetze (Patriotic Act) und Militärgerichte. Außenpolitisch bedenklich erscheint die neue Militärdoktrin: Sie beansprucht das Recht auf Prävention und Ersteinsatz taktischer Atomwaffen; sie greift ein in die Souveränität anderer Länder; sie will bestimmen, wer in einem Land regieren darf und wer nicht. Erhebliche Kritik haben weltberühmte Gelehrte wie Noam Chomsky und Richard Rorty geübt. Die Sympathie für die USA sinkt rapide, nicht nur in Deutschland, sondern weltweit. Es erscheint einfältig, wenn Amerikanern auf die Frage: „Warum hassen uns die anderen?" als einzige Antwort einfällt: „Wegen unserer Freiheit. Wegen unserer amerikanischen Werte". Gefragt wäre eine Analyse von Wechselwirkungen. Der durchgehende Tenor des amerikanischen Manifestes ist: Der Krieg ist berechtigt, wir sind angegriffen worden, unsere Werte sind bedroht, wir müssen unsere Werte verteidigen. Man hört fast nur abstrakt-humanitäre, ethische Argumente, kaum geschichtsphilosophische oder historische. Niemand sagt: Wir wollen die Ölzufuhr sichern, oder: Wir wollen Angriffe auf Israel ausschließen. Doch sehen wir die wichtigsten neuen Argumente näher an:

Der Krieg, sagt man, sei gerechtfertigt, ja geboten, um Menschenrechte durchzusetzen und Menschenrechtsverletzungen großen Ausmaßes zu verhindern. Der Staatsdenker Scharping hat argumentiert: „Politik und Moral gehören zusammen." (Schirrmacher, S. 130). Die heutige geistige Mobilmachung ist charakterisiert durch die rhetorische Moralisierung der Politik. Im Unterschied zur Staatsraison des 18. Jahrhunderts und zur Interessenpolitik Bismarcks kann die moralistische Menschenrechtsrhetorik keinen Friedensschluß vorsehen; sie muß darauf bestehen, neue Regierungen einzusetzen. Mit Unmenschen kann man keinen Frieden schließen. „Er muß weg", sagt sie. Man bringe ihn uns, „tot oder lebendig". Aber „irgend ein Vertrauen auf die Denkungsart des Feindes muß mitten im Krieg noch übrig bleiben, weil sonst auch kein Friede abgeschlossen werden könnte, und die Feindseligkeit in einen Ausrottungskrieg ausschlagen würde" (Kant, Zum ewigen Frieden, 1. Abschnitt, Akademie-Ausgabe 8, S. 346).

Seltsam ist die Vorstellung, Menschenrechte würden exportiert, ausgerechnet durch deutsches Militär, während man Goethe-Institute schließt. Dazu wurden zwei zusätzliche, spezifisch deutsche Finessen kreiert: Erstens: Wir müssen, sagte Joschka Fischer, auf dem Balkan eingreifen, um ein Verbrechen wie die Judenvernichtung zu verhindern. Ausgerechnet wir. Wir beweisen durch Kriegsführung unsere moralische Reputation und europäische Reife.

Eine zweite deutsche Variante verdanken wir dem westerwäldischen Scharfsinn von Rudolf Scharping. Er schrieb: „Den gerechten Krieg gibt es nicht, aber der Verzicht auf mögliche Nothilfe ist unverantwortlich" (Schirrmacher, S. 130). Also, was unsere Soldaten da machen, ist kein Krieg, sondern eine „Aktion" oder besser noch eine „Nothilfe". Doch zur Nothilfe schickt man Ärzte, keine Soldaten. Darauf ist auch Scharping gekommen, auf seine Art, und so forderte er denn, jedem Soldaten solle ein Schulbuch folgen (S. 136). Das ist die Schwundstufe des Schelerschen Arguments, die Polen sollten uns dankbar sein für unsere Okkupation, weil sie dadurch in den Genuß der preußischen Volksschule kommen, die alle Welt bewundere.

Ich halte mich nicht länger auf mit dem unsäglich niedrigen Niveau solcher Kriegsargumente, sondern widme mich der Frage: Lassen Kriege sich rechtfertigen mit den Menschenrechten?

Ich habe größte Zweifel. Denn wo soll das enden? Warum stellen unsere Soldaten nicht die Menschenrechte her in Ruanda oder bei den Kurden? Verletzte nicht auch England schon die Menschenrechte? Wer keine Antwort gibt auf diese Fragen, wer die Frage gar nicht erst stellt, verschweigt den Interessenanteil an der konkreten Entscheidung, hier einzugreifen, dort aber nicht. Damit ergibt sich eine zweite Regel zur Leitung des Geistes im Kriegsfall: *Prüfe die genaue Verknüpfung zwischen universalem Menschenrecht und Militäraktion hier und jetzt! Untersuche den Übergang vom universalen „Wert" zur Handlungsanweisung bei genau diesem Anlaß und keinem anderen.* Wer zu diesem Übergang schweigt, ist verdächtig, Interessenpolitik zu treiben unter einem moralistischen Vorwand. Außerdem: Menschenrechte wurden historisch verschieden gedacht. Menschenrecht ist eine kulturell tingierte Definitionsfrage. Selbst „Menschenwürde" ist das, so schwer es uns eingeht. Es gibt auch einen phrasenhaften Gebrauch von Menschenrecht und Menschenwürde. Dazu stehen bei Schiller folgende Verse:

Würde des Menschen
Würde des Menschen? Nichts mehr davon, ich bitt euch.
Zu essen gebt ihm, zu wohnen;
Habt ihr die Blöße bedeckt, gibt sich die Würde von selbst.[1]

Joschka Fischer hat gesagt, unsere Soldaten sollen Werte verteidigen. Werte, nicht Menschen? Und können Militärs Werte verteidigen? Dazu zitiere ich zustimmend einen Autor, dem öffentlich recht zu geben nicht ganz leicht fällt. Robert Spaemann schreibt:

„Westliche Werte in Jugoslavien verteidigen, kann nur heißen, unsere Lebensart dieser Nation aufnötigen zu wollen".

Neu ist die moralische Verteidigung des Präventionskriegs. Dies war bisher Tabu. Jetzt geht das Projekt der Sicherung so weit, die Angriffsabsicht vorauszusetzen und den *potentiellen* Angreifer im voraus zu vernichten.

Das ergibt eine dritte Regel zur Leitung des Geistes bei öffentlicher Kriegslüsternheit: *Bilde dir nicht ein, Absichten zu erkennen!* Unterscheide Tatsachen von deren Interpretation im Hinblick auf vermutliche Absichten. Achte auch darauf: Im Beurteilen des Anderen als böse steck dein Eigeninteresse. Wer das Böse namhaft macht, stellt sich auf die Seite des Guten; er ist böse, indem er moralisiert.

Reinhard Brandt: „Paradoxerweise kann die Vorstellung dessen, was gut ist, sehr bösartig sein".

---

[1] Schiller, *Zerstreute Epigramme* Nr. 11, Sämtliche Werke, Säkularausgabe 2, 90.

Neu ist: Die Souveränität wird herabgesetzt. Zum Zweck der Kriegsrechtfertigung verhöhnt man die Souveränitätsidee. Deren geschichtliche Herkunft, ihr relativer Fortschrittscharakter nach Glaubenskriegen gerät aus dem Blick. Intellektuelle erklären sie für überholt oder überwunden, meinen aber die Souveränität der anderen. Wahr ist, daß objektive Tendenzen zu übernationalen Ordnungen drängen, aber bis diese funktionieren, darf es keinen Übermut der Mächtigen geben, keine Verletzung geltenden Rechts. Intellektuelle Mobilmachung kommt heute daher als moralistische Polemik gegen „Souveränitätsfanatiker", wie Cohn-Bendit die Verteidiger des Rechtes beschimpft, unterstützt von Scharping, der schrieb, Souveränität werde „zum Deckmantel schwerster Verbrechen gegen die Menschlichkeit" (Schirrmacher, S. 131).

Die amerikanischen Intellektuellen fragten ihre deutschen Kontrahenten, deren Argumentation auch mir zu leicht vorkommt: Seid ihr Pazifisten, tragische Realisten, Theologen des Heiligen Krieges oder teilt ihr die tradierte Lehre vom gerechten Krieg? Sie drängen auf prinzipielle Antwort. Ich antworte: Laßt diese Prinzipienreiterei, haltet euch ans Völkerrecht, das keinen Präventivkrieg vorsieht, und ich formuliere als vierte Regel zur Leitung des Geistes zur Kriegszeit: *Verteidige die Rechtssphäre*, so zufällig sie auch sei. Widerspreche ihrer Abwertung aus Moralismus. Wenn du etwas tun willst, arbeite an der Verbesserung ihrer internationalen Institutionen.

Vielleicht darf ich mir zusätzlich einen politischen Traum erlauben. Wie wäre es, die Deutschen würden heute das Nachdenken nachholen, das sie zwischen 1945 und 1950 abgebrochen haben zugunsten des Kalten Krieges? Wie wäre es zur Abwechslung mit einer moderaten Verschweizerung: Erklärte, aber fein austarierte und kontinuierliche, daher überschaubare Interessenpolitik, Mittel für *tatsächlich humanitäre* Einsätze von Ärzten und Lehrern, Militär, wenn überhaupt, strikt nur zur Verteidigung, und alles übrige Geld für Kindergärten, Fahrradwege und Bibliotheken? Wir sind weltpolitisch klein geworden. Ziehen wir die Konsequenz. Enttarnen wir das Wort „Verantwortung übernehmen" als Lieblingsphrase machtpolitischer Gernegroße.

## Rückblick

Die intellektuellen Gründe zur Rechtfertigung von Kriegen sind heute abstrakter als die nationalistischen, historistischen oder rassistischen Argumente von 1914. Daher sind sie vager, erfahrungsferner, schwerer widerlegbar. Sie klingen universell und sind daher je nach Interessenlage einsetzbar oder vergeßbar. Sie sind so gehalten, daß sich ein einzelner Staat mit seinen Vasallen zum Geschäftsträger der Menschheitsrechte auf Erden macht und sie auslegt, wie es ihm paßt. Er erklärt diesen oder jenen Machthaber zum „Tyrannen", den es zu beseitigen gelte, ohne uns zu erklären, warum er alle anderen Tyrannen duldet.

Mancher Kriegsredner von 2003 hat den abstrakten Charakter dieser Anti-Tyrannen-Rhetorik und der Menschenrechtsargumentation als Mangel durchschaut und ergänzt, bzw. ersetzt sie durch eine immoralistische Machtphilosophie, die in folgender Art argumentiert:

Alle historisch vorliegenden Ordnungen beruhten nicht auf gleichberechtigter Absprache, sondern auf Gewalt. Rechtssysteme waren immer sekundär. Gruppen und Staaten üben allemal Gewalt aus; sie sind auf Expansion angelegt, also auf Überwältigung schwächerer Machtzentren.

Diese Überlegung war auch 1914 zu hören; sie beruht auf einem Zusammenfluß von machiavellistischen Ideen, von Nietzsches Verbalbrutalismen und sozialdarwinistischen Motiven. Sie wird heute modifiziert mit dem Hinweis, Staaten mittlerer Größe verschafften sich Massenvernichtungswaffen, es stehe uns also ein Zustand extremer Unsicherheit bevor. Deswegen müsse es eine Hegemonialmacht geben, die mit ihrer Übergewalt die Schwellenstaaten zügele. Solange die UNO nicht mächtig genug sei, diese Rolle auch tatsächlich auszuüben, falle den USA diese Rolle geschichtlich zu. Gegen diese Notwendigkeit, die man früher „Schicksal" genannt hätte, sei Opposition sinnlos. Die USA bewiesen mit ihrer Kriegsführung nur, daß angedrohte Sanktionen auch tatsächlich durchgeführt werden; sie vollzögen also demonstrativ die unter den gegebenen Gewaltverhältnissen notwendige Weltgewaltordnung. Diese beruhe immer nur auf der Unterdrückung von Gewalt durch größere Gewalt. In dieser Art rechtfertigte der Frankfurter Soziologe Karl Otto Hondrich in der *Neuen Zürcher Zeitung* vom 22./23. März 2003 die amerikanische Intervention.

Diese Position ist so neu nicht wie sie scheinen möchte; sie greift hinter die Menschenrechtssuaden zurück teils auf die altprotestantische

Ansicht von der Obrigkeit als dem Schwert Gottes zur Züchtigung der Unbotmäßigen, teils auf säkulare Verherrlichungen der Gewalt. Sie kommt nicht aus ohne ein Konzept von Vernunft und von Sollen, aber reduziert diese auf die selbstgewählte Einordnung in die jeweils mächtigste Gewaltorganisation, der sie sich kriterienlos unterwirft, nur weil diese das Chaos verhindere. Sie beschreibt historische Prozesse, als seien Vernunft, Moralität und Recht in ihnen immer nur Epiphänomene gewesen, wo es sich doch um reale, ins Machtgetriebe eingreifende Konflikte gehandelt hat. Diese Kriegsphilosophie hätte gegen die Feldzüge Napoleons nichts einzuwenden gehabt und wahrscheinlich auch mit Carl Schmitt Hitlers Rußlandkrieg im Herbst 1941 noch argumentativ gefestigt. Sie denkt so sehr rein formal, daß ihr die geschichtlich sich entwickelnden Kriterien für Gewaltanwendung gleichgültig bleiben; sie fällt zurück in Schelers Kriegsmetaphysik von 1914, die das kriegerische, das männliche Leben als die wahre, als die enthüllende und ethisch höherstehende Existenzform gefeiert hat; sie nennt wieder wie damals den Krieg die „Hoch-Zeit der Moral". Sie gönnt sich den Vorzug, die humanistische Rhetorik als naiv entlarvt zu haben; und tatsächlich durchschaut sie den Trug, der im dissimulierten Eigeninteresse der moralistischen Kriegsrechtfertigung liegt. Sie sanktioniert den Krieg, wenn er nur das kleinteilige Leben, das sie als Chaos verleumdet, einer Gewaltstruktur einfügt. Wir hatten das schon, und zwar schon öfter. Um ein einziges deutsches Beispiel zu nennen: Friedrich Würzbach, ein alter Kämpe der Nietzsche-Deutung, faßte 1941 seine ontologische Tiefsicht zusammen zu einer zeitgemäßen Betrachtung unter dem Nietzsche-Titel: „Alles Lebendige ist ein Gehorchendes".

Ein Druck in Richtung Krieg besteht ohnehin – durch die Sicherheitsmarotte einerseits, also durch das Nichtaushaltenkönnen von Unsicherheit, ferner durch das Vorhandensein hochgerüsteter Armeen, die ihre Nützlichkeit beweisen müssen. Der Militäretat der USA beträgt laut *NZZ* 355 Milliarden Dollar pro Jahr. Auch ohne Hauptgegner läuft der Rüstungswettlauf weiter. Allein der Fortschritt der Waffentechnik erzeugt eine martialische Tendenz. Die Waffen sollen erprobt werden. Es ist, als müsse Militärgerät handeln. Ich liebe den Anblick alter Kanonen und Burgen. Sie sehen so verlassen, so unbrauchbar und irgendwie putzig aus; sie beweisen auf den ersten Blick, daß das alte Kriegswesen versunken ist, daß sie teuer und unnütz waren. Sie konnten die Herrschaft

nicht aufrechterhalten, für die sie bestimmt waren. Daher die fünfte Regel zur Leitung des Geistes bei Kriegsgefahr:
*Analysiere das Sicherheitsverlangen* bei dir und in deiner Umgebung. Beschreibe seine Steigerung, auch bei den Wählern, und deren politisch-militärische Folgen. Bedenke: Leben kann nur, wer das Sicherheitsbedürfnis moderiert, also *nicht* weiter steigert.

Sechste Regel zur Leitung der ingenia in Kriegsnähe: *Entwickle ein bißchen historisches Bewußtsein.*

Das bedeutet unter anderem: Begreife: Deine Lebensform ist nicht die einzige und nicht die unbedingt letzte; sie ist nicht das Ziel der Weltgeschichte. Es wird über sie hinaus weitergehen.

Ferner: Andere Lebensformen haben *ihre* geschichtliche Herkunft. Je wichtiger etwas im tatsächlichen Lebensvollzug ist, um so weniger ist es exportierbar. Das fängt an bei Regeln des Essens und Trinkens, hört nicht auf bei Auffassungen von Liebe und Ehe, von Recht und Gemeinschaft. Geschieht also etwas, das deine Vorstellungen enttäuscht oder übertrifft, dann suche seine historische Ermöglichung in ökonomischen, sozialen, politischen, psychologisch-sozialen und intellektuellen Gründen. Selbstmordattentate sind dazu ein besonderer Anlaß: Warum finden Drahtzieher Menschen, die bereit sind, sich zu opfern? Historisiere das, untersuche also: Wie entwickelte sich das Verhältnis des Islam zum Westen vor 1200, nach 1200?

Historisiere insbesondere das Konzept „Krieg" und die Lehre vom gerechten Krieg. Dazu geben die amerikanischen Intellektuellen mit ihrem Manifest vom 12.2.02 jeden Anlaß, aber auch die hilflose Antwort ihrer deutschen Kontrahenten. Beide Gruppen behandeln die Lehre vom gerechten Krieg mit auffallendem Leichtsinn. Sie wußten offenbar *beide* nicht, wie man mit einem historischen Theoriestück umgeht. Die Amerikaner erklären, sie stellten sich in die Tradition der Lehre vom gerechten Krieg. Sie erläutern:

„Es gibt Zeiten, in denen es nicht nur moralisch erlaubt, sondern moralisch geboten ist, Krieg zu führen als Reaktion auf furchtbare Akte der Gewalt, des Hasses und der Ungerechtigkeit. Gegenwärtig leben wir in einer solchen Zeit." Ihr Resümee: „Der Krieg ist in erster Linie dann gerechtfertigt, wenn er Unschuldige vor sonst unabwendbarem Unrecht schützt" (*Blätter für deutsche und internationale Politik*, 30.6.2002, S. 756).

Das läßt einige Fragen offen. Werden *alle* Unschuldigen vor *allem*

Unrecht geschützt? Wer ist *befugt*, wer ist *verpflichtet*, sie mit Gewalt zu schützen? Wer schützt die Unschuldigen, die bei militärischen Schutzaktionen umkommen? Ist die Lehre von der Angemessenheit der Mittel vergessen? Wer beurteilt, ob bestimmte Mittel, zum Beispiel taktische Atombomben, angemessen sind? Wer prüft, ob militärische Mittel das angestrebte Ziel erreichen können? Wer verantwortet den Zustand danach? Und kann man anno 2003 einfach dahersagen, wir *stellen* uns in die Tradition einer antik-mittelalterlichen politischen Ethik? Gewiß, wenn man mit Bush seinen hochtechnisierten Krieg einen „Kreuzzug" nennt. Gegen diese hemdsärmelige Aneignung der Tradition hilft nur eins: Man muß die Quellen lesen, z. B. Thomas von Aquino, *Summa theologiae* II–II, 40, 1, wo er, Augustin und Cicero folgend, die Bedingungen eines gerechten Krieges erklärt. Dazu gehöre, sagt Thomas:

– die *auctoritas principis*. Das war gegen Privatkriege kleiner Feudalherren gesagt. Es schloß Ritterfehden und Wegelagerer aus. Es setzte Legitimitätsvorstellungen der mittelalterlichen politischen Theologie voraus, in deren Sinn heute niemand legitimiert ist. Es gehört in eine Welt, in der es nicht einmal das Wort „Staat" in unserem Sinne gab, keine allgemeine Wehrpflicht, kein Wehrerfassungsamt, keine Volkszählung, kein Einwohnermeldeamt. Kleriker, für die diese Ethik primär geschrieben war, waren vom Kriegsdienst ohnehin befreit. *Wir* sind in einer veränderten Lage: Thomas blickte auf einen Zustand *vor* den Nationalstaaten. Dann kamen die Nationalstaaten. Deren teilweise Selbstzerstörung seit 1914 ermöglichte schrittweise den Übergang zu supranationalen Instanzen, die über Recht und richtige Mittel zu entscheiden hätten. Heute besteht die politische Unmoral in der Störung des Aufbaus solcher Instanzen.

– die *iusta causa* – der Krieg mußte durch Ungerechtigkeit der anderen verursacht sein. Ungerecht war es schon, wenn ein König nicht dem Befehl des Papstes gehorchte, wenn Ungläubige im Besitz des heiligen Grabes waren. Die Vorstellungen von Recht und Unrecht waren 1270 andere als 2003. So war ein Krieg immer gerecht, wenn Gott ihn befahl, auch wenn wir seine Gründe nicht einsehen. Ein Krieg war gerechtfertigt, wenn Gott seinen Gesandten im Traum damit beauftragte. Thomas rechtfertigte daher – wie Augustin (*Contra Faustum* 22, 74–78) – den *Heiligen Krieg*. Er rezipierte nur *daneben auch* die ciceronianische Theorie vom gerechten Krieg (*De officiis* I 34–37).

– die *recta intentio*. Kriege waren gerecht, wenn sie in der rechten Gesinnung geführt wurden, also nicht aus Grausamkeit, nicht aus Herrschsucht, libido dominandi, nicht aus Rachsucht oder der Beute wegen. Dies zeigt: Die Lehre vom gerechten Krieg gehörte bei Cicero in den Kontext der persönlichen Ethikberatung von Feldherren, bei Augustin und Thomas in den der Moraltheologie. Gott kennt die recta intentio, vielleicht der Politiker auch die seine, aber woher soll ich wissen, ob George W. Bush aus Rachsucht handelt oder um seinen Vater zu überrunden? Dieses Projekt ist nicht irdisch-justitiabel. Es war nicht als solches gedacht. Es rechtfertigte den Albigenser-Kreuzzug, der in der guten Absicht geführt wurde, die Christenheit von der Pest der Häresie zu befreien.

Thomas nannte eine Reihe von Zusatzbedingungen, die beweisen, daß Krieg etwas anderes war als heute. Er forderte: Verhältnismäßigkeit der Mittel, Schonung der Nicht-Kombattanten, Krieg an Sonn- und Feiertagen nur in Ausnahmefällen. Er definierte „Krieg" als Kampf der Heere, nicht der Völker. Er wußte nichts vom „totalen", nichts vom „technisierten" Krieg. Das Wort „Krieg" hatte bei ihm eine andere Bedeutung als in dem Manifest vom 12. Februar 2002. Die Berufung auf ihn erfolgt nur zum Schein. Das ist, als ziehe ein Bomberpilot eine mittelalterliche Ritterrüstung an, und niemand lacht. Wer heute über Krieg und Frieden nachdenkt, braucht ein geschärftes historisches Bewußtsein. Das hat nichts mit einer bestimmten Art von wilhelminischem Historismus zu tun, der aus der Macht das Recht folgerte. Worum es ginge, wäre genau dies: Statt der Phrasen für und wider die konkrete genetische Analyse der Konflikte und zugleich der intellektuellen Argumente in diesen Konflikten. Fange jeder damit an. Die Richtung, in der historisches Philosophieren sich dabei nützlich machen könnte, fasse ich noch einmal zusammen:

– Es verweigert sich der Festlegung auf eine angeblich vollständige Tafel abstrakter Kriegsphilosophien ebenso wie einem ahistorischen Moralismus;
– Es diagnostiziert – ironisch, weil wir Absichten nicht wissen; bei Kriegen kommt es auf das Ergebnis an – den Intentionalismus sowohl der Kriegsfreunde wie der Friedensgegner, die alle als Gutmenschen auftreten und nur das Beste im Sinn tragen;
– Es weist auf die Unentbehrlichkeit von Chronologie und Lokalisie-

rung hin; es datiert die Kriegsrechtfertigung mit Menschenrechten auf das westeuropäische 18. Jahrhundert. Es rekonstruiert deren real- und ideengeschichtliche Umgebung und zeigt: Damals hatte der Humanitarismus seinen genauen Bezug auf eine geschichtliche Welt. Dieser ist historisch weggebrochen; daher bietet sich heute gerade der bodenlos gewordene universalistische Ansatz der Interessenpolitik an, ihn willkürlich anzuwenden oder nicht anzuwenden, ihn hier anzuwenden und dort zu vergessen;

– Es analysiert die Herkunft der Lehre vom gerechten Krieg aus Antike und Mittelalter. Es zeigt, wie diese Kriegsethik durch Ablösung von ihrem alten Kontext ihr damals kriegshemmendes Potential, das sie durchaus *auch* hatte, verloren hat, wie sie folglich phrasenhaft geworden ist und beliebiger Verwendung zur Verfügung steht. Historisches Philosophieren leistet die Destruktion der Lehre vom gerechten Krieg. Oder besser: Es beschreibt deren historischen Verfall;

– Es analysiert, im eigenen Haus beginnend, Gemeinsamkeiten und Unterschiede zwischen den Kriegsreden von 1914 und 2002.

– Es weist darauf hin, wie im einzelnen die Verhüllungs- und Täuschungsverfahren inzwischen verbessert worden sind. Es sieht im Rekurs auf gute Absichten, also in dem Moralismus, in dem Kriegsgegner und Kriegsbefürworter sich überbieten, den tristen Reflex des Nichtwissens. Trotz einer Masse von Detailinformationen kennen wir weder die Motive der Handelnden noch den Fortgang der Ereignisse.

– Es hält das Bewußtsein wach für Situationsgebundenheit und damit Begrenztheit kriegsbezüglicher Aussagen. Es gibt, wenn es seine Arbeit getan hat, die Beurteilungskompetenz wieder an seine Rezipienten ab. Es vermeidet in praktisch-politischer Hinsicht die Zweideutigkeit, indem es sich knirschend beschränkt auf einen Mini-Moralismus. Dieser geht in einen einfachen Satz. Er stammt nicht von mir, sondern von Immanuel Kant, und mit ihm schließe ich.

Kant schreibt:
„Nun spricht die moralisch-praktische Vernunft in uns ihr unwiderstehliches Veto aus: Es soll kein Krieg sein." (*Zum ewigen Frieden, Beschluß*, Akademie-Ausgabe Band 8, S. 354).

# VERNUNFT UND GLAUBE
## KAROL WOJTYLA ÜBER FIDES ET RATIO

Der polnische Papst hat sich der Weltöffentlichkeit schon in vielen Rollen präsentiert – als Skifahrer und Schauspieler, als Politiker und Poet. Aber 1998, pünktlich zu seinem zwanzigsten Dienstjubiläum, zeigte der frühere Philosophieprofessor sich als Philosoph. Sein Rundschreiben, nicht an uns gewöhnliche Sterbliche adressiert, sondern an die „verehrten Brüder im Bischofsamt", war kein Brief, sondern ein regelrechtes Buch. In Italien stand es auf der Bestsellerliste unter den „Sachbüchern" – in Italien heißt das eleganter „saggistica" – an erster Stelle, dort hat es sogar Umberto Eco verdrängt; in Deutschland hat es weniger Aufmerksamkeit gefunden als es verdient. Es ist ein wohldurchdachter, weitausholender Text; manche Kommentatoren sahen in ihm so etwas wie das intellektuelle Testament des kranken Papstes; es handelt vom Verhältnis von Glauben und Vernunft. Es singt das Loblied der autonomen Philosophie. Aber es ist ein Lobpreis mit Widerhaken.

Der Papst preist Vernunft und Philosophie; er erklärt die Philosophie für unentbehrlich – jeder Mensch sei von Natur aus ein Philosoph. Philosophie, sagt er, sei eine der höchsten Aufgaben der Menschheit und ein Element jeder Kultur. Der Papst redet von „Fortschritt" und lobt die Philosophie; sie sei vorzüglich geeignet, unser Leben „immer menschlicher zu machen". Gänzlich unentbehrlich aber sei sie dem Theologen. Mahnend und belehrend, zuweilen beschwörend wendet der Papst sich an die Frommen unter ihren Verächtern. Er nennt einen doppelten Anlaß für seine Intervention: Da ist erstens der allgemeine Niedergang der Philosophie in der Neuzeit. Sie habe zwar in Einzelfragen Fortschritte gemacht, aber insgesamt verliere sie sich im „Fließsand eines allgemeinen Skeptizismus". Sie erliege ihrer falschen Bescheidenheit und erfülle nicht ihre hohe Bestimmung. Sie beschäftige sich einseitig mit dem „Menschen als Subjekt" und habe vergessen, daß der Mensch sich einer Wahrheit zuwenden soll, die ihn übersteigt. „Die moderne Philosophie hat das Fragen nach dem Sein vernachlässigt und ihr Suchen auf die Kenntnis vom Menschen konzentriert. Anstatt von der dem Menschen eigenen Fähigkeit zur Wahrheitserkenntnis Gebrauch zu machen, hat sie es vorgezogen, deren

Grenzen und Bedingtheiten herauszustellen" (n. 5).[1] Der Papst will uns wieder Vertrauen geben in unsere Erkenntnisfähigkeit; dadurch soll die Philosophie ihre verlorene frühere Würde „wiedererhalten".

Der zweite Anlaß, den der Papst benennt, ist eine, wie er findet, beklagenswerte innerkirchliche Entwicklung: Seit dem Zweiten Vatikanischen Konzil sei das Ansehen der Vernunft und der Philosophie bei den Theologen drastisch gesunken. Sie sähen nicht, was der Glaube verliert, wenn er auf die Vernunft verzichtet; sie berufen sich lieber auf Gefühl und Erfahrung und laufen Gefahr, den universalen Wahrheitsanspruch des Glaubens zu verspielen. Daher „mein entschlossener und eindringlicher Aufruf", Glaube und Philosophie sollten die alte „tiefe Einheit wiedererlangen" (n. 48). Der Papst verwirft den Fideismus, der eine philosophische Erkenntnis Gottes für unmöglich oder entbehrlich hält; er verurteilt den Biblizismus, der in der Bibel das einzige Fundament des Christlichen sieht; er beklagt das geringe Ansehen, das der „spekulativen Theologie" neuerdings entgegengebracht werde (n. 55). „Mit Verwunderung und Bedauern muß ich feststellen, daß nicht wenige Theologen die Gleichgültigkeit gegenüber dem Studium der Philosophie teilen." Insbesondere geht es ihm um eine Erneuerung der philosophischen Ausbildung der Theologen. Die Weisungen des Lehramtes, die auf Thomas von Aquino verpflichteten und auf der Aneignung seines Denkens bestanden, seien „nicht immer mit der erwünschten Bereitschaft verfolgt worden". Daher sei das Mißtrauen gegen die Vernunft auch in die Priesterseminare eingedrungen; es sei „ein gewisser Verfall zu beobachten, der einer geringeren Wertschätzung nicht nur der scholastischen Philosophie, sondern des Studiums der Philosophie überhaupt zuzuschreiben" sei (n. 61).

Aus Wojtylas Text spricht offen und klar der Wille zur Restauration. Es geht ihm um das „Wiederherstellen" der alten Harmonie oder der „tiefen Einheit" von Glauben und Vernunft. Bevor man die rückwärtsgewandte Tendenz beklagt, die darin eingestandenermaßen liegt, muß man die guten Gründe sehen, die sein Buch dafür nennt:

Die Wahrheit sei *eine*, und der menschliche Geist sei *einer*. Die Vernunft sei auf die Erkenntnis der letzten Wahrheit hin angelegt; diese Grundgegebenheit dürften detailverlorene Philosophen und skeptisch gewordene Theologen nicht übersehen; sonst schadeten sie sich selbst;

---

[1] Die Zahlen in Klammern geben die Abschnitte wieder, wie das Original sie zählt.

- Alle Menschen hätten immer schon eine bestimmte Philosophie, und die kulturelle Präsenz der Kirche hänge davon ab, daß sie sich auch durch vernünftige Argumentation mit diesen vorhandenen Philosophien befasse, sonst stelle sie sich selbst ins kulturelle Abseits; ohne Philosophie könne der Glaube kein bestimmendes Element einer Kultur werden;
- Die Philosophie sei ferner unentbehrlich für den Austausch zwischen den Kulturen und sei zudem ein Ort der Verständigung zwischen Gläubigen und Ungläubigen (n. 79); nur durch sie realisiere sich die Universalität der Wahrheit;
- Die katholische Kirche habe ihre Identität zunehmend dadurch entwickelt, daß sie die griechisch-römische Philosophie geprüft und in ihren besten Resultaten übernommen habe; sie habe ihren Glauben in Formeln ausgedrückt, die ohne die antike philosophische Tradition nicht zu verstehen und weiterzuvermitteln seien. Diese Formen seien von bleibender Gültigkeit, daher müsse das philosophische „Erbe" lebendiggehalten werden. Die Philosophie führe zum Glauben hin, und sie sei unentbehrlich bei der spekulativen Entfaltung seines Sinns.

Kurz: Durch die Arbeit der Kirchenväter und der mittelalterlichen Denker ist die Philosophie ein wesentliches Element der Identität der katholischen Kirche geworden; die Enzyklika besteht darauf, daß die Kirche sich selbst aufgäbe, wenn sie auf dieses Element verzichten wollte. Der Papst, der in den vergangenen zwanzig Jahren so viel getan hat, das unverwechselbare Profil seiner Kirche zu sichern, fügt ihrer Selbstdarstellung einen letzten Programmpunkt bei. Gläubige wie Nicht-Glaubende können für diese Klarheit dankbar sein. Sie sollten, meine ich, mit ihr sogar offen sympathisieren. Denn so wenig wie jemand wünschen kann, die evangelische Kirche Deutschlands werfe ihre „tiefe Einheit" mit Johann Sebastian Bach über Bord, so wenig kann irgendwer wünschen, daß eine so mächtige Organisation wie die katholische Kirche durch Verzicht auf ihre De-facto-Verbindung mit der spätantiken und mittelalterlichen Philosophie fundamentalistisch würde. Der Papst zeigt einleuchtend, daß die intellektuelle Orientierung von Großgruppen eine allgemein-kulturelle und dann auch politische Bedeutung hat. Hierin – und nicht in der beiläufigen Verwerfung von Esoterik und Befreiungstheologie – liegt die Bedeutung dieses Textes.

Als Deklaration des traditionell-katholischen Selbstverständnisses ist

Wojtylas Text ein Dokument von hervorragender Bedeutung; es läßt mit seiner respektablen philosophischen Kultur allen Spiritualismus und Biblizismus intellektuell hinter sich. Werden die deutschen Theologen und katholischen Philosophen, die sich auffallend still verhalten, ihn sich aneignen? Werden sie das Philosophiestudium der Theologen renovieren?

Allerdings: Wenn der Papst als Philosoph zu Philosophen spricht, muß er damit rechnen, daß sie Einwände erheben. Das ist nun einmal deren Art. Ich nenne nur einige wenige solcher Bedenken. Sie laufen darauf hinaus, daß die Vorschläge des Papstes nicht funktionieren können. Und zwar aus folgenden Gründen:

1. Das Lehrschreiben schwankt zwischen der Eröffnung freier Forschungsräume und ihrer Verengung. Da heißt es einerseits, alle Menschen seien Philosophen, die Kirche respektiere die Autonomie der Philosophie, denn nur eine frei sich entfaltende Philosophie könne ihren Dienst am Glauben erweisen. Der Papst behauptet ausdrücklich, die Kirche lege keine eigene Philosophie vor; dies sei nicht ihre Zuständigkeit. Er ermutigt zu freiem Vernunftgebrauch; er hält fest, die Fähigkeit der Vernunft sei immer größer als das, was sie schon erreicht hat. Er deutet an, es könne *mehrere* Strömungen kirchlichen Denkens geben, an sterilen Wiederholungen könne niemand interessiert sein. Er lobt, allerdings folgenlos, die Weisheit des Orients; er ermutigt selbst nichtchristliche Philosophen und fordert den Dialog mit ihnen. Dies ist die menschen- und kulturfreundliche Seite. Sie wird noch verstärkt durch päpstliche Einsichten über das Staunen als natürlichen Anfang des Philosophierens (nach Platon und Aristoteles), über die Urweisheit der Völker, die von den Philosophen in ein geordnetes System gefaßt werde (beinahe wie bei Herder und der deutschen Romantik), über den Unterschied von schulphilosophischen Systemen und philosophischem Denken (beinahe wie bei Bergson). Dies alles und eine werbende Sprache deuten auf Ausweitung. Aber daneben hagelt es Verurteilungen. Der Papst bildet eine ganze Reihe von Ismen, die er verwirft: Fideismus, Rationalismus, Agnostizismus, Relativismus, Skeptizismus, Eklektizismus, Modernismus, Historismus, Nihilismus usw. Dies ist der alte Stil päpstlicher Verurteilungen mit ihrem Etikettierungseifer, von dem sich kein lebendes Wesen und schon gar kein Philosoph je gemeint sieht; sie haben früher nichts als Konformismus und kulturelle Isolation erbracht, und dies wird wohl in Zukunft nicht anders sein. Dieses Schreiben schleift

keine Bastionen; es verpflichtet auf die alten. Jedes Denken, sagt der Papst, sei auch durch seine Umgebung geprägt. „Vernunft" steht in Wechselwirkung mit ihrem faktischen Lebensraum (n. 71: Ratio ipsa ... cultura imbuitur ipsius loci qui proximus est). Dies ist eine postthomistische Einsicht, die in dem Lehrschreiben nicht weiter vorbereitet ist und nicht ausgenutzt wird. Würde sie genau genommen, wäre sie die päpstliche Sanktionierung einer historischen Philosophie. Aber der Papst kann sie nicht ernst meinen, denn sie nähme ihm das Pathos der Zeitüberlegenheit, gar der Unfehlbarkeit. Denn diese richtige Einsicht des Papstes gilt auch für die „Vernunft selbst" des Papstes. Er hatte seine Lebenserfolge im Rahmen des geschlossenen polnischen Katholizismus; es ist sein Recht und seine Grenze, von daher seine Maßstäbe zu nehmen. Er zeichnet den schönsten Katholizismus der fünfziger Jahre, den es je gab. Und was die Philosophie betrifft: Der Papst stellt mit erwünschter Klarheit derart rigorose „Postulate" für jede von ihm anerkannte Philosophie auf, daß er ihr die Ergebnisse von vornherein vorschreibt. Seine Vorschriften laufen hinaus auf einen gewöhnlichen (d. h. durch negative Theologie nicht belästigten) Theismus und auf eine „realistische" Theorie der Erkenntnis. Immer wieder fordert er von den Philosophen, sie müßten von den „Phänomenen" zum „Fundament" kommen, sie müßten zum „Wesen der Wirklichkeit" vorstoßen; nur eine „Philosophie des Seins" erfülle die Forderungen der „Vernunft". Auf diesem Wege nimmt der päpstliche Begriff von Vernunft einen durchaus partikularen Charakter an, zumal der Text es unmißverständlich klar macht, der heilige Thomas sei das wahre und immerwährende Muster für „Vernunft" und „Philosophie" des Seins.

Ein anderer Umstand trägt zur zusätzlichen Verengung bei: Der Papst zitiert mit betonter Zustimmung jahrhundertealte Lehrentscheidungen über die Philosophie – als habe die Zeit ihnen nichts anhaben können. Er erwähnt das 5. Laterankonzil von 1512, das gegen Pomponazzi die Seelenunsterblichkeit für philosophisch beweisbar erklärt hat; er bestätigt vor allem das Erste Vatikanische Konzil mit seiner neuscholastischen Definition von Glauben und Wissen. Er stellt sich hinter dessen schwierige Position, zum christlichen Glauben gehöre die philosophische Einsicht, das Dasein Gottes sei philosophisch beweisbar. Mehr noch: Der Papst erklärt, die alten, strengen Verurteilungen, wie z. B. die des Modernismus durch Pius X. oder die der Evolutionstheorie durch Pius XII., seien weiterhin verbindlich. Kein Wort über den ungeheuren intellektuellen Aderlaß, den diese Aburteilungen gerade der katholischen Kirche gebracht haben. Der Papst erklärt im Gegenteil, die päpstlichen Interventionen geschähen einzig zugunsten des philosophischen Denkens (n. 51). Meister Eckhart und Wilhelm von Ockham, Galilei, Campanella und Giordano Bruno haben das vermutlich anders gesehen, aber der Anspruch auf eine philosophiefreundliche Intention der Lehrverbote versteht sich, wenn eine einzige, eine objektive, dem Papst bekannte „Wahrheit" der Maßstab jeder Philosophie sein soll; dies schließt jeden Pluralismus aus, den der Papst denn auch konsequenterweise mitverwirft. „Nicht die verschiedenen menschlichen Meinungen, sondern allein die Wahrheit kann für die Theologie hilfreich sein" (N. 69). Dies ist ein aufschlußreicher Satz: Der Papst will die Wahrheit außerhalb der Vielfalt menschlicher Meinungen. Er schließt die Stimmen, die er zum Dialog aufruft, sogleich wieder aus. Und er vergißt, daß auch seine Meinung nur eine der vielen Meinungen ist. Er anerkennt die Autonomie der Vernunft, aber er legt ihr seine Grenzen als Bedingung auf. Er sagt zu den Philosophen: Wascht euch frei und selbstbewußt im Wasser des Denkens. Aber macht euch nicht naß!

2. Das päpstliche Rundschreiben ist ein eindrucksvolles Monument vorhersagbarer Vergeblichkeit, denn es versteht unter „Wahrheit" eine Serie von theistischen Thesen auf dem Unterbau einer aristotelisch-realistischen Erkenntnislehre. Es legt somit unter dem Titel „Wahrheit" das Ergebnis des richtigen Philosophierens von vornherein fest. Es anerkennt nicht Philosophieren als Forschung im prägnanten Sinn dieses Wortes. Es behauptet zur Begründung seines schulmäßig kompakten Wahrheitsbegriffs, es gebe einen festen Kern der gesamten Denkgeschichte, der in der Geschichte „ständig präsent geblieben" sei (n. 4). Der Papst nennt Beispiele, um diesen übergeschichtlichen Kern zu verdeutlichen: Er nennt das Verbot des Widerspruchs, die Finalität, die Kausalität und den Begriff der „Person als freiem und vernünftigem Subjekt". Nun ließe sich aber an jedem dieser Lehrpunkte aufzeigen, daß er *nicht* zum übergeschichtlichen „Kern" gehört; insbesondere ist der Begriff der „Person als freiem und vernünftigem Subjekt" ein nachweisbar spätes Produkt. Aber nehmen wir ein neutraleres Beispiel, das Prinzip vom verbotenen Widerspruch. Wer es zum bleibenden Kern rechnet, schließt damit Heraklit, Nikolaus von Kues, Giordano Bruno und Hegel von vornherein aus der wahren Philosophie aus. Solche Ausschließungen sind beabsich-

tigt, denn der Papst kennt die „Grundbedürfnisse des menschlichen Geistes", er dekretiert, sie seien in den verschiedenen Kulturen „identisch" (n. 72); er definiert ihren Inhalt als die „auf die objektive Wahrheit gegründete Philosophie vom Menschen, von der Welt, vom Sein" (n. 66) und sagt dann, wo diese Philosophie zu finden ist – bei Thomas von Aquino, der die „universale, objektive und transzendente Wahrheit" gelehrt habe und der daher mit Recht „der Apostel der Wahrheit" heiße. Seine Philosophie sei wahrhaftig die Philosophie – nicht bloß des Scheins, sondern des Seins (philosophia essendi) (n. 44). Damit ist klar, wie der Papst sich die „Wiederherstellung" der Philosophie wünscht.

3. Der Papst argumentiert philosophiegeschichtlich und entwirft dabei ein Bild der Neuzeit, dessen Düsternis eindrucksvoll ist, aber auch neue Fragen aufwirft. Zwar anerkennt er Fortschritte auf Teilgebieten wie der Logik, der Sprachphilosophie, der Epistemologie und Naturphilosophie (n. 91). Aber das sind in den Augen des Papstes Nebenschauplätze und nur „provisorische Teilwahrheiten" (n. 5); der große metaphysische Aufschwung fehle seit dem späten Mittelalter. Die moderne Philosophie habe ihre Berufung zur definitiven Gesamtwahrheit verleugnet; sie habe es versäumt, ihren Blick auf „das Sein selbst" (ipsum esse) zu richten; der Papst ruft sie auf, zu ihrer „ursprünglichen Bestimmung" zurückzukehren und das Vertrauen in die Wahrheitsfähigkeit des Menschen wiederherzustellen. „Lehrmeister des Denkens und Vorbild" sei, wiederum, der heilige Thomas von Aquino (n. 43).

Der Papst braucht eine Verfallsgeschichte, um sein Pathos der Wiederherstellung zu begründen. Aber es fragt sich doch, ob er die neuzeitliche Philosophie und die der Gegenwart korrekt charakterisiert. Geht sie auf die Formel vom „wachsenden Argwohn gegenüber der Vernunft" (n. 45)? Hegel zum Beispiel läßt sich vieles vorwerfen, aber nicht mangelndes Vertrauen in die menschliche Vernunft. Aber lassen wir die geschichtlichen Einzelheiten. Allemal bleibt rätselhaft, wie der Papst seinen ostentativen Erkenntnisoptimismus vereinen kann mit der Annahme, der menschliche Geist sei für Jahrhunderte im Dunkeln herumgetappt. Haben denn die neuzeitlichen Philosophen aus lauter Übermut und Frevelsinn den Pfad der „universalen, objektiven und transzendenten Wahrheit" verlassen? Hat Gott, der doch die Weltgeschichte lenkt, eine so langdauernde Geistesfinsternis verordnet und nur die Päpste Leo XIII., Pius X. und Pius XII. als Leuchttürme in die Nacht gestellt, vielleicht noch zwei, drei katholische Geistliche wie Newman und Rosmini und die zwei Anti-Modernen Jacques Maritain und Etienne Gilson? Es wird schwer sein, die Philosophen von diesem Kontrastbild zu überzeugen. Wenn, wie der Papst lehrt, der transzendente Gebrauch der Finalität und der Kausalität zum „Kern" der wahren Philosophie gehört, dann war auch Kant kein „richtiger" Philosoph. Die Zahl der Ausschließungen nimmt zu. Daher denn auch die lange Liste verwerflicher Irrtümer (nn. 80–91).

4. Die richtige Philosophie mit der harmonischen Beziehung von Glauben und Vernunft gab es, dem Papst zufolge, im Mittelalter, bei Anselm von Canterbury, bei Bonaventura und Thomas von Aquino, ganz besonders bei letzterem (nn. 43–44). Der Papst will keine sterile Wiederholung; er will eine produktive Wiederherstellung, gewiß, aber das Bild, das er vom Mittelalter zeichnet, trieft vor Harmonie und ist historisch nicht haltbar. Das Mittelalter besaß nach Ansicht des Papstes „die tiefe Einheit", danach kam die „unselige Trennung" von Glaube und Vernunft. Karol Wojtyla und Josef Ratzinger sind Dogmatiker, keine Historiker, und sie haben übersehen:

– im 11. Jahrhundert die Verurteilung des Berengar von Tours, der verurteilt wurde, weil er in der sich herausbildenden neuen Abendmahlslehre (Transsubstantiation) einen Widerspruch sah, der die gottgesetzte Würde der Vernunft verletze,
– im 12. Jahrhundert die Jagd auf Peter Abaelard, der im Vertrauen auf die gottebenbildliche Vernunft einen neuen Typus von philosophischer Theologie und Ethik entwarf,
– im 13. Jahrhundert die Ausstoßung der radikalen Aristoteliker, die zum Teil auch Thesen Alberts betraf,
– im 14. Jahrhundert die Verurteilung fast aller seiner bedeutenden Philosophen – Dantes, Ockhams, Eckharts, Marsilius' von Padua, Nicolaus' von Autrecourt.

Kein Wort vom grausamen Lebensschicksal dieser christlichen Denker. Schon gar kein Wort über die Belastungen, die dem mittelalterlichen Denken auferlegt worden waren – durch die Unverständlichkeit der lateinisch gefaßten spätantiken Glaubensformeln, durch Augustins Erfindung der geschlechtlich fortgepflanzten Erbsünde, durch eine Abendmahlslehre, von der Albert der Große gesagt hat, sie widerspreche der

gesamten Philosophie. Die Frage bleibt: Wo war denn da die „tiefe Einheit" (profunda unitas)? Gab es nicht auch damals die „unselige Trennung", die der Papst allein der Neuzeit anlastet, der er dann zu allem anderen noch „Rationalismus" vorwirft?
Der päpstliche Rundbrief wird es schwer haben, auch und gerade bei Kennern des Mittelalters. Denn er zeichnet ein Bild vom Mittelalter, das sie in ihren Quellen nicht wiederfinden. Er ist das Dokument eines neuen neoromantischen Mediävalismus.

5. Auch rein theoretisch betrachtet wirft die Position des Papiers ungelöste Fragen auf. Ich nenne nur eine einzige: Die richtige Philosophie ist nach Ansicht des Papstes allein diejenige, die den wahren, den ursprünglichen „Sinn des Lebens" weiß. Kaum ein Stichwort kommt in der Enzyklika so häufig vor wie „Sinn des Lebens". Er ist das, was die neueren Philosophen verfehlen und was Thomas richtig erfaßt hat. Jeder Mensch, sagt der Papst, strebt nach einer „höheren Wahrheit" (in ulteriorem intenditur veritatem), die ihm den „Sinn des Lebens" erklären kann, und die finde er nur „im Absoluten" (in absoluto) (n. 33). Kann, frage ich, nach Ansicht des Papstes die bloße Vernunft diesen Sinn finden? Ja, muß man sagen, wenn man die Passagen bedenkt, die zu Vernunftvertrauen auffordern und die Befassung mit geringeren philosophischen Fragen als Entstellung der Philosophie beklagen. Danach hätten also die Nicht-Christen Aristoteles und Cicero den „Sinn des Lebens" im Absoluten gefunden, auch wenn sie das nie so gesagt haben. Dies würde das Interesse der Kirche an der „richtigen" Philosophie erklären. Aber dann enthält das Lehrschreiben wiederum Stellen, die Zweifel aufkommen lassen, weil sie sagen, allein der christliche Glaube könne dem Leben Sinn geben. Allein die Offenbarung bilde den Leitstern, daß die Philosophie sich zwischen immanentistischen und technokratischen Geistesverengungen hindurchfinde (n. 15). Dies klingt – wenn ich die Parteinamen, die immer Unrecht mit sich führen, die aber der Papst ständig gebraucht, für einen Augenblick übernehmen darf – „fideistisch". Denn dann könnte die Philosophie den gesuchten Sinn nicht allein finden, und das Leben der Nicht-Christen wäre ohne Sinn – außer vielleicht dem, die christliche Wahrheit zu suchen. Außerhalb der Glaubenswahrheit, heißt es in n. 12, bleibt das Leben der Menschen ein unlösbares Rätsel, *manet aenigma insolubile*. Hat hier die Skepsis der Moderne den Geist des Papstes selbst ergriffen? Denn das hieße doch, daß der „Sinn des Lebens", den mit der

Vernunft zu suchen der Papst so zuversichtlich auffordert, mit der Vernunft gar nicht gefunden werden kann. Dann hätte das Leben in sich selbst und für die Nicht-Christen gar keinen „Sinn". Dann käme dem „Leben" der „Sinn" immer erst von außen oder von oben her zu: Ist das nicht der vom Papst verworfene „Nihilismus"? Es sieht so aus, als entgehe auch der Papst nur durch Glaubensbeschluß dem Defizit, das er an der neuzeitlichen Philosophie so entschieden verwirft. So zahlt auch er an die Geschichtlichkeit des Denkens, die er einmal erwähnt und bald wieder vergißt, seinen Tribut.

# WAHRHEIT, GESCHICHTE, INDIVIDUALITÄT
## VORLAGE FÜR JOSEPH RATZINGER[1]

Wilhelm Dilthey feierte zu Beginn unseres Jahrhunderts, genau: im Jahre 1903, seinen 70. Geburtstag. Er hielt aus diesem Anlaß eine Rede, in der er seine Lebensarbeit zusammenfaßte. Er blickte zurück auf seine Herkunft aus der Zeit von Humboldt und Savigny, er erzählte von seinen Begegnungen mit Jacob Grimm und Franz Bopp, mit Trendelenburg, mit Niebuhr und Ranke. Er skizzierte sein Programm einer Kritik der historischen Vernunft. Er endete mit einer Bilanz des zurückliegenden, des „historischen" neunzehnten Jahrhunderts und sagte:

*Ein scheinbar unversöhnlicher Gegensatz entsteht, wenn das geschichtliche Bewußtsein in seine letzten Konsequenzen verfolgt wird. Die Endlichkeit jeder geschichtlichen Erscheinung, sie sei eine Religion oder ein Ideal oder philosophisches System, sonach die Relativität jeder Art von menschlicher Auffassung des Zusammenhangs der Dinge ist das letzte Wort der historischen Weltanschauung, alles im Prozeß fließend nichts bleibend.*

[...] *Die geschichtliche Weltanschauung ist die Befreierin des menschlichen Geistes von der letzten Kette, die Naturwissenschaft und Philosophie noch nicht zerrissen haben – aber wo sind die Mittel, die Anarchie der Überzeugungen, die hereinzubrechen droht, zu überwinden?* (Gesammelte Schriften, Band V, Leipzig und Berlin 1924, S. 9)

Ein weiteres Jahrhundert geht zu Ende; wie steht Diltheys Sache heute? Was bedeutet heute die Erfahrung der Historizität? Relativiert sie radikal alle Ansprüche universaler Wahrheit, also die Wahrheit der Religionen, der Ethiken und der Philosophien? Wie werden *wir* fertig mit der Anarchie der Überzeugungen? Oder ist Anarchie der Überzeugungen vielleicht gar nicht so schlimm, wie Dilthey, vor preußischen Zuhörern sprechend, für die Anarchie ein Horror war, argumentlos voraussetzte?

---

[1] Vorlage für ein Kolloquium, das die Sorbonne zum Ende des Jahres 1999 im Grand Amphithéâtre der Sorbonne veranstaltet hat. Gesprächsteilnehmer waren in umgekehrter alphabetischer Reihenfolge: Kardinal Ratzinger, René Girard und Kurt Flasch. Das generelle Thema war: Wahrheit am Ende des Jahrtausends, Rückblick auf das zu Ende gehende Jahrhundert.

Die philosophische Arbeit des 20. Jahrhunderts bestand vielfach darin, die von Dilthey beschworene Gefahr des Relativismus zu vermeiden. Dabei handelte es sich zuweilen nur um taktische oder rhetorische Spiele. Zu ihnen zähle ich die Neigung, Diltheys Frage als „Historismus" zu bezeichnen und zu behaupten, dieser sei jetzt „überwunden". Wird argumentiert, dieser „Historismus" beanspruche selbst universale Wahrheit, impliziere seinerseits Metaphysik und widerspreche sich selbst, so ist auch dies ein formales dialektisches Spiel. Diltheys Begriff des Lebens und der Entwicklung trägt freilich pantheistische, fast mystische Konnotationen. Doch worum es hier geht, ist Dilthey nicht als Philosoph des „Lebens", sondern als Zeuge der Geschichtserfahrung (experience de l'histoire), der erschrickt angesichts der Gefahr des Relativismus. Wie wäre dieser, bei entwickeltem historischen Bewußtsein, zu vermeiden? Die heutigen Bewunderer von Ernst Troeltsch insistieren, der Titel *Die Überwindung des Historismus* stamme nicht vom Autor selbst. Damit haben sie recht, aber es ginge doch darum, seinen Versuch – und die Versuche anderer – zu analysieren und zu bewerten, innerhalb des geisteswissenschaftlichen Ansatzes von Dilthey ein dogmatisches Wahrheitsbewußtsein zu sichern. Dilthey wollte, längst bevor Husserl seine Programmschrift *Philosophie als strenge Wissenschaft* gegen ihn richtete, den Subjektivismus vermeiden, und zwar auf zwei verschiedenen Wegen. Einmal entwickelte er eine Theorie der Typen, sodann berief er sich auf die „Einheit des Seelenlebens". Er selbst und viele nach ihm unterschieden „Typen" der Weltanschauung, der Religionen, der Ethiken, der Philosophien; Psychiater sprachen von den „Formkreisen" seelischer Erkrankungen. Damit kam Ordnung in das Gewühl der Tatsachen; die Flut des geschichtlichen Lebens kristallisierte sich um bleibende Knotenpunkte. Aber weder Dilthey noch einer seiner vielen Nachfolger konnte einsichtig machen, daß es sich bei diesen Einteilungen um mehr handelt als um eine Zurechtlegung des Betrachters. Die europäischen Sprachen erlauben solche Abstraktionen; praktikable Unterscheidungen sind jederzeit möglich, aber woher sollen wir wissen, daß sie Distinktionen der Sachen selbst sind? Diese Frage wurde nicht dadurch gefördert, daß man ethische Ideale „Werte" nannte und als Realität eigener Art, jenseits der Zeit, reklamierte. Diese neue Sphäre seinsunabhängiger Absolutheit war nicht mehr als ein Postulat. Ähnliches gilt von der „Einheit des Seelenlebens", von der Dilthey sprach. Er konnte sie argumentativ nicht aufweisen, weder spekulativ noch historisch-faktisch, und er hat von ihr, im

Unterschied zur Typentheorie, auch faktisch keinen Gebrauch gemacht. Was möglich blieb, war die Berufung auf eigene direkte Erfahrung, auf „Schau", „Intuition" oder, beliebter noch, vor allem nach dem Ersten Weltkrieg, auf „Entscheidung". Aber was der eine „schaute" oder wofür er sich „entschied", hielt der andere für Unsinn oder für eine sprachbedingte Abstraktion. Man mochte ihn als „wertblind" schelten, aber der Relativismus war damit installiert. Die neuen, eher halbherzigen Idealisten prätendierten die Schau von Wesenheiten, Werten oder Ganzheiten; sie ordneten ihren Intuitionen oder Entscheidungen gar ein Apriori vor, zumindest als deren Ermöglichung; aber die reale Allgemeinheit ihrer erkenntnistheoretischen, ethischen oder religiösen Aprioris konnten sie nicht erweisen.

Ich reduziere die philosophische Arbeit des 20. Jahrhunderts nicht auf Dilthey und Max Scheler: Max Weber hat das methodisch-Konstruktive seiner Idealtypen eingestanden, und, wie ich finde, mit einem gewissen Recht als deren Vorzug angesehen; eine intensive ontologische Bemühung hat, nach dem Ende des Neukantianismus, die alte Wahrheitsdefinition der adaequatio rei et intellectus wieder realistisch zu interpretieren versucht; dies gilt für den Neuthomismus und für Nicolai Hartmann; andere strengten sich an, sie mit einer abschwächenden Interpretation der Philosophie Heideggers vereinbar zu machen. Nun hatte aber Heidegger Nietzsche in die Diskussion unter Metaphysikern gebracht, gewiß nicht aus Sympathie mit dessen Perspektivismus, sondern als den Metaphysiker am Ende der Metaphysik, aber was zurückblieb, war doch, scheint mir, eher eine skeptische Tendenz: Wahrheit als diejenige Art von Irrtum, ohne die ein Individuum, eine Gruppe, eine Nation, eine Zivilisation nicht leben kann. Vielfach wurde Widerspruch gegen diese Relativierung erhoben, sowohl von neo-aristotelischer wie von neo-hegelianischer Seite. Dennoch blieb der einfache Einwand gegen die Adäqationstheorie der Wahrheit bestehen, daß in ihr der intellectus zweimal vorkommt, einmal als das Gegenüber der res, sodann als das Gegenüber der adaequatio von res und intellectus. Man antwortet, dies sei das Charakteristische der Reflexivität. Die Formel beschreibe die reditio completa in se ipsum, die der *liber de causis* als das Leben des Intellekts ansehe. Schon recht, aber damit hat diese Reflexivität, ohne daß wir sie als Verschlossenheit im Subjekt deuten müßten, noch nicht interkulturelle Allgemeinheit oder gar Ewigkeit und Notwendigkeit im Sinne des aristotelischen Wissensbegriffs erreicht.

Das „Sein selbst", von dem wieder zu reden im 20. Jahrhundert als Gewinn galt, blieb unerreicht. Wer sich nicht in eine Schule einschloß, welche die Zweifel von David Hume nicht an sich heranließ, spürte daher Unbehagen. Es kam zu neuen Versuchen, die Wahrheit zu sichern. In Deutschland galt die Consensus-Theorie der Wahrheit für eine Weile als befriedigend. Aber sie ist es in keiner Weise. Wie die Adäquationstheorie daran scheitert, daß es keine intersubjektive Kontrolle gibt, ob je die adaequatio erreicht ist, so scheitert die Consensus-Theorie daran, daß sie die Adäqations-Theorie, die sie ablösen wollte, voraussetzte. Denn ihr zufolge muß ich im Zweifelsfalle wissen, ob ein consensus besteht; dazu muß ich wissen (nicht nur vermuten), was ein anderer meint, wenn er eine Behauptung aufstellt, die ich bejahen oder verneinen will. Von anderen Einwänden abgesehen, setzt die Consensus-Theorie voraus, daß ich Einsicht gewinnen könnte in die Bedeutung, die ein anderer Sprecher mit seiner Behauptung verbindet. Schon dies impliziert die Präsenz eines alle verbindenden Logos; aber unter dieser Voraussetzung wäre die Wahrheitsfrage bereits gelöst. Dies kann jeder Philosoph als *seinen* Entwurf, auch als Wiederholung älterer Metaphysiken, *veranstalten*; aber die alte Allgemeinverbindlichkeit, der Anspruch, damit die höchste Weise des Wissens zu haben, er ist dahin.

Die alteuropäische Metaphysik verstand sich als das Wissen des Notwendigen, des Ewigen und *daher* Allgemeinen. Sie sagte ausdrücklich, ihr Wissen sei sicherer, gewisser als das der Mathematik. Diese große, alte Metaphysik, die mit Recht den Anspruch erheben kann, allein „Metaphysik" zu heißen, gab auch auf, wer sie als Vermutung oder als Chiffre, als Grenzerfahrung oder Hypothese beibehielt; er zerstörte sie, indem er sie unter Wahrung formaler Ähnlichkeiten, meist nur der Terminologie, dem subjektiven Bedürfnis anheim gab oder sie in ein bloßes Vokabular philosophischer Grundbegriffe verwandelte, also Sacherkenntnis mit Begriffserklärung verwechselte. Die moderne Zivilisation hat längst daraus die Konsequenz gezogen: Sie hat den Begriff des Wissens verändert, sie hat ihn ent-platonisiert, ent-aristotelisiert. Sie bezieht „Wissen" nicht mehr definitorisch auf Ewigkeit und Notwendigkeit, sondern auf Kohärenz und Nachprüfbarkeit. Seitdem gehen die Wissenschaften ihren Gang, unbekümmert um das Postulat, die Wahrheit müsse *eine* sein. Aber wer sich der alten Wahrheitsmetaphysik erinnert, bleibt dem mehr als ein ihr negativ korrespondierender Relativismus? Wir werden, sagt

Platon, nicht, indem wir miteinander reden, eine Theorie verteidigen, die das Kostbarste zerstört, was wir haben – das Miteinander-Reden. Wir werden also einen prinzipiellen Skeptizismus zu vermeiden suchen. Sagen wir also nicht: Es gibt keine Wahrheit. Sagen wir: Der Wahrheiten sind viele, und ihre Vielheit wird nicht überwunden durch das Argument, die vielen Wahrheiten hätten gemeinsam, wahr zu sein, also gebe es eine einheitliche Bestimmung der Wahrheit. Diese Überlegung ist richtig, bleibt aber formal. Selbstverständlich bleibt es möglich, einer bestimmten Anzahl von Sätzen eine bestimmte Qualität zuzuschreiben. Besser, scheint mir, argumentiert, wer sagt: Wir machen die Erfahrung tatsächlichen intersubjektiven Austausches; wir haben für ihn auch Kriterien, wenn auch oft diskutable und de facto diskutierte, also angezweifelte. Diese Kriterien erweisen sich bei näherer Betrachtung als kulturell vermittelt; sie gelten regional und temporär limitiert; bloß subjektiv sind sie deswegen nicht. Ich sehe in ihnen nicht das von vielen prätendierte Apriori; sie sind strukturierende Elemente einer historischen Weltansicht. Sie zu untersuchen, ist die von Dilthey her fortbestehende Aufgabe einer historisch-umsichtigen Philosophie. Sie setzt jene Elemente in den Kontext ihrer Entstehung zurück; sie wird auch damit fertig, daß die griechische Philosophie und ihre Reprisen in Rom und Paris eine europäische Gemeinsprache geschaffen haben, die sich im 19. Jahrhundert im Zuge der Kolonialisierung über die ganze Welt verbreitet hat.

Die Erfahrung der Geschichte – das ist die Erfahrung der „Endlichkeit jeder geschichtlichen Erscheinung, sie sei eine Religion oder ein Ideal oder philosophisches System". Natürlich kann man einwenden, die Geschichte zeige die Endlichkeit *aller bisherigen* Erscheinungen, nicht die Endlichkeit *aller* möglichen. Woher hatte Dilthey das „jeder", als er die Endlichkeit *jeder* geschichtlichen Erscheinung behauptete? Lag nicht in der Universalität seiner Behauptung der Anspruch auf Bleibendes? Der Einwand zeigt Schwierigkeiten bei der Formulierung des Historismus, der auch nicht frei war von der Tendenz zum Dogmatismus; er verschafft uns aber keine Erkenntnis von Ewigem. Die Erfahrung von Geschichte als einer nicht-reduzierbaren Vielfalt festzuhalten, nicht nur für Einzelgegenstände und Institutionen, sondern auch für Weltansichten und sog. „Werte", dies, denke ich, bleibt von Dilthey, nicht seine Formeln, nicht sein Konzept von „Leben", oder gar sein Begriff von „Verstehen". Das 20. Jahrhundert hat Umstürze erlebt, die Dilthey, der 1911 gestorben ist, nicht ahnen konnte. Schon zehn Jahre nach seinem Tod sah die Welt anders aus; die Diskontinuitäten häuften sich nach 1918, besonders in Deutschland; die Vielheit stürzte auf die europäischen Intellektuellen beängstigend ein, kein Wunder, daß sie Kontinuität und Einheit urgierten; inmitten realer Zerstörungen warfen sie sich auf den ideengeschichtlichen Nachweis der Fortdauer von „Tradition" oder Traditionen, der platonischen, der aristotelischen, der christlichen usw. Derartige Versicherungen wurden geschätzt, ja gebraucht, denn die Umwälzungen wurden allgegenwärtig, vor allem im Alltag. Mehr noch als in Goethes geschichtlicher Erfahrung galt im 20. Jahrhundert:

„Nord und West und Süd zersplittern,
Throne bersten, Reiche zittern".

Jetzt zeigte sich: Es war die relative Sekurität der Vorkriegszeit, die den Historismus ermöglicht hatte. Zu insistieren, Wahrheit sei für uns nur als Vielheit zu haben, bedeutet keine Wiederholung des inzwischen historisch gewordenen Historismus; es ist auch mehr als die bloße Aufforderung zur Toleranz. Es ist der theoretische Versuch, Wahrheit und Geschichte zusammen zu denken. Dies fordert, aus dem Konzept von Wahrheit die Vorstellung zu eliminieren, es handle sich um gemeinsame Blöcke der Identität. Alles, was aufgenommen wird, wird nach den Bedingungen des Aufnehmenden abgewandelt; Selbigkeit der Bedeutung wird, wenn sie gedacht und nicht nur behauptet wird, jeweils *verändert*. Die Selbigkeit hängt ebenso von der Andersheit ab wie umgekehrt, nur hat die antihistoristische Polemik, erschreckt über den reißenden Charakter des realgeschichtlichen Stroms von Veränderungen, einseitig die Dependenz der Veränderung von Identitäten hervorgehoben. Es war inkonsequent von Dilthey, alles im Fluß sein zu lassen, *nichts bleibend*, und dennoch Angst vor Anarchie zu haben. Wahrheit als Vielheit bedeutet Abschied von preußischer Ordnungsbesessenheit; sie ist die Bedingung lebenden, das heißt: verändernden und dadurch belebenden Austauschs. Sie ist kein Gegenstand der Administration; sie ist nicht zu verwechseln mit verbalen Einheitskonstruktionen, mit denen Machtsysteme sich als Vertreter der Wahrheit gerieren, die angeblich nur *eine* sei.

Denkend die Erfahrung von Geschichte festhalten, gerade auch die geschichtliche Relativität von Religionen, Ethiken und philosophischen Systemen, bedeutet weder Skeptizismus noch historistische Metaphysik. Es ist eine Art, sich heute umzusehen. Wahrheit als Vielheit, das ist keine

These, sondern eine Aufmerksamkeit oder eine Denkart. Ich kann sie hier als nicht-defensive Reflexion über das 20. Jahrhundert skizzierend vorstellen, aber nicht sie zusammenhängend begründen. Ich kann sie in der Kürze nicht einmal so formulieren, daß sie gegen bequem bereitliegende Einwände der Kontinuitätsbedürftigen, der Wahrheitsverwalter und Historismusüberwinder geschützt wäre. Ich beschränke mich ad hoc darauf, an einige Bilder zu erinnern, die es für Wahrheit als Vielheit schon gibt. Es sind Bilder, die dem Gedanken das Befremdliche nehmen und gleichzeitig zeigen: Er enthält noch Salz.

Immer noch steht der verlegene Jude vor dem mächtigen Saladin, der an sein Vermögen heranwill und seine Absicht, es zu beschlagnahmen, mit dem Argument „koloriert", die Wahrheit müsse *eine* sein, der Jude solle sagen, welche der drei Religionen die wahre ist. Der Jude entwindet sich, indem er die Geschichte von den drei Ringen erzählt. Keiner, der einen der drei Ringe besitzt, steht gleichzeitig *über* der Dreiergruppe; keiner gewinnt eine limitationsfreie Einsicht bezüglich der Echtheit seines Ringes. Gewiß hätte ein allmächtiger Goldschmied den echten Ring so gestalten können, daß er leicht als solcher erkennbar wäre; aber dies Privileg zu haben, behaupten in der realen Welt alle Frommen, alle Ethiker, alle Metaphysiker. Und dieser Umstand in der realen Welt der Wahrheitsbesitzer kann für unser Konzept von Wahrheit nicht gleichgültig sein; daran erinnert die dritte Novelle des *Decameron*. Sie ist bei Boccaccio mehr als eine heitere Erzählung; sie bereitet vor auf die Vielfalt von Weltansichten, die der Novellist dann breit entfaltet; sie deutet das ethische Minimum an, das nicht verlorengehen darf, wenn die Wahrheit sich als Vielheit erweist. Sie zeigt auch den Zusammenhang von Machtgebärde und angeblicher Einheit der Wahrheit. Sie hält die Geschichtserfahrung der mittelmeerischen Welt um 1350 fest; in ihr gab es Juden, Muslime und Christen.

Ein anderes Bild von der Wahrheit als Vielfalt bieten Montaignes *Essais*. Sie dienen nicht, sagt ihr Autor, der Belehrung anderer. Sie haben ausschließlich häuslichen und privaten Charakter, je ne m'y suis proposé aucune fin que domestique et privée. [...] Ainsi, lecteur, je suis moy-mesmes la matière de mon livre. Das klingt, als intendiere Montaigne nur individuelle Psychologie, nur ein Erinnerungsbild seiner Seelen- und Körperzustände für Verwandte und Freunde. Aber dieses „moderne Subjekt" ist nicht leer; es findet in sich die Welt, die Welt der antiken Bücher, der eigenen politischen, juristischen und körperlich-medizinischen Erfahrungen. Es entdeckt in sich die Einwirkungen seines Jahrhunderts – die Ausbeutung der neuen Welt und ihrer Wilden, die Folgen des Buchdrucks, die Gegenreformation usw. Gerade indem es sich darauf beschränkt, von diesen objektiven Mächten nur in ihrer subjektiven Spiegelung zu sprechen, wird es wahr. Es zeigt Wahrheit als Vielheit, als Verschiedenheit der Situationen, der Lektüren, der Impressionen. Es bleibt bei sich, und nur indem es bei sich bleibt, ist es beim anderen. Es vollzieht Subjektivität ohne Subjektivismus; es übt Skepsis ohne dogmatischen Skeptizismus. Montaignes Selbstbeschreibung ist nicht nur Selbstbeschreibung; er sagt von ihr: c'est ma physique, c'est ma metaphysique. Das heißt: Das ist zugleich meine Art, die Natur und die Gesamtheit der Wirklichkeit zu erforschen. Während Montaigne dies schrieb, kodifizierte Franciscus Suarez noch einmal folgenreich die alte Lehre, die Metaphysik sei certissima cognitio, sicherer als alle anderen (*Disputatio* 1, *sectio* 5 n. 10, Vol. I p. 39 b); sie sei die gewisse und evidente Erkenntnis notwendiger Inhalte aufgrund von deren Prinzipien: habitus praebens certam ac evidentem cognitionem rerum necessariarum per propria earum principia et causas. Als solche sei sie scientia perfecta et apriori (*Disputatio* 1, *sectio* 3 n. 1, Vol. I p. 22 a). Für Suarez blieb die Wahrheit *eine* und kam bruchlos, wenn auch limitiert, in der Metaphysik als in der gewissesten Wissenschaft zur Sprache, denn diese Metaphysik wußte noch die spezifischen Prinzipien und Ursachen der notwendigen Wesen. Sie wußte nur nicht, daß sie die Metaphysik eines bestimmten Individuums, nämlich die des Franciscus Suarez in einer begrenzten Situation seiner Nation, seines Ordens, seiner kulturellen Umgebung war. Sie streifte das Individuelle ab. Dagegen insistiert Montaigne: Ich beschäftige mich nur mit mir, aber mit mir in meiner historischen Konkretheit, und das ist die einzige Metaphysik, zu der meine Kräfte ausreichen. Die Gesamtheit des Seins, soll ich von ihr reden können, finde ich nur in mir. Was in den *Disputationes* des Suarez steht, ist, von Montaigne her gelesen, auch nur *seine*, des Franciscus, Metaphysik; sie behandelt Subjektivität als abstrakte Individualität, die sie beim Eintritt in das Himmelreich bleibender und notwendiger Erkenntnisse ablegt, nicht als Reichtum konkreter Geschichtserfahrung. Boccaccios und Montaignes Philosophie erlaubt dem Individuum ironische Distanz; beide Autoren haben etwas Verschmitztes, Doppelbödiges, heiter Versöhntes: Sie verkünden nicht die eine, rein aus den Prinzipien der Sachen geschöpfte Wahrheit. Sie können auf das unbekannt Bleibende deuten, ohne darüber vage zu werden oder ihre Privaterfahrung zu entwerten; was sie als Privaterfahrung erzählen, ist Erfahrung einer Welt, allerdings einer Welt, von der sie wissen, wie partikular sie ist. Für Montaigne und Boccaccio gibt es andere Welten, andere Individuen, andere Wahrheiten. Daher sprechen sie mit Witz und Spiel.

Ich habe ein italienisches und ein französisches Bild für Wahrheit als Vielheit vorgestellt; ich schließe mit einem deutschen. Nicht mit Lessing, der in seinem *Nathan der Weise* die Ringparabel erneuert hat, sondern mit einer Reflexion Goethes. Sie steht in einem Brief an Schiller vom 5. Mai 1798. Goethe schreibt:

*„Ich mag mich stellen wie ich will, so sehe ich doch in vielen berühmten Axiomen nur die Aussprüche einer Individualität, und gerade das, was am allgemeinsten als wahr anerkannt wird, ist gewöhnlich nur ein Vorurteil der Masse, die unter gewissen Zeitbedingungen steht."*

„Ich mag mich stellen wie ich will" – auch Goethe wäre es lieber, er hätte ein rein objektives, ein sicheres System des Wissens. Aber wenn man die Geschichte des Denkens studiert, kommt man in Zweifel. Goethe systematisiert seinen Zweifel nicht: Nicht bei allen, nicht beim Euklid, aber bei *vielen Axiomen* empfiehlt er einen zweiten Durchgang der Erkenntnis. Diese zweite Fahrt besteht in der Rückbeziehung selbst der allgemeinsten Grundsätze auf ein Individuum, das sie behauptet und das in ihnen *sich* behauptet. Das Individuum, das ein Axiom ausspricht, vergißt sich in ihm; es übergeht die Tatsache, daß dieses Axiom auch *sein* Ausspruch und *sein* Anspruch ist. Goethe erinnert das theoriebildende Individuum an diesen Kontext. Und er leitet an, Lehren, die sich durchgesetzt haben, herrschende Meinungen also, als ein Vorurteil der Masse zu analysieren. Nicht immer, aber *gewöhnlich* sei es so: Was als evident gilt, erweist sich als Folge von Indoktrination, als Produkt von Verhältnissen, als Folge von *Zeitverhältnissen*. Der Konsens ist ihm verdächtig, eher ein Indiz von Unwahrheit als von Wahrheit. Auch in ihm wirkt noch ein Anteil individueller Produktivität; keine Meinung ist ein *mechanisches* Produkt, aber doch auch sie Ergebnis von Macht- und Zeitverhältnissen, kontingent, endlich, wie *jede geschichtliche Erscheinung*.

Die *Anarchie der Überzeugungen*, die Dilthey erst noch als Folge des historischen Bewußtseins kommen sah und vermeiden wollte, besteht bereits; dies zeigt die Geschichte des Denkens. Denn die meisten Individuen, die in ihr agieren, sehen ihre Axiome nicht als den Ausspruch und Anspruch ihrer Individualität, sondern als Spruch der einen Wahrheit. Daher reden sie distanzlos, unironisch, lehrerhaft, als seien sie selbst nur der Sprecher für ein überindividuelles, zeitloses, in sich existierendes System – von Religion, von Idealen oder Werten, von Philosophie. Wer von Anarchie der Überzeugungen spricht, weil die Wahrheit als Vielheit auftritt, wiederholt nur noch einmal sein Ideal eines monolithischen Regelsystems; er postuliert im Gegensatz zu Boccaccio, Montaigne und Goethe eine unlebendige Einheit und klagt, daß er sie nicht bekommt. Daher empfehle ich im Rückblick auf unser Jahrhundert, es einmal andersherum zu versuchen und Wahrheit als kontingente Vielheit, als unter Zeitbedingungen stehend, zu denken. Dies macht beweglicher, und es entspricht der Erfahrung von Geschichte. Diese werden wir ohnehin nicht los.

Unser Jahrhundert hat namenloses Leiden gebracht. Die Menschen haben gelitten, weniger an der Anarchie der Überzeugungen als unter den Versuchen, Wahrheit als Einheit zu organisieren und zu administrieren.

# HÄNDE WEG VON HILDEGARD!

## I.

Instruktiv bis absurd war das Hildegardjahr 1999. Selbst die sonst eher unpünktliche Bundesbahn sprang auf diesen fahrenden Zug und gab einem ihrer ICEs schnell den Namen „Hildegard von Bingen". Der Zug hielt zwar nicht in Bingen, er fuhr langsamer als der ihm nachfolgende IC die Rheinschleifen entlang, aber er trug den Namen der mittelalterlichen Nonne und der rheinischen Kleinstadt in die deutschen Lande. Der Hildegard-Rummel in Esoterik-Ecken und Mystikkreisen, bei Gesundbetern und unklaren Feminist/Innen, im frommen und unfrommen Gaststättengewerbe übertraf an Gräßlichkeit selbst das Heine-Jahr. Doch man kann daraus lernen, fünf Formen gröberen bis feinsten Mißbrauchs zu unterscheiden:

Da gab es erstens das Versprechen, im Namen Hildegards den Kranken besser zu helfen, zweitens, die Stellung der Frau zu verbessern, drittens, die Natur aufzuwerten, also das Verhältnis von Mensch und Natur zu korrigieren. Viertens sollte Hildegard ein heute anerkennenswertes Konzept von Gott vermitteln und fünftens ethische Lebensregeln zeigen. Alle diese Versuche mußten scheitern, auch die letzteren. Sie beruhten auf der Verwischung von objektiven Zeitdifferenzen. Dies möchte ich zeigen. Dazu braucht es ein wenig Polemik, aber da ich nicht die falsche Debatte lostreten möchte, schicke ich voraus, wogegen meine Polemik *nicht* geht.

Ungescholten bleibe, wer in seinem Kämmerlein zur heiligen Hildegard betet. Niemand darf ihm dabei dreinreden, seine Inbrunst kann niemandem schaden. Nichts auch spricht dagegen, wenn Männer und Frauen sich heute klarmachen, daß es im 12. Jahrhundert eine bedeutende Frau und Schriftstellerin gegeben hat. Die Frauen des Mittelalters haben zu lange im Schatten der Männer gestanden, auch in der Geschichte der Literatur. Hier ist die Korrektur eines Vorurteils fällig. Noch weniger greife ich an, wer die Schriften der Äbtissin/Autorin lesen und durchdenken will. Nur soll er dabei genau sein. Ich gehöre zu den Bewunderern ihrer poetischen Kraft, aber wenn wir ihre Kunst der Verbildlichung hervorheben, lesen wir sie gegen ihre Intention; denn sie wollte nichts als die Stimme Gottes wiedergeben; sie hatte mit unserem Ästhetizismus nichts im Sinn. Ich polemisiere auch nicht gegen die Bewahrung des wenigen, was es von ihr noch gibt; ich wünschte dabei nur weniger Geschäftemacherei und weniger Tourismus-Geschrei. Vollends zu bewundern ist die Handvoll Frauen und Männer, die uns in den letzten Jahren verläßliche Texte der Werke Hildegards besorgt haben: *Scivias – Wisse die Wege* liegt seit 1978 in kritischer Ausgabe vor (A. Führkötter und A. Carlevaris); seit 1991 haben wir ihre *Briefe* I–XC ( L. Van Acker). 1995 erschien ihr ethisch-religiöses Hauptwerk – *Liber vite meritorum* (A. Carlevaris); und seit 1996 haben wir endlich ihr drittes großes Buch, den *Liber divinorum operum*, ihre Schöpfungslehre, in einer guten Ausgabe (A. Derolez und P. Dronke). Diesen Herausgebern ist ein Durchbruch zu verdanken. Sie gaben uns einen gesicherten Text der theologisch-poetischen Hauptwerke; dies bildet den ersten Schritt zum geschichtlichen Verständnis.

Aber schon indem ich diese Verdienste nenne, fallen Schatten auf den Hildegard-Trubel: Die Texte, die am wenigsten sicher sind, d. h. von denen noch niemand gezeigt hat, daß sie ganz von Hildegard stammen, machen am meisten die Runde. Es besteht ein einzigartiges, ein extremes Mißverhältnis zwischen Massenkonsum und philologischer Situation. Dies betrifft speziell die medizinischen Schriften. Sie sind in den ältesten Handschriften nicht enthalten; Hildegard selbst bezeugt sie, wenn überhaupt, dann in der mehrdeutigen Formulierung; sie habe Feinheiten der verschiedenen Wesen der geschaffenen Dinge (*subtilitates diversarum naturarum creaturarum*) behandelt. Das klingt, als habe sie ein *einziges* Buch zur Naturkunde geschrieben; von Medizin spricht sie überhaupt nicht. Was an Medizinischem mit ihrem Namen verbunden wurde und etwa 120 Jahre nach Hildegards Tod aufgeschrieben worden ist, das sind *zwei* getrennte Werke. Es sind mehr Stichworte, Rezeptsammlungen, Notizen, die jeder Benutzer abwandeln oder erweitern konnte.

## II.

Ich schreibe, um zu protestieren, aber ich fange gelassen an, mit ein wenig Geographie. In Bingen mündet die Nahe in den Rhein. Folgt jemand dem kleinen Fluß über Bad Kreuznach hinaus, läßt er die mächtige Burg, die Münster am Stein überragt, rechts liegen – sie war der bevorzugte Wohnsitz des Franz von Sickingen, des Freundes Huttens –, dann erreicht er die Mündung des Flüßchens Glan in die Nahe. Ein markanter Hügel beherrscht die Lage: der Disibodenberg. Der heilige Disibod war angeblich ein irischer Wanderprediger um 600; wir wissen nichts Genaues. Jedenfalls hat der Mainzer Erzbischof um 1100 dort ein Benediktinerkloster mit einer Frauenklause eingerichtet; 1108 begann der Bau einer neuen Klosterkirche; ihr Altar wurde 1143 geweiht.

Dorthin, in die Frauenklause des Disibodenbergs, kam – genau in den Jahren des Neubaus – Hildegard als (vermutlich) achtjähriges Mädchen, Tochter eines Adligen, vielleicht aus der Nähe von Alzey. Bermersheim rühmt sich als ihr Geburtsort, aber mit welchem Recht, stehe dahin. Gesichert ist ihr Aufenthalt auf dem Disibodenberg; dort verbrachte sie ihr halbes Leben.

Adlige blieben unter sich, auch im Kloster; auch die Lehrerin Hildegards war von Adel, Jutta von Spanheim. Außer Handarbeiten lernte Hildegard gewiß den lateinischen Psalter, liturgische Gesänge, Klostermedizin. Ein Kloster, das war im 12. Jahrhundert ein Herrschaftszentrum, ein Seelsorgestützpunkt, ein Wirtschaftsbetrieb, eine Apotheke, ein Krankenhaus und ein Hotel, zuweilen, seltener als man glaubt, auch eine Studienstätte. Und jedenfalls war es eine Versorgungsanstalt für die Töchter des Adels an der unteren Nahe.

Hier hatte Hildegard schon als Kind ihre ersten Visionen. Zunächst hielt sie diese, erschrocken, geheim; dann erzählte sie Jutta davon; seit 1141 schrieb sie darüber, unterstützt von dem Mönch Volmar und der adligen Schwester Richardis von Stade. So entstand ihr erstes großes Wegweisungsbuch: *Scivias*. Die Mönche wußten nicht, was sie davon halten sollten; sie legten den Fall ihrem Erzbischof vor. Der ließ Papst Eugen III. entscheiden, der gerade in Trier eine Kirchenversammlung abhielt. Eine Kommission prüfte *Scivias* und billigte den Text. Der Papst bestätigte.

Hildegard hielt es nicht mehr auf dem Disibodenberg. Schwer zu sagen, warum. Nachdem sie kirchlich anerkannt war, wollten die Mönche sie nicht gehen lassen; die Nonnen verlangten schließlich ihr eingebrachtes Vermögen zurück. Hildegard half sich gegen den Widerstand auf ihre Weise: Sie wurde krank.

Der Klostereintritt von Adelstöchtern war mit erheblichen Vermögentransfers verbunden; die Adligen der Rhein-Nahe-Gegend standen im Gegensatz zum Mainzer Erzbischof; sie wollten ihr Land nicht unter dessen Kontrolle bringen und wünschten für ihre Töchter ein eigenes Haus. Hinzu kamen verschiedene Auffassungen von Klosterreform. Hildegard war mehr für die strengere, die kluniaziensische Richtung.

Nach dreijährigen Auseinandersetzungen verließ Hildegard 1150 mit ihren Nonnen den Disibodenberg und ging zum Rupertsberg, Bingen gegenüber auf der anderen Naheseite, dort, wo Bingerbrück liegt, das es vor 1850 nicht gab.

Dort leitete sie den Konvent, baute, beherbergte Gäste, versorgte Kranke. Jetzt begann ihre öffentliche Wirksamkeit, ihr weitreichender Briefwechsel (der auch philologische Probleme aufwirft), ihre Predigtreisen. Hier schrieb sie ihre beiden anderen Visionswerke: *Liber vitae meritorum, Liber divinorum operum.* 1165 gründet sie für Nonnen niederen Standes das Kloster Eibingen. Ausdrücklich weigerte sie sich, nicht-adlige Frauen in ihr Kloster aufzunehmen. Das ist nicht einfach damit zu erklären, dies sei der „Geist jener Zeit" gewesen. Eine zeitgenössische Äbtissin fragte sie, ob das christlich sei. Sie hatte also Zweifel. Hildegard antwortete: Man sperre ja auch nicht Ochsen, Ziegen und Schweine in denselben Stall.

Beide Klöster wurden zerstört: Rupertsberg im Dreißigjährigen Krieg, Eibingen um 1820; Eibingen wurde 1900 bis 1904 neu gebaut, in zweifelhaftem Geschmack.

Hildegard ist trotz vieler Krankheiten über 80 Jahre alt geworden; sie hat fast das ganze 12. Jahrhundert erlebt. Es war eine Zeit wirtschaftlichen Aufschwungs und vielfacher Expansion, auch gewaltsamer – gegen Sarazenen, gegen Juden. Zugleich gab es einen lebhaften kommerziellen und kulturellen Austausch; offene Fragen wurden diskutiert, die herkömmliche Form des Christentums in Frage gestellt; Hildegards Visionen nehmen darauf Bezug, stabilisieren als Stellungnahme Gottes das frühmittelalterlich-monastisch geprägte Christentum.

Die „heilige Äbtissin Hildegard von Bingen" war weder von Bingen, noch war sie Äbtissin noch wurde sie je heiliggesprochen. Sie blieb – rechtlich – dem Abt vom Disibodenberg zugeordnet, sie lebte außerhalb Bingens; der eingeleitete Heiligsprechungsprozeß scheiterte oder versandete.

Was war sie? Eine bedeutende, eigenwillige Frau, eine der ersten Schriftstellerinnen des Mittelalters, doch vergessen wir nicht Roswitha von Gandersheim, nicht Mechtild, nicht Hadewich, vor allem nicht Margareta Poreta, die verbrannt wurde, nicht Christine de Pisan.

Hildegard verkündete ihre Visionen als die Stimme Gottes selbst. In diesem Sinne, zuweilen auch im Sinne von Zukunftswissen, verstand sie sich als *Prophetin*. Gelegentlich gab sie auch Auskunft über ein Seelenschicksal im Jenseits. Scharfe Kritik übte sie an Geldgier und Geilheit des Klerus.

Ihre geistige Welt war die der symbolisch gelesenen Bibel, der Benediktinerregel, des frühmittelalterlichen Augustinismus, des Rhabanus Maurus. Die besten Forscher – zu ihnen zähle ich Albert Derolez, Peter Dronke und Christel Meier – schreiben ihr neuestens breitere Literaturkenntnisse zu, auch die Kenntnis philosophischer und medizinischer Schriften. Sie konnte recht gut Lateinisch. Früher suchten Forscher bei ihr germanisch-volkstümliches Urwissen oder unterstellten direkte göttliche Eingebung, dagegen zeigten neuere Untersuchungen, daß Hildegard antike und frühmittelalterliche Autoren kannte. Den Einfluß der arabischen Medizin, ihr früher von Schipperges ohne Gründe abgesprochen, beweist Derolez durch Untersuchung ihres Vokabulars. Danach kannte sie Seneca und Constantinus Africanus, der viele Jahre im Orient gereist war, die arabische Medizin studiert hatte, 1075 nach Salerno kam und sein Leben als Mönch in Monte Cassino beendete.

Gleichwohl war ihre geistige Position rückwärtsgewandt, im Vergleich zu den Entwicklungen in Paris. Dort hatte – eine Generation vor ihr – Abaelard nicht nur eine neue Methode wissenschaftlichen Denkens konzipiert; er hatte auch einen neuen Begriff von christlicher Wahrheit und christlicher Ethik entwickelt. Die Lehrer der Kathedralschule von Chartres hatten sich dem Wissen der griechischen Naturforscher und Ärzte geöffnet; die Schulen in Laon, Toledo und Salerno hatten neue Wege eingeschlagen.

## III.

Was soll ich tun, wenn mein Kind Schuppenflechte (psoriasis) hat? Die Hildegard-Medizin weiß es. Ich entnehme dem Werk von Reinhard Schiller, *Hildegard. Medizin Praxis*, Augsburg 1993, S. 97 – es ist eines von Dutzenden Produkten, mit denen der Pattloch-Weltbildverlag, Augsburg, vom Hildegard-Boom profitiert –, gegen die Schuppenflechte müsse ich zuerst auf Hasenjagd gehen. Habe ich einen Hasen erlegt, dann tritt die Hildegard-Medizin mit ihrer Weisheit auf den Plan: Ich soll, rät sie mir, bei der Hasenschlachtung auf den Mondstand achten. Nur bei zunehmendem Mond sei die Gallenblase gut gefüllt, bei abnehmendem Mond enthalte die Hasengalle nur ein paar Tropfen. Ich soll aber täglich auf die von der Schuppenflechte befallenen Stellen träufeln. Ich zögere und fürchte: Die Hildegard-Medizin nutzt nicht nur nichts, sondern sie kann schaden. Aus vier Gründen:

Erstens: Die Schulmedizin hat ernsthafte Probleme; einige schafft sie selbst. Statt diese konkret zu kritisieren, nutzt die Hildegard-Medizin nur ein bestehendes Unbehagen aus, um etwas anderes, höchst Ungewisses zu verkaufen.

Zweitens: Die medizinischen Schriften, die Hildegard zugeschrieben werden, werfen philologische Probleme auf. Ihre Aussagen sind nicht so klar, daß man auf ihnen eine Behandlung aufbauen kann. Sie sind nicht enthalten in der „Gesamtausgabe" der Werke Hildegards, im sog. Riesenkodex der Wiesbadener Landesbibliothek (MS 2). Es handelt sich um zwei medizinische Werke, einmal um den *Liber simplicis medicinae*, später *Physica* genannt, sodann um den *Liber compositae medicinae*. Beide Bücher sind in keiner zeitgenössischen Handschrift überliefert. Niemand weiß, wie Hildegard in den Einzelheiten ihrer Naturkunde wirklich gedacht hat. Und auf dieser schwankenden Textgrundlage veranstaltet die Hildegard-Medizin ihren Rummel. Sie zeigt sich unbekümmert um die Textbasis. Was Hildegard tatsächlich geschrieben hat, ist ihr so gut wie egal. Dabei handelt es sich nicht nur um Kleinigkeiten:

Die Namen von Pflanzen und von Krankheiten sind nicht eindeutig. Daraus ergibt sich ein erhebliches Risiko bei jeder Arznei. Auch die Mengenangaben sind nicht so genau, wie es erforderlich wäre. Die Annahme, Pflanzenstoffe seien in jeder Menge förderlich, ist nachweislich falsch.

Drittens: Die Befürworter der Hildegard-Medizin, wenn sie sich überhaupt um das Kleingedruckte kümmern, äußern unprofessionelle, vage, naiv-moderne Kriterien der Echtheit. So schreibt z. B. Marie-Louise Portmann, die Übersetzerin der *Physica* (bei Pattloch, Weltbild, Lizenzausgabe bei Herder, Freiburg 1997, S. 19): „Unecht sind sicher auch alle Stellen mit magischem Inhalt." Wieso? Dies ist kein Kriterium einer philologisch-historischen Arbeit; eher handelt es sich um die Regel einer Zensur.

Viertens: Verdächtig ist die Vervielfältigung der Titel mit Hildegard-Medizin und ihre immer größere Spezialisierung: *Hildegard, Entgiftung des Körpers – Hildegard, Umweltkrankheiten – Hildegard, Gesund und Schmackhaft kochen*, usw. usw. Die Bücher enthalten oft unsinnige Ratschläge, viele leere Seiten, angeblich für Rezepte. Die Bochumer Medizinhistorikerin Irmgard Müller hat diese Hildegard-Medizin als nicht authentisch und schädlich scharf kritisiert. Sie hat recht.

## IV.

Ich schlage die *Physica* auf. Das Vorwort endet mit der Erklärung, es gebe gute und schlechte Kräuter, die letzten liebe der Teufel und mische sich ihnen bei. Was soll ich mir dabei denken? Hier hilft nur ein konkretes Beispiel weiter. Nehmen wir die Zypresse. Der Hildegard zugeschriebene Text der Zeit um 1300, in meiner Übersetzung aufgrund der Wolfenbütteler Handschrift, sagt von ihr:

„Die Zypresse ist sehr warm und bedeutet das Geheimnis Gottes [...] Wird ein Mensch vom Teufel oder von magischen Künsten umgarnt, dann nehme er von diesem Holz, aus der Mitte des Baumes, er bohre mit dem *nevegere* ein Loch hinein. Dann schöpfe er mit einem Tontopf Wasser aus einer Quelle, gieße es durch das Loch und fange es auf mit einem anderen Topf. Und während du das Wasser eingießt, sprich:

Ich gieße dich Wasser durch dieses Loch in jener mächtigen Kraft, die Gott ist, damit du mit der Stärke, die in deiner Natur liegt, in diesen Menschen einfließt, der in seinem Sinn umgarnt ist und damit du in ihm alle Formen des Widerstreites entfernst und damit du ihn in jene Rechtheit zurückbringst, in die Gott ihn gesetzt hat, mit rechtem Sinn und rechtem Wissen.

Wer durch den Teufel, durch Gespenster (phantasmata) oder durch magische Künste ermattet oder umgarnt ist, dem gebe man neun Tage lang dieses Wasser auf nüchternen Magen zu trinken, und es wird ihm besser gehen."

Der Text beruht auf dem antiken Schema von Warm und Kalt, das wir heute schwerlich den Pflanzen zuordnen würden. Er versteht den menschlichen Organismus als Viersäftekombination und definiert Gesundheit als deren Gleichgewicht. Er bringt im wesentlichen noch die Heilkunst der karolingischen Zeit; er steckt voll von Magie, Astrologie und religiösen Beschwörungen. Bezieht sich die Zahl Neun auf die Chöre der Engel? Ich weiß es nicht, aber offensichtlich ist dies eine Medizin mit doppeltem Boden: Wenn sie nicht hilft, erklärt sie, es gehe ja nicht um Heilung, sondern um das Heil. Aber was noch wichtiger ist: Dieser Naturbetrachtung fehlt das Konzept von Natur. Die „Natur" ist bei Hildegard ein Spielball in der Hand Gottes oder des Teufels. Satan kann Wetter machen, Krankheiten schicken, Leichen beleben.

## V.

Daher ist es illusionär, Hildegard als Patronin eines neuen Verhältnisses zur Natur vorzustellen. Ihr Werk taugt weder zur Rückkehr zur Natur noch zur Stärkung der Stellung der Frau.

Die tatsächliche, die historische Hildegard hatte andere Probleme, andere Lösungen für die Fragen *ihrer* Zeit. Sie hatte weder die Industrie noch die Technik vor Augen. Ausgebildete Frauen gab es nur in der höchsten Aristokratie und in wenigen Klöstern. Sie kämpfte gegen korrupte Kleriker; sie ermahnte hartherzige Kriegerlaien zum Frieden; sie verwarf den Kauf geistlicher Ämter gegen Geld; sie polemisierte gegen Bestreiter der Ehe und der Kindertaufe (Katharer). Sie sah ihre Kirche bedroht; sie wußte sich in der Endzeit. Der Teufel, lehrte sie, hat keine lange Zeitspanne mehr und vermehrt seine Anstrengungen, er reizt zum Unglauben. Der Jüngste Tag ist nahe.

Hildegard warb für ein Klosterleben mit Jungfräulichkeit als höchstem Ideal. Mönche und Nonnen lebten wie Engel. Öffentlich mitreden könne nur eine gottgeweihte Jungfrau, und zwar nur mit spezieller göttlicher Berufung. Hildegard dachte nicht an die Frau als Subjekt von Menschenrechten.

Sie kämpfte für die Keuschheit der Priester; sie sollten nicht einmal lachen. Dies verlange die Stimme Gottes, nicht ihre eigene. Im übrigen wiederhole sie nur die Lehre der alten Kirchenväter.

Ihre Ethik, ihr Konzept von Gemeinschaft ist frühmittelalterlich. Hildegard schärft ein, die Abgabe des Zehnten sei religiöse Pflicht. Gott selbst verlange ihn. Alle weltliche Gewalt sei von Gott, auch die soziale Schichtung, ausdrücklich einschließlich der Sklaven. Gott wolle nicht, daß wir die Sklaverei abschaffen, sondern daß die Herren die Sklaven achten. Die Gewalt der Herrscher komme von Gott, damit die Menschen durch sie Gott fürchten lernen, aber die kleinen Herren sollen nicht gerade machen, was sie wollen. Hildegard verstand sich als Prophetin; das bedeutet keine prinzipielle Neubewertung der Frau: Die Frau ist das Werk des Mannes, sie ist seine Sklavin (*serva*). Hildegard wiederholt dies schroff und klar: „Sie steht unter der Gewalt des Mannes wie der Sklave unter seinem Herrn". Basta.

Die Frau ist schwach, deswegen konnte durch sie der Teufel den *homo* besiegen. Der Mann repräsentiert Gott den Vater, die Frau nur die Menschheit des Sohnes. Die Frau hat die Bestimmung, dem Willen des Mannes untertan zu sein. Sie darf so wenig Priester werden wie körperlich behinderte Männer.

Bei Hildegard kommt es auch zu keiner Neubewertung der Tiere und Pflanzen; sie sind Mittel zum Zweck; der Mensch soll sie beherrschen und sich unterwerfen. Das schließt Standardmotive des 12. Jahrhunderts nicht aus, insbesondere nicht das vom Makrokosmos–Mikrokosmos: Der Mensch ist demzufolge *in* jedem Geschöpf. Daher funktioniert der Symbolismus; der Sinn für Farben lebt auf. Hildegard findet poetische Sätze über den Gegensatz von Lebenskraft, Grün-Sein, Frische (*viriditas*) und Dürre oder Trockenheit (*ariditas*). Sie wagt sich vor, zu sagen, die Tiere spürten Gott, weil sie seine Geschöpfe sind. Dies sind schöne, künstlerische Texte, nur ist es unhistorisch, solche Motive zu isolieren. Hildegards Ethik bestand auf Ordnung, Hierarchie, Gehorsam, gegen Neuerungssucht. Der Mensch ist als Herr der Natur gedacht, problemlos. Hildegard hat mit unseren ökologischen Problemen nichts zu tun. Der Akzent ihrer Wegweisung liegt auf Keuschheit und Jungfräulichkeit. Maria wird immer als Jungfrau gefeiert. Sie hat Christus ohne Schmerzen geboren, schreibt die Ärztin Hildegard.

Die Ehe dient nur der Kindererzeugung; sie vermehrt die Zahl der Auserwählten. Die Onanie stammt vom Teufel; die Homosexualität, ob männlich, ob weiblich, verdient die Todesstrafe. Hildegard hat ein frühmittelalterlich-archaisches Konzept von Schuld. Sie fordert vom Priester, er müsse bei nächtlichem, unfreiwilligem Samenerguß vom Altar fernbleiben, er müsse beichten und Buße tun. Sie kennt also Schuld ohne Willensbeteiligung. Nach der Defloration darf die Frau nicht in die Kirche; den Koitus mit Schwangeren untersagt Hildegard streng; überhaupt liege beim Beischlaf der Teufel immer auf der Lauer, gleichzeitig verwahrt sie sich gegen die prinzipielle, katharische Kritik an der Ehe.

Ihre Ethik ist Klosterfrauenethik. Die höchsten Tugenden sind Demut und Gehorsam. Der Gott Hildegards erklärt ausdrücklich, er schätze die Demut höher als die caritas: Die Demut ist wie die Seele, die Liebe wie der Leib.

Hildegards Gott verwirft soziale Mobilität: Jeder bleibe in seinem ordo. Gott will den Vorrang der Geistlichen vor den Laien: Der Geistliche verhalte sich zu Weltleuten wie der Tag zur Nacht.

## VI.

Es ist verhältnismäßig leicht, Bundesgenossen zu finden, um die Hildegard-Medizin und den Hildegard-Feminismus zu kritisieren. Aber Beifall findet, wer behauptet, die religiöse Botschaft, die Frömmigkeit und die „Spiritualität" der Prophetin seien ein Zeichen für unsere Zeit. Ich erlaube mir, zu widersprechen – im Namen Hildegards. Denn auch bei der spirituellen Aneignung Hildegards bleiben ihre Bücher im Dämmerlicht. Sie werden so unbestimmt – fast möchte ich sagen: schwammig – aufgefaßt, daß man auf diese Weise alles empfehlen kann. Es kommt bei der religiösen Aktualisierung Hildegards nicht präzis heraus, was Hildegard sagt. Der Inhalt, den Hildegard klar ausspricht, geht verloren, vor allem der ihr eigentümliche Begriff von Gott. Er hat mit modernen religiösen Begriffen und Bedürfnissen wenig gemein; kein angeblich überzeitlicher Begriff von „Theologie" erreicht ihn. Er entstammt dem frühmittelalterlichen Augustinismus und nimmt einige Anregungen des 12. Jahrhunderts auf. Wie bei Augustin ist Gott das höchste Gut, das wahre Licht der Seele, das endgültige Glück des Menschen. Er ist das Bleibende, Unveränderliche, augustinisch gedacht: das zeitüberlegene wahre Sein. Schön beschreibt Hildegard ihren Gott als Gärtner, als großen Philosophen und tiefdenkenden Künstler; wir dürfen ihn uns mit dem Zirkel in der Hand, als Weltenrechner vorstellen, wie ihn zeitgenössische Miniaturen malten. Hildegard nennt ihn unbegreiflich und wehrt intensiv jedes Begreifenwollen ab, gleichzeitig will sie begreifen. Immer wieder fragt sie: *Quid est hoc?* Ihr Gott gibt Rätsel auf, denn er ist das Gute selbst und ist doch *schrecklich*. Nichts erlaubt es, dieses letzte Wort abzuschwächen. Es bedeutet zum Beispiel, daß Gott in seinem Zornesfeuer alle verbrennt, die außerhalb des christlichen Glaubens bleiben. Im dritten Teil des Buches *Scivias* spricht Hildegard ausdrücklich vom Zorneseifer Gottes (*zelus*). Gott rächt sich. „Ich bedrücke die Erde, ich bereite ihr großen Schmerz und räche dabei das Fleisch und Blut meines Sohnes". Dies ist Originalton Hildegard. Ich zwinge die

Menschen, sagt Hildegards Gott von sich, durch heftigste Schmerzen, körperliche und geistige; ich zwinge sie, zu mir zu kommen.
Gottes schrecklicher Zorneseifer versetzt jedes Geschöpf in Furcht. Die Religionspädagogik besteht darin, sagt Gott, den Menschen Furcht vor meinem Gericht beizubringen. Den Ungetauften drohen ewige Folterqualen (*tormenta*).
Das Gottesbild Hildegards ist auf Konflikt gestellt. Gott befindet sich im Kampf mit dem Satan. Am Ende wird Gott dem Satan und den Bösen furchtbare Höllenqualen bereiten. Wer den richtigen „Weg" weiß, kann dem entgehen. Der Kreuzestod hat die Befreiung aus der Teufelsherrschaft ermöglicht; der Tod Jesu war die Besiegung des Teufels, genauer: die Ablösung der Rechte, die der Teufel durch den Sündenfall auf die Menschheit erworben hatte. Der Teufel verlor seine Rechte, weil er sich an dem als Mensch inkognito bleibenden Gott vergriffen hat; er wurde durch die Menschwerdung getäuscht. Trotz des Sieges über ihn herrscht Satan noch mit seinen unzähligen Dämonen in der Welt. Er ist mächtig in der Sinnenwelt; er redet aus Statuen. Die Menschen, die am Ende erlöst werden, nehmen die Himmelsplätze ein, die durch den Teufelssturz frei geworden sind. Dann wird es wieder sein wie am Anfang; die Zeit endet. Es wird nie mehr Nacht werden. Die Himmelskörper werden stillstehen. Die beiden Gemeinschaften (*civitates*) werden getrennt sein. Für die Bösen wird die Hölle immer brennen; alle werden die Qualen der Verdammten sehen.
Bis dahin stehen die Menschen an der Weggabelung. *Die Wege wissen* – das heißt, wir sollen das Gute ergreifen und zurückgehen zum Vater. Die Geschichte vom verlorenen Sohn symbolisiert den Weltprozeß. Die Seele wohnt im Körper wie in einem Zelt, das zum Abbruch bestimmt ist. Sie will heraus, weil ihr der Leib Anlaß zur Sünde ist.
Nimmt man diese Frömmigkeit und diese Ethik genau, so ist sie monastisch, platonisierend, frühmittelalterlich. Sie beruht, wie Hildegard sagt, auf Weltverachtung. Hildegard hat nichts gegen Zwang und Züchtigung von Klosterflüchtlingen. Es wäre ungeschichtlich gedacht, von einer Klosterfrau des 12. Jahrhunderts „Toleranz" zu erwarten, aber es wäre auch ungenau, ihre antijüdische Polemik zu überhören: Nur die *frühere* Synagoge war gut, weil sie den Messias erwartete, jetzt ist sie in der Hand des Teufels. Die Synagoge ist Sklavin (*serva*), die Kirche *domina*. Die Juden haben sich in Anmaßung gegen Gott gestellt; sie haben den größten aller Morde begangen.

Hildegard sagt klar und bestimmt, was Gott ist und was er will. Sie verkündet den einzig richtigen Weg. Sie geht dabei ins einzelne: Gott will den Zehnt, das keusche Leben der Priester, die Kinder als Ehezweck; er sieht die Juden in der Hand des Satans. Hildegard sprach hart, aber inhaltreich. Schreibt aber, wie kürzlich geschehen, eine fromme Frau von heute, Hildegards Bedeutung liege darin, daß wir uns „im Tiefsten" von Gott berühren lassen sollen, so ist diese Abschwächung ein harter reduktiver Eingriff in historisches Textgewebe, so weich sich das anhört. Wie der Eifer für die Hildegard-Medizin die Mängel unseres Medizinsystems spiegelt, so kompensieren solche Operationen die wirklichen oder empfundenen Mängel der Kirchen. Statt diesen auf den Grund zu gehen, verdeckt die aktualisierende Berufung auf die Religion einer Frau des zwölften Jahrhunderts die reale Situation, in der wir stehen, Fromme wie Unfromme gleichermaßen.

## PLAUDEREI ÜBER EUTHANASIE

Vorausschicken muß ich, daß ich gern koche. Ich produziere keine großartigen französischen oder asiatischen Menüs, nichts Barockes mit Sahnesoßen, nein, einfache toskanische Gerichte. Ich koche für andere, um mich mit ihnen zu unterhalten. Dadurch kam es, daß über einige Jahre hin eine kleine Gruppe jüngerer Ärzte bei mir öfter zu Gast war. Wir haben zu fünft, zu sechst über alles mögliche heiter geplaudert. Die Stimmung war freisinnig bis übermütig. Jeder konnte sagen, was er dachte. Nur bei einem einzigen Thema, auf das ich gelegentlich das Gespräch lenkte, veränderten meine Gäste merkwürdig die Tonart. Sie wurden defensiv; sie wimmelten ab; sie begannen, sich über ihr Los zu beklagen. Und das geschah regelmäßig. Ich brauchte sie nur zu fragen, wie sie reagierten, wenn einer ihrer Patienten zum Sterben käme. Ob sie sich da zum Helfen verpflichtet fühlten und ob das noch zu ihrer Verantwortung gehöre. Die sympathischen jungen Leute, meist Assistenzärztinnen und -ärzte, antworteten stockend, hilflos bis aggressiv. Diese Beobachtung habe ich mehrfach gemacht, sonst würde ich hier nicht darüber schreiben. Das war kein Zufall mehr; das war ein gesellschaftliches Symptom. Und dahinter steckt ein ethisch-politisches Problem. Ich sage nicht, *alle* Ärzte reagierten so. Aber wenn so etwas öfter vorkommt in zweckfreien Unterhaltungen, ohne daß irgendwelche Erwartungen oder Bitten oder Überzeugungen ausgesprochen worden waren, wenn darin keinerlei Zumutung, außer eben der des Themas, lag, dann meine ich, man müßte einmal darüber öffentlich nachdenken. Wie gesagt: Auf meine einfache Frage hin kippte die Stimmung plötzlich um; es blieb mir gar nichts anderes übrig, als einen anderen Wein zu holen und ein neues Thema anzuschlagen. Wie kam es zu diesem Stimmungswechsel? Redebegabte junge Ärzte verloren plötzlich den Faden. Sie fingen an zu bellen, oder sie verstummten. Mit der Zeit begriff ich das eine oder andere Motiv. Es war nicht so, als wollten sie beim gemütlichen Essen nicht an ihren ärztlichen Alltag erinnert werden; davon sprachen sie oft und intensiv. Es war die spezielle Situation, in der ihre ärztliche Kunst zu Ende ging, die sie in Verlegenheit brachte. Manchmal äußerten sie juristische Bedenken; ihre Sterbehilfe sei juristisch prekär. Sie seien zum Heilen da, fürs Sterben seien sie nicht zuständig: Schmerz lindern ja, mehr tun könnten sie keinesfalls. Die Situation war für eine ungenierte Unterhaltung ungewöhnlich günstig: Niemand war von dem anderen abhängig; wir aßen gutgelaunt miteinander; ein Bordeaux stand auf dem Tisch. Daher habe ich mich denn gelegentlich getraut, eine weitere Frage zu stellen: Es könne doch nicht ihr Ernst sein, das Problem einfach abzuschieben, wie einen sterbenden Patienten in einen Abstellraum. Und dann antworteten sie mir regelmäßig mit einem Schlagwort: *Euthanasie*. Nein, damit wollten sie nichts zu tun haben; schließlich lebten wir nicht in der Nazi-Zeit. Meine Gäste waren liebenswürdige, gesprächsbereite Menschen. Das Thema war ihnen gewiß auch deshalb unangenehm, weil es sie an bittere Szenen erinnerte, denen sie sich nicht gewachsen fühlten. Sie wollten sich nicht die Vorwürfe zuziehen, die man älteren Ärzten machte. Sie wollten einen weißen Kittel mit einer weißen Weste. Auch ich mache ihnen keine Vorwürfe. Ich kritisiere sie nicht einmal. Ich stelle nur fest: Sie hatten nicht über das Wort „Euthanasie" nachgedacht. Und sie haben nicht die Funktion genauer beachtet, die dieses Wort in unserer Unterhaltung spielte.

Das Wort „Euthanasie" gab es schon lange vor der Nazi-Zeit. Um 1800 wurde es oft gebraucht und hatte einen arglosen Klang. Kein Mensch dachte dabei an ein ärztliches Verbrechen. Es bezeichnete damals keinen Eingriff von außen, sondern einen friedlichen Tod. Ich besitze einen uralten Brockhaus; er stammt aus der Zeit um 1820. Dort wird „Euthanasie" definiert. „Euthanasie", heißt es, sei „ein sanftes, leichtes, glückliches Sterben". An Fremdeinwirkung ist nicht gedacht. Von der Rolle des Arztes oder der Angehörigen war damals in keiner Form die Rede. Am Ende des Jahrhunderts klang das Wort schon anders. „Euthanasie" war jetzt nichts mehr, was sich gelegentlich glücklicherweise ergibt, sondern etwas, was der Arzt *macht*. Die ärztliche Versorgung der Bevölkerung war jetzt wesentlich besser; man stellte sich vor, an jedem Sterbebett stehe ein Arzt. 1894 definierte der Brockhaus „Euthanasie" als „Todeslinderung". Sie sei, hieß es jetzt, „ein Verfahren, durch welches der Arzt den als unvermeidlich erkannten Tod für den Sterbenden möglichst leicht und schmerzlos zu machen sucht." Das Lexikon sagte dem Arzt auch, was er zu tun hatte: Die Todeslinderung bestehe in „zweckmäßiger Lagerung, Fernhaltung aller äußeren Störungen, Linderung der Schmerzen durch anästhetische und narkotische Mittel, Sorge für frische Luft und zeitweiligem Einflößen von milden und labenden Getränken". Das war alles. Das war Euthanasie in den Zeiten unserer Urgroßeltern. Dann kam freilich alles ganz anders, und es kam auch nicht 1933 über Nacht. Aber jedenfalls zeigt sich: Meine ärztlichen Abendgäste, die sich zuweilen aushalfen mit antinazistischer Rhetorik, gebrauchten das Wort „Euthanasie" genau in dem Sinne, den es erst durch die Naziverbrechen erhalten hat.

Nun plädiere ich keineswegs dafür, so zu tun, als lebten wir im Jahr 1820. Dazu ist zu viel geschehen. Es ist ausgeschlossen, zu dem arglosen Gebrauch zurückzukehren, den das Wort „Euthanasie" im Deutschen der Goethe-Zeit hatte. Das Wort taugt nicht mehr für eine reelle Diskussion des Problems. Das Wort dient heute nur dazu, eine Diskussion abzuwürgen. Ich plädiere dafür, die Debatte neu zu eröffnen. Man sollte „Sterbehilfe" sagen. Natürlich ist es nicht mit dem bloßen Wort getan. Wir müssen die juristischen und medizinischen Bedingungen exakt definieren, unter denen wir „Sterbehilfe" befürworten oder ablehnen. In zwangfreien öffentlichen Erörterungen ist zu besprechen, was alle angeht. Ich schlage das vor, weil ich es für durchaus möglich halte, Sicherungen einzubauen, die Verbrechen faktisch ausschlössen. Damit wäre auch meinen Abendgästen geholfen. Unser gesellschaftliches Klima würde trotz der Kontroversen verbessert. Vor allem aber: Wir ließen nicht länger die Sterbenden allein. Warum findet diese notwendige Debatte bei uns kaum statt? Es ist ein fortdauernder Sieg der Nazis, daß sie das Thema bei uns tabuisieren. Begänne man die notwendigen Gespräche, die natürlich kontrovers ausfielen, dann würde klar: Die Diskussion steht erst ganz am Anfang. Sie wird durch Hilflosigkeit blockiert. Mißtrauen gegenüber der Allmacht der Ärzte ist durchaus angebracht; rechtliche Regelungen und verläßliche Kontrollen sind unerläßlich. Weder die Ärzte noch irgendeine Behörde darf zum Herrn über Leben und Tod gemacht werden. Wie das geregelt werden soll, darüber muß man *reden* können. Dabei sind die sachlichen Argumente, die Peter Singer und Norbert Hoerster vorgetragen haben, ohne Aufgeregtheit zu besprechen. Aber genau dieses Reden ist bei uns blockiert. Was uns behindert, ist eine verbrauchte Rhetorik. Es sind Schutzbehauptungen und eine falsche Wortwahl. Wir sind Gefangene unserer Geschichte. Durch genaue historische Analyse wäre zumindest diese Befangenheit aufzulösen.

# WAS HIESS BEI KANT „EUTHANASIE DES JUDENTUMS"?

Es gibt Neues auf dem Gebiet der Philosophie. Ein Frankfurter Pädagogikprofessor hat eine Entdeckung gemacht. Er hat im Jahr 2000 die Erbsünde der großen deutschen Denker enthüllt. Sie waren, meint er, Antisemiten. Dies ist eine historische Behauptung; es ist von Belang, sie historisch zu prüfen. Politisch brisant ist es ohnehin, das Buch von Micha Brumlik, *Deutscher Geist und Judenhaß. Das Verhältnis des philosophischen Idealismus zum Judentum.* München 2000.

Der geschichtliche Anlaß für diese Untersuchung liegt auf der Hand: Die deutsche Nation ist in neueren Krisenzeiten ziemlich regelmäßig in Intoleranz ausgebrochen. In den Jahren 1807/1813, 1875/1888 und wiederum 1918/1923 schwollen Judenhaß und Fremdenfeindlichkeit an. Die besorgte Frage, ob dies sich nicht für die Zeit nach 1989 wiederholt, gibt dem Rückblick in die Zeit des Deutschen Idealismus besondere Aktualität. „Wesentliche Teile des akademisch gebildeten deutschen Bürgertums" haben an der Massenvernichtung der Juden mitgewirkt. Was hat sie geprägt? Welche Wurzeln hat die nazistische Vernichtungspolitik in der deutschen Geschichte?

Das klingt, als wolle Brumlik die Goldhagen-Debatte noch einmal eröffnen. Aber er argumentiert weniger pauschal. Er spricht nicht vom ganzen deutschen „Volk"; er hält sich nicht an den schwammigen Begriff der „Mentalität". Er geht spezifischer vor; er untersucht die Texte von sechs führenden deutschen Philosophen von etwa 1790 bis 1844. Von Kant bis Marx, *Zur Judenfrage.* Wie weit enthalten sie antisemitische Motive?

Um das Ergebnis von Brumliks Recherche vorwegzunennen: Die deutschen Idealisten waren nicht die geistigen Vorläufer des Massenmords; Marx war nicht der Urheber des sowjetischen Antisemitismus. Damit scheinen Vorwürfe widerlegt, die tatsächlich gegen die deutschen Philosophen der Zeit um 1800 erhoben worden sind, und zwar von Léon Poliakov und Paul Lawrence Rose.

Das ist klar, aber nicht ganz. Brumlik findet dann doch eine Serie von judenfeindlichen Äußerungen bei Kant, Fichte, Schleiermacher, Hegel,

Schelling und Marx. Natürlich haben diese Philosophen nicht alle dasselbe gedacht, auch wenn Brumlik ihr Denken insgesamt als „Idealismus" charakterisiert und Marx dabei einschließt. Gerade in ihrer Stellung zur „Judenfrage" zeigen sich Unterschiede. Brumlik redet nicht mehr wie Goldhagen vom „deutschen Volk", sondern von einzelnen deutschen Philosophen. Er sucht sie in ihrem Kontext auf; er notiert Entwicklungen und zeigt Differenzierungen. Er berücksichtigt außer innerphilosophischen Situationen auch die politische und die gesamtkulturelle Lage des untersuchten Zeitraums. Brumlik treibt keine reine „Geistesgeschichte". Und er kennt neben den berühmtesten Philosophen auch Autoren mittleren Formats, z. B. Moses Mendelssohn, Wilhelm von Dohm, Bruno Bauer und Moses Heß.

Keinem der untersuchten Denker erteilt Brumlik die Absolution. Selbst bei Kant findet er „judenfeindliche Texte". Fichte, heißt es, sei ein „leidenschaftlicher Judenfeind" gewesen, er lehre deutlichen „Antisemitismus", sogar „Eliminationsantisemitismus"; manche seiner Ansichten kommen „Hitler sehr nahe". Schleiermacher, der eine jüdische Freundin hatte, aber auf deren Taufe drängte, schwankte zwischen Zuneigung und Abwehr; aber sein „theologischer Antijudaismus" sei zunehmend „sozialer Antisemitismus" geworden. Er betone nach dem preußischen Zusammenbruch von 1806 mehr und mehr den kompakten Charakter von Staat und Nation, den er durch Juden gestört gefunden habe. Er habe allerdings insofern weiterhin liberal gedacht, als er für die Unabhängigkeit staatsbürgerlicher Rechte von jeder Religion eingetreten sei.

Hegel kommt in Brumliks Gerichtsverhandlung fast ungeschoren davon. Nach anfänglicher schroffer Entgegensetzung von griechischer Volksreligion und Judentum/Christentum werde Hegel zunehmend ein „vorbildlicher Liberaler". Freilich bleibe er wie fast alle Philosophen dieser Zeit bei der Annahme, das Judentum (als Religion) stelle eine überwundene Stufe der Menschheitsentwicklung dar. Aber als Rechtsphilosoph sei Hegel zum klassischen Kritiker des „völkischen Antisemitismus" geworden. – Schelling verzichte nicht auf antijüdische Redensarten, aber er anerkenne den wertvollen Beitrag der Juden zum Fortschritt der Menschheit. Im Jahr des preußischen Judenedikts habe er für die Menschenrechte der Juden argumentiert.

Marx' Stellung zur Judenfrage sei geprägt von Hegels Sicht des Judentums. Er verteidige den jüdischen Anspruch auf staatsbürgerliche Gleichberechtigung, war aber persönlich, wie Brumlik sagt, „ein glühender Antisemit". Nur der „rationale Kern" seiner Position sei nicht antisemitisch, aber insgesamt habe Marx sich „geradezu obsessiv antisemitischer Klischees" bedient. Bei ihm ist „Judentum" nicht mehr synonym mit Gesetzesreligion und Knechtschaft des Menschen gegenüber einem Gott, der von Abraham die Opferung des eigenen Sohnes verlangt. Wenn Philosophen *vor* Marx gegen „Judentum" polemisierten, dann bezogen sie das religionsphilosophisch auf Ritualismus und Buchstabenglaube. Sie sagten „Judentum" und meinten die traditionellen Reste im Protestantismus, den sie als Religion der Geistesfreiheit stilisierten. Bei Marx wird das anders: Bei ihm bedeutet „Judentum" Geldgier, Wucher und Schacher. Wenn er von der Emanzipation der Gesellschaft vom Judentum spricht, heißt das, die Juden sollten sich als Menschen verstehen; der Krämergeist soll überwunden werden. Gleichwohl findet Brumlik bei Marx auch Phantasiebilder vom Verschwinden der Juden; in Briefen spreche Marx von Schmutz und Klebrigkeit der Juden; er drücke sich so verächtlich aus, daß man heute diese Passagen nicht mehr lesen könne, ohne an den *Stürmer* von Julius Streicher erinnert zu werden.

Brumliks Position ist nicht immer klar. Er gebraucht die Ausdrücke „Antijudaismus" und „Antisemitismus", ohne den Unterschied zu erklären. Er spricht von Kritik am *Judentum* und vermeidet es nicht immer, sie als Feindschaft gegen *Juden* auszulegen. Dies ist deswegen merkwürdig, weil Brumlik mit Recht betont, die Philosophen, die er behandelt, hätten „Judentum" in einem besonderen Sinn definiert, nämlich religionsphilosophisch. Demnach wäre „Judentum" eine besondere Art, Religion aufzufassen, nämlich im buchstäblichen Sinn einer starren Orthodoxie. Aber Brumlik hält sich nicht an diese Einsicht und redet immer wieder von Judenfeindschaft. Aber Philosophen sind terminologisch zu lesen; d.h. es ist im Zweifelsfall bis zum Beweis des Gegenteils zu unterstellen, sie hätten sich an ihre Definition gehalten. Wenn Kant das Judentum als Ritualismus, als „statutarische Religion" kritisiert, wenn der junge Marx sagt, er verstehe unter „Judentum" die Geldgier, dann ist das keine Feindschaft gegen konkrete Menschen, sondern Kritik an einem überwundenen Religionsstadium oder die Verurteilung einer häßlichen Eigenschaft von Kapitalisten.

Ich spreche hier von Brumliks Thesen wegen ihrer methodischen Schwäche. Sie vernachlässigen exemplarisch die historische Differenz und beleuchten insofern negativ das Projekt einer historisch belehrten Philosophie. Brumlik nimmt Wörter der deutschen Philosophensprache von 1800, als stünden sie in einer Rede von Goebbels. Er studiert nicht die Verschiebungen der Begriffe. Ich will dies an einem Beispiel erläutern und erhoffe als Nebenwirkung, den Nutzen einer philologisch begründeten, historisch-philosophischen Reflexion zu belegen, an einem Inhalt von höchster moralisch-politischer Bedeutung.

Brumlik entdeckt selbst bei Kant „judenfeindliche Texte". Das ist merkwürdig, denn Kant schien vielen bisher unbescholten. Jüdische Kantianer wie Hermann Cohen und Ernst Cassirer fanden an ihm nichts auszusetzen. Aber Brumlik findet etwas. Nicht in den großen Werken Kants, wohl aber zwei Stellen in seinen spätesten Schriften. Ich darf mich auf eine der beiden Stellen beschränken, weil es hier um das methodisch Spezifische geht. Kant spricht im *Streit der Fakultäten* von 1798 von der jüdischen Religion und schreibt: „Die Euthanasie des Judenthums ist die reine moralische Religion".[1]

Kants Satz steht im Zusammenhang seiner Religionsphilosophie. Er plädiert für die „Rektifikation" jedes Kirchenglaubens durch reinen Vernunftglauben. Der reine Vernunftglauben besteht in der gelebten Überzeugung, der Mensch könne die Versöhnung mit Gott durch nichts anderes erreichen als durch moralische Gesinnung. In diesem Zusammenhang ist dann auch von *Judentum* die Rede, nicht von Juden. Kant definiert Judentum als Satzungslehre, Ritualismus, statutarische Religion. Der Satz Kants geht übrigens weiter, und zwar so:

„Die Euthanasie des Judenthums ist die reine moralische Religion mit Verlassung aller Satzungslehren, deren einige doch im Christenthum (als messianischer Glaube) noch zurück behalten bleiben müssen: welcher Sectenunterschied endlich doch auch verschwinden muß und so das, was man als den Beschluß des großen Dramas des Religionswechsels auf Erden nennt (die Wiederbringung aller Dinge), wenigstens im Geiste herbeiführt, da nur ein Hirt und eine Herde Statt findet."

Die „Euthanasie des Judenthums" besteht also im Verlassen aller „Satzungslehren". Von diesen ist allerdings *eine* beizubehalten: die eschatologische Hoffnung auf die Einigung aller Menschen, bis auch dieser „Sectenunterschied" verschwindet. Dies wird dann eintreten, wenn Juden und Christen sich als Vernunftwesen verstehen, wenn sie also, ohne fremden Eingriff, wenigstens „im Geiste", durch ein neues Selbstver-

---

[1] Immanuel Kant, Der Streit der Fakultäten, 1. Abschnitt, Allgemeine Anmerkung, Akademie-Textausgabe, Band 7, Berlin 1907, S. 53.

ständnis die Einheit herstellen, die der biblisch-utopische Spruch verheiße, es werde nur noch *ein* Hirt und *eine* Herde sein. Die Religion kann sich nur dann für die Zukunft sichern, wenn jeder Kirchenglaube, sei er jüdisch, sei er christlich, sich zum Vernunftglauben wandelt. Es ist, nach Kant, der Sinn von Religion, die Menschen moralisch zu bessern. In dieser Endabsicht bildet die Menschheit eine Einheit, die „unsichtbare Kirche". Um den Sinn von Religion zu verwirklichen, müssen die sichtbaren Religionsgruppen sich nach innen hin selbst übersteigen. Das bedeutet ihren sanften Tod, ihre „Euthanasie".

Die christlichen Kirchen hatten jahrhundertelang gelehrt, vor dem Weltende komme es zu einer allgemeinen Judenbekehrung. Kant verwarf diese Erwartung als „Träumerei". Die Einheit der Menschheit werde sich nicht durch apokalyptische Außenereignisse herstellen, sondern allein durch „geläuterte Religionsbegriffe". Wenn es heißt, die Juden sollen die Religion des Juden Jesus annehmen, dann beziehe sich das auf die „geläuterten Religionsbegriffe", auf die reine Vernunftreligion. Das bedeute aber nicht, betont Kant, die Juden sollten sich mit anderen „in Glaubenssachen vermischen". Das Recht auf eigene Schriftauslegung – der Thora wie des Evangeliums – dürfe ihnen nicht genommen werden. Befolgten die Juden diesen Vorschlag eines Juden, so wären sie „bald" ein „gelehrtes, wohlgesittetes und aller Rechte des bürgerlichen Zustandes fähiges Volk, dessen Glauben auch von der Regierung sanctioniert werden könnte." Das heißt: Die „Euthanasie des Judenthums" wäre die Emanzipation der Juden.

Brumlik kennt diesen Zusammenhang, daß nach Kant die Vernunftreligion darin besteht, seine moralischen Pflichten als Gebote Gottes anzusehen und daß *jeder* Mensch als Vernunftwesen verpflichtet ist, den Übergang zur Vernunftreligion zu machen. Brumlik blendet diesen Kontext dann gleich wieder aus, äußert sich unsicher und tadelt moralisierend den „intellektuellen Hochmut" Kants, als habe der Historiker von Ideen die Aufgabe und die Fähigkeit, ethische Qualitäten von Individuen zu erforschen. Ihn erschreckt das Wort „Euthanasie". Er untersucht nicht die genaue Bedeutung, die das Wort in der Sprache Kants und seiner Zeitgenossen hatte; er unterstellt, Kant habe es ungefähr so gebraucht wie die Naziärzte. Hier zeigt sich, daß Historiker von Ideen querlesen müssen, also neben Kant auch den *Brockhaus*, der im dritten Band der fünften Auflage von 1822 auf Seite 568 „Euthanasie" definiert als „sanftes, leichtes, glückliches Sterben". Christoph Martin Wieland ist

1813 gestorben. Auch bei ihm ist nachzulesen, was damals „Euthanasie" bedeutete, denn Wieland hat drei Gespräche mit dem Titel *Euthanasia* veröffentlicht, die darauf hinauslaufen, Euthanasie sei „die schönste und beste Art zu sterben", und die hänge von einer Bedingung ab, „die immer in unserer Gewalt ist". Euthanasie war damals ein Akt der Autonomie, nicht der Fremdeinwirkung. Und genau so hat Kant das Wort gebraucht, er bezeichnete damit die sanfte Selbstverwandlung der jüdischen und jeder anderen statutarischen Religion in Vernunftreligion. Er meinte damit die Menschenpflicht, aus dem Naturzustand herauszutreten und in ein ethisches Gemeinwesen einzutreten. Unter Christentum verstand er die Intention auf dieses Ziel eines ethischen Gemeinwesens. Seine Polemik gegen das Judentum wendet sich gegen den statutarischen Charakter, gegen das Festhalten an Ritualen und äußeren Vorschriften wie das Fischessen der Katholiken am Freitag.

Brumlik wirft die klassische deutsche Philosophie in den Schlund der Barbarei, weil er die temporale Tiefendimension des philosophischen Denkens nicht sieht. Er bewegt sich urteilend in der Illusion der Kontemporaneität. Ihm fehlt die Methode und der historische Sinn, zuweilen fehlt es ihm auch schlicht an Kenntnissen, besonders wenn er seinen schmalen Pfad verläßt und über Voltaire oder über Abaelard schreibt. Dann liegt er geradezu abenteuerlich daneben. Gegen seine sechs Angeklagten geht er vor in der Manier eines Staatsanwaltes, der aus Nebentönen und abgelegenen Äußerungen Komplizenschaft beweisen will. Besonders unfreundlich geht er mit Marx um. Man muß kein Marxist sein, um es falsch zu finden, daß Brumlik Marx als Wurmfortsatz des Idealismus behandelt. Er führt als einziges Hauptzeugnis seines Antisemitismus einen Text an, den Marx vierzig Jahre vor seinem Tod geschrieben hat.

Brumlik legt zu Recht den Akzent auf die Religionsphilosophie, aber er verspielt diesen Vorzug durch die Neigung, alles und jedes auf Religion zurückzuführen, z. B. auch die Aufklärung und Marx. Originell, aber philologisch unhaltbar ist seine Interpretation von Hegels Dialektik von Herrschaft und Knechtschaft als Theorie des Judentums. Dort geht es einmal nicht um Religion, sondern um Arbeit und die Erfahrung des Bewußtseins bei der Bearbeitung von Gegenständen. Bei Schelling findet Brumlik den schwer beweisbaren Einfluß der Kabbala und vernachlässigt dafür den nachweisbaren Einfluß von Giordano Bruno.

Brumlik verschenkt ein wichtiges Thema. Es hätte viel daran gelegen, die deutsche Entwicklung von 1798 bis 1942 paradigmatisch zu durchleuchten. Da hat ein Wandel stattgefunden, intellektuell, moralisch, ästhetisch und politisch, der unsere Gegenwart mitbestimmt. Um ihn zu begreifen, muß *Entwicklung* gedacht werden; die Chronologie darf nicht bloß äußere Datierung bleiben; die Zeit ist als Koeffizient bei der Analyse von Theorien und Termini mitzudenken. Wird dies versäumt, kann die philosophiehistorische Arbeit Zitate über Zitate häufen, aber eine Korrektur des gegenwärtigen Selbstverständnisses einzelner Leser oder gar der Gesellschaft erreicht sie nicht.

Dann wird selbst Kant zum Nazi.

## VON MARX ZUM ENGEL
## LAUDATIO AUF EINEN ANTI-HISTORISTEN[1]

Wem die Aufgabe zufällt, Massimo Cacciari zu loben, also die Gründe zu rekonstruieren, welche die Akademie bewogen haben könnten, den Preis an ihn zu vergeben, gerät leicht ins Uferlose: An Massimo Cacciari ist zu vieles laudabel. Da hat sich ein Professor für Philosophie 1993 um das Amt des Bürgermeisters von Venedig beworben und es gegen tausend Widerstände erhalten: Wer wird nicht einen Denker loben, der sich des leidenden Gemeinwesens annimmt? Und Venedig hat gelitten – unter Ratten und Touristen, unter Hochwasser und Müll. Dazu kam der Brand von La Fenice. Hat sich der Traum vom Philosophenkönig am Jahrhundertende erfüllt? Nein, so weit will ich nicht gehen, nicht einmal ein Philosophen-Doge ist erstanden, aber immerhin: Er hat U-Bahn und Weltausstellung von der edlen alten Stadt ferngehalten. Kenner der Szene versichern, der Venezianer Cacciari habe sich um seine Vaterstadt verdient gemacht: Und wer Venedig fördert, ist deutschen Schriftstellern, ist deutschen Künstlern seit Dürer lieb. Nur dafür darf ich ihn heute nicht loben, denn nicht dafür bekommt er den Preis. Hier geht es um den Schriftsteller und Geschichtsdenker Cacciari.

Wie ein aufgeschlagenes Buch erzählt sein philosophisch-literarisches Werk von einem individuellen Denkweg innerhalb der intellektuellen Entwicklung Italiens von 1970 bis 2002.

1970 war Cacciari ein entschiedener Linker. Damals erschien in der Zeitschrift *Contropiano* (Nr. 2, 1970) sein Aufsatz *Qualificazione e composizione di classe: problemi generali*, der bereits 1973 in Frankfurt auf deutsch herauskam. In dieser Studie geht es um Ausbildungsstand, Arbeitsplatzbewertung und allgemeine Wirtschaftsentwicklung im Kapitalismus, und schon damals spielte ein deutscher Autor die zentrale Rolle,

[1] Die Deutsche Akademie für Sprache und Dichtung verlieh am 4. Mai 2002 in Turin den Friedrich-Gundolf-Preis für die Vermittlung deutschsprachiger Kultur im Ausland an Massimo Cacciari. Ich habe die Laudatio übernommen, ohne dabei zu verschweigen, daß Cacciaris Anti-Historismus eine von mir respektierte Gegenposition zu meiner Denkart darstellt. Sie verwischt mir zu sehr die Zeitdifferenzen. Datieren bedeutet keine „Chronolatrie", sondern den ersten, aber unentbehrlichen Verweis auf die konkret zu erarbeitende Geschichtlichkeit einer Theorie oder eines Kunstwerks.

nämlich Karl Marx. Von ihm stehen da Zitate, die noch immer nachdenkenswert sind. Zum Beispiel das folgende:

„In dem Maße aber, wie die große Industrie sich entwickelt, wird die Schöpfung des wirklichen Reichtums abhängig weniger von der Arbeitszeit und dem Quantum angewandter Arbeit, als von der Macht der Agentien, die während der Arbeitszeit in Bewegung gesetzt werden." (M. Cacciari, Qualifikation und Klassenbewußtsein, Frankfurt a. M. 1973, S. 75, Anm. 33.)

Wir heute setzen noch ganz andere Agentien in Bewegung; wir lesen daher mit dem jungen Cacciari sein Marx-Zitat neu.

Cacciari ließ es nicht bei der intellektuellen Beratung der Arbeiterbewegung; er wurde Abgeordneter des PC in Rom. Doch 1987 brach er mit der Partei und wurde ein unabhängiger Kritiker ihrer intellektuellen und politischen Befangenheiten. Vor allem nutzte er die neugewonnene Muße: Er schrieb sein philosophisches Hauptwerk, *Dell'inizio*, das 1990 erschienen ist. Das Siebenhundert-Seiten-Buch, teils in Dialogform geschrieben, lädt den Laudator zum Verweilen ein; es präsentiert und konkretisiert die deutsche Philosophie von Eckhart/Cusanus bis Nietzsche/Heidegger. Ein ungeheurer Reichtum von Einfällen, Lektüren, Assoziationen breitet sich aus. Dies Buch ist nicht zusammenzufassen; man muß es schon lesen. Einen einzigen Gesichtspunkt hebe ich hervor: Cacciari beginnt mit einer Überlegung zu Kants *Kritik der reinen Vernunft*. Deren erster Satz lautet in der *zweiten* Auflage:

„Daß alle unsere Erkenntnis mit der Erfahrung anfange, daran ist gar kein Zweifel."

Damit verspricht Kant, scheint es, einen festen Ausgangspunkt, eben einen nicht zu hinterfragenden „Anfang". Aber Cacciari liest den Satz mit dem Ton auf „anfange" und bringt seinen Leser ins Sinnieren, indem er den ersten Satz der *ersten* Auflage desselben Buches daneben legt. Dieser heißt nämlich:

„Erfahrung ist ohne Zweifel das erste Produkt, welches unser Verstand hervorbringt."

Jedesmal versichert Kant, an seinem Satz bestehe kein Zweifel, aber seine beiden Anfangssätze widersprechen sich: Die Erfahrung kann kein reiner Anfang sein, wenn sie das Produkt unseres Verstandes ist. Denn dann wäre der Verstand das Erste oder der Anfang. Cacciari entfaltet zwischen diesen beiden Positionen des Königsberger Philosophen ein subtiles Spiel und macht dabei deutlich, daß die Suche nach dem reinen

Ursprung zu nichts führt. Erfahrung sei ein Sich-ins-Bild-Setzen: *è un porsi-in-imagine* (p. 54), sagt da ein Satz, der eher deutsch klingt als italienisch und der auch nicht ohne heideggerische Bindestriche auskommt. Das ist nur der Anfang der Abschaffung des Anfangsproblems. Cacciari verfolgt das Ursprungsdenken weiter zurück bis Parmenides und den gleichnamigen platonischen Dialog, dessen Bedeutung für Cusanus und die deutsche idealistische Philosophie unser Akademiemitglied Raymond Klibansky 1929 entdeckt hatte. Cacciari zeigt im Gespräch mit Hegel und Schelling, daß auch das parmendideisch-rein abgetrennte Eine kein erster Anfang sein kann. Es ist es so wenig wie bei Kant der sinnliche Eindruck der zweiten Auflage oder auch das denkende Ich der ersten. Diese Präsentation der deutschen philosophischen Tradition kommt ohne gelehrtes Brimborium aus; sie vollzieht eine metaphysisch-nachmetaphysische Reflexion mit poetischem Drang zur sinnlichen Anschauung. Metaphern blühen auf, vor allem die von Lagunenstadt und Meer.

Hatte Kant selbst doch den festen Boden der Erfahrung mit einer *Insel* verglichen, die rings umgeben sei von unbezwingbarem Meer und täuschenden Nebelbänken, die den philosophischen Kopf zu Ausfahrten locken, die scheitern müssen. Wenn der sinnliche Eindruck das Erste ist, dann müssen wir mit dieser Insel uns bescheiden; ist er aber nicht der wahre Anfang, dann ist Ausfahrt nicht nur gestattet, sondern bildet das eigentlich menschliche Leben. Es gibt kein geordnetes gemeinschaftliches Leben, keine Ordnung ohne Ortung, und unser Ort liegt, sehr venezianisch, zwischen terra ferma und Meer.

Cacciari hat dieses Motiv ausgebaut in dem Buch, das unter dem Titel *Gewalt und Harmonie. Geophilosophie Europas* 1995 auf Deutsch erschienen ist. Schon das Thema „Geo-Philosophie" hat eine deutsche Vorgeschichte, die über Carl Schmitt bis zur politischen Geographie von Friedrich Ratzel zurückreicht. Bevor man es nach Rechts oder Links einreiht, muß man sehen: Cacciari will eilfertige Moralismen vermeiden; er lenkt, wenn er über die Zukunft Europas nachdenkt, den Blick zuerst einmal auf die Landkarte. Die Zeiten sind vorbei, in denen die Weltgeschichte auf die Formel zu gehen schien, sie sei eine Geschichte von Klassenkämpfen. Politisch-philosophische Reflexion beginnt wieder buchstäblich auf dem Boden; sie denkt nach über Land und Meer; sie respektiert die Geographie.

Cacciari meditiert die großen geschichtlichen Erfahrungen Europas von den Perserkriegen bis zum Ende des Kalten Krieges; er interpretiert die klassischen Texte, die diese Konflikte gestalten – von den Persern des Aischylos bis zu Nietzsche und Carl Schmitt. Er schöpft aus dem Fundus der griechischen, der italienischen und nicht zuletzt der deutschsprachigen Kultur. Cacciari wurde in Italien zum Botschafter der deutschen Literatur der Weimarer Zeit. Er hat Walther Rathenau und Georg Simmel übersetzt; er hat die Wiener Klassiker des Jahrhundertbeginns studiert: Freud und Hofmannsthal, Wittgenstein und Karl Kraus. Von ihnen angeregt, analysiert er die inneren Spannungen, die Widersprüche Europas, vor allem den europa-immanenten Gegensatz von besinnungsloser Aktivität und dem Ruf nach Besinnung, von Machtbesessenheit und der Bereitschaft, den Machtwillen gegen sich selbst zu wenden.

Cacciaris Geo-Philosophie läuft darauf hinaus: Die Stellung Europas in der künftigen Welt wird davon abhängen, wie es seine Herkunft begreift. Es wird darum gehen, einen Begriff von *Einheit* zu denken und zu verwirklichen, der Verschiedenheit und Andersheit nicht von sich ausschließt. Ein solches Konzept gilt es zu entwickeln; in seinem Licht sind die Konzepte von Gewalt und Harmonie, von Toleranz und Frieden neu zu bestimmen.

Wer über Cacciari in vorgeschriebener Knappheit spricht, windet sich in dessen Überreichtum von Motiven, Zitaten, Anwendungen und entgeht schwerlich dem Vorwurf, er habe ungebührlich verkürzt. Ich nenne noch sein Buch: *Dallo Steinhof*. Es blickt von der Wiener psychiatrischen Klinik aus auf die Welt des 20. Jahrhunderts. Es versammelt die österreichische Avantgarde, ihre Ausblicke auf das beginnende 20. Jahrhundert in ihrer wirbelnden Bewegung. Cacciari folgt Robert Musil, er diskutiert mit Weininger und Ernst Jünger. Er hört Husserls Wiener Vortrag über *Die Philosophie in der Krisis der europäischen Menschheit*. Die Analyse wird zur poetischen Meditation; die Geschichte der neuen Wiener Musik rückt ihm zusammen mit der der Malerei und des philosophischen Denkens: Nicht von abgezogener „Kultur" ist die Rede; wir blicken mit ihm auf die Großstadt vor uns, sehen die Leiden der psychisch Kranken, auch die Versuche, sie zu verstehen, und wir sehen mit neuen Augen die Architektur Otto Wagners, also seinen Bau der Heil- und Pflegeanstalten und der Kirche am Steinhof.

Nun muß ich eine Geschichte erzählen, die Cacciari vielleicht gar nicht gefallen wird. Vor einigen Jahrzehnten saß ich in seinem Venedig in einem kleinen Hotel beim Frühstück. Ich interessiere mich für italienische Landschaftsunterschiede und Dialekte; mir fiel auf: Der Dialekt der Kellnerin klang so anders als der venezianische. Ich erlaubte mir die Frage, wo sie herkomme. Wie jeder Mann und jede Frau in Italien beantwortete sie die Frage gern und prompt: Aus Bologna. Ich sah an dem intelligenten Gesicht der Frau, daß es da noch etwas mehr zu lernen gebe, und fragte sie wie nebenbei: *Was ist denn der Unterschied zwischen Bolognesen und Venezianern?* Sie antwortete ohne zu zögern; sie hatte offenbar über diese Frage schon nachgedacht: *I Veneziani sono religiosi, noi siamo reali.*

Ich werde mich hüten, hier in Turin bolognesische Vorurteile über Venezianer zu verbreiten oder gar auf Massimo Cacciari indiskret anzuwenden. Ich brauchte eine Notbrücke, um auf sein Buch über die Engel zu kommen. Es ist erschienen, bevor die Engel postmodern in Mode kamen, Anno Domini 1986.

Kant hat von sich gesagt, er sei immer in die Metaphysik verliebt gewesen, nur habe er sich von dieser Dame keines Gunsterweises erfreuen können. Da es mir nicht besser geht als Kant, weiß ich nicht einmal, ob es sie gibt. Für heute ist das auch nicht nötig. Ich weiß nicht, ob es Engel gibt, ich weiß aber, wo sie herkommen, nämlich nicht vom Himmel. Einer von ihnen trat, von Berlin kommend, als Angelus novus bei uns auf; scharenweise entflogen sie einem Castello bei Duino. Walter Benjamin und Rilke haben sie freigelassen, diese Vögel der Seele, offene Momente in einem verzweckten Leben, momentane Ortslosigkeiten, Utopien. Sie stammen aus dem Orient, von dem wir alles Licht haben, aber zu Cacciari kamen sie auf dem Weg über die deutschsprachige Kultur. Er bestaunt ihre bunten, tausendäugigen Flügel; der Freund von Luigi Nono lauscht ihren Gesängen. Der Denker Cacciari artikuliert mit ihrer Hilfe, was *Darstellung* heißt in Dichtung, Kunst und Philosophie; er kämpft mit ihnen für einen neuen Begriff von *Zeit*. Eine aparte Wende von Marx zum Engel; ich beleuchte sie mit wenigen Worten zu den beiden Komplexen; Darstellen und Zeit erfahren.

Ein Ding *sagen*, das gehört einer anderen Ordnung an als ein Ding zu *sein*. Damit wir ein Ding bestimmen können, muß es einen Umhof der Unbestimmtheit haben. Und den arbeitet Cacciari mit Hilfe der Engel-Metapher heraus, mit Anrufung der *Duineser Elegien*, die These IX von Benjamins *Geschichtsphilosophischen Thesen* im Hintergrund. Indem wir sprachlich etwas bestimmen oder es künstlerisch darstellen, realisieren wir das Immer-schon-Bedingtsein jedes Anfangs, leben wir vom Bezug der terra ferma auf das Meer.

*Dies zu deuten bin erbötig!*
*Hab ich dir nicht oft erzählt,*
*Wie der Doge von Venedig*
*Mit dem Meere sich vermählt?*

Als Walter Benjamin seinen *Angelus novus* ankündigte, erzählte er eine talmudische Legende. Ihr zufolge werden die Engel in jedem Augenblick neu erschaffen, um, nachdem sie vor Gott ihren Hymnus gesungen haben, aufzuhören und in Nichts zu vergehen. Benjamin gab damit ein Bild, wie er die Aktualität seiner Zeitschrift verstand: als ungefällige Zeitgenossenschaft, ebenso aufmerksam wie fremdbleibend, anfangend, um aufzuhören, zeitbestimmt. Cacciaris Engelphilosophie entwickelt ein Konzept menschlicher Zeiterfahrung, das sich der, wie er sagt, Chronolatrie entzieht, also die mechanische Kontinuität durchbricht zugunsten des Augenblicks, den er mit Kierkegaard als Entscheidungspunkt auszeichnet. In der Zeit zu sein, ohne Chronos, das sei von den Engeln zu lernen. Deswegen sei der Engel *notwendig*. Cacciari *braucht* die Engel – als Mythograph des Darstellens, als Denker der Kunst, des Dichtens und überhaupt des Sagens; er braucht sie, um durch die Maschen des physischen Zeitnetzes hindurchschlüpfen zu können. Sie erlauben ihm als Schriftsteller, die Stimmen der verschiedensten Regionen und Jahrhunderte in einen zeitüberlegenen vielstimmigen Zusammenklang zu vereinen. Bei ihm kommt es daher vor, daß auf ein und derselben Seite indische Erzählungen, chaldäische Orakel, pythagoreische Fragmente und apokryphe Evangelien dasselbe bezeugen wie Baudelaire und Kafka, wie Schelling, Franz Rosenzweig und Martin Heidegger. Parallelen, die sich vielleicht im Engelreich schneiden, jedenfalls nicht in der chronologisch fixierten Geschichte. Taktschlägern des langsamen Geistes kommt das Grausen bei dieser Allversöhnung und der Mißachtung der Chronologie. Geht Cacciari in der Verachtung der Chronolatrie vielleicht etwas zu weit? Was ist verwerflich an „Chronolatrie", wenn unser Leben und Denken in der Zeit verläuft und immer auch datierbar ist? Darüber könnte ich mir lange Unterhaltungen vorstellen. Eines bliebe dabei unberührt: Im Italien der Gegenwart ist eine intensivere Gegenwart der deutschsprachigen Kultur schwerlich zu finden. Für deren produktiv-umschaffende Vermittlung ist die deutsche Akademie Herrn Massimo Cacciari dankbar verbunden. Diesen Preis, Caro Cacciari, Lei lo ha meritato.

# PERSONENREGISTER

Aufgenommen sind die Personen, deren Werk im Text erörtert wird, nicht die beiläufig erwähnten, nicht die der Fußnoten.

Abaelard 145, 190, 244, 248 f., 272, 326, 343
Adelard von Bath 145
Adorno, Th.W. 87, 225, 268
Aegidius Romanus 185
Alberti, L.B. 107, 136 f., 139 f.
Albertus Magnus 28, 38, 137, 149, 199, 228, 239, 249, 273, 326
Alkuin 198, 205
Angelus Silesius 15
Anselm von Canterbury 93, 116, 183, 243 f., 249, 326
Aris, M.A. 113
Aristoteles 25, 27, 29, 34 f., 36, 38, 55, 113, 118, 138, 163 f., 174, 183, 186, 189, 204, 206, 223, 248, 252, 257, 277, 282, 327
Augustinus 24 f., 27 f., 31 f., 34, 90 f., 121, 135, 149, 165 f., 178, 183, 190 f., 194, 199, 203 f., 205-208, 225 f., 232-238, 240, 242, 244, 248 f., 252 f., 256, 273, 283, 326, 348
Avenarius, R. 41
Averroes 25, 204, 206, 228, 248
Avicenna 204, 248

Baader, F. v. 291 f.
Bacon, R. 145, 164, 239
Ball, H. 304
Basilius 25
Bauer, B. 355
Beierwaltes, W. 114
Benjamin, W. 365 f.
Berengar von Tours 145, 212, 243, 326
Bernhard von Clairvaux 145
Bettetini, M. 220
Bismarck, O. v. 201, 304
Bloch, E. 304
Bloch, M. 176, 211
Blumenberg, H. 21, 91, 131, 215, 232, 267
Boccaccio, G. 136, 141, 143 f., 149-153, 240 f., 335-337
Boehner, Ph. 214
Boethius 204 f., 232 f., 235, 241, 243, 248 f.
Bollnow, O.F. 211
Bonaventura 27 f., 30 f., 34 f., 38, 68, 96, 145, 184 f., 191, 326
Bonald, L.G.A. de 180
Borchardt, R. 72, 304, 307
Branca, V. 152 f.
Brandt, R. 311
Braudel, F. 210
Brentano, C. 15, 194
Bretz, M. 109, 200
Brinckmann, A.E. 53 f.
Brucker, J. 279
Brumlik, M. 354-360
Bruni, L. 135
Bruno, G. 32, 104, 138, 187, 246, 324, 359
Büttner, H. 211, 293
Bultmann, R. 30
Burckhardt, J. 140, 156, 160, 232
Burdach, K. 232
Burke, E. 180
de' Bussi, G.A. 135, 138-140

Cacciari, M. 361-366
Calvin, J. 137, 161, 242, 249
Campanella, T. 187, 324
Carlevaris, A. 340
Cassiodor 232
Cassirer, E. 93 f., 225, 267, 285, 357
Chiavacci Leonardi, A.M. 150 f.
Cicero 136, 162 f., 190, 204, 240, 327
Cimabue 141
Cohen, H. 357
Cohn-Bendit, D. 312
Cramer, W. 87
Creuzer, F. 282
Croce, B. 210
Curtius, E.R. 65, 70, 175 f.
Cusanus s. Nikolaus v. Kues
Cyprian 178

Dante Alighieri 51, 56, 136, 141, 143, 145, 148-151, 187, 240, 249 f., 273, 326
Dempf, Alois 173
Denifle, H. 247, 254
Derolez, A. 340
Descartes, R. 142, 162, 179, 225, 262
Devisse, J. 209
Dietrich von Freiberg 16, 145, 173, 211 f., 235, 239, 243, 273
Dilthey, W. 78, 129, 159, 162, 168, 195, 201 f., 210, 232, 275, 329-334, 337
Dionysius Aeropagita 96, 102, 106 f., 125, 136 f., 164, 242, 248
Dohm, W. v. 355
Drey, J.S. 93
Dronke, P. 340
Duby, G. 57, 176, 209, 211, 276
Duhem, P. 77
Duns Scotus 30, 34 f., 38, 145, 184 f., 217, 235, 243, 249
Durandus de S. Porciano 35, 38, 173

Eco, U. 20
Eisenstein, E.L. 271
Engels, F. 44, 56

Erasmus 131, 136, 161, 188, 198 f., 205, 232, 242, 246, 249 f., 252-254, 262, 303
Eriugena, J. 96, 164, 189, 205, 217, 248 f.
Eucken, R. 304
Ewig, E. 211

Falkenberg, R. 93
Febvre, L. 176, 210 f.
Fichte, J.G. 114, 355
Ficino, M. 231, 248, 252, 254, 262
Fiorentino, F. 85
Fischer, J. 310 f.
Fischer, K. 22-23, 36, 129, 279
Foerster, F.W. 304
Foucault, M. 167, 209, 278
Franciscus de Mayronis 240
Frank, M. 278
Friedrich Barbarossa 141
Führkötter, A. 340

Gadamer, H.-G. 74 f., 79, 84, 159, 181, 275-290
Galilei, G. 138, 142, 162, 179, 262, 324
Gandillac, M. de 84
Garin, E. 16, 209
Gelzer, M. 15, 87, 210
Gentile, G. 210
George, S. 15, 174, 292
Gerson 252
Gerwing, M. 221
Gianotti, D. 50-52, 60
Gierer, A. 86
Giesecke, M. 271-274
Gilson, E. 75, 78
Giotto 141
Glossner, M. 92
Görres, J. 194
Goethe, J.W. v. 20, 126, 134, 147, 169, 180, 280, 334, 337
Goldhagen, D. 355
Gottschalk 238
Grabmann, M. 77, 165, 305

Gratian 141, 184, 242, 272
Gramsci, A. 210
Gregor VII. 243
Grondin, J. 286
Günther, A. 93
Gutenberg, J. 138, 263, 268

Habermas, J. 261, 288
Haering, Th. 174
Haecker, Th. 304
Hamann, J.G. 246
Hammermeister, K. 74 f.
Harnack, A. v. 304
Hartmann, N. 14, 159, 166, 283, 285, 331
Hauck, A. 238
Haubst, R. 84-86, 94-96, 105 f., 120
Hegel, G.W.F. 19, 192, 195, 225, 246, 279, 291 f., 325, 355, 359
Heidegger, M. 85, 129 f., 157 f., 165, 167 f., 225, 276, 286-288, 331
Heimsoeth, H. 166, 283
Heinrich von Gent 235
Herder, J.G. 191 f., 195, 246
Heß, M. 355
Hieronymus 26, 28 f., 35, 203, 249
Hildegard von Bingen 339-350
Hinkmar von Reims 238
Hirschberger, J. 82, 84, 97, 210
Hoerster, N. 353
Hoffmann, E. 82, 94 f.
Hondrich, K.O. 313
Honorius I. 234
Horkheimer, M. 22, 87
Hume, D. 332
Husserl, E. 42, 225, 286, 330

Iacopone 148
Ignatius von Loyola 141
Imbach, Ruedi 186, 209, 211
Imdahl, M. 211
Innocenz VIII. 139
Isidor von Sevilla 26, 29, 35, 238

Jaeger, W. 110
Jansen, B. 92

Jean Paul 65
Joachim von Fiore 191, 250
Johannes XXII. 145, 294
Johannes Damascenus 183, 242

Kant, I. 7, 22 f., 37, 63, 65, 122, 124, 225, 262 f., 303, 305, 310, 318, 354-359, 362 f., 365
Karl V. 141
Karl der Große 203 f.
Karrer, O. 173
Kessler, E. 240
Kienast, W. 87, 210
Kirn, P. 15, 87, 210
Klibansky, R. 16, 82, 94 f., 173 f., 176, 210, 292
Koch, J. 82, 84, 88, 94
Kolb, A. 304
Kopernikus, N. 138, 240
Kraus, K. 304
Kremer, K. 108, 110, 115
Kristeller, P.O. 174, 176
Kühn, M. 262
Kuhn, J. v. 93, 117

Lagarde, P. de 306
Laktanz 190
Landauer, G. 292 f.
Langerbeck, H. 210
Le Goff, J. 73, 176, 209, 211
Lenz, J. 94
Leonardo da Vinci 146, 199, 205
Lessing, G.E. 19, 115, 167, 185, 191, 337
Leyh, H. 77
Libera, Alain de 211
Litt, Th. 22
Locke, J. 272
Löwith, K. 27, 190
Lohr, Ch. 174, 185 f., 210
Luhmann, N. 232, 255-274
Lull, R. 96, 137, 164, 166, 187, 235, 244, 248, 273
Luther, M. 131, 139, 141, 144, 199, 205, 243, 247, 249, 252-254, 273

Mabillon, J. 238
Mach, E. 41
Machiavelli, N. 137, 146, 205, 232, 241, 246
Maier, A. 214
Maistre, J.M. de 180
Marquard, O. 21
Marrou, H.-I. 233
Marsilius von Padua 144 f., 250, 326
Mauthner, F. 292
Marx, K. 43 f., 356, 359, 362
Mehring, F. 44
Meier, Ch. 343
Meinecke, F. 306
Meister Eckhart 16, 96, 117, 125, 137, 144, 164, 173, 187, 235, 248, 261, 273, 292-295, 324, 326
Melanchthon, Ph. 249
Mendelssohn, M. 355
Meuthen, E. 87
Meyer, Th. 109
Meyer-Abich, K. 86
Michelangelo 50-60
Miglio, Massimo 138
Möhler, J.A. 93
Mojsisch, B. 211
Mollat, M. 209
Momigliano, A. 209
Montaigne, M. de 262, 335-337
Moses Maimonides 28-30, 33
Müller, I. 345

Natorp, P. 285
Neuner, J. 92
Nietzsche, F. 33, 278, 304, 331
Nikolaus V. 139, 241
Nikolaus von Autrecourt 172, 262, 326
Nikolaus von Kues 32, 81-126, 136-141, 151 f., 164, 166, 189, 205, 212, 218, 245-247, 252, 254, 257, 261, 263-268, 363

Offermann, U. 118
Oresmes, N. 145

Origenes 28, 249
Otfried von Weißenburg 273

Parantucelli, T. 137
Parmenides 259, 363
Pascal, B. 179
Patzer, H. 210
Perger, M. v. 108, 112
Perler, D. 200, 209-212, 215
Petrarca, F. 135 f., 141, 240 f., 249, 252
Petrus Lombardus 25 f., 141, 184, 204, 242, 248, 272
Pieper, J. 181
Pius II. 139
Platon 96, 119, 162, 183, 204, 256, 261, 287, 333
Plotin 183, 204, 261, 282
Poliakov, L. 354
Pomponazzi 182, 323
Porphyrius 24
Portmann, M.-L. 344
Proklos 96, 102, 118 f.

Quidort, J. 243
Quint, J. 293

Rabelais, F. 161, 173
Ranft, J. 94
Ranke, L. v. 195
Ratzinger, J. 326, 329
Rhabanus Maurus 238, 240
Ricklin, Th. 109
Riezler, K. 305
Ritter, J. 93 f., 215
Robert von Anjou 141
Rorty, R. 291-298
Rose, P.L. 354
Rosenberg, A. 293
Roth, U. 108, 118 f., 121, 152, 246

Santinello, G. 84
Scharpff, F.A. 85, 93
Scharping, R. 310, 312
Scheler, M. 14, 200, 304 f., 314, 331
Schelling, F.W.J. 246, 359
Schenkel, D. 23
Schiefer, Th. 211
Schiller, F. v. 62 f., 70, 311, 337

# Personenregister

Schiller, R. 343
Schirrmacher, F. 309, 312
Schlegel, F. 300
Schleiermacher, F.D.E. 355
Schlosser, P. 15
Schmidt, K. 44
Schmitt, Ch.B. 174, 210
Schmitt, J.-C. 73
Schreier, J. 108
Seneca 162 f., 190, 204, 240
Servet, M. 137, 243, 245
Siger von Brabant 145, 182, 186
Singer, P. 353
Sloterdijk, P. 86
Southern, R.W. 172, 204, 209
Spaemann, R. 311
Spinoza, B. 115
Sprenger, K.U. 138
Stegmüller, F. 184
Steinmann, E. 60
Stendhal 53
Steuco 191
Stöckl, A. 92
Stolleis, M. 21
Strasburger, H. 15, 87, 210
Strauß, D.F. 23
Strömholm, S. 200, 209 f., 215
Sturlese, L. 211
Suarez, F. 336
Suitner, F. 147 f.

Tachau, K. 223
Tenenti, A. 209
Thierry von Chartres 96, 145, 164, 248
Thode, H. 148
Thomas von Aquino 14, 29-33, 35, 38, 40, 64, 76, 92 f., 141, 145, 164-166, 184 f., 189, 191, 216, 218-220, 223 f., 227, 235, 243, 248 f., 263, 277, 316, 320, 325-327

Thurner, M. 109, 121
Toqueville, A. de 180
Toscanelli, P. 138
Troeltsch, E. 200, 304, 330

Ullmann, K. 20
Ullrich, W. 79
Ulrich von Hutten 241

Valla, L. 106 f., 136, 139 f., 241, 246, 249 f., 254, 262
Van Acker, L. 340
Vansteenberghe, E. 87, 92
Vasoli, C. 16, 209
Vico, G. 16, 191
Vignaux, P. 209
Vincenz von Lerinum 178
Volkmann-Schluck, K.-H. 84 f.
Vossler, O. 210

Wald, B. 215, 227
Walser, R. 194
Wapnewski, P. 79
Weber, M. 232, 305, 331
Wenck, J. 115, 117 f., 205, 218
Wiedenhofer, S. 179
Wieland, Ch.M. 358 f.
Wieland, W. 193-196
Wilhelm II. 201
Wilhelm von Conches 145
Wilhelm von Ockham 172 f., 235, 245, 249, 262, 324, 326
Wilpert, P. 84
Wittgenstein, L. 225 f.
Wojtyla, K. 319
Wolff, Ph. 209
Würzbach, F. 314
Wundt, W. 22

Zeller, E. 129, 279
Ziegler, L. 181

# SACHREGISTER

Abendmalslehre (Transsubstantiation) 243 f.
Allegorie, vgl. Bibelauslegung 233
Aneignung, Aktualisierung 8, 38, 75, 77, 222-228
Anthropozentrismus vgl. Lebewesen 25, 27-31
artes liberales 233

Bibel, Bibelauslegung 23-38, 178, 181, 190, 203, 233
Biographie, Biographismus 58, 284

Chronologie 9, 283-285

Dogmen 234-238, 242-246

Entwicklung 22 f., 38 f., 107-113, 189-196
Epoche 8, 56, 129, 134-168, 250 f., 277
Eschatologie 22-40
Euthanasie 9, 351-360

Geschichte als Wissensgegenstand 240 f., 277
Gnadentheorie, vgl. Augustinus 236.-238, 247 f.

Historismus, Historist 8, 55-61, 63, 154
Hölle, Höllenfeuer 28

Judentum 9
Kategorien des historischen Denkens 197-228
Kontinuität 8, 165 f., 169-182

Kosmos, vgl. Eschatologie 23-40
Krieg, „gerechter" 9, 299-318

Leben, Lebewesen, vgl. Anthropozentrismus 25, 27, 33-40
Logik, Geschichte der 212-214, 233

Mittelalter, vgl. Epoche, Eschatologie, Philosophenverurteilung 17-40, 63, 67-80, 135-153, 164-166, 197-228, 231-274, bes. 251-253, 268, 272, 325-327

Moderne, vgl. Epoche, Mittelalter 135-153, 164-166, 231-274, bes. 260, 268, 325-327

Natur, „natürliche Bewegung" 24 f., 31, 33, 39, 263
Naturwissen im Mittelalter, vgl. artes liberales 213-215, 239 f.
Neuscholastik, neuscholastische Cusanuskritik 92, 319-328

„Pantheismus" 104, 114 f., 151 f.
Papst und Philosophie 9, 20
Person und Projekt des Autors 13-21, 209-211
Philosophie 64 f., 154-168
– und Eschatologie 22-40
– und Geschichte, Philosophiehistorie 15, 41-45, 62-80, 87, 129-134, 279-281
Philosophenverurteilung 1277 25, 179, 244
„Positivismus" 102, 106 f., 198 f.
Problemgeschichte 159, 166, 283, 285

Reduktion, Reduktionismusvorwurf 43, 58, 216-222
Reformation, vgl. Epoche Luther 253 f.

Renaissance, vgl. Epochen, Mittelalter 56 f., 135-153, 231-274, bes. 253
Ruhe – Bewegung 27, 31, 34

Schreiben über Geschichte der Philosophie 96-126, 133 f.
Sterne 23-40

Theologie 23-25, 37-39, 115-123, 234-238, 259
Tiere s. Lebewesen
Tradition 8, 165, 176-182, 277
Trinitätsphilosophie 92-94, 105, 115-123

Unendlich, Unendlichkeit 32

Wahrheit und Geschichte 74, 77, 217, 275-285, 324, 329-338
Wechselwirkung 41-45, 132, 182 f.
Weltbegriff, vgl. Kosmos 258 f.

Zeit, Zeitgrenzen, vgl. Chronologie, Epochen 8, 27, 31, 130 f., 256-258, 279
– als Strafe 27, 31
Zeitbezug des Wissens 8, 37-40, 222-228, 323